Stadt und Kultur
herausgegeben von
Ingeborg Flagge
und Franz Pesch

Redaktion
Holger Everz

Impressum

Stadt und Kultur
Herausgegeben von
Ingeborg Flagge
und Franz Pesch

Redaktion
Holger Everz

Graphic Design
Mildner Design Studio, Köln

Schlusskorrektur
Hannelore Ostfeld, Köln

Produktion/Gesamtherstellung
Verlag Müller + Busmann, Wuppertal

Druck
RGA, Remscheid

Die Deutsche Bibliothek – CIP-Einheitsaufnahme:
Stadt und Kultur/hrsg. von Ingeborg Flagge und Franz Pesch.
Wuppertal: Müller und Busmann, 2001
ISBN 3-928766-44-9

Stadt und Kultur
herausgegeben von
Ingeborg Flagge
und Franz Pesch

Redaktion
Holger Everz

Verlag
Müller + Busmann

Inhalt

Vorwort
Zukunft der Stadt

Spannende Zeiten: Die europäische Stadt – eine der zentralen Zivilisationsleistungen der Menschheit – sieht sich zunehmenden Gegenkräften ausgesetzt: der Deregulierung, der Internationalisierung und Globalisierung der Wirtschaft. Die Städte – und insbesondere ihre Innenstädte – sind bisher zentrale Orte
– der lokalen Geschichte und des kulturellen Erbes,
– der Politik und der Macht, der politischen und gesellschaftlichen Auseinandersetzung, der lokalen Demokratie,
– des bürgerschaftlichen Engagements,
– der sozialen und gesellschaftlichen Kontakte und der Öffentlichkeit
– des lokalen Ideenaustauschs und der Innovation,
– des Kulturschaffens und der Bildung,
– der kollektiven wie auch der individuellen Selbstdarstellung,
– der Stiftung von Identität und der Identifikation mit der Stadt oder der Stadtregion,
– der Vielfalt, der Lebendigkeit und der Multifunktionalität,
– der Vielfalt der Teilnahmemöglichkeiten,
– des Marktes und des Tauschs, des Handels und der Dienstleistungen,
aber auch der sozialen und politischen Spannungen und Konflikte sowie deren Austragung.
Jetzt scheint die europäische Stadt in ihren urbanen Qualitäten gefährdet.

Untergangsstimmung wäre allerdings fehl am Platz. In einer längeren historischen Perspektive betrachtet sind Umbrüche, Paradigmenwechsel und auch Brüche nichts Ungewöhnliches. Sie sind sogar notwendig. Vieles spricht dafür, dass wir heute am Anfang einer dritten Moderne für unsere Städte und für die Stadtentwicklung stehen, nach der mit der industriellen Revolution einsetzenden ersten Moderne und dem wohlfahrtstaatlichen Modell der zweiten Moderne. Heute geht es abermals um die Bewältigung einer Krise: Die städtebaulichen Nebenfolgen des Wohlfahrtsstaates und die noch nicht absehbaren Folgen des Nachwohlfahrtsstaates verlangen zukunftsweisende neue Antworten. Stadtplanung muss sich neu orientieren.

Zentrale Merkmale des europäischen Weges bestehen darin, Stadtpolitik immer auch für die Entschärfung sozialer Spannungen einzusetzen, Urbanität als Grundlage von Kreativität und Innovation zu verstehen. Stadtleben, das bedeutet auch Lust am Leben und an Lebensqualität. Die europäische Stadt ist mehr als die Summe privater Rechnungslegungen. Nachhaltige Stadtentwicklung ist mehr als kurzfristige Kostenbilanzen, nämlich eine langfristige Gesamtbilanz einschließlich aller, auch der späteren Erhaltungs-, Reparatur- und Weiterentwicklungskosten, zu denen eben auch die gesellschaftlichen, ökologischen, medizinischen, sozialhygienischen und kulturellen Folgen von Investitionen in die Stadt gehören.

Auf der anderen Seite stehen die Stadtbewohner und Stadtnutzer, die von einer kulturell vitalen, urbanen, attraktiven, sozial stabilen Stadt profitieren, übrigens auch ökonomisch profitieren: die Bürgerinnen und Bürger, die in einer sicheren Stadt leben wollen; Investoren, die einen lebenswerten Standort suchen; der Handel, der ein vitales, urbanes, städtisches Umfeld braucht; die junge Familie, die in einer gesunden Stadt mit guten Bildungs-, Ausbildungs- und Weiterbildungsangeboten und einem kulturellen Ambiente wohnen will. Deren Interessen zu vertreten und abzuwägen ist Aufgabe des Staates und seiner Kommunen.

In Amerika beginnt Stadt zu einem politischen Thema zu werden. In Frankreich sind Strategien der Stadtentwicklung umkämpfte innenpolitische Themen; in England beherrschen die Verschärfung der sozialen Unterschiede in den Städten und die damit verbundene Gewalt die politische Szenerie – und ein Ende dieser Diskussion ist nicht absehbar. Bei uns, auch in Nordrhein-Westfalen, geht es ruhiger zu, manche meinen zu ruhig. Das Thema Stadt steht nicht auf den vorderen Plätzen der politischen Agenda. Dies mag unter vielen anderen seinen Grund darin finden, dass Nordrhein-Westfalen sehr frühzeitig, als eines der ersten europäischen Länder, begonnen hat, Stadtentwicklungspolitik konzeptionell zu verfassen. Wichtige Konzeptbausteine der innovativen Praxis sind und waren: die Internationale Bauausstellung Emscher Park, die Erneuerungsstrategie der Stadtteile mit besonderem Erneuerungsbedarf, die Umsetzung besonders nachhaltiger Stadtentwicklungsprojekte, die vielfältigen Facetten des Gesamtprogramms „Vitale Stadt", die regionale Einbettung der Stadtentwicklungspolitik, das Flächenmanagement mit dem Schwerpunkt Grundstücksfonds. Dies sind Ausweise einer nordrhein-westfälischen Vorreiterrolle in der Stadtentwicklung: Innovation und Nachhaltigkeit.

Aber diese Aspekte sind nur Teile einer umfassenden Vitalisierungsstrategie für unsere Städte und Regionen. Die Formulierung dieser „ganzheitlichen" Vitalisierungsstrategie steht noch aus. Sie muss am Beginn der dritten Moderne erneut formuliert und vor allem umgesetzt werden, denn der Druck auf unsere Städte wird wachsen. Der ökonomische Standortwettbewerb wird sich verschärfen, die Banalisierungstendenzen werden zunehmen. Die Umrisse einer kulturärmeren Stadt sind erkennbar, die Vorboten einer sozial zerrissenen Stadt sind bereits ablesbar. Gleichzeitig wachsen die Chancen dafür, dass das Gebilde Stadt neu erfunden werden kann. Die technisch-wirtschaftliche Entwicklung erzwingt – anders als in den letzten 150 Jahren der dominanten Großindustrie – nicht mehr eine bestimmte städtebauliche Gestalt, sondern lässt eine kulturell, eine städtebaulich verantwortliche Gestaltung zu. Stadtumbau ist kein Sachzwang mehr, sondern eine zivilisatorische Leistung der Stadtgesellschaft. Experimente und Innovation werden wieder stärker nachgefragt werden, Partizipation erhält eine neue Rolle, Kunst und Kultur können wieder in der Stadt Platz nehmen.

Spannende Zeiten also, in denen Weichen für die Zukunft gestellt werden. In dieser Phase der notwendigen Neu- und Weiterorientierung, der Auswertung von Erfahrungen mit Innovationsprogrammen der letzten Jahre und der Konfrontation mit klar prognostizierbaren Entwicklungen, vor allem in der Demographie und der Ökologie, hat sich das Ministerium für Städtebau und Wohnen, Kultur und Sport des Landes Nordrhein-Westfalen entschlossen, in die Dialogoffensive zu gehen und eine mehrbändige Buchreihe zur Zukunft der Stadt aufzulegen. Diese Reihe soll Entwicklungen, Leistungen und Schwächen diagnostizieren und analysieren, Entwicklungspfade definieren und Zukünfte der Stadt formulieren. Ich will damit diejenigen ermutigen, für die die europäische Stadt ein Zukunftsmodell ist.

Bewusst beginne ich diese Reihe mit dem Verhältnis von Stadt und Kultur. Die Stadtentwicklung der Zukunft braucht eine kulturelle Energiezufuhr. Stadtentwicklung und Kultur werden noch stärker zueinander rücken. Es kommen ganz neue Verträglichkeiten von Nutzungen, ja ein neues Angewiesensein aufeinander von Produktion, Dienstleistungen, Freizeit, Kultur, Erlebnis und Sport ins Blickfeld – kleinteiliger, durchmischter und intelligenter. Das ist es, was als Kultur von Standorten bezeichnet werden kann.

Modernisierung also tut Not. Nicht die eindimensionale Modernisierung als Preisgabe des Urbanen und Anpassung an die kulturell und sozial blinden Regeln des Marktes ist das Ziel, sondern eine anspruchsvolle, eine ganzheitliche Modernisierung der Kultur- und Stadtentwicklungspolitik. Modernisierung im Übrigen auch im Verhältnis zur Wirtschaft: Die Möglichkeiten einer vernünftigen Public-Private-Partnership sind längst nicht ausgelotet.

Kultur in der Stadtentwicklung könnte das werden, was in den 60er und 70er Jahren der Hochschulbau in den Städten des Landes war: der qualitative Sprung in die Zukunft. Bau- und Planungskultur, die Profilierung einer einmaligen urbanen Museums-, Tanz-, Musik-, Literatur- und Theaterlandschaft, die Entfaltung von Industriekultur, die Revitalisierung der soziokulturellen Szene – all das kann gelingen, wenn wir die Kraft dazu mobilisieren. Dass wir sie mobilisieren können, dafür soll der vorliegende Band Ermutigung sein.

Dr. Michael Vesper
Minister für Städtebau und Wohnen, Kultur und Sport des Landes Nordrhein-Westfalen

Franz Pesch
Urbanität im Wandel
Stadt und Stadtkultur zwischen Auflösung und Neuerfindung

„Wenn ich an all die Stunden – allmählich schon Jahre – denke, in denen ich durch die Stadt geschlendert bin, dann hätte ich in dieser Zeit die gesammelten Werke von Hegel und Kant mit der Hand abschreiben können. Stattdessen habe ich ein Buch gelesen, das nie ein Ende finden wird, ein Buch, dessen Kapitel und Buchstaben aus Gebäuden, Standbildern, Straßen, Autobussen und Menschen, vor allem vielen Menschen bestehen. Und wahrscheinlich, denke ich nun im nachhinein, habe ich vor allem gestaunt. Gestaunt über die Vielseitigkeit der Städte, über die merkwürdige Art, in der sie mit einemmal, irgendwo, mitten in einer Ebene anfangen, über die tägliche Ebbe und Flut ihrer Bevölkerung, über die Tatsache, dass aus allen Hähnen Wasser kommt, dass es immer wieder in allen Restaurants etwas zu essen gibt, dass man sich in ihnen so gut verstecken kann, dass sie zuweilen dem Tode nahe sind und dann doch nicht sterben, dass sie Kriege überleben, dass sie in einem fort auf ihrer eigenen Geschichte weiterbauen, dass man in ihnen in der Öffentlichkeit albern sein kann, in ihnen unbemerkt sterben kann, in ihnen seine Botschaften von Haß und Liebe an die Mauern schreiben kann, dass sie unendlich arm sind und die größten Schätze beherbergen, dass sie die Vergangenheit in ihren Straßennamen bewahren, dass sie ihre Einwohner mal liebkosen, mal bestrafen, und dass diese Einwohner immer wieder in der Anonymität verschwinden und dass die Stadt einfach weitermacht, eine Passage, ein Durchgangshaus, ein Charakter, eine Seele, die ihre Einwohner benutzt, um sich zu behaupten."

(Cees Nooteboom, 1999, 18)

Stadt ist Wandel, ein Wandel, der in Extremen verläuft, langsam oder schnell, stetig oder sprunghaft, unmerklich oder dramatisch. Über Jahrhunderte hat dieser Wandel den Städten Vielfalt, Formenreichtum, faszinierende Raumfolgen und architektonische Schönheit beschert. Keine Frage: Diese Stadtkultur wird heute noch geschätzt und mit Stolz auf Postkarten und in farbigen Prospekten festgehalten. Die historischen Stadtbilder erzählen von weltlicher und von kirchlicher Macht, vom wirtschaftlichen Wohlstand der Bewohner, und, nicht zuletzt, auch von einem ausgeprägten Schönheitssinn der für das Bauen Verantwortlichen. Doch die Stadt leistete mehr. Zwischen Markt und Mauer schuf sie Freiräume, in denen politische Emanzipation, soziale Integration und kulturelle Vielfalt überhaupt erst möglich wurden.

Das digitale Zeitalter hat die Städte in einen strukturellen Wandel geraten lassen, der je nach Lage und Wirtschaftsstruktur zu rasanter Beschleunigung oder völliger Stagnation führen kann. Kaum jemand wagt eine Prognose, wohin sich die Städte entwickeln werden. Telepräsenz und Echtzeit ermöglichen es, ohne Ortsbindung zu kommunizieren und zu partizipieren. Als Bewohner der Stadt und eines virtuellen Raumes zugleich scheinen Menschen nicht mehr existenziell auf die Stadt angewiesen zu sein. Vielleicht beschreibt der niederländische Schriftsteller Cees Nooteboom in seiner Skizze einen anachronistischen Zustand. Vielleicht ist das Stadtleben mit seinen vielfältigen Einflüssen und kulturellen Angeboten aber auch noch für die Informationsgesellschaft lebensnotwendig.

Es ist wohl eine Besonderheit der europäischen Stadt, dass sie im Prozess des ständigen Wandels charakteristische Eigenschaften herausgebildet hat, in denen nun ihr wesentliches Potenzial begründet ist. „Urbanität" heißt der Stoff, der die Stadt von einer Agglomeration von Häusern unterscheidet.

Walter Siebel (1998, 262) weist darauf hin, dass dieser schillernde Begriff mehr als die Tatsache einfängt, in der Stadt zu wohnen. Im lateinischen Ursprung des Wortes bedeutet Urbanität „städtische Lebensweise". Doch das Leben in der Stadt entwickelte sich immer in Abhängigkeit von den gesellschaftlichen Bedingungen. So steht Urbanität in der griechischen Polis für eine Öffentlichkeit, die sich darauf stützt, dass der vom Mühsal täglichen Broterwerbs befreite Städter als Privilegierter einer agrarischen Sklavenhaltergesellschaft über die Muße verfügt, sich einer geistigen und körperlichen Vervollkommnung und politischen Angelegenheiten zu widmen. In der mittelalterlichen Stadt bedeutet urbane Lebensweise die Entwicklung des Stadtbürgers zum selbstständigen Marktteilnehmer, die Befreiung von den Zwängen der Feudalherrschaft und die individuelle Emanzipation in der Polarität von Öffentlichkeit und Privatheit. Die moderne Großstadt wiederum prägt ihr eigenes Muster von Urbanität: „Die Stadt als Ort von Heterogenität, Größe und Dichte, hochspezialisierter Arbeitsteilung und Fremdheit treibt zum einen die Individualisierung voran, positiv, indem eine differenzierte Arbeitsteilung und hochdifferenzierte Marktangebote den Individuen sehr unterschiedliche berufliche und Konsummöglichkeiten, also individualisierte Lebensweisen eröffnen, negativ, indem sie den einzelnen aus Traditionen und sozialen Kontrollen herauslösen. Fremdheit und Arbeitsteilung sind zum anderen Bedingungen für die besondere ökonomische wie kulturelle Produktivität der urbanen Lebensweise" (1998, 268).

Nicht nur das Leben in der Stadt, auch der öffentliche Raum veränderte seinen Charakter mit jeder Veränderung der Gesellschaft. Ob die Gerichtsbarkeit auf einem morastigen mittelalterlichen Stadtplatz oder die Hektik der verkehrsreichen Berliner Friedrichstraße das Maß für Urbanität bildet, ist so leicht nicht zu beantworten. In seiner politisch-kulturellen Dimension hat der Begriff eher utopischen Charakter. Er dient als Referenz für die Beurteilung der Realität. Walter Siebel schlägt deshalb vor, Urbanität als „kritischen Begriff" zu verwenden, um die städtische Lebensform an den historisch gewachsenen Maßstäben messen zu können (ebd. 270).

Die meisten Debatten über die Zukunft der Stadt münden in Klagen über Verlust und Verfall einer Kultur, über Zerfließen und Auflösung, über Albtraum und Katastrophe. Doch sind die Städte heute wirklich so perspektivlos, wie es diese Klagen darstellen? Zunächst dürfen wir uns nichts vormachen: Ihre Faszination gewinnt die Stadt aus dem Verhältnis von Licht und Schatten. Die Sonnenseite der großen Plätze und Boulevards, der Paläste und Villenviertel ist ohne die andere Seite der Slums, Vergnügungsviertel und Autofriedhöfe nicht vorstellbar. Stadt bedeutet immer Spannung, eine permanente soziale und kulturelle Zerreißprobe. So auch heute. Öffentliche Räume scheinen keine lebenswichtigen Orte mehr für die heutige Stadtgesellschaft zu sein. Man kann sie nutzen, aber muss es nicht. Wenn man sein Leben entsprechend einrichtet, kann man auch zwischen Einfamilienhausgebiet und Supermarkt, zwischen Multiplexkino und Center-Park, zwischen Fitnessstudio und Ferienhaussiedlung mit der Konsequenz glücklich werden, dass sich viele traditionelle Stadtplätze leeren.

Doch es gibt auch andere Erfahrungen. Finden sich nicht in den meisten Städten Orte, die eine große Anziehungskraft entwickeln, gibt es nicht eine neue „Lust am Stadtraum", wie Klaus Humpert (1994, 30) formuliert

hat, die an sonnigen Tagen Zehntausende in die Straßencafés treibt? Ist es nicht außerdem so, dass sich Schauplätze verlagern und Verhaltensweisen ändern? Je nach Gruppenzugehörigkeit und Lebensstil werden andere Orte gewählt, Orte, die sich nicht mehr auf das Zentrum der Stadt konzentrieren, sondern sich über die Stadtregionen verteilen. So entstehen urbane Ereignisse zunehmend außerhalb der Stadträume, die ihnen bisher gewidmet waren, in Übergangszonen, auf Fabrikbrachen und Halden, unter Verkehrsbauwerken. Urbanes Leben für einige Stunden im umgebauten Kölner E-Werk, in einem alten Hotel am Hafen zwischen leer stehenden Lagerhäusern oder in einer leeren Fabrikhalle – so sieht die Realität des Sozialraums Stadt heute aus. Die Jugendkultur der 50er Jahre hat damit begonnen, sich bewusst gegen Konventionen zu stellen und dies auch in der Ortswahl für spontane Treffen zum Ausdruck gebracht. Die aktuelle Jugendszene hat sich von urbanen Traditionen befreit. Sie entdeckt Zwischenräume und Nischen, in denen sie sich unbeobachtet fühlt. Techno-Diskotheken entstehen in leeren Fabriken. Inlineskater treffen sich auf unwirtlichen Betonpisten und unter Hochstraßen. Wenn ein solcher Ort im Bewusstsein der Öffentlichkeit existiert, wandert die Szene weiter.

Heute sind diese ungewöhnlichen Orte oder „uncommon places", wie der Fotograf Stephen Shore sie in einer Fotoserie nennt, aufgegangen in ein weit verzweigtes Netz urbaner Situationen. Sie sind nicht mehr dauerhaft und stabil, sondern gleichen eher Blitzlichtern im auseinander fließenden städtischen Gefüge. Man könnte diese Form des Stadtlebens auch als urbane Episoden bezeichnen. Wer an ihnen teilhaben möchte, ihre Orte und Netzwerke nutzen will, muss ihre Landkarte verstehen, muss ihre Codes lesen können. Das Entstehen einer fast schon subversiven Form der Urbanität entspricht den Lebensgewohnheiten der Stadtbewohner und der Morphologie heutiger Stadtregionen möglicherweise eher als die zusammenhängenden Raumgefüge der „alten" Stadt.

Die Kultur der Stadt

Es ist viel geschrieben worden über die Freiheiten, die mit den neuen Medien verbunden sind, darüber, wie sich in weit gespannten telematischen Netzen neue Formen der Zusammenarbeit etablieren, wie das universale Warenhaus des E-Commerce zum Flanieren einlädt, wie man in Echtzeit mit Gott und der Welt kommunizieren kann und im Internet frühzeitig die nächsten Urlaubsziele bucht. Aus diesem Blickwinkel präsentiert die Werbung den erfolgreichen Software-Spezialisten als elektronisch vernetzten Gourmet, der seine Arbeit nebenher am Urlaubsort erledigt.

In diesen neuen Szenarien kommt die Stadt nicht vor. Zentrum und Peripherie sind im Netz gleichwertig. Für den Nutzer des Internet bilden sich die Düsseldorfer City oder Westerland auf Sylt als nicht mehr räumlich definierbare Sektoren in einer weltumspannenden virtuellen Telepolis ab.

Dichte und Mischung in der traditionellen Stadt bedeuteten die Verfügbarkeit vielfältiger Angebote, die Möglichkeit zur Einflussnahme. Sie bedeuteten aber auch Angewiesenheit und Abhängigkeit vom jeweiligen Ort, von der sozialen Gemeinschaft und ihren Leistungen. Die schnellen Verkehrsmittel und die noch schnelleren Kommunikationsmedien heben diese Beschränkung auf. Längst hat sich die Weltwirtschaft die Medien zunutze gemacht. Unternehmen schließen sich zu internationalen Konzernen zusammen, der Kapitalfluss kennt kaum noch Grenzen. Zeitunterschiede, die früher ein Hindernis in der grenzüberschreitenden Kooperation darstellten, können in einer globalen Arbeitsorganisation für fließende Übergänge sorgen. Wenn Europa schlafen geht, wird am selben Projekt auf der anderen Seite des Globus weitergearbeitet.

Während die Unternehmen für ihre Headquarters immer noch die vornehme Adresse einer Metropole schätzen, verteilen sich die Standorte der so genannten Backoffices und Produktionsstätten in Abhängigkeit von Lohnkosten, Gewerbesteuerhebesatz und Subventionen über den Globus: Wartung in Irland, Abrechnung in Indien, Callcenter in Kapstadt. So verändert sich mit dem „zweiten Maschinenzeitalter" (Martin Pawley) nicht nur das Bild der Stadt, sondern auch ihre Bedeutung für die Gesellschaft. Städte verfügen nicht mehr über das Privileg des Austauschs und der Kommunikation. Ihre Stellung als Zentrum politischer, ökonomischer und kirchlicher Macht ist gefährdet. In der Folge zunehmender wirtschaftlicher Konzentration verlagern sich wichtige Entscheidungen mehr und mehr auf die staatliche Ebene oder auf das internationale Parkett.

Eine derartige Verlagerung der Gewichte bleibt nicht ohne Wirkung auf das lokale Baugeschehen. Der Bauherr mit persönlicher Verantwortung und Haftung tritt immer seltener in Erscheinung. Er wird ersetzt durch Entwickler und Investorengruppen, die ihr Kapital aus Immobilienfonds schöpfen. „Bodenbesitz und Standortnutzung werden von ihren Gebrauchszwecken abgelöst und zu einer autonomen Sphäre der Kapitalverwertung umgewandelt" (Häußermann 1997, 95). Die Großprojekte, in die das hoch mobile Kapital investiert wird, sind auf den klein geschnittenen städtischen Bauparzellen nicht unterzubringen. Die neuen Headquarters, Shopping-Malls und Entertainment-Center zwingen den Innenstädten einen neuen Maßstab auf, der die vertrauten Stadtbilder verändert.

Die beherrschende Rolle von Großinvestoren stimmt viele Kritiker pessimistisch. Sie bezweifeln, ob die wirtschaftlichen und sozialen Rahmenbedingungen noch Vielfalt und Mischung, städtebauliche Einbindung und architektonische Qualität zulassen. Trotz gegenteiliger Behauptungen ist in der Regel zu beobachten, dass die Bauvolumen immer mehr zunehmen, dass öffentliche Räume durch Malls mit ihren klimatisierten und kontrollierten Zonen ersetzt werden. Die mit diesen Investments verbundene Ökonomisierung der Stadt greift auch auf die öffentlichen Räume über: Auf den traditionsreichen Plätzen und Boulevards, den Bühnen des sozialen Lebens, ersetzen touristische Events und Entertainment die ungezwungene Begegnung. Wird die Mitte der Stadt bald nur noch ein „gemeiner Ort, um Geld auszugeben" sein, wie es der Architekturkritiker Manfred Sack formulierte? Klaus Ronneberger (2000, 117) kritisiert an diesem neuen Verständnis die Tendenz zur „neofeudalen Erlebnisstadt", in der Event-Kultur und Lifestyle-Ambiente mit der Durchsetzung konformer Verhaltensregeln und sozialer Kontrolle eine unheilige Allianz eingehen. Wer die zukünftige Rolle europäischer Städte aus einer demokratisch legitimierten Zivilgesellschaft ableiten will, muss sich vergegenwärtigen, dass die historischen Kräfte, auf die er sich beruft, längst ausgehöhlt sind. Wenn die Entscheidungen nicht mehr auf der kommunalen Ebene getroffen werden, wenn sich die Lebensstile der Städter vom konkreten Ort lösen, dann gibt es nur noch wenige Spielräume, um die Geschicke des Gemeinwesens selbst in die Hand zu nehmen (vgl. Karl-Dieter Keim 2000). Diese Verlagerung von Entscheidungskompetenz auf übergeordnete Ebenen ist nicht mehr umkehrbar.

Dass die europäische Stadtkultur sich trotz dieser Trends nicht verflüchtigt hat, verdankt sie den tief im politischen Selbstverständnis der Stadtgesellschaft verwurzelten Modellen für Partizipation und Planung. Von den Verfechtern der neoliberalen Erneuerung wird allzu gern übersehen, dass die europäische Stadt eben nicht das Ergebnis frei waltender Marktkräfte ist. Die Stadtgrundrisse und öffentlichen Räume sind das Ergebnis von Planungskultur. Dies gilt für die herausragenden historischen Beispiele und erst recht für die Erfolge der Stadterneuerung der 1980er und 90er Jahre. Was Stadtentwicklung nach Marktgesetzen bedeutet, kann in amerikanischen Städten wie zum Beispiel in Detroit oder St. Louis oder auch in asiatischen Metropolen wie Bangkok oder Manila besichtigt werden.

Man muss nicht die großen Stadtentwicklungsprojekte der letzten Jahre – von den Londoner Docklands bis zum Projekt Euralille im nordfranzösischen Lille – bemühen, um sich der zentralen Frage des heutigen Städtebaus bewusst zu werden. Es reicht, wenn man sich die Stadteingänge oder die Innenstadtränder vor Augen führt.

„Man fährt über Land, erfreut sich der Weite, da tauchen, gänzlich unvermittelt Hochregallager von Versand- und Möbelhäusern, Kisten und Kästen von Verbrauchermärkten neben aufgeputzten Eigenheimen aus den Äckern am Stadtrand auf. In diesem Grenzbereich – so empfindlich und lebendig wie die menschliche Haut – sind Blattern und Beulenpest ausgebrochen, ganze Stadtregionen verlieren an Gesicht und Gestalt. Diese Art, Landschaft zu verbauen, führt zugleich zur Verödung der Stadt und schließlich zur Verfälschung von Begriffen" (1997, 62). In den zerfließenden städtischen Strukturen sind die prägenden Gegensätze von außen und innen, von Öffentlichkeit und Privatheit, verloren gegangen. Ist Planung, die eine solche Auflösung der Stadt zugelassen hat, nicht ohnmächtig?

Kultur der Stadtplanung

Wenn man sich fragt, welchen Beitrag die Stadtplanung und der Städtebau zur städtischen Kultur der Gegenwart leistet, ist die Antwort nur auf den ersten Blick einfach. Denn sieht man von der ungewissen Zukunft der Großsiedlungen ab, so hat die Disziplin in den letzten beiden Jahrzehnten Enormes für die Stadtbaukultur geleistet: In der Euphorie ungebremsten Wirtschaftswachstums Anfang der 70er Jahre wurde der Abriss vieler Altbaugebiete für unumgänglich gehalten; so sollte zum Beispiel die 78 Hektar große Elberfelder Nordstadt abgerissen und durch Terrassenhäuser ersetzt werden. Doch kamen schnell alternative Pläne auf den Tisch, als sich die Bewohner

wehrten und die Kosten der Abrisssanierung erkennbar wurden. Es dauerte nicht lange, da konnte in Modellprojekten der Nachweis angetreten werden, dass der Erhalt der Altbausubstanz der bessere Weg war, sozial verträglich, städtebaulich attraktiv und kostengünstig. Die Politik der Stadterneuerung der 80er und 90er Jahre hat es verstanden, historische Stadtquartiere systematisch zu erneuern, leer stehende Gebäude mit neuem Leben zu füllen, Straßenräume und Plätze, die zu Blechwüsten verkommen waren, in attraktive öffentliche Räume zu verwandeln. Die Beispiele können sich sehen lassen: die behutsame Stadterneuerung in Berlin-Kreuzberg oder das Modellvorhaben Nürnberg-Gostenhof. Von der großen Zahl nordrhein-westfälischer Projekte seien neben der Elberfelder Nordstadt in Wuppertal viele historische Stadtkerne erwähnt, z. B. Lemgo und Warburg. Neben diesen integrierten Planungen zeigen Umnutzungsrojekte wie die Ravensberger Spinnerei in Bielefeld oder die Stollwerckfabrik in Köln, wie in alten Hüllen Infrastrukturen für die Gemeinschaft entstehen, soziokulturelle Zentren, Bürgerhäuser, Stadtteilbibliotheken.

Befördert durch eine intensive öffentliche Diskussion, besonders im europäischen Denkmalschutzjahr 1975, ist das Bewusstsein des Wertes der alten Stadt und ihrer Quartiere gewachsen. Die erneuerten historischen Stadtkerne und Altbauquartiere gelten heute wieder als gute Adressen. Dies gilt in gleicher Weise für viele Altbaugebiete in den neuen Bundesländern, von Dresden bis Wismar.

Innenstädte

Parallel zur Aufwertung der Zentren und innerstädtischen Wohngebiete ließen die Städte zu, dass immer mehr klassische Innenstadtnutzungen an die Peripherie abwanderten. Auch die modernen Instrumente der Stadtplanung – Stadtmarketing und Citymanagement – haben nicht verhindern können, dass die Zukunft der Innenstädte sich heute ungewisser denn je darstellt. Schon heute befinden sich mehr als 50 Prozent der Verkaufsflächen außerhalb der Zentren und Nebenzentren. Es ist zu vermuten, dass der Internethandel die Bedeutung der traditionellen Handelsorte weiter schwächen wird.

Die kompakte Stadt, in der sich alle zentralen Einrichtungen in der Stadtmitte befanden, existiert nicht mehr. Die modernen Stadtregionen werden überlagert von einem sekundären Netz großer Einkaufszentren und Dienstleistungsschwerpunkten, das sich unabhängig von der traditionellen Zentrenhierarchie entwickelt. Wenn international agierende Unternehmen und mobile Bürger auf die räumliche Nähe und funktionale Dichte der Stadt offenbar nicht länger angewiesen sind, verlieren die Innenstädte ihren Nimbus als herausgehobener, zentraler Ort. Sie geraten, ohne Ansehen ihrer individuellen, historisch gewachsenen Gestalt, als ein Standort unter vielen, in die Marketingstrategien großer Handelsketten und Filialisten.

Was bedeutet diese Entwicklung für die Innenstädte? Der große Erfolg der Fußgängerzonen hat sich seit langem in ein Dilemma verkehrt. Einzelhandelsketten sind oft bereit, jeden Preis zu bezahlen, um in der Stadtmitte mit Filialen vertreten zu sein. Sie treffen dort auf dankbare Grundstückseigentümer, die nur zu bereit sind, den Lagevorteil der sich in die kommerziellen Meilen ergießenden Fußgängerströme in klingende Münze umzuwandeln. Die Folge liegt auf der Hand: Alteingesessene Fachgeschäfte und Cafés bleiben auf der Strecke. Stereotype Warenangebote der Filialisten ersetzen Vielfalt und Individualität des örtlichen Einzelhandels und der lokalen Dienstleistungen. Diese Verflachung der Angebote, aber zugleich auch eine wachsende Zahl von Leerständen, sind die Vorboten einer sich verschärfenden Krise.

Die Innenstädte verkörpern die Kunst des europäischen Städtebaus. Heute werden sie zum Synonym für seine Gefährdung. Ein nostalgisches Festhalten an alten Vorstellungen und Bildern dürfte allerdings wenig hilfreich sein. Es braucht neue Konzepte für die Innenstadt. Es wäre fatal, wenn sich diese Konzepte an den Einzelhandel klammern würden. Das könnte bedeuten, dass es keine Alternative zu den maßstabssprengenden Shopping-Malls und Entertainment-Centern gäbe, die den Städten von übereifrigen Entwicklern und Event-Managern angedient werden. Gerade die Lücken, die der Strukturwandel reißt, bieten die Chance zu einer neuen innerstädtischen Melange, die vielleicht eine Neuerfindung des Städtischen bewirken könnte. Die Innenstädte könnten so zur Bühne einer neuen Stadtbaukultur werden,
– mit einer neuen Komposition städtischer Nutzungen, mit weniger Handel und mehr Kultur, weniger Dienstleistungen und mehr Wohnen etc.;
– mit neuen Bautypologien für die Mischung von Wohnen und Arbeiten, für das erlebnisorientierte Einkaufen in authentischer Atmosphäre;
– mit einer Wiederbelebung des Flanierens in städtebaulich integrierten Passagen, das alle Vorteile des witterungsgeschützten Einkaufens bietet, jedoch ohne die Sprengwirkung der großen monolithischen Investments.

Peripherie

Ein weißer Fleck auf der stadtbaukulturellen Landkarte ist der Raum, der sich zwischen den Zentren und der immer weiter entfernten Landschaft auftut, jenes amorphe Gebilde mit planlos ausgelagerten städtischen Nutzungen und einem Sammelsurium bunt zusammengewürfelter Bauten, die nur selten die Bezeichnung Architektur verdienen. Als Zwischenstadt hat der Stadtplaner Thomas Sieverts diesen Raum bezeichnet.

Bei allem Unbehagen über diese Entwicklung ist nicht von der Hand zu weisen, dass wir es mit dem heutigen Aggregatzustand der europäischen Stadt zu tun haben. Für Entwurf, Weiterentwicklung oder Korrektur, geschweige denn für eine Kultivierung dieses Raums gibt es bisher wenig Anhaltspunkte. Für den holländischen Architekten Rem Koolhaas liegt der Städtebau der Gegenwart im Koma – zu schwach, zu sprachlos, um der Architektur einen Rahmen zu setzen. Seine Folgerung: Wenn es keine gültigen urbanistischen Regeln gibt, dann hat die Architektur alle Freiheiten.

Die Stadt als Spielwiese architektonischer Eitelkeit? In bewusstem Gegensatz zu dieser Auffassung treten die Überlegungen des holländischen Architekten Kees Christiaanse und des österreichischen Architekten Rüdiger Lainer, die für offene, rahmensetzende Planungen eintreten, die Raum für die Entfaltung unterschiedlicher Lebensstile und Kulturen vorhalten, die individuelle architektonische Freiheiten bieten, ohne den Kontext aus den Augen zu verlieren (Christiaanse 1997, 5). Städtebaulicher Entwurf in der Zwischenstadt setzt in diesen Konzepten auf „Regeln der Ungleichmäßigkeit" (Lainer), die eine Kombination unterschiedlicher Baustrukturen zulässt. Die individuellen Architekturen mit ihrer Formen- und Materialvielfalt können nicht mehr durch klassische Gestaltungsregeln wie Dachform, Traufe, Öffnungsformate zusammengehalten werden. Sie brauchen ein anderes „Bindemittel", das sie zusammenhält und als Raum mit neuer städtischer Prägung erfahrbar macht.

Über die Möglichkeiten, den heutigen Stadtregionen eine Struktur zu geben, haben die Hochschulen viel nachgedacht und experimentiert. Dabei kristallisiert sich ein Zukunftsbild heraus, das man in Anlehnung an die Arbeiten von Franz Oswald als Netzstadt bezeichnen könnte – ein Verbund von Orten in der Region, in den sich die traditionellen urbanen Kristallisationspunkte ebenso einbinden lassen wie die neuen Attraktionen in der Peripherie. Zusammengehalten wird die Netzstadt durch hochwertige Freiräume und Wegenetze. Die Kultivierung der Landschaft, die Formulierung der inneren Ränder, die Erzeugung neuer Landschaftsbilder und die Steigerung der Wahrnehmung – das könnten die städtebaulichen Zukunftsaufgaben in den Stadtregionen sein. So hat das regionale Kulturprojekt IBA Emscher Park mit seinem Qualitätsanspruch an Architektur und Städtebau und seinen Spielorten und Landmarken Maßstäbe für eine regionale Städtebaupolitik gesetzt.

Baukultur

Wenn man Einwohner- und Arbeitsplatzentwicklung zum Maßstab macht, sind die Städte in Europa weitgehend fertig gebaut. Neubauinvestitionen treten immer häufiger in Konkurrenz zum Gebäuderecycling – denken wir nur an die Bundesbauten in Berlin. Eigentlich böte das reduzierte Bauvolumen eine willkommene Gelegenheit, die Qualitätsanforderungen nach oben zu schrauben. Der Architekturalltag hingegen sieht anders aus.

1. Bauen in der Stadt hat heute in der Regel mit Arbeitsplätzen zu tun, die geschaffen werden sollen. Ungeduldige Investoren bringen die Architektur gleich mit – oft erprobt und kostengünstig. Selten können solche konfektionierten Architekturen als positiver Beitrag zum Weiterbau der Stadt gesehen werden. Den Kritikern an Architektur und Städtebau wird von Vertretern der Stadt unmissverständlich deutlich gemacht, dass jede Verzögerung das Projekt und damit eine größere Zahl von Arbeitsplätzen gefährde. Obwohl bekannt ist, dass Wettbewerbe die Planung nicht verzögern, wird mit dieser Argumentation oft das Ende der Qualitätsdebatte erzwungen.

2. Wilfried Dechau (1999, 9) kritisiert, dass sich die Medien ausschließlich auf die so genannten architektonischen Glanzlichter konzentrieren, während der größte Teil der Bauproduktion gängige Klischees reproduziert und das Stadtbild ruiniert. „Zwischen der heilen Hochglanzwelt in Architekturzeitschriften und der bisweilen eher tristen Realität klafft ein unübersehbarer Riss", diagnostiziert er. Während sich die Profanbauten der vergangenen Jahrhunderte durch regionale Materialien, handwerkliche Techniken und Vorlagenbücher unauffällig in das Stadtbild einfügen, dominiert heute der krasse Unterschied. Er resümiert: „Das ganze Leben spielt sich meist in geschlossenen Räumen, in Gebäuden, in Straßenräumen in Städten ab (....). Und dennoch begegnen die meisten Menschen der (zeitgenössischen) Architektur mit einer beinahe unfassbaren Gleichgültigkeit, wenn nicht gar Ablehnung" (1999, 63).

3. Die geringe öffentliche Resonanz baukultureller Themen ist ganz wesentlich ein Vermittlungsproblem. Von wenigen Ausnahmen abgesehen, entzieht sich die Diskussion der Architektur weitgehend der Öffentlichkeit. Was der Zunft wichtig ist, wird draußen kaum wahrgenommen. So kommt es, dass die Ergebnisse von Wettbewerben zum fachlichen Streit auch noch öffentliches Unverständnis erzeugen. Um Baukunst wieder zu einem öffentlichen Thema zu machen, bedarf es eines umfassenden Programms mit mehreren Bausteinen. Dazu zählen öffentlichkeitswirksame Veranstaltungen wie die Auszeichnung vorbildlicher Bauten oder der Tag der Architektur ebenso wie die Ausstellungen von Wettbewerbsergebnissen. Ein viel versprechendes Konzept der Werbung für gute Architektur bot das Kölner Forum aktueller Architektur im Oktober 1999, bei dem die Kammer, die Hochschulen und Büros gemeinsam für gute Architektur warben. Das Wochenende gestattete Einblicke in die Welt der Ateliers. Besucher konnten sich von Architekten das Panorama eines noch nicht gebauten Köln vor Augen führen lassen. Der öffentliche Dialog über Architektur kann allerdings mehr leisten als „Public Awareness". Vor allem geht es um die Diskussion von Qualitätskriterien. Streitgespräche über Architektur wie im Berliner Stadtforum oder in Köln brauchen noch mehr Öffentlichkeit. Vielleicht bietet das „Ludwigsburger Architekturquartett" hier einen Ansatz. Dort wird ganz im Gegensatz zu schwäbischer Behäbigkeit analog zum Literarischen Quartett scharfzüngig über aktuelle Architektur gestritten.

Lohnt es sich für Städte, sich gegen die öde Container-Architektur zu stellen und in der Tradition etwa der 20er Jahre verstärkt zeitgemäße Architektur zu fördern? Für Metropolen wie Paris, London, Berlin oder Barcelona scheint dies keine Frage. Sie setzen auf den Symbolcharakter der Architektur und versprechen sich von der Verpflichtung internationaler Stararchitekten ökonomische Effekte. Es fällt jedoch auf, dass auch Städte wie Basel, Bregenz, Maastricht, Münster oder das westfälische Lemgo die Gegenwartsarchitektur als wichtiges Kulturgut verstehen und in der letzten Zeit eine große Zahl öffentlicher und privater Gebäude mit Architekten von Rang verwirklicht haben. In Maastricht werden selbst an den kleinsten Ladenumbau in der Innenstadt hohe architektonische Maßstäbe angelegt.

Ein entwickeltes Wettbewerbswesen mag dafür als notwendige Bedingung gelten, hinreichend ist sie nicht. Denn der Weg vom Wettbewerbserfolg zum realisierten Bauvorhaben ist für anspruchsvolle Projekte steinig, während sich das Mittelmaß oft auf einer komfortablen Überholspur befindet. Insofern schließt die Forderung nach Baukultur Verfahren zur Qualitätssicherung mit ein.

Wenn Baukultur verstärkt zu einem öffentlichen Anliegen wird, könnte es auch bei durchschnittlichen Bauaufgaben wieder gelingen, zu einer qualitätvollen Stadtarchitektur zurückzufinden, wie sie Julius Posener am Beispiel des Pariser Mietshauses des 19. Jahrhunderts charakterisiert hat: „Wohl kein einziges dieser Häuser wird unseren Blick auf sich ziehen; aber keines stört uns. In ihrer Gesamtheit bilden sie eine geschlossene Straßenfront, betonen sie die Straße als einheitlichen Raum, (...). Die Wirkung ist großstädtisch, anonym, aber nicht uniform" (1982, 64).

Stadtkultur und Stadtentwicklung

Auf der Suche nach Chancen, die Städte gegen die vielfältigsten Auflösungstendenzen zu behaupten, gewinnen Beiträge aus dem Umfeld von Standortpolitik und Marketingstrategien immer mehr Gewicht: die Stadt als Unternehmen, als Ort für gehobenen Konsum, als Tourismusort. Als Heilsbringer werden Projekte propagiert, die jene Mischung aus Amüsement und Kommerz auszeichnet, die sich in den Vereinigten Staaten erfolgreich etabliert hat: Shopping-Malls, Urban-Entertainment-Center, Themenparks. Besonders in strukturschwachen Regionen sind diese glitzernden Großprojekte willkommen. Denn sie verheißen Umsatz, Arbeitsplätze und Magnetwirkung. Selbst auf intellektuelle Kreise üben die künstlichen Erlebnislandschaften als Orte des Nichtauthentischen eine große Faszination aus (vgl. Ronneberger 2000, 127). Mit der ihnen eigenen Dominanz und einer ausschließlich kommerziellen und touristischen Perspektive verdecken sie die andere Seite der europäischen Stadt – ihre geschichtliche Tiefe, ihre kulturelle Vielfalt, ihre Bedeutung als offener kommunikativer Ort, als Fokus der zivilen Stadtgesellschaft. Sie blenden einen ganz wesentlichen Faktor europäischer Stadtkultur aus. Wenn man die städtische Lebenswelt insgesamt im Auge hat, kann man sich nicht mit dieser einseitigen Therapie zufrieden geben, zumal die Nebenwirkungen der Großprojekte noch nicht hinreichend erforscht sind.

Christina Weiss fordert deshalb, die Bedeutung der Stadt als kulturellen Ort zu stärken. Kultur versteht sie als „Überlebensmittel" für die Stadt (1999, 12). Die Stadt hat viel von der Fülle an Funktionen verloren, die sie einmal ausgezeichnet hat. Worauf kann sich städtisches Leben in Zukunft stützen? Die Kultur hat dort nach wie vor ihren angestammten Ort. „In der Regel hält man Kultur für das urbane Produkt schlechthin. Ob man nun die Hochkultur der Kunstmuseen und historischen Gebäude meint, oder die Alltagskultur der Straße, es sind immer Städte, in denen Kultur erzeugt, ausgetauscht und wahrgenommen wird" (Zukin 1998, 27).

Die hohe Dichte an Theatern, Opernhäusern, Museen, Orchestern wie auch die wachsende Zahl von kulturellen Initiativen in den Stadtteilen steht für eine Breite und Vielfalt der Angebote, die in der Geschichte ihresgleichen sucht; und das gilt nicht nur für Metropolen, sondern auch für die Peripherie. Zugleich wird in vielen Städten versucht, die städtische Identität mit kulturellen Projekten zu fördern. Viele der großen kulturellen Bauten werden als Prestigeobjekte entwickelt, um im internationalen Städtewettbewerb Investitionen und Arbeitsplätze einwerben zu können (ebd.). Dies erklärt die wachsende Bedeutung kultureller Projekte jedoch nur zum Teil.

In vielen Initiativen wird ein neues Verständnis von Stadt und Region sichtbar. Regionaltheater, Spielorte und Ausstellungskonzepte sollen ein neues Verhältnis zu den Kreativen schaffen, indem der städtische Raum ganz selbstverständlich als Gelegenheit genutzt wird.
– Neue Konzerthäuser und Museen werden nicht mehr als singuläre Projekte gesehen, sondern präsentieren sich in lokalen oder regionalen Netzwerken.
– Stadtbibliotheken baut man zu großen Mediatheken mit völlig neuem Selbstverständnis wie etwa in Den Haag oder in Stuttgart. In mehreren Modellprojekten des Landes Nordrhein-Westfalen wird untersucht, welchen Beitrag Bibliotheken, Mediatheken und Innenstadtkinos zur Belebung des öffentlichen Raums leisten können.
– Mit großem Erfolg sind Theater und Konzert aus den Musentempeln ausgewandert und inszenieren in der Stadt. Lange Museums- und Musiknächte haben sich in den letzten Jahren in Berlin, München und Stuttgart fest etabliert. Rockkonzerte und Jazztage nutzen den öffentlichen Raum als Bühne wie zum Beispiel auf der Kölner Domplatte.

Wiederkehrende Großereignisse mit anspruchsvollem Programm und überregionaler Ausstrahlung spielen heute eine immer größere Rolle. Als Fenster zur Kulturwelt tragen sie dazu bei, dass sich die lokalen Kulturschaffenden am Weltniveau orientieren können. Karl Ganser berichtet aus den Erfahrungen der IBA Emscher Park: „Gerade im Ruhrgebiet mit seiner sehr dezentralen und unübersichtlichen Kulturlandschaft ergibt sich der Zwang, von Zeit zu Zeit ‚die Dinge auf die Spitze zu bringen'. Nur dies schafft Regionalität, und nur dies schafft Aufmerksamkeit von draußen." Ohne den Menschen die Möglichkeit zu nehmen, zwischen Teilnahme und Distanz zu wählen, fördern kulturelle Aktivitäten im öffentlichen Raum oder in öffentlichen Gebäuden die Auseinandersetzung des Einzelnen mit sich selbst und der Gemeinschaft. Kultur in der Stadt wird hier nicht verstanden als Vergnügen der Eliten, sondern als „Kultur für alle", in der die so genannte Hochkultur der Theater, Orchester und Museen ebenso aufgehoben ist wie die Stadtteilkultur der Soziokulturellen Zentren und Initiativen.

In Zeiten knappen Geldes sind Stimmen unüberhörbar, die kulturelles Engagement für verzichtbar er-

Kulturpolitik ist Strukturpolitik. Die heute nahezu unübersichtliche Projektlandschaft kann grob wie folgt unterteilt werden:

1. Kulturpolitik im Stadtteil: Auch nach langen Jahren erfolgreicher Stadterneuerungspolitik gibt es in den meisten Städten Altbauquartiere, in denen sich einkommensschwache und sozial benachteiligte Haushalte konzentrieren. In vielen Fällen drohen diese Viertel zu Inseln der Armut und Hoffnungslosigkeit abzuleiten. Wohlfahrtsstaatliche Leistungen und die Städtebauförderung können dem Aufbrechen von Konflikten kaum noch entgegenwirken. Man ist sich einig, dass an die Stelle der traditionellen Subventionen und Transferleistungen neue Strategien treten müssen, um der Verfestigung städtischer Krisenherde vorzubeugen. Das setzt integriertes Handeln und vernetzte Maßnahmen im Stadtteil voraus, um die Synergieeffekte der begrenzten öffentlichen Mittel zu nutzen. Hier sind es eher die unscheinbaren alltäglichen Maßnahmen, die im Vordergrund stehen. Die Geschichtswerkstatt, das Straßentheater, die Mal- und Fotowettbewerbe für Schüler und Schülerinnen, das türkische Kulturhaus und das Straßenfest.

2. Kulturelle Netzwerke in Regionen: Für die heutige Stadtlandschaft gibt es mit dem Begriff „Zwischenstadt" bereits ein sehr detailliertes analytisches Wissen. Konzeptionelle Überlegungen in Städtebau und Landschaftsplanung existieren bisher nur in Ansätzen. Auch hier sind es wieder Kulturprojekte, die Grenzen überwinden und regionale Netze knüpfen. Ein faszinierendes regionales Kulturprogramm hat die Internationale Bauausstellung Emscher Park Wirklichkeit werden lassen. Die Hinterlassenschaft von Kohle und Stahl – leer stehende Fabrikhallen, still stehende Förderanlagen und weitläufige Brachflächen – wird als „künstlerisch-kulturelles Experimentierfeld" (Ganser) neu entdeckt. In den ehemaligen Kathedralen der Arbeit entstehen Sammlermuseen, Räume für Konzeptkunst, Design-Zentren und Konzertsäle. Die kulturellen Initiativen der Region bringen Räume zum Klingen, verändern Sehgewohnheiten, kultivieren alte und setzen neue Landmarken. Mit vergleichsweise geringen Mitteln erhält die verbrauchte Stadtlandschaft Orientierung und Akzente. Im Anschluss an dieses Ausnahmeprojekt in Nordrhein-Westfalen zeigt die Regionale in Ostwestfalen-Lippe mit dem Motto der Landesgartenschau „Magisches Wasserland" die Dimensionen neuer Landschafts- und Gartenkultur. Mit der Euroga 2002 plus wird ein weiteres regionales Projekt Wirklichkeit, das sich in einem Planungsraum, der von Mettmann bis zur holländischen Grenze reicht, der Kultur der Landschaftsparks annimmt.

3. Kultur als weicher Standortfaktor: Es ist kein Geheimnis, dass die kulturellen Angebote bei der Arbeits-

klären. Selbst Häusern von Rang droht die Zusammenlegung oder Schließung. Nur wenige machen sich klar, was mit dieser Einstellung aufs Spiel gesetzt wird. „Ein nicht geringer Anteil der Überzeugungsarbeit, die von Kulturarbeit heute zu leisten ist, bezieht sich darauf, klarzumachen, dass Kultur nicht ein Anhängsel zur Verschönerung ist, das man sich leisten kann, wenn für alles andere schon gesorgt ist, sondern dass alles andere in Gefahr gerät, dass die Substanz der Gesellschaft wie des einzelnen ausgehöhlt wird, wenn die Möglichkeit zur Auseinandersetzung mit den Künsten genommen ist" (Weiss 1999, 8).

Eine wachsende Zahl von europäischen Städten hat sich schon in den 80er Jahren diesem Ziel verschrieben. Die Förderung der öffentlichen Räume in Barcelona und Lyon, die neuen Museumslandschaften in Frankfurt, Stockholm und Bilbao sind viel beachtete internationale Beispiele für eine programmatische Kulturpolitik, die sich vorgenommen hat, Städte und Regionen zu stabilisieren und voranzubringen. Mit ihrer großen Strahlkraft wirken diese Orte der Kultur nach außen. Sie können aber auch positive Wirkung nach innen entfalten und Stadterneuerungsgebiete stabilisieren und aufwerten. Die Anstoßwirkung kultureller Initiativen ist natürlich nicht nur auf Museumsprojekte und Spielorte beschränkt.

Wenn man versucht, dem Phänomen auf die Spur zu kommen, wie verfallsbedrohte Innenstadtquartiere zu interessanten Adressen werden – SoHo und Brooklyn Heights in New York, Eppendorf in Hamburg, die Kölner Südstadt oder in jüngster Zeit der Prenzlauer Berg in Berlin, so stößt man immer wieder auf den Zusammenhang mit kulturellen Aktivitäten. Künstler finden in den heruntergewirtschafteten Altbauten preiswerte Ateliers und Wohnungen, Theatergruppen und Galerien entdecken in leer stehenden Fabriken und Hinterhöfen ideale Spielmöglichkeiten, innovative Gruppen schätzen das Umfeld, in dem sie sich ungestört entfalten können. Das Aufstiegsszenario ist bekannt: Den Pionieren folgen Szenekneipen, Restaurants, Design-Shops und Boutiquen. Erste Farbtupfer renovierter Fassaden hellen die Tristesse des Straßenbildes auf. Es ist nicht zu übersehen, ein Altbauquartier befindet sich auf dem Weg nach oben. Es darf jedoch nicht übersehen werden, dass die Revitalisierung auch Risiken in sich trägt, wenn steigende Mieten „Gentrification" auslösen und einkommensschwächere Haushalte von zahlungsfähigen Nachfragern verdrängt werden.

platzwahl und Standortsuche immer wichtiger werden. Wer Eliten anziehen will, muss etwas bieten. Was also im Weltmaßstab als „Wettstreit der Symbole" medienwirksam in Szene gesetzt wird, hat auch regional Gewicht. Die Ansätze sind vielfältig: Es kann sich um kleinere Museen handeln wie das Kunsthaus Bregenz oder die Küppersmühle im Duisburger Innenhafen, um Regionaltheater wie das „Apollo" in Siegen oder um temporäre Veranstaltungen oder Aufsehen erregende Ausstellungen wie z. B. das Kulturfestival Ruhr, die Paul-McCartney-Ausstellung in Siegen oder Christos „The Wall" im Oberhausener Gasometer. Eine besonders interessante Variante zeigen die temporären Ausstellungsorte wie die Ausstellung „Reservate der Sehnsucht" in der leer stehenden Dortmunder Unionbrauerei oder die vom Duisburger Lehmbruck Museum initiierte Ausstellung „Connected Cities", die an mehreren Orten zwischen Duisburg und Dortmund gezeigt wurde.

Aus dem Wunsch, Kulturpolitik und Stadtentwicklung zu verbinden, entstehen strategische Allianzen zwischen verschiedenen Institutionen, denen die Stadtentwicklung am Herzen liegt. Verbindungen zu neuen touristischen Konzepten oder zur Wirtschaftsförderung oder zum Denkmalschutz vervollständigen das Bild. Diesem Trend entspricht, dass immer mehr kulturelle Aktivitäten aus klassischen Haushaltsstellen (insbesondere Städtebau) gefördert werden. Auch das Sponsoring nimmt an Bedeutung zu. Daraus entstehen ohne Frage Abhängigkeiten, die nicht ohne Risiko sind. Doch zeigt gerade der Blick auf die ausgesprochen lebendige Kulturlandschaft der USA, dass breites Sponsoring Innovationen nicht behindert. Kulturpolitik ist Stadtentwicklung. Dies wird künftig nicht mehr nur für strukturschwache Regionen gelten.

Die heutige Stadtkritik ist überwiegend pessimistisch und stellt einseitig die Gefährdungen der europäischen Stadtkultur heraus. Es wird dabei übersehen, dass die Stadtregionen mit ihren unscharfen Rändern, ihrer ausgedehnten Suburbia und einem sekundären Netz peripherer Einkaufs- und Vergnügungszentren der heutige Aggregatzustand der europäischen Stadt sind, wie es die kompakte umwehrte Stadt im Mittelalter war. Hartmut Häußermann: „Die europäische Stadt hat in jüngster Zeit eine erstaunliche Anpassungsfähigkeit gegenüber dem ökonomischen Wandel gezeigt. Die Tendenzen zur Suburbanisierung und Dekonzentration blieben immer auf die historische Stadt bezogen, sie mußten bisher stets als Erweiterung bzw. Ergänzung der traditionellen Stadt, nicht jedoch als deren Auflösung interpretiert werden" (1997, 94).

Die skizzierten Ambivalenzen bei der Nutzung des urbanen Raums begünstigen, dass sich die Akteure auf der Bühne „Stadt" ungezwungener und wählerischer als früher bewegen. Manches wird aus dem Stadtraum verschwinden, weil es in der grenzenlosen Öffentlichkeit der Netze besser aufgehoben ist. Es wird jedoch auch Neues entstehen, das die Stadt belebt. Kulturelle Projekte haben das Potenzial, den öffentlichen Raum zu bespielen. Sie können Verluste ausgleichen, die viele Städte noch erleiden werden. Sie liefern ein Gegenmodell zu der These, dass der Konsum zukünftig das einzig legitimierte Verhalten in den städtischen Räumen darstellt (Kirchberg, 1998, 92). Mit einer Beliebigkeitskultur ohne Bezug zum Ort und seinen Eigenschaften ist den Städten jedoch wenig geholfen. Es geht vielmehr darum, aus Geschichte und Identität ein unverwechselbares Profil zu entwickeln. Dann kreiert die Kultur in der Stadt eine neue Kultur der Stadt.

Für die europäische Stadt der Gegenwart ist kennzeichnend, dass sie ihre urbanen Qualitäten im Wechselbad von Trends und Gegentrends entwickeln muss. Was sich im Einzelnen durchsetzt, hängt weniger von äußeren Einflüssen als vom politischen Gestaltungswillen ab. Im Zentrum steht die Frage, ob sich die Stadtgesellschaft gegenwärtig oder zukünftig auf ein politisches und soziales Lebensmodell verständigen kann, in dem Urbanität weiterhin eine tragende Rolle spielt. „Stadt muß verpflichten", hat Helmut Böhme formuliert, muss offen sein, politische Teilhabe ermöglichen, Konflikte bewältigen statt ausgrenzen. Die Gestaltung des Lebensraums Stadt gehorcht heute aber anderen Bedingungen als früher. Das Wichtigste wäre deshalb ein öffentlicher Dialog darüber, wie die Stadt beschaffen sein soll, in der wir leben wollen. Es wäre fatal, wenn bei aller Sorge über den Verlust an Urbanität aus dem Blick geriete, dass die europäische Stadtkultur Tag für Tag zur Wahl steht.

Literatur:

Böhme, H. (1996): Hat das europäische Stadtmodell eine
Zukunft? In: Pesch, F.; Roters, W. (Hrsg.): Die Stadt der
Zukunft. Düsseldorf/Herdecke

Dechau, W. (1999): Architektur-Alltag. Woran Baukultur
scheitert. Stuttgart

Keim, K.-D. (2000) : Stadtgesellschaft und Stadtpolitik –
Impulsreferat auf dem internationalen Symposium „Die
europäische Stadt – ein auslaufendes Modell?" am 16./17.
März 2000 in Erkner. Unv. Manuskript

Häußermann, H. (Hg.) (1998): Großstadt. Soziologische
Stichworte. Opladen

Häußermann, H. (1997): Amerikanisierung deutscher
Städte. In: Centrum – Jahrbuch Architektur und Stadt
1997-1998, S. 93f

Humpert, K. (1994): Die neue Lust am Stadtraum. In:
Aminde, H.-J. (Hg.): Plätze in der Stadt. Stuttgart, S. 30

Kirchberg, V. (1998): Kulturerlebnis Stadt. Money, Art and
Public Places. In: Kirchberg, V.; Göschel, A. (1998) (Hg.):
Kultur in der Stadt – Stadtsoziologische Analysen zur
Kultur. Opladen

Nooteboom, C. (1999): Nie gebaute Niederlande. München

Urbanität. Ästhetik und Kommunikation, Heft 61/62 16,
Jg. 1986, Berlin

Shore, S. (1982) Uncommon Places – Photographs.
New York

Frank, R. (1997): Das Land verdorben, die Stadt krank. In:
Die Zeit Nr. 45 vom 31. Oktober 1997, S. 62

Weiss, C. (1999): Stadt ist Bühne – Kulturpolitik heute.
Hamburg

Ronneberger, K. (2000): Die neofeudale Erlebnisstadt. In:
Häupl, M., (Hg.): Das Neue und die Stadt – Urbane
Identitäten. Wien, S. 117f

Zukin, S. (1998): Städte und die Ökonomie der Symbole.
In: Kirchberg, V.; Göschel, A. (1998) (Hg.): Kultur in der
Stadt – Stadtsoziologische Analysen zur Kultur. Opladen

Helmut Böhme
locus und focus
Zum Verhältnis von Stadt und Kultur

Als Immanuel Kant seine berühmte Sentenz „städtisches Leben ohne Kultur ist blind, Kultur ohne städtisches Leben ist leer" formulierte, stand die europäische Stadt, ihre politischen, ökonomischen und sozialen Rahmenbedingungen unmittelbar vor einem Umbruch. Grundgelegt in der antiken polis und civitas war die europäische Stadt als spezifische Sonderform politisch-ökonomischer Siedlungsaggregation in Mittelalter und früher Neuzeit entstanden. Sie war Ort bürgerlicher Selbstsicherung und Selbstentfaltung, machtheischende Rechtsgemeinde, und sie war Integrationsmagnet. Aber sie war auch Symbiose von Stadt und Bürgertum, die zugleich ein System bürgerlicher Kultur ausbildete.

Diese Stadt war mehr als nur ein zentraler Ort, ein Marktort, ein sicherer, mauergeschützter Platz. Sie hatte einen eigenen differenzierten Stil, eine besondere Lebensweise. Diese Lebensweise war in räumlichen Ordnungen ablesbar. Die Stadt war Erfahrungs- und nicht nur Nahrungsspeicher. Sie war ein Abbild jener spätmittelalterlichen Sentenz von der coincidentia oppositorum. Ihre Orts- und Wegenetze, ihre geistige Stadtkarte war eine eigene Welt, bedingt durch die Art feudaler Herrschaftsorganisation. Diese Stadt war von inneren und äußeren Spannungen bestimmt, die an raumbildenden Zeichen ablesbar waren: an Rathaus, Markt, Herrschaftsbesitz, Kirche.

Ausgeprägte Markierungspunkte kennzeichneten diese alte Stadt, die in ihrem Netz symbolischer Machtsicherung vor aller nationaler Besonderung europäisch war – in Dichte, Wissen und bürgerlich-ökonomischer Kommunikation. In diesen Städten, ihrer Gestalt und ihren Nervensträngen, in ihren Ballungslandschaften war die alte Welt modern, vernetzt, aufklärend, selbstbewusst, dynamisch, zukunftsbestimmend und zugleich abwehrend, versteinert, eng, je nach ökonomischer und politischer Rahmenbedingung. Industrialisierung, Bevölkerungswachstum und neue gesellschaftliche, ökonomische und politische Rahmensetzungen, die in der Stadt vorgebildet worden waren, neue Institutionen und militärische Machtverteilungen, stellten „die Stadt" in eine neue Dynamik von Wachstum, Produktivität, Mobilität, Migration und Differenzierung, die ihr Antlitz, ihre Ortscharakteristik, aber mehr noch ihre soziale und kulturelle Verfassung schubweise grundlegend verändern sollten. Das alte Gefäß Stadt schien vor dieser neuen industriellen Dynamik und dem kapitalgeprägten Nützlichkeitsdenken zu kapitulieren. Auf den ersten Blick hatte diese neue Stadt, die nun entstand, wenig mehr mit der traditionellen städtischen Gedächtnis- und Bau-Organisation und Erinnerungsleistung zu tun. Und wenn heute, so Peter Hall, gefragt wird, „gibt es noch – die Stadt?", so bilanziert dies nur die Stadtkritik über die Entwicklung der Stadt seit dieser großen Zäsur der Moderne.

Vor allem schienen Kultur und Stadt immer weniger zu korrespondieren, obschon sich erst im Laufe des 19. Jahrhunderts in Museen, Theatern, Bibliotheken, Parlamenten, Gerichts- und Bildungsbauten, Börsen- und Sozialeinrichtungen bürgerliches Kulturbewusstsein als administrierter Kulturbetrieb „Stadt" zu möblieren begann. Doch das neue Gebilde ist immer deutlicher von einem Widerspruch gezeichnet: ökonomisch-industrielle Potenz, Spekulation und Eigentumsbildung einerseits stand gegen bürgerliche Selbstentfaltung als politische, kulturelle und dynamische Kreativität. Je mehr Bauten und Denkmäler, je mehr Handel und Produktivität, je mehr Wohnungs- und soziale Frage die Stadtentwicklung bestimmten, desto mehr organisierte sich Kultur nicht als Stadt, sondern als wissenschaftlich-akademische Angelegenheit, wurde ihr Stil dekorativ, ihre Lebensweisen spalteten sich, entzogen sich bürgerlicher Ordnung und materiellen Interessen bis hin zum offenen Konflikt zwischen reformerischen, künstlerischen Lebensbemühungen und stadtreformierenden Idealen und der Realität machtstaatlicher Ambitionen. Diese führten den neuen Besitz- und politisch entmündigten Bildungsbürger schließlich in die Konfrontation von Armut und Umsturz und zum zentralen sozialen Konflikt der modernen Stadt.

Diese Probleme, diskutiert als Entwicklung zwischen Untergang und Zukunft eines ganzen Kontinents, dominierten den Zeitgeistdiskurs fortan. Die Stadt schien aus ihrer sinngesättigten Bindung zu fallen. Sie wird zum sinnlosen Moloch, sie wird, um es mit den Worten Karl Grubers in seinem viel gelesenen und vielfältig zitierten Buch „Die Gestalt der deutschen Stadt" zu formulieren: „... zerstört, der immer mehr erstarkte Rationalismus, steht gegen sie auf"; der „bilderstürmende Pöbel" der „Industriearbeiter" zog in die Stadt, der Handwerker verlor „unter Preisgabe von Volk und Heimat Halt und Schutz", „es stirbt die alte Welt". „Als Ergebnis bleibt der einzelne, von den Bindungen befreite, der autonome Mensch". Bauen wird „Kapitaldienst", bleibt im „Massenhaften stecken, im Häuserchaos". „Irgendetwas Geistiges vermag deshalb das Stadtbild der modernen Stadt nicht mehr auszudrücken".

Die konsequente Schlussfolgerung dieses Buches deutscher Stadtbaugesinnung, schon 1914 konzipiert, 1937 publiziert und 1952 erneut aufgelegt, war: „Aus der ungebundenen Freiheit des neuzeitlichen Liberalismus entstand die Unordnung der modernen Stadt." Diese moderne Stadt hatte sich der Kultur entledigt, es fehlte ihr „jene geistige Ordnung der Gesellschaft ... als die erste Voraussetzung der künstlerischen Wirkung der alten Städte". Dies Urteil findet sich in den Klagen von dem „Ende der Neuzeit" (Guardini) ebenso wie in Sedlmayers „Verlust der Mitte" wieder.

Angesichts der zeitgleich einsetzenden stürmischen Wiederaufbaumentalität, den Vorstellungen, die zu Kahlschlagsanierungen führten, der Dynamik enthistorisierend arbeitender internationaler Schulen, die auf die autogerechte Stadt drängten, auf die Stadt der Ablösungen aus den historischen Kontexten setzten, wird verständlich, wie radikal der Bruch zwischen der überlieferten Kultur und Stadt gesehen wurde, schließlich Kunst und Kultur nur noch als Applikation und Inszenierung verstanden werden konnten. Das Zukunftsmodell „Stadt" setzte die Tilgung der alten Stadt und ihrer im 19. Jahrhundert verstümmelnden Formen voraus.

Stadt ist ständiges Anderssein

Und doch gilt, wenn man der Frage nach dem Verhältnis von Stadt und Kultur nachgeht, der Kantsche Satz bis heute. Dieser Satz, der das Verhältnis von Kultur und Stadt präzise beschreibt, weist auf ein Kontinuum hin, nämlich dass kulturelle Innovation immer und vor allem eine städtische Angelegenheit ist, dass alle Definitionen von Stadt, seien es politische, ökonomische, letztlich aus dem Kulturellen ihre Begründung erhalten. Europäische Kultur hat mit den Städten zu tun. Sie hat mit dem Stadtkern zu tun, mit der Hauptfunktion von Stadt als kulturellem Kristallisationspunkt. Die europäische Stadt unterscheidet sich im Hochkulturenvergleich vor allem dadurch, dass sie stets nicht nur Platz politischen Handelns war, nicht nur des Tauschens von Information, Waren und schönen Gemeinheiten, des Verkehrs, der Verwaltung, dass sie nicht nur Heimat im Sinne von Dorf war und Land, gekennzeichnet durch Clan, Familie und Sippe, sondern von Anfang an immer etwas Neues schuf: etwas anderes, Größeres, Eigenes, neue Dichte, ständige dynamische Verdichtung, neue Bindungen, neue Kommunikation, neue Begegnungen, neue Erinnerungen. Stadt war von Anfang an ein anderes und neues Medium, sie war neue Mitte, Zentrum, aber auch Ort von Anbetung und Dialog, Ort neuartiger menschlicher Prozesse, die als säkulare Akte göttliche Züge ersetzte und erhielt.

Grundzüge dieser Stadt blieben kontinuierlich präsent. Sie können mit konzentrierter Beschleunigung in jeder Epoche ihrer Entwicklung festgehalten werden. Sie können als „Verdichtung der Erfahrung von „Zeit" „im Medium Stadt" (M. Schreiber) beschrieben werden, als Suggestion, als Erlebnisraum, als Konzentration und Steigerung von Erfahrungen menschlicher Sozialverbände in Form von Politik, von Regieren, von Planen, Handeln und Gestalten. Stadt kann als Provokation, Durchbruch und Ausbalancierung individueller Interessen in gemeindlich organisierter neuer Form definiert werden. Stadt ist von Anfang an immer ein Doppeltes: gebauter Ort und politisches Bewusstsein von Herrschaft. Stadt ist bis heute keine bloße Addition von Häusern; ihre Zählebigkeit, ihre Widerstandsfähigkeit hängt mit diesem chaotischen Reichtum von konzentrierter und polarisierter Erfahrung, der schöpferischen Vielfalt von armen und reichen, kulturellen und akultivierten Wirklichkeiten zusammen, die nicht nur eindimensional ökonomisch definiert werden können, sondern sich letztlich in schöpferischen Prozessen verdichten und entladen.

Stadt im politisch-westlichen Sinne ist und war etwas anderes als die östlich asiatische, die chinesische, indisch-arabische Stadt. Sie war gekennzeichnet durch eine Stadtbürgerschaft, durch eine neue Individualität bindende Gemeinsamkeit. Die polis und ihre Politik trug und hatte eine neue Gemeinschaft zur Voraussetzung; die civitas und später die Stadt waren eine neue Genossenschaft, die durch eigenes Recht, eine gemeinsame und zugleich differenzierte Kultur von Denken, Gestalten und Erinnern gekennzeichnet war. Dieses Gedächtnis begründete eine eigene städtische Tradition. Die attische Stadt hatte das angelegt, was die mittelalterlich-frühneuzeitliche und westliche Stadt ausbildete: die selbstständige, sich selbst verwaltende, sich selbst verteidigende autonome Stadt, die politische Gemeinde als eigener Wehr- und Schwörverband, die Genossenschaft, die Bürger mit eigenem und gleichem (der Theorie nach) Recht. Dieses andere und neue Leben lebte nicht in sklavischer Bindung an göttlich legitimierte Herrschaftszentralen, sondern vom Prozess der aufklärenden Mündigkeit und Muße, von Abkömmlichkeit, Reichtum, Bildung, Ausbildung und rational legitimierter Herrschaftsorganisation. Deswegen ist dieser polare Prozess von Stadtentwicklung so wichtig, es ist nicht die Akropolis, Wissen, Herrschaft und Hegemonie, sondern eben die Agora, der Markt, der freien und zugleich zwanghaft geforderten Aktivität in öffentlichen Angelegenheiten, die Heterogenität als Stadt zu sichern, Zuwanderer aufzunehmen, Sklaven, Arbeitskräfte zu rekrutieren, zu beherrschen. Kluge Weitsicht, nicht Tapferkeit, Herrschsucht und Schätzen zu erliegen, das war im städtischen Überleben oberstes Gebot. Fremde einzubinden, sich in immer neuer Weise zu verpflichten, Macht durch Freiheit zu sichern, sich kulturell zu verständigen, das war ein Orgelton von Stadt und städtischem Leben, der ihre Kultur formte.

Wer nur im Blick auf heutige globale Strukturen, insbesondere auf die zweigeteilte Stadt von Arm und Reich, von Disparatem, Verwirrendem, von Megalopolischem, ja Apokalyptischem, von Hunger, Drogen, Verwahrlosung und allgegenwärtigem Verbrechen und der Ohnmacht von Regierung und staatlicher Autorität Stadt beurteilt, greift zu kurz. Es war dies auch immer der Text, in dem Städtisches zu lesen war. Die Größenordnung, die zeitlichen Bedingungen, der Rahmen veränderten sich ständig, doch der Kern der Stadt, ihre Flexibilität und Anpassungskraft zeigte sich selbst beim Wegbrechen der wirtschaftlichen Basis immer erneut und zählebig.

Dies nun ist ein Hinweis auf die anderen Stadterfahrungen, die sich soeben in den aktuellen Entwicklungen von Dezentralisierung, Entindustrialisierung, Rekonzentration und regionaler Umschichtung erneut zeigen. Ob Rand-, Zwischen- oder Kernstadt: Stadt ist immer mehr als Bauten, so viel dieses Bild über den Zustand von Stadt auch Auskunft gibt. Es gilt den besonderen Ort zu erkennen, der durch Bewusstsein, Haltung und spezifische Lebensform kulturell erst Stadt macht. Ihre Macht, sich durch erhandelte, erkaufte, erkämpfte, immer erneut präzisierte und jeweils singuläre Freiheit zu sichern, zeigt sich im Beleg kultureller Verständigung. Und diese Kultur reagierte immer und auch heute auf spannungsgeladene und zugleich befruchtende Dissonanzen. Der heute so oft behauptete grundsätzliche Bruch der Stadtentwicklung und ihrer Vergangenheit, zu Beginn des 19. Jahrhunderts und im 20. Jahrhundert voll dominant, ist mitnichten so radikal, wenn man zentrale Stadtkategorien der geistig-kulturellen Beurteilung von Nähe und Distanz, von Ungleichzeitigkeit, von „Wachstumsbändern" und „-korridoren" (P. Hall) und deren städtischer Verarbeitung und räumlicher Ausbildung im Blick hat. Was heute mit dem Begriff Kernregion in weltweitem Maßstab gesagt wird, kannte die alte westliche europäische Stadtwelt ebenso wie die schwankende Dichte und funktionsnotwendig stadtbestimmte Region.

Selbst die Tendenz der Verlagerungen von Dienstleistungen, Produktionen, Güter- und Informationsverarbeitung ist nicht neu. Schon immer gab die Stadt einen Beleg immer anderer Verschiebungen von herkömmlichen Produktionsleistungen und neuen Dienstleistungen. Alfred Webers Standort-Dreieck-Konstruktionen galten für Nachfragemassierung, Rohstoff- und Fertigproduktkosten ebenso wie für die derzeitige Informationsindustrie. Die ständige Sublimierung durch die heutige Entindustrialisierung der großen Masse von Gütern und Personen verweisen deutlich auf den alten Stadtgeist, auf die Bezüge von Stadt und Kultur, die sich im Prozess ständiger Innovationen zeigte und zu bewähren hatte. Die ständig aufgeladene Nähe und die Vielzahl innovativer Milieus waren für die Stadt immer schon Garantie ihres Überlebens: Immer waren es jene Städte, die den jeweils ersten Schritt zur kulturellen Dichte politischer, ökologischer und sozialer Leistung vollzogen, die prosperierende Vorbilder wurden.

Das fiel nie vom Himmel, sondern war planmäßig geschaffen. Selbst die ständig beschworene amorphe Verstädterung kennt emotionale Bindungen und immer erneute Entdeckungen alter, weniger ökonomischer als kultureller Stadtqualitäten von Vielfalt, Reichtum und konkurrierender Fremde.

Die Wiederentdeckung der Geschichte, die Erfindung von Fußläufigkeit, von Einzigartigkeit, von altem Ambiente und von traditionellen Ladenstraßen begründen eben ein spezifisches Stadterleben und Stadtbewusstsein, deren Politik auf Unverwechselbarkeit zielt. Was in Boston attraktiv ist, hat die europäische Stadt allemal, was Toronto bietet, hat London, Paris auch. Das traditionelle Stadtgefüge war immer schon Drehscheibe. Mit dem Wegfall örtlicher Dichte als der notwendigen Voraussetzung von Kommunikation wird das kulturell-geistige Erbe von Stadt noch erkennbar funktionsnotwendig und belegt stadtqualitative Zukunftsfähigkeit ohne ökonomisch-räumliche Notwendigkeit. Die alte Stadt kannte kein Auto, aber das Problem des Verkehrs; auch sie war Beleg stadtabsorbierender Bauten, verstädterter Natur, ständiger symbolischer Machtdarstellung. Letztlich war sie immer gekennzeichnet durch Spontaneität, durch Beharrung, durch den bleibenden Antagonismus eines bürgerlich-individualistischen, zweckrationalen Weltbildes und einer auf Macht und Besitz angelegten Herrschaftsorganisation, die ständig Nähe und Distanz organisierte.

Die Texturen von alter, mittelalterlicher oder frühneuzeitlicher Stadt lesen sich leichter in ihrer Gestalt gewordenen und geronnenen Verbindung von Macht, Geld, Intellekt und praktischem Verstand, von Armut und Reichtum. Mit wenigen Namen ist dieser eigentliche und letztlich kulturgesättigte Zustand von Stadt anzugeben. Es sei auf Leonardo da Vinci verwiesen, bei dem technische, theoretische Neuerung und künstlerische Ausdruckskraft zusammentrafen. Oder auf Dante, bei dem Politik und Parteiung, Sprache, Literatur und Weltbild auf den Begriff städtischer Konflikte und Verständigung kommen, oder auf Macchiavelli, dessen politische Analyse den modernen Fürstenstaat ebenso entwirft wie die republikanische Utopie.

Helmut Böhme
locus und focus
Zum Verhältnis von Stadt und Kultur

Die alte und die neue Stadt gleichen sich

Doch nicht nur in der antiken polis, nicht nur in der Stadt der Renaissance fanden Kultur und Stadt ihren Ausdruck von Identität, Sinn und Gestalt. Noch nach dem großen Bruch, der die Stadt der Moderne notwendig werden ließ, lief die Kontinuität der polaren Bezüge von Stadt und Kultur weiter. Der neue Text ist schwieriger zu erkennen. Aber das, was die alte Stadt charakterisierte, blieb in veränderter Form, wenn man den Rahmen und die Herausforderung beachtet, erhalten. Auch heute.

Definieren wir Stadt als eine Siedlung mit nichtlandwirtschaftlicher Funktion, gekennzeichnet durch eine gewisse Größe, hohe Bebauungsdichte, mit Kernen, Mehrstöckigkeit und zentralen, politischen, ökonomischen und sozialen Funktionen, definieren wir sie als kommunikativen Ort, der die zeitlichen Distanzen aufhob, verringerte und kontrollierte, und definieren wir Kultur als in bestimmten Zeiten und in abgrenzbaren Regionen erkennbare Entwicklungen des menschlichen Geistes – so Jacob Burckhardt – „welche spontan geschehen und keine universale oder Zwangsgeltung in Anspruch" nehmen, so ist bei aller schillernden Begriffsdeutung eines erkennbar: Stadt wie Kultur werden definiert durch Gestaltung und Haltung. Ihre im politischen Prozess hervorgebrachten Normensysteme und Lebens- und Handlungsformen sind Ausdruck eines bürgerlichen-individualistischen Weltverständnisses, dessen Kultur wohl nicht primärer Ausdruck herrschaftlicher weltlicher oder geistlicher Repräsentation ist, jedoch ohne das Element politischer Gewalt nicht verstanden werden kann. Die Beziehung von Stadt und Kultur, ihr Prozesscharakter ist eingebettet in einen Rahmen von Gewalt, von ständigem Bemühen, Sicherheit und Offenheit, Spontaneität und Normbindung, Individualität und Genossenschaft zu sichern und einzuüben. Wird dieses Bemühen in Theorie und Praxis, als Sprache, als Mythos, als Politik, als eine stets prägende und geprägte Form, die immer neu zu entwickeln ist, verstanden, dann wird erkennbar, dass die Raum- und Gestalttradition von Stadt, ihre bauliche wie ästhetische Entfaltung nicht bloß an äußeren Formen hängen kann. Vielmehr ist hier noch einmal auf Immanuel Kant zurückzugreifen, für den Kultur eben auch „Ausbildung" war, die „Hervorbringung" der Tauglichkeit eines vernünftigen Wesens zu beliebigen Zwecken überhaupt.

War die alte Stadt als kollektives Ereignis auch räumlich erkennbar und definiert, so erscheinen diese alten Bindekräfte heute in der sozialwissenschaftlichen und planerisch-architektonischen Diskussion ausgeglüht. Die alten Bilder von Stadt scheinen nicht mehr wirksam. Angesichts von massentechnischen Entwicklungen, von Vielfalt, Nonkonformität und moderner Technik scheint die Welt der Stadt eine andere geworden. Der Trend geht auf globale Strukturen, auf ortsunabhängige kommunikative Prinzipien. Zudem verliert die Stadt zusehends ihre ökonomische Basis und ihre örtliche Notwendigkeit. Mit neuen globalen Wirtschafts- und Wissenssystemen benötigt man anscheinend nicht den zentralen Ort, schon gar nicht mehr die alten Stadtformen. Die Stadt, in ihrer jeweiligen Singularität erkennbar, begehbar, erlebbar, scheint obsolet zu werden. Ein neues Denken, ein neuer Mensch dominiert, und mit ihm ändert sich auch die Stadt und die Vorstellung von ihr: Die Stadt aus städtebaulich historischer Perspektive zu erneuern sei sinnloses Unterfangen, so Rem Kohlhaas.

Und doch zeigt sich die moderne Stadt als Kultur äußerst lebendig, fast könnte man versucht sein zu formulieren, dass die Stadt ledig der praktischen ökonomischen und kommunikativen Notwendigkeit in ihrer kulturellen und politischen Bestimmung eine neue Identität findet. In Stadtkritik und Stadtlyrik wird eine Dynamik offenbar, die sich nicht nur in den Zentren von Museen, von Sammlung, Belehrung und Erbauung, in Theatern, sondern auch in Warenhäusern erkennen lässt, in den uralten Prozessen von Integration, Vereinnahmung und Besonderung ihrer differenzierten Milieus, in krassen Gegensätzlichkeiten und ihrer Überwindung. Der Traum und die Wirklichkeit städtischen Lebens heute verweisen auf dieselben kulturellen Bindemittel, die die Tradition der älteren Städte prägten. Weil die ursprünglichen tragenden Pfeiler der Stadt, ihr Markt, ihre Ökonomie, ihre Machtorganisation, ihre Autonomie so brüchig scheinen, ist die Tradition des Kulturellen im empirischen Befund und in der sozialwissenschaftlichen wie planerischen Begrifflichkeit noch entscheidender geworden als zuvor.

Stadt und Kultur bedürfen mehr als je einer nicht nur historischen Begründung. Die heutige Herausforderung mit all den Erfahrungen von Störungen, Verlusten, Aufbau- und Sanierungsleistungen, aber auch der geballten Problematik von ökologischem und sozialem Desaster öffnet Chancen für ein Stadtbewusstsein, das den Konflikt von Absicht, Interesse und Kultur zu überwinden vermag. Stadt vermag erstmals von einer Zukunftsvorstellung zu leben, die den sie bislang tragenden ökonomischen und politischen Prinzipien nicht eine radikal neue, aber eine nachhaltig differenzierte und zugleich antagonistisch kulturgekennzeichnete Definition und Aufgabe gibt.

Stadt-Kultur ist Integrationsarbeit

Kultur ist wie Stadt bestimmt durch Artefakte. Beide belegen den Prozess menschlicher Arbeit. Das, was bedeutend schien, war bei aller Absicht weniger praktisch. Es ging vielmehr darum, geistige, kreative, künstlerische Zwecke zu verfolgen. Das mag überraschen, ist aber letztlich der innere Zusammenhang von Kultur und Stadt in einer mehr als nur ökonomischen oder politischen Bedeutung. Kultur wie Stadt ordnen Leben im dialektischen Gegensatz zu Natur und Arbeit immer wieder neu; sie sind der Beleg gegen die natürlichen, organischen Fakten, ihre Existenz ist jeweils kreativ, artifiziell, reflektiert. Deswegen ist dieser Bezug von Kultur und Stadt immer Ausdruck einer bestimmten Lebensart und Lebensform. Stadt und ihre Kultur ist immer Prozess, nie geschlossen. Er ist gezeichnet durch eine besondere Art von Spannung, in der sich städtische Existenz sensibel zeigt, tolerant, distanziert, menschlich, unmenschlich. Alles ist möglich: Armut, Hass, Totschlag, Drogen, Unsicherheit, Angst, aber auch Verfeinerung, Kultiviertheit, Geschmack, Kunstsinn. Humanität wird ständig eingeübt. Im Deutschen hat der Begriff Kultur eine Bedeutung, die sich von Zivilisation als einer bloß technischen Angelegenheit abhebt. Doch ohne die technische Grundierung ist die deutsche Kulturation ohne Voraussetzung, um überhaupt jene geistigen Fähigkeiten und angemaßten humanitären Einstellungen einzuüben. Auch deutsche Kultur ist letztlich Ausdruck von Standardisierung mit Zeichen, mit verstandener Sprache, kommunikativem Denken, mitleidendem Empfinden und kodifiziertem Verhalten. Auch materielle Kultur findet in Kollektivem ihren Ausdruck. Stadt verortet gesellschaftliche Kohäsion, zivilisiert Lebensweisen und Lebensart. Will man von dieser Grundierung einen Kulturbegriff im deutschen Sinne abheben, dann ist es notwendig, auf eine Definition hinzuweisen, die Stadt im Kontext der europäischen Entwicklung immer als einen Akt der emanzipativen Besonderung darstellt, der Verfeinerung. Beiden Begriffen – Kultur wie Stadt – ist eigen, dass damit der Prozess mehr reflektiert wird als das Ergebnis. Stadt als Ort der Emanzipation gegen die Natur, gegen den politischen Zwang von Blut und Erbe, lebte von einem Kulturbewusstsein, das auf Freiheit zu eigener Leistung steht, gegen Privileg und fremdbestimmte Macht, sie lebt von Differenzierung und Hoffnung und dem ständigen Suchen nach Verteidigung eines eigenen way of life. Dabei werden Probleme zweckfrei, spontan und ebenso praktisch bewältigt. Kultur und Stadt sind also Ausdruck von Integrationsarbeit und Daseinsbewältigung, die sich nicht auf göttliche, allmächtige Intervention und Vorgabe verlassen wollen und können.

Das Wesen der frühen Stadt ist Bildung

Kultur leitet sich von colo, colui, cultus her, also von „pflegen", „bebauen", „bestellen", aber auch „anbeten"; Stadt von „statt" zeigt auf Beharren, auf „stehen". Deutlicher ist der Begriff von Macht und Aushandeln in der polis erfasst. Hier wird der Prozess der Stadtbildung als Politik erkennbar, die sich aus der Jagd, dem Ackerbau und der Nahrungsvorsorge, der kultischen Sicherung ablöste. In diesem Prozess veränderte sich nicht die äußere und die innere Natur des Menschen. Kultur in diesem politischen, also städtischen Sinne bedeutete Zähmung und Arbeitsleistung, Disziplinierung von Leidenschaft und Egoismus, von Herrschaftsanspruch und Diktat. Gleichzeitig wurde Arbeitsteilung neu definiert von Muße und Ausbeutung, die dauernde Sicherung dieser neuen Stadtwelt durch Teilhabe oder Ausschluss von Kultur.

In der frühen Stadt wird das Archiv wichtig. Erinnern, aufschreiben, kontrollieren, zuvor Beleg gottgleicher Herrschaft, wird mit Schrift und Zahlenwerk Grundlage säkular garantierender Geistigkeit als Herrschaft. Ihr folgt die polis des kämpfenden Dialogs. Politik, Stadt wird in dieser Kultur selbst zum göttlichen Akt. Die Poliskultur setzt ihre Erfindung gegen Barbarei. Die dialektische Spannung von autokratischer Herrschaft und marktschreiendem Dialog, von Akropolis und Agora, begründete eine Stadt, die nur durch ihre Kultur als Stadt existieren konnte, eine Stadt, die beständig auf Einmaligkeit drängte, auf die Befreiung von Wind und Wetter, die Abhängigkeit von Tag und Nacht, die Jahreszeiten. Die Konkurrenz von Natur und Kultur erhalten in der Stadt ihre Arena. So wird die Stadt Sinnbild für den Prozess der Vermenschlichung des Himmels und der Vergöttlichung menschlichen Handelns. Eine neue, kulturelle Stadtnahrung ersetzt die göttliche Legitimität. Militärische und ökonomische Gewalt garantieren der Stadt einen Überschuss von Muße und Kultur. Diese Stadt löst Magie und Götterrituale ab und schuf sich ein neues Brauchtum, einen neuen Mythos. Sie verwandelt ihr natürliches und göttliches Erbe in Menschenwerk. Das Stadtwerk in Kunst, Wissen, Moral und „Religion" wird Kennzeichen einer neu gebildeten Gesellschaft von Ungleichen, Bürgern und Sklaven. Arbeitsfreisetzung als Kultur ist damit der präzise Ausdruck dieser revolutionären Transformation der Landablösung; und die Stadt ist ihr neues Gefäß. Hier bewährt sich Geist und Körper für ein öffentliches Stadtleben. Deswegen ist Kultur in diesem Bezug keine Applikation von Stadt. Kultur ist deren Grund selbst: emphatisch, disziplinierend, orientierend, standardisierend; sie ist Kritik und Anspruch, Widerspruch und Erinnerung.

Diese neue Stadt als Kulturerfindung ist locus, aber immer zugleich focus, eine distinkte Art zu leben, ein Leben von singulärem Gedächtnis. Kultur also erst macht Stadt, und Kultur eröffnet der Stadt ihre Chance, nicht reinen Machtzwecken und entsprechender Repräsentation zu dienen.

Helmut Böhme
locus und focus
Zum Verhältnis von Stadt und Kultur

Das bestimmende Kennzeichen der Kultur ist Offenheit. Die Teilhabe und Mitgestaltung der öffentlichen Angelegenheit kennzeichnet die erste Stadt und ihre Bürger, eine stadtansässige Aristokratie. Auf der Basis einer ungleich geordneten Männer-, Sklaven- und Konkurrenzgesellschaft entsteht Stadt, frei von Arbeit. Diese Freisetzung beruhte auf militärischer Gewalt, auf dem Sieg über andere. Sie bot die Voraussetzung, politische, geistige und auch körperliche Vervollkommnung anzustreben und vor allem diesen Prozess denkerisch zu bewältigen. Das Wesen dieser Städte ist nicht Bau, sondern Bildung. Ausbildung ist die Chance, wie es E. Salin formulierte: „Wohlgebildet an Leib und Seele und Geist" zu üben „durch die fruchtbare Mitwirkung des Menschen als Polis-Wesen, als politischem Wesen in seinem ihm und nur ihm eigenen politischen Raum". Die Unterscheidung und Trennung von Stadt und Land und in der Stadt selbst ist die von Muße und Arbeit, von Krieg und Gewinn. Diese Freiheiten sind für die Stadt konstitutiv.

Diese Vorstellung hat für die Stadt und ihre Konzeption eine lange Wirkkultur. Sie begleitet alle utopische Hoffnung auf ein „Reich jenseits der Notwendigkeit" (K. Marx), auf ein Jerusalem, das den Zwang der täglichen Vorsorge und den Kampf gegen die Natur und die Gewalt der Abhängigkeit nicht kennt. Alle gesellschaftlichen Reformansätze im 18. und dann im 19. Jahrhundert erneuern im Blick auf dieses kulturelle Substrat die Stadt als eine Insel der Entlastung, der Humanisierung, der Urzelle von Freiheit und Gerechtigkeit, bei den Frühsozialisten, bei Owen, Engels, Fourier, den Stadtreformern wie Ebenezer Howard, Camillo Sitte, Raymond Unwin, bis hin zur Avantgarde eines Le Corbusier, der auf die maschinisierte Stadt hoffte, „die tägliche Mühe" abwälzen zu können, um so die kulturelle Substanz, die humane Erneuerung als Lösung „der sozialen und Wohnungsfrage" zur städtischen Sache zu machen. Von Anfang an also ist der kulturelle Grund für die Stadt konstitutiv.

Stadt als Ort sozialen Wandels

Auch der weitere historisch zeitliche Abschnitt von Stadt-Kultur-Beziehung im europäischen Mittelalter ist von dieser Vorstellung geprägt. Nun wurde die Stadt nicht mehr nur vom Gegensatz Stadt und Land, Muße und Arbeit geprägt, sie entwickelt sich als eine andere Gesellschaft. Stadt wird zu einem Subjekt sozialen Wandels. Als Teil des feudalen Systems nutzt ihr die Elastizität dieser Ordnung, deren Rechtsrahmen, deren ökonomische und soziale Prinzipien. Sie kann die Gegensätze von Land und Stadt, von Erbe und Blut, von Heilshoffnung und neuen Anforderungen nutzen und ihr eigenes System von Ökonomie, Individualität und politischer Ordnung durchsetzen. Die spätmittelalterliche Stadt wird nicht mehr von einer, sondern durch die Vielfalt ihrer Kulturen geprägt, die zugleich eine Vielfalt sozialer Welten spiegelt. Sie wird zum Experimentierfeld, erneut zum Ort von etwas Neuem.

Hier entsteht die bürgerliche Gesellschaft mit ihrer kapitalistischen Produktions- und genossenschaftlichen Herrschaftsform. Sie ist einerseits Teil des ökonomischen und politisch-sozialen Systems von Feudalität, aber zugleich Gefäß neuer Produktions- und Verlagsformen, von protodemokratischer Herrschafts- und Teilhabeorganisation.

Der Idealtypus dieser Stadt, mit Max Weber formuliert, ist durch „nicht-legitime Herrschaft" charakterisiert, ist als Marktort, als autonomer, sich selbst verwaltender, sich selbst verteidigender befestigter Ort mit Mauer, Tor, mit teilweise eigenem Recht und Gericht, mit Verbandscharakter und neuer, schließlich professionell ausgebildeter bürokratischer Organisation gekennzeichnet. Sie ersetzt die Herrschaft feudaler militärischer Machtmittel durch offene ökonomische und kulturelle Mittel, die aus dem geschlossenen Kreislauf der Selbstversorgungswirtschaft ausscheren.

Dies ist dann die Basis jener politischen Autonomie, die die europäische Stadt kennzeichnet, eine Autonomie, die auf eigener Verwaltung, Recht und militärischer Macht ruhte. Diese Stadt ist angewiesen auf ständigen Zuzug. Und sie hat ständig Integrationsarbeit zu leisten. Der Bürger dieser Stadt verschwört sich zu einer Gemeinde, zu einem Schwurverband von Individuen unterschiedlicher Herkunft, Vermögen, Abstammung und Rechten. In der Stadt entstehen neue Stände. Nicht Adel ist es oder Geistlichkeit oder Blutsverwandtschaft, sondern die ökonomische und kulturelle Potenz, die entscheidend wird.

Politisch getragen von dieser persönlichen Zugehörigkeit zur Stadt „und nicht der Sippe oder der Stamm" (M. Weber) löst sich der Städter aus dem Mythos gottgegebener Standeszugehörigkeit. „Der einzelne wird als einzelner und nicht als Teil einer Sippe oder als Klient eines Herrn zum Stadtbürger" (W. Siebel).

Diese idealtypische Annahme von Stadt bezeichnet keineswegs eine harmonisch gesicherte Existenz, eine interessenausgeglichene Gesellschaft des Einzelnen. Im Gegenteil: Die Kultur dieser Stadt ist hoch spezialisiert. Sie ist ständig beliebig und grundsätzlich offen; sie ist ständig gefordert von einer „unvollständigen Integration" (H. P. Bahrdt); denn der Markt ist nur ein Teil der Existenz. Der Markt begründet immer nur ein offenes, ein beliebig konteraktives, situatives Sozialgefüge. Diese Stadt kennt kein vorgegebenes, strenges und lückenloses Bezugssystem, das Haltungen definiert und soziale, politische Beziehungen festlegt. Gerade das Fehlen solcher Normungen fordert den Einzelnen, eröffnet aber die Möglichkeit, „dass Individuen sich als Individuen begegnen können" (W. Siebel).

Privatheit und Öffentlichkeit in ständiger Spannung

Die Geschichte dieser Städte liest sich als ein ständiges Ringen von Teilhabe und Sicherung, als Einübung von Bezugs- und Nachbarschaftssystemen, die diese Begegnungen und Erfahrungen erst ermöglichen. Kulturelle Orientierung ist eines der entscheidenden Mittel, die Ausgesetztheit, Mobilität, Unsicherheit, Aggressivität und Bedrängung aufheben sollen. Sie ist der Schutz und dämpft die Zumutung des immer Neuen und Zudrängenden. Aus dieser ständigen städtischen räumlichen Nähe und sozialen Distanz erwächst eine neue und zugleich ständige Spannung von Öffentlichkeit und Privatheit.

Für Hans Paul Bardt entsteht aus dieser Wechselbeziehung das Bedürfnis nach geschützter Privatheit, ein Schonraum, in dem sich „Entfaltungschancen für Individualität bieten, für die Kultivierung von Emotion und Intimität". Damit wird „die Polarität und Wechselbeziehung zwischen Öffentlichkeit und Privatheit ... das Spezifikum, das die städtische Lebensweise" kennzeichnet, sie vom Land ebenso abhebt wie vom feudalen und klerikalen Rahmen, der sie umgibt. Die Stadt kennt keine Lebensweise ohne Polarität. Erlahmt diese für die Stadt notwendige, sie kennzeichnende Spannung, verliert die Stadt ihren Charakter. Diese immer unvollständige Integration trägt städtisches Verhalten, erzwingt ständige Emanzipation und zugleich kulturelle Rückversicherung. Einerseits ist es das Gemeinsame in abstrakten Systemen, was Stadt kennzeichnet, und andererseits ist es die mehrfache Emanzipation, die Stadt und Kultur bestimmen. So lebt der Wirtschaftsbürger von der agrarischen Nahrungssubstitutionswirtschaft, aber er hat sich von ihr ständig zu lösen; wohl ist die politische Existenz des Bürgers durch das feudale politische Herrschaftssystem bedingt und ermöglicht, jedoch hat er sich um seiner illegitimen politischen Existenz wegen ständig von diesen zu lösen. Schließlich zwingt ihn die ständige Polarisierung seines Alltagslebens, die Wechselbeziehung und gleichzeitige Polarität von Öffentlichem und Privatem zur Kulturation eines individuellen Lebensstils und zur Existenzvorsorge. Und dies geschieht auf dem kulturellen Weg zu Bildung als spezieller Ausbildung. Die erkämpften Freiheiten, Folge der mehrfachen Emanzipation, sind also für Stadt und ihre Kultur grundlegend. Markt, Genossenschaft und ständige Ambivalenz ihrer Gesellschaft sind der Gehalt der europäischen mittelalterlich-frühneuzeitlichen Stadt. In ihr entwickeln sich nicht nur genossenschaftliche, protodemokratische Regierungsformen, sondern auch eine Kultur, die ständig neue soziale Beziehungen reflektiert.

Unvollständige Integration, prinzipielle Offenheit am Markt wie in der Politik und im sozialen Gefüge lassen ein Stadtbürgertum als neue Gesellschaft entstehen, die „ihr Dasein der Stadtbildung verdankt" (H. P. Bardt). Die äußeren Zeichen dieser mittelalterlichen Stadt, die bis heute zum Teil noch erkennbar sind, sind der geronnene Bestand ihres Bautenrepertoires, ihrer unterschiedlichen und differenzierten Stadtorganisation. Sie geben steinerne Kunde von einem Selbstverständnis, das sich in Stadtstruktur, in Kern- und Vorstadt, in Rat- und Zunfthaus, in Markt, Kirche und Herrschaftssitz ausdrückt, aber mehr noch in ihren überlieferten Lebensformen, in Kleidung, Ritual und Lebensstil.

Auch nach dem doppelrevolutionären Umbruch verschwindet diese Erbe nicht. Auch im nationalen Staat und seinen kapitalistischen Produktionsweisen bleibt die Stadt Zentrum und Kristallisationspunkt sozialen Wandels. Die Antriebskräfte allerdings verschieben sich. Das alte Erbe der Stadt, ihre spezifische Kultur, bleiben erhalten, transformieren sich allerdings, weil die alte Spannung von Land und Stadt und der feudale Rahmen zunehmend wegfallen. Der Erfolg der Stadt und seiner Bürger macht nun Staat.

Die große Stadt wird zum Gegenstand der Kritik

Die Stadt im 19. Jahrhundert ist nicht mehr ein besonderer Ort von Herrschaft oder die Keimzelle einer neuen Gesellschaft. Sie wird „Zentrum der bestehenden" (S. Siebel). Sie ist Inhalt und Kern von Modernität, moderne und industrielle Großstadt im Verband einer neu begründeten Staatenwelt, Teil und Werkstatt von sozialem und politischem Wandel, der aber die alte Beziehung von Kultur und Stadt nicht sprengt, sondern intensiviert.

Im neuen Kontext des nationalen Staates und seiner unterschiedlichen politisch-machtstaatlichen, ideologisch begründeten Intensität von Laissez-faire und Intervention wird die Stadt nicht nur als Selbstverwaltungskörper mit unterschiedlicher Autonomie neu definiert, sondern eigentlich Ort „kultureller Selbstentfaltung" (W. Mommsen). Jetzt entsteht das bürgerliche Kulturrepertoire von Sammlungen, Museen, Theater, Universität, Börse, Parlament und Fabrik. Aus der Symbiose von Stadt und Bürgertum entsteht das nun zum Durchbruch gelangte System „bürgerlicher Kultur" (T. Schabert).

Dies ist mitnichten ein so tiefer Bruch wie oft beschrieben. Was neu und anders ist, ist nicht mehr eine ferne, sondern die eigene Welt. Zunehmend ist die heutige Moderne zu reflektieren, ihre städtische Produktions- und Lebensweise. Dies ist bestimmt von einem starken Bevölkerungswachstum, dann von der großen, freigesetzten Mobilität der Menschen, ihrer Migration, den stark expandierenden, neu strukturierten und neuartig verflochtenen Arbeits- und Produktionsmärkten, die nicht auf dem Land,

Helmut Böhme
locus und focus
Zum Verhältnis von Stadt und Kultur

sondern in den Städten stattfinden. Die Stadt explodiert; die Mauern fallen und mit ihnen die alten fürstenstaatlichen Organisationen; räumliche Gliederungen reagieren nicht mehr auf den fürstlich aufklärerischen Befehl. Die Schlagworte von der Freiheit, der Gleichheit geben der Stadt eine Attraktivität, die ihren Einzug weitet und ihre Kapazität überspannt. Erfolg bürgerlicher Emanzipation drängt nun die Freisetzung, die Deregulierungen in städtische Zustände. Diese werden rasch unübersichtlich; ihre Heterogenität, ihre soziale Dynamik, Größe, Dichte werden einerseits Anlass zum Umbau, zum Neubau, andererseits verfallen alte Bezüge und Standorte. Der Marktwert zeitlicher Ungleichzeitigkeit bestimmt Wachstum und Verfall. Baulich-räumliche Strukturen verfallen, werden neu zugerichtet. Der Markt, Angebot und Nachfrage dominieren, Spekulation und Produktion. Eine grundsätzlich neue Auffassung von Staat, Gesellschaft und Kultur, geprägt von Technik, Naturwissenschaft und liberalen Prinzipien, eröffnet eine neue Beurteilung von Bau, Kultur, Planung und Stadt. Klassizismus, Romantik, Historismus laufen nebeneinander her, setzen mit Rückkehr und Aufbruch neue Zeichen, um in der „Rückkehr zum körperlichen und wesenhaften Bauen" (K. Gruber) und nicht in umfassenden städtebaulichen Raumordnungen die eigentliche Aufgabe zu sehen.

Bauen wird in neuer Weise ein Ausdruck einer gebildeten, dünnen und kulturell-geistigen Oberschicht. Die Welt von Bauen und Planen spaltet sich. Ingenieurleistungen dominieren, während Architektonisches zunehmend formalisierte Garnierung wird. Trotzdem ist dieser Neuanfang gewollt. Er ist aus dem Erbe des siegreichen Stadtbürgers entworfen. Die Städte, insbesondere die großen in Europa wie London, Paris, Berlin, Barcelona, Köln etc., aber auch die neuen, rasch wachsenden Industrieagglomerationen, Hochöfen, Zechen, Eisenbahnen, Bahnhöfe, Welthäfen werden zur Folie einer neuen Stadt, der großen Stadt, der Industriestadt, der Slumstadt, einer Stadt, die ihrem äußeren Bild nach weniger kulturelle Selbstverständigung war, sondern nur Abbild von Widerwärtigkeit, Rauch, Qualm, Übervölkerung, Armut und krassem Reichtum, Machtdemonstrativem oder abgestandenem Verfall. Die neue wie die alte Stadt stand für den Schrecken der Zahl und der großen Differenz. Sie war zunehmend ein politisches Problem, der Hauptkern der sozialen Frage, die trotz oder wegen der Dynamik von Ökonomie und Bevölkerung immer weniger lösbar wurde.

Dieser Stadt am Ende der großen Industrialisierungsphase wird trotz offenbar großer Kulturleistungen im bürgerlichen Bau- und Lebensstil jede Qualität abgesprochen, in harscher intellektueller Kritik wird ihr Zustand Anlass heftiger moralischer Ablehnung und Angst. Die Stadtfrage insbesondere der großen Stadt, die Wohnungsfrage, die anscheinend mangelnde bildungsbürgerliche Kultur der Stadt wird zum Anlass von heftiger Kritik, die schließlich in unterschiedlicher Argumentationsbegründung vom Untergang der europäischen Stadt redet und mit ihr auch vom Niedergang abendländischer Kultur. Viel ist in dieser am Ende des Jahrhunderts publizierten Stadtkritik, in dem Stadt- und Wohnreformbemühen, insbesondere von deutschen Kathedern herab, von Vereinsamung die Rede, von Zerfall, von polaren Gegensätzen, die Stadt nur noch als Landkarte sozialer Ungleichheit verstehen ließ.

Die europäische und amerikanische Sicht der Stadt

Und so wie die Städte, ihre Bürger, Verwaltungen und öffentliche Meinungsbildung selbst unentschieden in Kritik und Aufbruch ihre Stadt- und Kulturchance sahen, so ist auch die Kritik geschieden in technischen Fortschrittsglauben und bildungsbürgerliches Räsonnement. Wichtig ist in diesem Zusammenhang, auf Analysen zu achten, die auf die spezifischen Formen von Stadterfahrung, Stadterleben und Stadtgeschichte insbesondere der neuen Industrie und großen Städte eingehen. So sieht – exemplarisch genommen – Georg Simmel im Fin de siècle der von Industrie und Massengesellschaft gezeichneten großen Stadt und ihrem Geistesleben eine sie kennzeichnende „Kurzlebigkeit", „Heftigkeit", „Intellektualität", auch lebensrettende „Blasiertheit". Für ihn ist die „Reserviertheit" ihrer Bewohner kennzeichnend, „Großstadt" eine neue Lebenswelt, die zugleich in ihren „Schutzmechanismen" begriffen wurde. Diesem Lebenszuschnitt der neuen großen Stadt, nicht nur Europas, entsprach aber gleichzeitig ein Denken von prinzipieller Exaktheit, Abstraktheit, also rationalistische Verhaltensweisen. Sie erlaubten den schnellen Wechsel von Eindrücken, die Überfülle von Reizen in ein festes „übersubjektives Zeitschema einzuordnen" (G. Simmel).

Von nun an wird Stadt immer deutlicher als eine von der Geldwirtschaft mehr und mehr bestimmte makroökonomische Vernetzung gesehen. Was früh in der Stadt und ihrer Kultur angelegt war, kam nun „im getreuen subjektiven Reflex der völlig durchdringenden Geldwirtschaft" zum Ausdruck; was früher im kleineren Rahmen angelegt war, werden nun dynamische Elemente, die die neuen wissenschaftlichen, wirtschaftlichen und künstlerischen Fähigkeiten fördern und erzwingen. Stadt, auch die moderne, lebt von der unvollkommenen Integration des Fremden. Stadt war wie ehedem gekennzeichnet vom Herauslösen aus Tradition und zünftischer, sozialer Kontrolle, von Arbeitsteilung seiner Bewohner, die dem Fremden nicht nur eine Chance gab, sondern ihn zwang, an der ökonomischen und sozialen Produktion auch kulturell teilzunehmen. Simmel gewann so im Blick auf Industrie- und moderne große Stadt ein Bild, das kulturelle Produktivität und städtische Lebensweise in neuer Weise charakterisierte, er gewann mit seinen Begriffen „Freiheit", „Arbeitsteilung", „Heterogenität", „Größe" und „Dichte" eine entscheidende kulturgeprägte Stadtanalyse, die in heftigem Gegensatz zur gleichzeitigen Großstadtkritik und utopischen Reformbemühungen stand; seine Arbeit hatte Anteil an der Aufbruchstimmung, die mit Fortschrittsglaube und Machtambitionen Zukunftspessimismus zu bannen glaubte.

Ganz anders die Wertung aus amerikanischer Sicht im Zuge der erneuten Depression in den 30ern des 20. Jahrhunderts. Im Erfahrungsbereich von Chicago wird Stadt weniger als Ort der positiv beurteilten Individualisierung gesehen, sondern der Vereinsamung, des Zerfalls von Bindungen, des krassen Widerspruches von Reich und Arm, von Vermassung, Nivellierung, ethnischer und allgemeiner Segregation und Verinselung. Der Fremde hat z. B. im Text von Louis Wirth nicht mehr die Chance zur Integration, sondern nur zur Abgrenzung, zur Ambivalenz seiner ständig gefährdeten Existenz. Statt von der Kultur der Stadt zu reden, ist nun die Rede von „Kulturen", von der Vielfalt der verschiedenen, nicht kommunizierenden, ethnischen und moralischen Milieus, den „ökonomischen Wechselorten", die nichts oder wenig mehr gemein haben mit dem alten europäischen Kulturbegriff von Stadt. Was für L. Wirths Essay und den Parkschen Thesen der Chicagoer Schule der 30er gilt, ist insofern von Bedeutung, weil sich in diesen Thesen nicht die europäische Tradition spiegelt. Ihre Fragen waren auf Probleme der amerikanischen Stadtgesellschaft von immer Fremden gerichtet. Sie hatten offenbar keine Chance auf soziale Integration durch Fremdheit und Arbeitsteilung. Dieses Chicago schien als Stadt von differenten Kulturen ohne Hoffnung, weder im Blick auf ein verbindendes Stadtbewusstsein noch auf kulturelle Identität.

Auch die zukünftige Aufgabe der Stadt heißt Integration

Von heute aus gesehen entdeckten beide hier exemplarisch ausgewählten Sichtweisen von moderner und großer Stadt ein Gemeinsames, das sich historisch erneut verorten lässt. In beiden Analysen war der alte Zusammenhang von fortgeschrittener, zugleich sozialer Arbeitsbewertung und stadträumlicher, stadtkultureller Organisation dominant. Was zuvor als Kultur und Stadt verstanden wurde, bildete sich nun als „Kulturen" aus, also den in jeder Stadtentwicklung bestimmenden Elementen des Zuzugs, der differenten Milieus und entsprechender Erfahrungen. „Stadt" wurde nun als ein „Mosaik verschiedener Welten", ein „Mosaik aus kleinen Welten" beurteilt, im Konglomerat aus Nischenleben, das durch den Konkurrenzkampf zwischen sozialen Gruppen, die „territorial getrennt", „segregiert waren, zustande kommt" (W. Siebel).

In diesen kleinen, scheinbar neuen Welten ist aber die alte Welt, die Tradition der sozial kulturellen Verflechtungen, die die Stadt immer schon bildeten, zu erkennen. Denn immer schon, wenn auch nicht mit den großen Zahlen und globalen Verbindungen, war die arbeitsteilige Differenz und die räumliche Ordnung aufeinander bezogen, und immer war der soziale Zusammenhang von Trennung und produktiver Differenz für die Stadt prägend. Soziale Ungleichheit kennzeichnete die Stadt von Anfang an; sie war nie eine Welt von gleichberechtigten Lebensformen oder gar von egalitären Lebenswelten. Im Gegenteil: Stadt war immer durch den Anspruch bestimmt gewesen, einen neuen Mythos zu erzählen als Hoffnung, kulturelle Differenzierung und soziale Integration in gegenseitiger Befruchtung aufzuheben und zu einer distinkten Kultur von differenzierten Lebensweisen, Lebensstilen und Erinnerungen zu führen.

Nicht der „locus" als solcher war entscheidend, sondern immer der „focus" von theoretisch gleichberechtigten, praktisch ungleichen und verschiedenen Lebenswelten. Die europäische Stadt in ihrer langen Tradition leistete dies immer wieder, weil sie die politische Aufgabe von Partizipation leistete. Die amerikanische Stadt, ein Exportprodukt, ist gekennzeichnet durch die Probleme anderer Bedingungen, die Stadt wesentlich als bloß ökonomische Addition begreifen. Ihr Zustand schärft aber den Blick für Probleme, die auch europäische Städte im Zeichen globaler Netze haben. Man darf weder die Kultur der polis noch jene der alten, insbesondere der freien Reichsstädte mit den heutigen Stadtentwicklungsproblemen gleichsetzen. Man kann auch nicht historisches Erbe in Marketing oder in Machbarkeitsstrategien inszenatorisch einsetzen wollen. Das gelingt nicht. Ohne den Grund von Kultur, der Stadt prägt, lassen sich letztlich keine verschiedenen, zeitlich differenten Bilder von Stadt erkennen noch Erinnerungen wachrufen.

Helmut Böhme
locus und focus
Zum Verhältnis von Stadt und Kultur

Stadt ist mehr; sie lebt von der historisch aufgeschichteten, übereinander gelegten, bewusstgemachten Erfahrung immer schon heterogener Elemente. Singuläre Stadtproduktion gewinnt ihre Aura im Wechsel von Interessen und Zeiten. Der historische Maßstab heißt letztlich nicht Kernstadt verteidigen oder Altstadtpflege als Heilmittel rühmen. Er hilft vielmehr nur, kulturell produktive Unterscheidungen zu verstehen, soziale Integration als Aufgabe und Chance, Befreiung als kritischen Begriff für Stadtzukunft anzuwenden. Vergangenheit aufzuarbeiten ist kein Selbstzweck, sondern die Begründung der Zukunftsfähigkeit von Stadt jenseits von ökonomischen Bedingungen und Utilitarismen mit historischer Erfahrung zu sättigen.

Kultur ist die Basis zukünftiger Stadtentwicklung

Mit dem Wegfall der ökonomischen, ja selbst der politischen Grundfunktion von Stadt, den sie mittragenden und gestaltenden Faktoren der alten Stadt, mit der Behauptung, dass die historischen Bindekräfte verwelken würden und man von Überlieferung und Stadtbildbewusstsein Abstand zu nehmen hätte, erhält die Grundlegung von Kultur und Stadt eine neue aufregende Bedeutung jenseits aller substanzlosen Inszenierungen. Stadt verstanden weniger als Bau oder ökonomische Verwertung, sondern als Lebensform, als immer utopischer Entwurf eines politisch kulturellen Partizipationsmodells, das mit den Prinzipien von demokratischer Selbstverwaltung, vom Anspruch auf Chancengleichheit und von Entfaltung der Persönlichkeit eine besondere Bedeutung hat, kann nicht auf Eindimensionalitäten zurückgeführt werden; „Stadt ist kein passiver Resonanzkörper gesamtwirtschaftlicher bzw. globaler Entwicklungsprozesse noch autonome räumliche Wirtschaftseinheit" (D. Läpple). Da zudem erkennbar ist, dass Stadt durch die neuen Informationstechnologien nicht mehr notwendig einer räumlichen Konzentration bedarf, ihre Tausch- und Kommunikationsqualität virtuell und allgegenwärtig ausgeglichen wird, werden andere, kulturelle Grundlagen für die Zukunft der Stadt entscheidender werden: ihre Erlebniswelt, ihre individuellen historischen und naturräumlichen Konstellationen, aber auch ihre Anziehungskraft, abgebildet in besonderen Zeichen-, Symbol- und Repräsentationssystemen, wird ihre Attraktivität steigern. Kultur wird der weiteren Ausdifferenzierung ihrer Gesellschaft entsprechen, den Abbau von verbindlichen Arbeitsweisen auffangen, aber auch Benachteiligung und Hoffnungslosigkeit, einer zunehmend ungleich werdenden Verteilung von gesellschaftlichem Reichtum und Ressourcen ein Widerlager geben. Der Stadtgrund Kultur wird eine erhöhte und entscheidende Bedeutung zukünftiger Stadtentwicklung werden.

Dabei wird nicht die administrativ hergestellte Kulturbetrieblichkeit entscheidend sein, sondern die gesteigerte Teilhabe an Kultur zum entscheidenden Element zukünftiger Stadt werden. Wenn das Erbe, städtische Lebensweise als Folie von moderner Stadt als Ort der Begegnung, Mischung und Widersprüchlichkeit als emanzipatorische Kraft verstanden wird, dann kann in postnationalen, postterritorialen und posttechnokratischen Rahmenbedingungen Stadt in ihrem Kulturgrund jenseits „nationaler Ligaturen" (W. Strubelt) und dem Schwinden „sozialer Bindungen" eine Bedeutung für zukünftige Entwicklungen erhalten.

Angesichts der Auflösung der Nationalstaaten als bestimmende Größen ökonomischer und politischer Macht erhalten die Städte als Kerne ihrer Regionen in der Rückkehr zu einer symbolischen Macht als Kulturebene eine hohe Bedeutung und Chance. Denn diese Entwicklung bedeutet, den Städten räumlich eine bestimmende gesellschaftliche Konfiguration zuzusprechen. Neue Stadtvorstellungen und -entwicklungen werden demnach immer öfter mit dem Modell konfrontiert sein, ob nicht „Stadtregionen vielleicht stärker als bisher die Fokussierungen der gesellschaftlichen, politischen und ökonomischen Machtpositionen darstellen" (W. Strubelt). Das Prinzip Offenheit und Unvollständigkeit wird damit erneut zum Katalysator von Stadt. Dabei sind Spielräume wichtiger als straffe Planung, endgültige Lösungen, Provisorien und Fehlerfreundlichkeit entscheidender als Volumina, Unterschiede wichtiger als Homogenität, politische Teilhabe und Interesse entscheidender als Wohlfahrtsversprechen, Grundqualifikationen mehr als spezialisierte Abrichtung.

Die jüngste Vergangenheit von stadtplanerischen Absichten, Stadtsanierungen, Stadtumbauten und ihre damit geschaffenen Probleme schrecken. Man ist zurückhaltender geworden und sieht die Diskussion um die Zukunft der Stadt unter kulturellem Aspekt neu eröffnet. Die Entwicklung des Städtischen hat Zukunft, sofern „locus" nicht vom „focus" getrennt gedacht wird.

Beachtet man die in Simmels Analyse hervorgehobene Stadtqualität von physischer Übernähe und sozialer Distanz, von Anonymität und kosmopolitischer Begegnung, dann wird deutlich, wie notwendig die jeweilige spezifische Stadtkultur nicht nur zu erforschen oder zu analysieren ist, sondern sinnlich, bildlich und politisch in einen Dialog eingebracht werden muss, der das Verhältnis von Kultur und Stadt bewusst macht und nicht im inszenatorischen Effekt verkommen lässt. Dichte, Bewegung, Flüchtigkeit, Heterogenität, Fremdheit, Arbeitsteilung, Unverbindlichkeit sind nicht negative, sondern positive Elemente, die die Stadt schon immer prägten, ja ihren emanzipatorischen Charakter ständig erzwangen. „Die Städte in den 90er Jahren" (J. Friedrichs) sind nicht nur im Aspekt von „global cities" zu analysieren (S. Sassen), sondern auf die Nachhaltigkeit und Zukunftsfähigkeit sehr alter Elemente, die sich neu als Vielfalt sozialer Welten, als Milieus, als Kulturen der einen Kultur verstehen. „Denn Kultur ist weder Faktor (neben anderen) noch ein geschlossener Bereich" (R. Lindner). Dieses Verständnis von Kultur im Blick auf die Stadt erzwingt ständige Neu- und Umgestaltung als Lebensgesetz der Stadt. Sie setzt auf Ungebundenheit, die als Freiheit und Forderung zu verstehen ist. Prinzipielle Offenheit als Anspruch, das ist das eigentliche Element des europäischen Stadtmodells, ist der eigentliche Kulturengrund von Stadt. Dies politisch einzufordern und zu gestalten heißt, die Ambiguität der Stadt zu sehen, die Notwendigkeit der Verarbeitung von Störungen, die Herausforderung des Neuen und Fremden anzunehmen.

Stadt lebte von dieser Art Kultur. Sie lebte immer im Zwiespalt: sich zu verschließen, das liefe auf Musealisierung hinaus. Ob Massenphänomen, ob neue Technologie, ob ökonomische Potenz, ob politisch-militärische Macht, ob bürokratische Organisation, ob Segregation oder Emanzipation, ob Rechenhaftigkeit, ob naturale Bewältigung oder sozialer Ausschluss – die Stadt wird im Blick auf ein supranationales Europa, das deutlich die alten Züge symbolischer Machtverwaltung tragen wird, eine neue kulturelle Zukunft haben. Weniger die Ideen von Telepolis oder Cyperspace werden dabei Leitbild sein, sondern eher die alten Bausteine der europäischen Stadt. So töricht es war, vom Ende der Geschichte zu reden oder gar vom Ende der Stadt – die Analyse des Städtischen, weniger des Gebauten, sondern der Blick hinter Kulissen, auf die Bedingungen, auf die Haltung, auf das Bewusstsein wird die Perspektive der Zukunft bestimmen. Es ist die Prägekraft jenes Bildes, das Heinrich Mann gerade von der großen Stadt, als „Menschenwerkstatt" entworfen hat, als er von „Offenheit" und „Bindung" sprach, von Zugänglichkeit und Widersprüchlichkeit, der Entfaltungschance, dem Zufall.

Hieß nach 1945 in Deutschland das Schlagwort Sanierung, Kahlschlag und verordnetes Grün und Wohlfahrt durch Großunternehmung und Großplanung, wollte man nach 1970 die kaputte Stadt retten und seit 1980 sie behutsam erneuern, nachhaltig planen, so folgt heute nach der großen Ernüchterung der 90er Jahre die Chance der Kleinteiligkeit, der Desinvestition, die Scheu vor der allgewaltigen Machbarkeit. Man ist zurückhaltender geworden, achtet auf den Dialog, zieht aus der Analyse der Kleinheit, den Teilautonomien und Teilökonomien Gewinn, wird sensibler für den historischen Befund der geistigen Konstruktion von Leben in der Stadt als kulturellem Humus. Die Atempause gibt eine Chance, gegenüber planerischen Modewellen wieder Distanz zu gewinnen, um über mehrdimensionierte Entwicklungspfade nachzudenken, sie bewusster mit dem Erbe von Mobilität, von Migration, von Fremdheit und Arbeitsteilung, von Integration und sozialer Distanz als Stadtqualität nachzudenken. Es ist eine Möglichkeit, um den Städten ihr Gedächtnis wieder zu erarbeiten. Städte in diesem Kontext verstehen, heißt der Stadt ihren Sinn bewusst zu machen, ihren Raum als kulturelle Kodierungen zu verstehen, als Stil, und schließlich ihr Ambiente als Mythographie bereitzustellen und nicht als Stadtkulturindustrie zu verbauen.

Menschen machen eine Stadt

Bleibt am Ende dieser historischen und sozialwissenschaftlichen Analyse von Stadt und Kultur die Frage, welche praktischen Schlüsse daraus gezogen werden sollen. Da es außerordentlich fahrlässig wäre, auf enge, wenige fehlerfreundliche Lösungen oder nicht revidierbare Entwürfe zu setzen, ist die Frage immer die, welche Vorbelastungen investiver Größen bei der Stadtentwicklung in Kauf genommen werden. Denn je höher dieselben sind, um so enger wird der konzeptionelle Freiraum. Dies ist wiederum ein großes Problem, weil die konzeptionellen Vorstellungen nicht postulierbar sind und im Zweifelsfall das Prinzip des sich Rechnens beim Machen Vorzug erhält und damit die Frage von örtlich spezifischen oder naturräumlichen Gegebenheiten rasch in Konflikt mit angenommenen Fernwirkungen im verkehr- oder stadtnutzenden Profitstreben steht.

Helmut Böhme
locus und focus
Zum Verhältnis von Stadt und Kultur

Aus den zuvor entwickelten Thesen lässt sich aber, so denke ich, einiges auch praktisch folgern. An erster Stelle sei genannt, dass die Annahme einer kooperativen europäischen Stadtnetzbildung von erheblicher Bedeutung ist. Will man kulturell das Profil einer Stadt schärfen, dann heißt dies nicht, mit gesponserten kulturellen Ereignissen symbolische Verklärungen des Niedergangs von Stadt, von lokaler Demokratie zu beschleunigen. Mein Plädoyer argumentiert bei den immer zitierten Zukunftsvorstellungen von Wirtschaft, Wissenschaft und Kultur auf Kultur zu setzen. Dies kann aber nur Realitätsgehalt beanspruchen, wenn den Visionen unserer ressourcenschonenden, erneuerbaren, nachhaltigen Stadtentwicklung eine hoch flexible städtische Textur gegeben wird, die dem Prinzip von Fremdheit und Arbeitsleistung, von unvollständiger Integration insofern folgt, als im urban entertainment die kulturelle Dimension nicht als Vision degeneriert. Bereits die Planung, bereits die städtebaulichen Kriterien, das in der Regel kontraproduktive Investoreninteresse, ist Kulturarbeit par excellence und nur in einem politischen, auf Beteiligung setzenden Dialog zu leisten. Angesichts von E-Commerce und radikalem Verdrängungswettbewerb wird die herkömmliche Grundierung der Stadt mit ihrem Detailhandel, den alten, eingesessenen Fachgeschäften, von Trivialisierung verdrängt, ebenso wie Informations- oder Bankendienste sich telematisch entfernen. Auch die Freizeitindustrie emigriert an die Ränder, an die neuen, stadthypertrophen Knoten von Autobahnenkreuzen oder optimierten Verkehrsverbindungen. Die alte Stadt, das Warenhaus Stadt wird verarmen.

Was für die Stadt des Fin de siècle Symbol von neuer „Kultur" war – die Warenhäuser, die Bahnhöfe –, wird in Sofortverzehr, wird von Billiganbietern oder der Subszene, von Beliebigkeit und einer vordergründigen Hektik aufgesogen. Was bleibt für die Stadt, ist eigentlich nur noch die spezifische „Kultur" einer Stadt, deren überlieferte „Einrichtungen" aber ebenfalls in ständiger Gefahr stehen, zu einer „vordergründigen, zweckbestimmten Kultur" (H. Klotz) zu verkommen, einer „Beliebigkeitskultur", einer „Entschuldigungs- und Legitimationskultur" – nochmals Klotz. Auch die Impulse von Guggenheim, Centre Pompidou sind nicht übertragbar. Von Zentren als Impulsgeber, von Mediatheken, Museen, Theatern ist viel die Rede. Doch sie leben wiederum vom Humus einer politischen Gemeinde, deren ästhetisch-politischer Ausdruck sich nicht im dekorativen Design erschöpfen kann. Was bleibt im Blick auf die Beziehung von Stadt und Kultur ist also nicht, die additiven Elemente einer späten Bürgerkultur zu pflegen, sondern Stadtzukunftsvorstellung auf ein

Bewohner„bewusstsein" „des Abwesenden" auszurichten (R. Schusterman). „Abwesenheit" korrespondiert mit der Unsicherheit, Zukunft zu wissen. Aus dem „Fehlen eines Zieles" (W. Benjamin), aus der Unfähigkeit, die unglaubliche Vielfalt an Kulturen einer Stadt, ihren Entwurf dinglich festzuhalten, planerisch zu fassen, werden es nicht Bollwerke von Kultur sein, die das zukünftige Verhältnis von Stadt und Kultur beschreiben. Es wird eher die Abwesenheit von Lösungen sein, die Verhinderungen von kompakten Verdichtungen, die die politische Aufgabe der Planer wäre. Es ist die erneute Entdeckung der Offenheit des Raumes für Bewegungen, die Verhinderung einer Manhattanisation, die für die Zukunft der Stadt wichtig ist. Letztlich ist die Kultur einer Stadt der ins Bewusstsein gehobene Prozess des Kollektiven und des Einzelnen: Der „Wohnraum" dieses Prozesses ist der offene Platz, die Straße, wo man hingeht und weggeht, viele Klassen, Kulturen, ethnische Gruppierungen, Obdachlose, Aussätzige, Fremde – das rastlose Fließen, der Zufall. „Häuser" so schrieb Rousseau einmal in altstädtischer Zeit, „machen keine Stadt, sondern Menschen", diese aber „begabt mit einer bestimmten anima", so der Basler Stadtbürger C.J. Burckhardt.

Historische Stadt- und Ortskerne

Ein großes Bundesland wie Nordrhein-Westfalen hat viele Gesichter. Der von Kohlebergbau und Stahlindustrie überformte Wirtschaftsraum an Rhein und Ruhr hat über Jahrzehnte das Bild des Landes in der Öffentlichkeit geprägt, doch mit dem Strukturwandel haben sich die Akzente verschoben. Neben den Großstädten rückten verstärkt auch historische Städte und Städtchen am Rand der Ballungsgebiete und aus den landschaftlich reizvollen ländlichen Gebieten ins öffentliche Bewusstsein.

Mit ihrer kleinteiligen Struktur waren sie weitgehend uninteressant für die Stadtentwicklung der 60er und 70er Jahre, deren Leitbilder Wachstum und Stärkung der Zentralität hießen. So hatten viele kleinere Städte Anfang der 80er Jahre dringenden Modernisierungsbedarf. Zugleich aber konnten sie mit Qualitäten aufwarten, z. B. einem weitgehend intakten historischen Grundriss und Stadtbild, die unter den veränderten Vorzeichen einer Rückbesinnung auf lebendige Nutzungsvielfalt und bauliche Schönheit in den 80er und 90er Jahren eine Renaissance erlebten. In diesem neuen Leitbild der erhaltenden, behutsamen Stadterneuerung drückte sich ein verändertes kulturhistorisches Bewusstsein aus. Man besann sich auf den Wert des über Jahrhunderte Gewachsenen, Grund- und Aufriss einer Stadt wie auf ihre Gebäudesubstanz. Für Planungen galt der Grundsatz, dass die individuelle Geschichte ablesbar bleiben solle. Statt Flächensanierung also Erhalt durch Modernisierung und Umnutzung und – begleitend – Wohnumfeldverbesserung, da eine stabile Wohnfunktion als Fundament für den Erfolg jeder weiteren Maßnahme gelten kann. Ergänzender Neubau sollte altstadtgerecht eingefügt und der rasant gestiegene Autoverkehr innenstadtverträglich abgewickelt werden.

Zwei winzige Eifelstädtchen gehören zu den städtebaulichen Kleinodien des Landes: Hellenthal-Reifferscheid (oben) und Dahlem-Kronenburg (unten)

Dass dies nicht Konservierung und Musealisierung bedeutet, zeigen die beinahe 50 Städte, die sich gegenüber dem Land zur Einhaltung dieser Leitlinien bekannten und in die Förderprogramme historischer Stadt- und Ortskerne aufgenommen wurden. Das 1985 ins Leben gerufene Programm Historische Stadtkerne und das seit 1990 für kleinere Siedlungselemente ergänzend aufgelegte Förderprogramm historischer Ortskerne gehören zu den umfang- und erfolgreichsten stadtentwicklungspolitischen Maßnahmen des Landes. Die beteiligten Städte haben zwei Arbeitsgemeinschaften gebildet, die sehr rührig dafür sorgen, dass alle Maßnahmen einer breiteren Öffentlichkeit bekannt werden.

Bereits in der zweiten Hälfte der 90er Jahre konnte man darangehen, sich die wiedergewonnene Attraktivität auch in touristischer Münze auszahlen zu lassen: Die Zahl der Übernachtungen hat in den meisten der in den Arbeitsgemeinschaften zusammengeschlossenen Städte stark zugenommen. Rundgänge durch die sorgfältig gepflegten historischen Altstädte gehören dort heute zum selbstverständlichen touristischen Programm. Als lebendige Zeugnisse der Stadtbaukunst und der Baukultur vergangener Epochen verkörpern die historischen Stadt- und Ortskerne zudem den Reichtum des Landes an unterschiedlichen regionalen Baustilen und Bautraditionen.

Historisch vorbildlich wiederhergestellte Stadtplätze: im niederrheinischen Kalkar (oben) und in Aachen-Kornelimünster (unten)

In der Architektur der historischen Stadt- und Ortskerne spiegelt sich nicht nur die Baugeschichte, sondern auch die politische, soziale und wirtschaftliche Geschichte des Landes. (Abbildungen von links oben nach rechts unten – linke Seite: Marktplatz in Lemgo mit der Neubebauung durch Walter von Lom, Alte Talstraße in Schieder-Schwalenberg, Bürgerhaus in der Papenstraße in Lemgo, Kirchplatz in Rietberg, Haus Weinstraße 20 in Wachtendonk – rechte Seite: Blick auf Monschau, Rotes Haus Monschau, Museumszeile in Minden, Haus in der Hauptstraße, Velbert-Langenberg)

Neues Bauen in historischer Umgebung

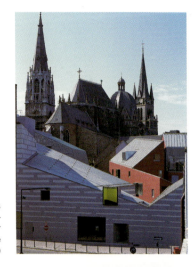

Selbstbewusst behauptet sich das extravagante „Kaiserbad" in der altehrwürdigen Nachbarschaft des Aachener Doms (Architekten Planungsgruppe Ernst Kasper und Klaus Klever, Aachen)

Auf die Frage, wie man Neubauten in eine historische Umgebung einfügen solle, kann es keine allgemein verbindliche Antwort geben. Die Vielfalt und Unterschiedlichkeit von historischen Kontexten, von Bauaufgaben, Finanzmitteln, städtebaulicher Funktion – und nicht zuletzt der Geschmack der verantwortlichen Bauherren und Architekten – lassen die Antworten verschieden ausfallen.

Konsens scheint heute vielleicht nur in einem Punkt möglich. Die meist rüden Lösungen der 60er und frühen 70er Jahre mögen zwar vom großem Selbstbewusstsein der Epoche zeugen, Nachhaltigkeit haben sie aber nur in der einhelligen Ablehnung erzeugt, die seither allzu grobschlächtigen Eingriffen in einem historischen Stadtraum entgegengebracht wird. Bei aller gewunschten gestalterischen Eigenständigkeit der Neubebauung ist Rücksicht auf die Maßstäblichkeit und den Charakter der umgebenden Bebauung heute selbstverständlich.

Zwei Beispiele, Ende der 80er, Anfang der 90er Jahre geplant und gebaut, markieren das Spektrum gelungener Antworten: das Beethoven-Haus in einer Baulücke in der Bonner Altstadt und eine Platzbebauung in äußerst sensibler städtebaulicher Situation in der Nähe des Aachener Doms, das Kaiserbad.

Dass auch ein solitäres Ensemble, formal expressiv gestaltet, mit reichlich Mut zur Farbe und zu unterschiedlichen Materialien, in eine historische Umgebung passen kann, zeigt das Aachener Kaiserbad. Hier, wo der Legende nach Karl der Große seinen Badeplatz hatte, entstand Anfang der 90er Jahre eine gestalterisch interessante Platzbebauung, die den Platzraum wieder schließt, zugleich aber mittels einer Einkerbung den Dom optisch so weit heranholt, dass er Teil der Platzwand wird. Blickt man von einem erhöhten Standort auf das Gebäudeensemble, so scheint sich die Dachlandschaft des Domes in den Pultdächern des neuen Kaiserbades fortzusetzen. Die drei unterschiedlich geformten und gestalteten Baukörper des Ensembles mit ihren Spiegelglas-, Putz-, Naturstein- oder Stahlblechfassaden sind harmonisch auf ihre unmittelbare Umgebung abgestimmt. Zusammen rahmen sie durch Form und Stellung den Blick auf den Dom und bilden zugleich eine symbolische Fassung für den historischen Quellplatz. Die Nutzung ist innenstadtgerecht: ein Restaurant, Büros, Läden und ein Raum für die Stadt, das „Aachen-Fenster", der auch von Bürgern für Veranstaltungen gemietet werden kann.

Der Entwurf zur Ergänzung und zum Umbau des historischen Ensembles aus Beethovens Geburtshaus und dem Gasthaus „Zum Mohren" wurde über einen Gutachterwettbewerb gefunden. Mit äußerster Zurückhaltung fügt sich das 1989 fertiggestellte Gebäude für das Beethoven-Archiv und einen Kammermusiksaal in die historische Zeile, wo es eine über lange Zeit bestehende Baulücke schließen konnte. Trauf- und Geschosshöhe, Gesimse, Mansarddach und Dachneigung entsprechen exakt der Nachbarbebauung. Auch in der Fassadengestaltung – strenge Lochfassade, hell verputzt, drei Fensterachsen – gibt es keinerlei Experimente. Das eigentliche Erlebnis ist der Innenraum. Kostbare Materialien, ein Konzertsaal mit sorgsam ausgetüftelter Akustik, der die klassische Form alter Konzertsäle des 19. Jahrhunderts mit der Arena des Amphitheaters verbindet und dabei ein berühmtes Vorbild zitiert: Palladios Teatro Olimpico in Vicenza. Zum Ensemble Beethoven-Haus gehören neben Archiv und Konzertsaal noch das Museum im 1994 bis 1996 restaurierten Geburtshaus des Komponisten und der hauseigene Verlag. Entstanden ist ein Ort lebendiger Pflege des kulturellen Erbes, der weltweit ohne Beispiel ist.

Neuinterpretation klassischer Elemente: Beethovenarchiv und Kammermusiksaal in Bonn (Architekt Thomas van den Valentyn, Köln)

Gert Kaiser / Dirk Matejovski

Popkultur und symbolische Inszenierung
Wohin entwickelt sich die Stadt und ihre Kultur?

Die Kultur der großen Städte war und ist in vieler Hinsicht geschichtsprägend. Dies zeigen nicht nur Begriffe wie Kulturstadt oder der der Stadtkultur, sondern auch eine einfache kulturhistorische Rückbesinnung. Der Prozess der Zivilisation beginnt ja nicht mit der Sesshaftwerdung des Menschen, er ist vielmehr durch die Ausbildung der großen Städte bestimmt. So bilden die großen Städte gleichsam Wegmarken der Kulturgeschichte. Jerusalem, Athen, Alexandria, Rom – das sind nicht nur Namen für urbane Ballungsräume und politische Herrschaftsräume, sondern gleichzeitig bezeichnen diese Namen auch kulturelle und zivilisatorische Programme und Kodierungen. Die großen Städte, die Imperien ihren Namen gaben, standen schon in der Antike für zivilisatorische Standards, soziale Experimente und neuartige Erfahrungen. Der Gegensatz zwischen Stadt und Land bildet schon in der philosophischen Reflexion und der Literatur der Antike einen zentralen Topos, und so lässt sich das Spezifische der kulturellen Erfahrung Großstadt auch aus den Verlustklagen des exilierten Ovid ablesen. Doch solche bildungsbürgerlich humanistischen Reminiszenzen scheinen wenig bei der Auseinandersetzung mit dem aktuellen Problemfeld Stadt und Kultur zu helfen.

Die Innovationspotenziale der Ballungsräume

Das Städtewachstum hat in den vergangenen Jahrzehnten zugenommen und nimmt weiter zu. Während vor 50 Jahren nur zwei Ballungsräume – London und New York – mit mehr als acht Millionen Einwohnern gezählt wurden, wird es in wenigen Jahren mindestens 33 Mega-Städte mit mehr als acht Millionen Menschen geben, 21 davon allein in Asien. Zur Jahrtausendwende lebt die Hälfte der Menschheit in urbanen Räumen, in 25 Jahren werden es vermutlich zwei Drittel sein.

Die große Zahl der Menschen, die in urbanen Ballungsräumen leben, wäre Grund genug, sich mit den Städten der Zukunft und mit der Zukunft der Städte zu beschäftigen. Ausschlaggebender für eine Beschäftigung mit den großen Städten ist aber etwas, das auf die hohen Bevölkerungszahlen der Metropolen zurückzuführen ist: ihr Innovationspotenzial und damit die Experimente für die Zukunft, die in ihnen stattfinden. Besonders interessant an den Metropolen ist also das Qualitative, das aus dem Quantitativen folgt. Die großen Städte sind Orte, an denen das gesellschaftlich, technisch, kulturell und ökonomisch Neue am dichtesten wirkt, sodass an den Metropolen modellhaft abzulesen ist, was uns im 21. Jahrhundert an Problemen beschäftigen wird.

Es kann dabei nicht darum gehen, einzelne Städte hervorzuheben oder als unbedeutend abzustempeln. Es geht vielmehr um Trends, die in den meisten, vielleicht sogar in allen Global Cities zu beobachten sind. Aber – und das ist die einzige Hinsicht, in der Bombay hinter New York zurückstehen könnte: Die enorm hohen Einwohnerzahlen der Mega-Städte in der Dritten Welt, so hat es Saskia Sassen formuliert, verdecken die aktuellen Entwicklungen zum Teil, und deshalb wird eher über die Kultur Londons und New Yorks als über São Paulo und Mexico-City zu reden sein, nicht aber, weil diese Städte unbedeutend sind.

Es muss dabei um Experimente für die Zukunft und um Innovationspotenziale urbaner Ballungsräume gehen – darum, dass die Metropolen mit dem Nebeneinander unterschiedlicher Lebensformen, mit ihren vielfältigen Angeboten und Möglichkeiten ebenso große Unternehmen wie Künstler und Intellektuelle anziehen und so die Räume sind, in denen Neues entsteht. Mehr noch: Sie bieten die Bedingungen dafür, dass es überhaupt entstehen kann. Doch stimmt natürlich die Formel – Metropolen als Laboratorien der Moderne – nur zur Hälfte. Denn die Experimente verlaufen nicht unter Laborbedingungen. Sie sind nur zum Teil geplant. Viele Experimente werden auch wieder verschwinden, und das, was bleiben wird, ist nicht Resultat einer Versuchsanordnung ohne unmittelbare Relevanz für das, was außerhalb von Laborwänden geschieht, sondern es ist echt. Es bestimmt unser Leben und das Erscheinungsbild unserer Städte, und es ist nicht oder nur schwer zu revidieren.

Städte sind die Bedingung für Kultur

Ein Beispiel dafür ist die neue Bundeshauptstadt. „Der Spiegel" hat den neuen Regierungssitz zum „Labor der Zukunft", zur „Zukunftswerkstatt" und gleich auch noch zur „hippsten Stadt" nicht nur Deutschlands, sondern gleich der ganzen Welt erklärt. „Die Stadt", heißt es, „ist so plötzlich aus der lähmenden Vergangenheit erwacht, als hätte sie ein Medien-Prinz geküsst. Überall wird an der Zukunft gebastelt. Neue Hauptstadt, neue Regierung, neues Jahrtausend und jeden Tag eine neue Umleitung – in einem Kreis von fünf Kilometern rund ums Brandenburger Tor sucht man vergebens nach Deutschlands trübstem Markenzeichen, dem Stillstand. [...] Eine klare Richtung hat die neue Zentrale nicht, aber gewiss ist: Hier beginnt eine Zukunft" („Der Spiegel", Nr. 36/1999).

Die neuen urbanen Trends – kulturelle, soziale und ökonomische Entwicklungen – entstehen in Wechselwirkung mit den zum Teil gegenläufigen Entwicklungen der Städte. Zum einen ist eine Renaissance totgesagter Zentren zu beobachten. In den Innenstädten von San Francisco, Madrid oder Wien sind die Nächte wieder lang; in ehemaligen New Yorker Lagerhäusern wird ein hippes Publikum in Edelboutiken und Avantgarde-Galerien bedient. Mega-Events wie Popkonzerte, Kunstausstellungen oder Loveparades ziehen die Massen an. Es sind aber auch Verslumungs- und Verödungstendenzen festzustellen, Ghettobildungen zu Gunsten der Reichen, Themenparks und Sicherheitszonen; wachsende Überwachungsräume, Prägung des öffentlichen Raums durch Konzernzentralen wie Daimler City an Berlins neuem Potsdamer Platz.

Diese Trends verweisen gleichzeitig auf einen Problemkatalog, der die Auseinandersetzung über das Verhältnis von Stadt und Kultur in Zukunft bestimmen wird. Dabei handelt es sich um folgende Problemfelder. Ganz allgemein muss jeder, der über das Verhältnis von Stadt und Kultur redet, immer auch jenen Kulturbegriff berücksichtigen, bei dem es auch um eine Kultur des Zusammenlebens geht. Eine Stadt voller architektonischer Sehenswürdigkeiten, die als Wirtschafts-, Politik- und Machtzentrum in all ihrer Pracht glänzt und als Mega-City weit ausstrahlende Anziehungskraft entfaltet, hat dann wenig mit Kultur in des Wortes ursprünglicher Bedeutung zu tun, wenn sie die Bedingungen gelingenden Lebens für weite Schichten nicht ermöglicht. Einige Metropolen der Dritten Welt können dabei gleichsam als negatives Modell dienen. Wenn sich die Innenstädte in Hochsicherheitstrakte verwandeln und große städtische Zonen unbegehbar geworden sind, dann hat sich der Begriff der Stadtkultur in sein Gegenteil verkehrt.

Es gilt die Integrationsmaschine Stadt am Laufen zu halten. Diese Überlegungen haben sehr konkret etwas mit dem utopischen Gehalt von Stadtvorstellungen zu tun. Schon von jeher war, darauf hat Florian Rötzer hingewiesen, die Stadt das ideale Staatsmodell, und das Modell der Stadt, sei es die Polis Platons, sei es Campanellas Sonnenstaat oder Andreaes Christianopolis, immer Projektionsfläche rationaler Planung und Knotenpunkt diskursiver Ordnungen. Doch, und daran kann die immer noch intensiver zu führende Diskussion des Verhältnisses von Stadt und Kultur nicht vorbei, stellt sich die Frage, ob im Zeitalter der universalen, immateriellen Datenströme nicht die alte Version des urbanen Lebens gerade im nichturbanen Bereich, auf dem Land möglich geworden ist. Jenen, die betonen, die neuen digitalen Informationstechnologien würden zu einer Dezentralisierung, zu einer Entwertung der urbanen Knoten- und Ballungspunkte führen, ist entgegengehalten worden, etwa von Saskia Sassen, dass der alten Funktion der Städte als Leistungszentralen erst einmal kein geltendes anderes Modell entgegengetreten sei. Hier ist für die genaue Bestimmung der Stadt als Kulturraum noch eine intensive Diskussion zu leisten. Insbesondere wäre die kulturelle Funktion der virtuellen Städte genauer zu bestimmen.

Subkulturelle Anregungen statt klassischer Kultur

Auf einen entscheidenden Aspekt im Zusammenhang mit der Bestimmung des Verhältnisses von Stadt und Kultur soll im Folgenden ausführlicher eingegangen werden, weil er insbesondere für die kulturelle Wahrnehmung der europäischen und amerikanischen Metropolen von außerordentlicher Bedeutsamkeit ist. Wir alle sind bei der Auseinandersetzung mit dem Verhältnis von Stadt und Kultur geneigt, voraussetzungslos immer noch einen eher traditionellen Kulturbegriff zu verwenden. Kultur in der Stadt, das ist in unserem Alltagsverständnis immer noch das architektonische Monument, die große Opernaufführung, die Dichte der Theaterlandschaft und die Gemäldegalerie.

Doch was in dieser Form schon für das Paris Balzacs galt, hat seit dem universalen Vordringen der Populärkultur eine neue Ausformung erfahren. Für die Geschichte und Mythologie der populären Kultur sind die Metropolen von entscheidender Bedeutung, und wichtige Phasen der Popgeschichte sind mit Städtenamen verbunden: das San Francisco der Hippies und der Flower-Power-Bewegung, das Swinging London der Beatles, das New York der 70er Jahre mit Andy Warhols Factory, Velvet Underground, den New York Dolls oder das London der Sex Pistols und der Clash, schließlich Detroit, Chicago, Geburtsstätten des House. Die Liste ließe sich fortführen und ergäbe eine Städte-Landkarte verschiedener Musikstile, Trends und Subtrends.

All diesen Städten ist gemeinsam, dass sie über einzelne Künstler, über Gruppen, über DJs und Clubs zu Geburtsstätten von Musikstilen, Trends und neuen Lebensformen wurden. Von diesen Orten gingen neue subkulturelle Impulse aus, die sich einmal langsamer, einmal schneller über die ganze Welt verbreiteten. Der „Sound" all dieser Städte hat seine sakralen Orte, die als auratische Stätten den Punkt markieren, an dem angeblich alles anfing: Clubs, Konzerthallen, Proberäume, ob die Londoner Apple-Studios, der Tresor in Berlin, der Ratinger Hof in Düsseldorf oder Vivienne Westwoods dubiose Boutique in London.

Zwischen den Trendmetropolen gibt es sicherlich den Unterschied zwischen ephemeren Trendwiegen und Großstädten, die auf Dauersendung geschaltet sind. Seattle, die Geburtsstätte des Grunge, zählt zur ersten Kategorie; die ehrwürdige erste Liga der klassischen Popmetropolen wird nach wie vor von Städten wie London, New York, Los Angeles, Tokio und neuerdings Berlin angeführt.

Entdeckung der Popkultur

Die Metropolen strahlten über lange Zeit ihre kulturellen Impulse in die Peripherie aus, und so erreichten mit der üblichen Zeitverzögerung Mega- und Mini-Trends aus New York und London auch Opladen und Castrop-Rauxel. Das alte Spannungsverhältnis zwischen Trendsettern und Mainstream, zwischen Avantgarde und dem weniger hippen Rest der Menschheit, lebte vom Pathos der Differenz, vom lebensweltlichen Abstand der subkulturellen Lebensform zu allen anderen gängigen Lebensformen und von verzögerten Transferprozessen. Das ist erst einmal eine stabile Konstellation, aber gleichzeitig gerät diese Konstellation in Bewegung durch das unsichtbare globale Netz der neuen Medien, durch das Internet. Die alte Hochschätzung der trendsetzenden Kraft von Metropolen geht von einem Zentrum/Peripherie-Modell aus. Dieses Modell, das ein Modell der Ungleichzeitigkeiten war und sozusagen Zentrum/Peripherie-Verhältnisse voraussetzte, gerät ins Wanken in dem Augenblick, in dem durch die neuen Medien Gleichzeitigkeiten geschaffen werden.

Besonders auffällig ist in diesem Zusammenhang die Entdeckung der Popkultur durch Wirtschaftssenatoren, Marketingfachleute und Stadtentwickler. Man hat die Popkultur als Wirtschaftsfaktor erkannt, und die Betreiber von Clubs und Szeneboutiquen sind plötzlich umworbene Elemente der berühmten kreativen Szene, die es zu pflegen gilt, damit der Mythos der pulsierenden Metropole lange erhalten bleibt. Berliner Senatoren entdecken den Charme der drogengeschwängerten Loveparade und rollen ihren Veranstaltern den roten Teppich aus. Tony Blair lässt bei Staatsbesuchen eher die Spice Girls Spalier stehen als bärenfellbemützte Gardesoldaten.

Was sich früher in kulturellen Nischen wild und ungesteuert entwickelte, um dereinst zu globalen Trends zu explodieren, wird in Zukunft in verschiedenen Formen zu umhegten und gepflegten Trendsektoren mutieren. Städte wie die neuen Metropolenregionen Köln und Düsseldorf werden langfristig davon profitieren. Man wird zunehmend die ja auch von Ökonomen und Tourismustheoretikern entdeckte und beschriebene Attraktivität des kulturellen Milieus entdecken. Die Subkultur wird zum Touristenfaktor, zum Touristenmagneten und indirekten Sponsor der örtlichen Getränkeindustrie. Popkultur war immer schon ein großes Geschäft und ist nun endgültig für die Standort- und Kulturpolitik entdeckt worden. Und jeder Stadt, die Metropole sein und bleiben will, steht es gut an, ihre popkulturellen Aktivitäten zu pflegen.

Diese Bedeutung der Popkultur für das kulturelle Klima und die Wahrnehmung von Städten hängt mit einem übergeordneten Sachverhalt zusammen, der für Außenrepräsentation vieler Städte und vieler Metropolenregionen von entscheidender Bedeutung ist. Es handelt sich hierbei um die Kraft des Symbolischen, um die Produktion und gleichsam kommunikationsstrategische Durchsetzung von Images und kulturellen Leitbildern. In diesem Zusammenhang lassen sich einige interessante Beobachtungen formulieren.

Zur Jahrtausendwende befinden sich die Metropolenregionen im Umbruch. Viele Selbstverständlichkeiten schwinden. Hinzu kommt, dass sich innerhalb eines Europas der Regionen Den Haag, Brüssel und Paris als gleichsam naturwüchsige ökonomische, kulturelle und politische Bezugspunkte entwickelt haben. Verfolgt man die internationale Diskussion über die weltweite Ausbildung urbaner Ballungsräume zu Super-Cities, ist auffällig, dass hier neue, dezentrale urbane Strukturen mit Modellcharakter entstehen.

Im Zeitalter der Globalisierung noch einmal alte Rivalitäten zwischen Zentrum und Peripherie, zwischen Ballungsraum und Randgebieten, zwischen Land und Stadt aufleben zu lassen, immer wieder die eigene Abseitsstellung und die daraus resultierende vorgebliche Benachteiligung zu beschwören: Diese Haltung behindert Entwicklungen eher, als dass sie sie fördert. Regionen in Randlage befreien sich aus Nachteilen, die aus eben dieser Lage entstehen können, nicht durch Jammern und Händeringen, sondern durch Kreativität, Einfallsreichtum und Engagement.

Solch ein Ansatz ist auch für einen neuen Kulturbegriff von Bedeutung. Der Bezugspunkt für die Metropolenregionen müssen nicht die großen Metropolen des 19. Jahrhunderts im Glanz ihrer klassizistischen Repräsentationsarchitektur sein. Nicht mehr der zentralstrukturierte städtische Raum des 19. Jahrhunderts ist das zukunftsfähige Muster für die Metropolen des 21. Jahrhunderts. Dieses besteht vielmehr in den Metropolenregionen, wie sie die kommenden Super-Cities Atlanta, Cancun, Vancouver, Wuhan oder Denver repräsentieren.

Ein weiterer und entscheidender Punkt für ein noch nicht hinreichend kommuniziertes Metropolenbewusstsein der neuen Ballungsgebiete besteht in der nicht ausreichend entwickelten Sensibilität für die Kraft des Symbolischen. Ein Standortmarketing, das nicht in der Lage ist, die eigenen zukunftsweisenden Potenziale präzise zu identifizieren und in ein international verbreitetes, langfristig funktionierendes Image zu übersetzen, ist zum Scheitern verurteilt und tendenziell provinziell. Dass beispielsweise Nordrhein-Westfalen nicht nur das Land rußgeschwärzter Gesichter, von Taubenvaterromantik, Siebengebirge und westfälischen Wasserschlössern ist, ist banal. Dass sich aber als Produkt früherer Kampagnen das Leitbild bescheidener, arbeitsamer und aufrechter Menschen

Gert Kaiser / Dirk Matejovski
Popkultur und symbolische Inszenierung
Wohin entwickelt sich die Stadt und ihre Kultur?

festgesetzt hat (Hebecker), ist zwar innerhalb einer bestimmten historischen Konstellation als Erfolg zu werten,
aber in einem Zeitalter, in dem auch Landesimages zunehmend durch den Faktor Glamour bestimmt werden, ist dieser Ansatz revisionsbedürftig.

Innovatives Standortmarketing für eine Region
oder ein Land ist eine kontinuierliche, zielgerichtete, international ausgerichtete Inszenierung des Symbolischen. Um
diese These in die Alltagswelt zurückzuholen: Wer auf
dem Flughafen einer rheinischen Großstadt ankommt und
beim Gang zum Gepäckband von biederen Reklametafeln,
die für eine bestimmte Senfsorte werben, begrüßt wird
und dann für seinen Gepäckwagen zwei Mark bezahlen
muss, hat als internationaler Besucher Nordrhein-Westfalens ein Beispiel für schlechte symbolische Inszenierung
kennen gelernt. Wie man es richtig macht, zeigt z. B. der
Flughafen in Chicago.

Funktionieren kann intelligentes Standortmarketing nur, wenn es die Inszenierung als mediales Gesamtkunstwerk begreift. Intelligentes Standortmarketing ist
mehr als eine Anzeigenkampagne, eine Messeveranstal-
tung mit internationaler Ausstrahlung mehr als der Bau
eines repräsentativen Gebäudes oder ein festlicher Staats-
akt. Es ist eine kontinuierliche Dauerinszenierung, bei der
sich jedes Einzelelement in das Gesamtdesign einzupas-
sen hat. Was Einzelereignisse wie Kongresse, Konzerte
oder kulturelle Mega-Events punktuell transportieren,
muss im Rahmen einer langfristig ausgerichteten Standort-
kampagne verstetigt werden. Dazu gehört im Einzelfall
auch kulturelles Unterscheidungsvermögen. Was die Techniken eines solchen innovativen Standortmarketings anbe-
trifft, so gibt es erfolgreiche Rezepte, die stimulierend wirken können. Eine englische Arbeitsgruppe hat Konzepte
für eine Transformation der Nationalidentität in Großbritannien unter dem Namen „Cool Britannia" vorgelegt.
Die einzelnen Schritte, die diese Arbeitsgruppe entwickelt
und zum großen Teil umgesetzt hat, sind ebenso einfach
wie überzeugend.

Auf eine Beschreibung der Elemente, die die
kulturelle Identität bestimmen, folgt eine Analyse entscheidender kultureller und ökonomischer Übergangsphänome-
ne. Anschließend werden diejenigen Institutionen identifiziert, die mit den beschriebenen Defiziten zu tun haben.
Eine kleine flexible Arbeitsgruppe erarbeitet Umsetzungs-
vorschläge und operationalisiert diese. Ein anderer, nicht
weniger produktiver Ansatz wurde in Singapur gewählt.
Dort entwickelte eine kleine Arbeitsgruppe gezielt Zu-
kunftsvisionen für den Stadtstaat mit Hilfe der Szenarien-
technik. Mit dieser Technik wurden erwartbare und
wünschbare Zukunftsentwicklungen bestimmt und eva-
luiert, wobei in einem zweiten Schritt bestimmt wurde, mit
welchen Instrumentarien die angestrebten Ziele erreicht
werden sollten. Natürlich wirken solche Aktivitäten im
Zusammenhang mit der kulturellen Identität alter und
neuer Metropolen und Metropolenregionen auf den ersten
Blick zum Teil sehr technokratisch. Dennoch wird man
nicht umhin kommen, darauf zu reagieren, dass einem not-
wendigerweise „erweiterten" Kulturbegriff zentrale Bedeutung für die Entwicklungsperspektiven der Metropolen
und Metropolenregionen zukommt.

Gartenstädte

Die zeilenförmige Weiterentwicklung der Gelsenkirchener Schüngelbergsiedlung durch den Schweizer Architekten Rolf Keller (1990) zeigt, dass das alte Konzept der Gartenstadtsiedlungen noch immer eine zeitgemäße Wohnform ist.

Der Traum von der Gartenstadt war eine Reaktion auf die gigantische Verdichtung und industrielle Verhässlichung der Städte im 19. Jahrhundert, eine sozialreformerische Utopie wie viele andere in dieser Zeit. „Man kann die Städte auch so planen, daß die privaten Häuser Gärten haben und sich die Natur in nächster Nähe befindet, dann muß man nicht von ihr träumen." Ebenezer Howard, der Erfinder der Gartenstadtidee, hatte an eine schöne, ruhige, friedliche Alternative zum Moloch Großstadt gedacht, eine kleine Stadt im Grünen, die nicht nur Wohnsiedlung sein sollte, sondern, mit Arbeitsplätzen und Versorgungseinrichtungen ausgestattet, ihren Bewohnern ökonomische Unabhängigkeit und politische Selbstbestimmung ermöglichen sollte.

Die im Ruhrgebiet seit der Jahrhundertwende entstandenen Gartenstadtsiedlungen verwirklichen diese Idee allein in städtebaulich-gestalterischer Hinsicht. Die autarken kleinen Idealstädte, die dem Erfinder vorgeschwebt haben mögen, sind hier nicht entstanden, aber doch Oasen im dichten, industrienahen Siedlungsgefüge, zumeist Werkssiedlungen für benachbarte Zechenanlagen. Ihr Erhalt und ihre denkmalgerechte und sozialverträgliche Erweiterung sind ein Bekenntnis zu Geschichte und Kultur dieser Region, auch wenn die sich über gleiche Arbeit und gleiche Herkunft definierende soziale Identität und Homogenität ihrer Bewohner – ein Kriterium für funktionierende Siedlungen – längst nicht mehr besteht.

Die Gelsenkirchener Siedlung Schüngelberg für die Bergleute der Zeche Hugo entstand zwischen 1897 und 1919 nach Plänen des Zechenbaumeisters Wilhelm Johow. Sein Konzept, die Siedlung in konzentrischen Kreisen um einen gemeinsamen Fest- und Gedenkplatz zu bauen, blieb jedoch unvollendet und wurde lediglich in einem ersten Abschnitt realisiert. Mit der Ende der 80er Jahre getroffenen Entscheidung, die Siedlung weiterzuentwickeln, war deshalb der Wunsch verbunden, Johows Plan zu vervollständigen. Es zeigt sich aber, dass die geschlossene Form nicht das zeitgemäße Funktionsspektrum erfüllen kann, das für eine Revitalisierung der Siedlung unumgänglich war: die Erweiterung und Ergänzung um eine Kindertagesstätte, um Läden und Begegnungsräume für die Bewohner. Der Schweizer Architekt Rolf Keller, erfolgreich in dem 1990 durchgeführten Wettbewerb um die Erweiterung, führt die Bebauung in Zeilen fort, die – zumindest symbolisch – Kontakt mit der Stadt und der Landschaft aufnehmen und die Siedlung so aus der Isolierung lösen. Wohnform ist das Reihenhaus mit Garten

und einem Schichtarbeiter-Schlafzimmer im Dach-
geschoss. Die Integration von Landschaftskunst (Halden-
gestaltung) und Ökologie (offene Regenwasserversickerung als gestalterisches Element) zeichnet die Siedlung als
eines der vorbildlichen Wohnungsbauprojekte des Landes
aus.

     Die Siedlung Welheim, vor den Toren der Stadt
Bottrop gelegen, ist eine der größten Gartenstadt-Sied-
lungen des Ruhrgebiets. Die meisten der rund 580 Wohngebäude wurden zwischen 1913 und 1923 errichtet, für
die Arbeiter der Zeche „Vereinigte Welheim". 125 Häuser
sind im Zweiten Weltkrieg zerstört worden und wurden in
der Wiederaufbauphase 1947 bis 1957 ersetzt, zum Teil
originalgetreu, zum Teil im sachlichen Stil der 50er Jahre.
Insgesamt sind in Welheim rund 40 unterschiedliche
Gebäudetypen hoher Gestaltqualität versammelt, die mit
ihrer architektonischen Vielfalt für das reizvoll abwechs-
lungsreiche und dennoch homogene Erscheinungsbild der
Siedlung sorgen. Vor allem die nicht mehr zeitgemäße
Ausstattung der Wohnungen sowie technische und kon-
struktive Mängel der Gebäude machten jedoch eine
Sanierung notwendig. Seit 1988/1989 wird die Siedlung
Welheim schrittweise denkmalgerecht, ökologisch und
sozialverträglich erneuert.

Arbeiter-Wohnkultur. Die große
Gartenstadt-Siedlung in Bottrop-
Welheim wird seit 1988 schrittweise modernen Wohnansprüchen
angepasst.

Albrecht Göschel
Stadtkultur und städtische Kulturpolitik
Die Gefahr ihrer Auflösung

In sozialwissenschaftlicher Tradition bezeichnen Urbanität, urbane Kultur oder Stadtkultur zum einen eine bestimmte Organisation des Politischen, die bürgerschaftliche, partizipatorische Demokratie, dann eine Organisation des Ökonomischen, den freien und gleichen Tausch zwischen gleichberechtigten Warenproduzenten, und drittens eine Lebensform, die auch den städtischen Raum prägt, die Trennung und Gegensätzlichkeit von Privatheit und Öffentlichkeit (Häußermann u. Siebel 1987:214). Mit der Entstehung der modernen Großstadt werden diese Bestimmungsgründe von Urbanität zunehmend durch Mentalitäts- oder Verhaltensdefinitionen verdrängt, sei es die Steigerung und Intellektualisierung des Geisteslebens, die Verfeinerung des Geschmacks, die Individualisierung und Stilisierung der Lebensstile, sei es die Blasiertheit des Verhaltens (Simmel 1995/1903), bedingt durch die entscheidenden Merkmale des Städtischen: durch Größe, Dichte und Vielfalt (Häußermann u. Siebel 1997:293).

Der Gegenstand einer kommunalen Kulturpolitik, die ihren Zweck darin sieht, unterschiedlichste Kultur- und Bildungseinrichtungen zu fördern, erscheint aus dieser Perspektive als Veranstaltungs- oder Einrichtungskultur und damit als Verkürzung und Reduktion des Urbanen. Den Vorkämpfern einer städtischen Kulturpolitik gelten jedoch diese Kultureinrichtungen als das typisch Städtische (Sauberzweig 1986), da sich nach ihrer Auffassung der Citoyen, der räsonierende Bürger, als Publikum um diese Kultureinrichtungen bildet und sie damit als Ausdruck von Selbstverwaltung und Selbstkultivierung ins Leben ruft. Auch wenn er bei diesem Vorgang nur allzu oft feudale Selbstdarstellungsbedürfnisse imitiert, stellt der Stadtbürger als räsonierendes Publikum die Basis des Staatsbürgers dar (Salin 1960). Als Stadtkultur, auf die sich Kulturpolitik in ihrer Begründung bezieht, gilt in diesem Sinne nicht die großstädtische Mentalitäts- und Verhaltensform, sondern die politische Definition der Stadt im Sinne eines Selbstverwaltungsorgans demokratischer Willensbildung als Fundierung auch staatlicher Demokratie.

Kulturpolitik als Verfassungsauftrag

An diese Tradition des räsonierenden Bürgertums und der politischen Definition von Urbanität schließt sich deutsche Kulturstaatlichkeit an, die den Kommunen zwar Kulturpolitik als verfassungsmäßige Pflicht auferlegt, ihnen aber keinerlei Formen oder Inhalte bei der Erfüllung dieser Pflicht vorgibt, also z. B. die immer wieder geforderte Festlegung eines bestimmten Prozentsatzes im kommunalen Haushalt für Kultur geradezu ausschließt. Kultur im Sinne von Kulturpolitik betrifft demnach Mentalitäten, Einstellungen oder Verhalten nur insoweit, als diese politisch relevante Werte oder Normen verkörpern. Kulturpolitik erklärt diese Werte und Normen nicht nur zur gesellschaftlichen Grundlage, sondern auch zum Gegenstand von Politik, ein in keiner Weise selbstverständlicher Schritt, werden doch damit Werte potenziell zum Gegenstand von Macht, als deren Ausübung Politik anerkanntermaßen zu gelten hat (Fußnoten, Fn). Um diese Verbindung auszuschließen, vermeiden sowohl Grundgesetz als auch Landesverfassungen den Begriff des Kulturstaates, der eine staatliche Hoheit im Bereich der Kultur, also der Werte, nahe legen könnte. Sie reden von einer Verpflichtung zur Förderung und Pflege von Kultur. Mit dem kulturpolitischen Verfassungsauftrag an die Kommunen wird also durchaus „staatliche" Kulturpolitik eingefordert, aber ihre Realisierung der vorstaatlichen, intermediären Ebene der Kommune übertragen, um eine Durchsetzung von Werten und Normen mit Hilfe des staatlichen Machtapparates auszuschließen. Dennoch wird mit dieser Konstruktion die Bipolarität der Staatsziele „Sozialstaatlichkeit" und „Rechtsstaatlichkeit" um ein drittes Staatsziel, das der Kulturstaatlichkeit, erweitert. In der staatlichen Verpflichtung der Kommunen zur Ausübung von Kulturpolitik wird also nicht etwa nur dem Grundsatz der Selbstverwaltung in Belangen der lokalen Gemeinschaft Rechnung getragen, wie er sonst lokale Politikautonomie begründet, oder dem Kulturföderalismus zur Sicherung von Pluralität, der die Kulturhoheit der Länder stützt, sondern es werden Notwendigkeit und Realisierbarkeit einer normativen Politik formuliert, die demnach mit den Staatszielen Sozial- und Rechtsstaatlichkeit nicht geleistet werden kann, vielmehr von diesen beiden Zielen zur Fundierung als notwendig erachtet wird.

Mit dieser Konstruktion unternimmt das bundesdeutsche Kulturverfassungsrecht den heiklen Versuch einer Vermittlung zwischen einerseits streng libertärer Staatsabstinenz in Sachen „normativer" oder „Kulturpolitik", wie sie in den angelsächsischen Ländern gilt, und konservativ-autoritärem Anspruch auf Lenkung und Erziehung einer Bevölkerung andererseits, wie er in konservativ autoritären Staaten erhoben wird, z. B. dem Deutschen Reich des 19. Jahrhunderts oder den sozialistischen Staaten des 20. Jahrhunderts, sodass man die Kulturpolitik der Bundesrepublik Deutschland durchaus als die eines „konservativ-liberalen" Staates kennzeichnen kann (Göschel 1997). Die konservative Tradition besteht in dem Anspruch, Normativität überhaupt zum Gegenstand von Politik zu erklären, Sozial- und Rechtsstaatlichkeit also durch Kulturstaatlichkeit zu ergänzen. Den liberalen Anforderungen staatlicher Zurückhaltung wird durch die Bindung kulturpolitischer Handlungen an die vorstaatliche Organisation der Kommune (Gellner 1995) genügt, insgesamt durch den Verzicht auf staatliche Kulturhoheit, sodass im Unterschied zum Bildungswesen neben den Kommunen auch jede private oder gemeinnützige Institution berechtigt ist, kulturelle Leistungen zu erstellen und anzubieten.

Der Vergleich mit Sozial- und Rechtsstaatlichkeit verdeutlicht diese Konstruktion der bundesdeutschen Kulturstaatlichkeit, legt aber auch ihre Schwächen bloß. Sowohl für Sozial- als auch Rechtsstaatlichkeit existieren relativ klar definierte Institutionen und Medien zur Realisierung dieser Staatsziele. Für das Staatsziel der Rechtsstaatlichkeit gilt als Medium zweifelsfrei das geschriebene Recht, als Institution das System der Judikative und Exekutive; für Sozialstaatlichkeit als Medium „Geld" oder „geldwerte Leistung" und als Institution ein relativ komplexes Gefüge aus Sozialversicherungen, Ausbildungseinrichtungen, Wirtschaftsförderungen und anderen Formen oder Institutionen, die alle mehr oder weniger eindeutig dem Ziel der Wohlstandssicherung und angemessenen Umverteilung oder Marktkorrektur dienen. Die Definition relativ eindeutiger Institutionen und vor allem Medien einer konservativ-liberalen Kulturstaatlichkeit stößt im Vergleich dazu auf erhebliche Schwierigkeiten.

Außerkraftsetzung der Kommunen

Die Kommune als zentrale Institution einer als normative Politik verstandenen Kulturpolitik entspricht nach ihrer systematischen Einordnung als intermediäre, politische Institution zwar in hohem Maße den Anforderungen, die an eine solche vorstaatlich zu realisierende Kulturstaatlichkeit zu stellen wären. Sie sieht sich jedoch Wandlungen zum einen auf dem Kulturmarkt, zum anderen in der Stadtgesellschaft ausgesetzt, die sie als Institution normativer Politik außer Kraft setzen. So lässt die Expansion des Kulturmarktes kommunale Kulturangebote zunehmend als marginal erscheinen (Schulze 1992). Entscheidender dürfte aber sein, dass das Bild des Citoyen, des urteilsfähigen, seine Geschicke selbst bestimmenden Stadtbürgers, der Realität nicht (mehr) entspricht. Ganz offensichtlich begegnet der zeitgenössische Stadtbewohner seiner Kommune als Nutzer und Dienstleistungs-

empfänger, wie es einer Angestelltenmentalität entspricht und wie es Kommunalpolitik inzwischen mit Nachdruck selbst fördert, um sich überhaupt noch Anerkennung als politische Institution zu verschaffen. Der Typ des Citoyen, auf den sich der Schweizer Edgar Salin (1960) noch beziehen konnte, war aber aus dem mit seiner Stadt politisch und ökonomisch verbundenen Besitzbürger entwickelt, wie er uns z. B. noch in den Novellen Gottfried Kellers entgegentritt. Die Popularisierung von Partizipation, die sich gerade auf kommunaler Ebene seit den 60er Jahren explosionsartig entwickelt hat, spricht nicht gegen diese These von der Degeneration des Citoyen, da sich modernisierte Teilnahme auf eng begrenzte Zwecke und nie auf das Ganze der Stadt bezieht („Der Spiegel" 1999). „Der Stadt Bestes" zu suchen und dabei auf den durch Kulturpolitik mündigen Bürger zu hoffen (Schwenke 1997), war also vermutlich bereits Illusion, als diese Aufforderung formuliert wurde.

Dem institutionellen Dilemma kommunaler Kulturpolitik bei der Realisierung eines normativen „Kulturstaatszieles ohne Staat" entspricht das mediale, das heißt die Bestimmung eines Mediums der Normativität, das in der Kulturstaatskonzeption die gleiche Funktion erfüllen könnte wie Geld im Sozial- und Recht im Rechtsstaat. Vorrangig in „Kunst" und „Ästhetik" soll dieses Medium gefunden werden, eine Lösung des Problems, die nur durch Rückgriff auf idealistische ästhetische Theorie gelingt. Damit wird der ahistorische und „vorsoziologische" Kunstbegriff des ausgehenden 18. Jahrhunderts, der bereits die Kunstreligiosität des späteren deutschen Bürgertums getragen hatte, mit allen Implikationen in die Kulturpolitik der Bundesrepublik und sogar explizit in die Reformphase der 60er und 70er Jahre übertragen (Göschel 1998). Zwar erscheint noch heute die Idee, im Kunsturteil als interesselosem Geschmacksurteil die Begründung auch politischer und das heißt moralischer Urteilsfähigkeit gefunden zu haben, faszinierend, vor allem dann, wenn, wie im Nachkriegsdeutschland, eine normative Politik ohne externe Autorität so wünschenswert erscheint. Dass in dieser Bewertung von „Kunst" als humanisierendem und demokratisierendem Medium unter anderem eine beträchtliche Verdrängung der Mitschuld von Kunst und Kultur an der Katastrophe des Nationalsozialismus lag, ist aber inzwischen hinreichend diskutiert.

Stellenweise wird allerdings auch „Geschichte" als Medium von Kulturstaatlichkeit und damit als Gegenstand von Kulturpolitik in den Vordergrund gerückt (Grimm 1987). Kunst erhält ihre Bedeutung dann weniger wegen ihrer ästhetischen Implikationen, sondern eher als geronnenes kollektives Gedächtnis. Diese Variante stellt konsequenterweise weniger auf „Urteilsfähigkeit", vielmehr eher auf „Identität" als Grundlage normativer Politik ab, ein nicht minder heikles Unterfangen, da „Identität" per se keinen Zugang zu universaler Normativität eröffnet und durch die Notwendigkeit der Unterscheidung und Abgrenzung latent konfliktgeladen, ego- oder „ethnozentrisch" wirken kann.

Verständlich wird der Rückgriff auf einen idealistischen Kunstbegriff nur aus einer Mentalität, der die Vorstellung von „Werten" als greifbaren, geronnenen Gegenständen, und sei es eben in „Kulturgegenständen", und daher auch die Notwendigkeit ihrer Verteilung als eigentliche Leistung der Kulturpolitik eine unumstößliche Selbstverständlichkeit bedeutet, eine Mentalität demnach, wie sie die Gründer- und Reformergeneration der deutschen Kulturpolitik kennzeichnete (Göschel 1991). Formulierungen wie die vom „ästhetischen Mehrwert" oder vom „kulturellen Erbe", ein Begriff der sich bezeichnenderweise in beiden deutschen Staaten größter Beliebtheit erfreut, zeigt die Nähe von Kultur- zur Eigentumspolitik, die Integration der Kultur- in die Sozialpolitik, die sie damit nur noch ergänzen oder ausfüllen kann, ohne ihr, wie das Kulturstaatsparadigma postuliert, eine normative Fundierung zu liefern. Entgegen ihrer programmatischen Funktion schaltet Kulturpolitik damit zumindest seit der Reformära von der normativen Selbstartikulation des Citoyen auf Versorgung des städtischen Angestelltenmilieus um und damit auf die Interessenlage der Wählergruppen, die die sozialdemokratische Reformpolitik der 60er und 70er Jahre tragen.

„Kultur für alle" (Hoffmann 1979), eines der zumindest rhetorisch folgenreichsten Schlagworte deutscher Kulturpolitik, zeigt sich danach als westliche Variante der Subsumption von Kulturpolitik unter Eigentumsvorstellungen und das heißt in sozialstaatliche Kategorien und Verfahren der Verteilung oder Umverteilung. Im östlichen Teil Deutschlands entsprach dem der „Kampf ums kulturelle Erbe", die „Erstürmung der Höhen bürgerlicher Kultur", die Übertragung von Eigentumskategorien auf Kultur, in der DDR nur etwas martialischer formuliert, entsprechend der militarisierten Sprache des ostdeutschen Teilstaates (Göschel 1999; Schlenker 1977). Zwar werden bis heute normative Dimensionen von Kulturpolitik gefordert, hartnäckig im Rückgriff auf den deutschen Idealismus (Glaser 1999:687). Da aber weder das Institutionensystem – Kommune, Verbände, Markt – noch das Medium – Kunst und ästhetischer Mehrwert – den Anforderungen eines normativen Kulturstaatsziels genügen, wird die nie klar gezogene Trennung zwischen Kulturstaat und Sozialstaat

(Fn) schließlich programmatisch in der Verbindung von Kulturellem und Sozialem aufgehoben. Das Kulturstaatsziel – die Begründung von Normen für Sozial- und Rechtsstaat – löst sich im Sozialstaat auf (Tenbruck 1986:270), der doch nach der Kulturstaatsidee normativ von Kultur begründet sein sollte. So liest sich die Geschichte deutscher kommunaler Kulturpolitik seit der Reformära als Abfolge unvermeidlicher Instrumentalisierungen von Kunst und Kultur für jeweils als drängend erscheinende sozialpolitische Probleme, verbunden mit schwindender kritischer Distanz zu deren Ursachen.

Kulturpolitik mit Gleichheitsanspruch

Nach der Rekonstruktionsphase der Bundesrepublik, in der durch Wiederaufbau wichtiger kultureller Einrichtungen das Desaster des Nationalsozialismus eher verdrängt als bearbeitet wurde, tritt kommunale Kulturpolitik ab Ende der 60er und Anfang der 70er Jahre mit dem sozialpolitischen Gleichheitsanspruch auf, das heißt, die kulturellen Werte sollen allen Bürgern in gleicher Weise zur Verfügung stehen. „Bürgerlichkeit" der Kultur wird, ganz im Sinne der „alten sozialen Bewegungen", nicht über deren Inhalte, sondern über ihre Aneignung durch das Besitzbürgertum definiert. In der „Kultur für alle" (Hoffmann 1979) kulminiert diese Übertragung sozialpolitischer Gleichheits- und Gleichversorgungskonzepte, die die Prämissen des funktionierenden Sozial- und Wohlfahrtsstaates als Norm auch für die Kulturpolitik zugrunde legen.

Ohne deutliche Zäsur wird diese Gleichheitskonzeption der „alten sozialen Bewegungen" in den 70er Jahren teils ergänzt, teils abgelöst vom revidierten Gleichheitsbegriff der „neuen sozialen Bewegungen", in dem materielle Versorgungsgleichheit durch Chancengleichheit in der Entfaltung von Individualität ersetzt wird, also von Unterschiedlichkeit der Lebensstile (Raschke 1985). Diese „neue Kulturpolitik", auch als „Soziokultur" bekannt, versucht nicht, Ansprüche auf quantitativ gleiche, sondern qualitativ den Lebensstilen oder Milieus angemessene Versorgung als kulturpolitisches Ziel durchzusetzen. Nicht viel für alle, sondern das Richtige für jeden – so könnte man dieses Programm charakterisieren, das in ambivalenter Weise einem normativen Kulturstaatsziel nahe kommt, sich aber gleichzeitig kulturpolitisch handlungsunfähig macht. An die Stelle eines Konflikts um Versorgungsquoten, also um Geld oder geldwerte Leistung wie in der Kulturpolitik der alten sozialen Bewegungen, tritt der um Anerkennung von Individualität, um Pluralität und Gleichberechtigung in dieser Pluralität, also um die Anerkennung von Lebensstilen, die im soziologischen Sinne als „Kulturen" gelten. Der für Wohlfahrtsstaatlichkeit zentrale Begriff des lebenswerten Lebens wird deutlich in Richtung auf Realisierung von Individualität interpretiert. Umverteilungskonflikte werden zumindest vorübergehend und auf der Basis extremen Wohlstandes und eines funktionierenden Sozialstaates durch „Kulturkonflikte", also durch Konflikte um Lebensnormen und -formen abgelöst. Damit ist tatsächlich der Ansatz zu einer Politik des Normativen getan. Mit der Definition von Kultur als dem Ganzen der Lebensformen wird jedoch die Möglichkeit einer entsprechenden Politik im gleichen Atemzug beseitigt, denn „das Ganze des Lebens" kann unmöglich Medium oder gar Gegenstand von Politik sein, will man nicht den Privatraum des Einzelnen aufgeben, der in liberalen Gesellschaften unabdingbar vor politischer Macht zu schützen ist (Fn). Angesichts dieses Dilemmas, dass mit dem emanzipatorischen Anspruch auch die Abwendung von entfremdender Kunst vollzogen wurde, verkürzte sich auch die „neue Kulturpolitik" bald auf Verteilungskämpfe, also auf Gleichheitsansprüche nach dem Modell der alten sozialen Bewegungen, verschärft durch die sich langsam abzeichnenden Probleme auf dem Arbeitsmarkt und die damit verbundenen ersten Krisensymptome des Sozialstaates.

Mit den 80er Jahren setzt sich ein zentrales Thema durch, mit dem jeder normative Anspruch aufgegeben und die Begründungsschwäche von Kulturpolitik offenbar wird, die Förderung von Wirtschaftswachstum durch Kulturpolitik. Konnte John Kenneth Galbraith 1971 für die Zukunft der Stadt eine kritische Distanz zu deren totaler Ökonomisierung noch aus ihrer Ästhetik erhoffen und damit der kommunalen Kulturpolitik Nachdruck verschaffen, so stellt sich jetzt heraus, dass es gerade diese Ästhetik ist, sei es die des Städtebaus, sei es die der Produkte in den Kultureinrichtungen oder diese selber, die die Städte als letzte Ressource, als letzten weichen Standortfaktor mobilisieren müssen, um in einer interkommunalen Konkurrenz mitzuhalten, die sich im Zuge der einsetzenden Globalisierung in internationalen Dimensionen zu entwickeln beginnt. Die Rede vom „ästhetischen Mehrwert" gewinnt greifbare Realität. Die ästhetische und ästhetisierte Stadt wird jetzt tatsächlich ganz vordergründig mehr wert, für Touristen, für zahlungsfähige Einwohnergruppen, für die Kulturwirtschaft und ihre Arbeitsplätze.

Hätte eine Kulturpolitik im Sinne eines Kulturstaatsparadigmas die Normativität des Wachstumsmodells zu thematisieren, müsste sie nach den Alternativen zu Wachstum und Wohlstand als unabdingbaren Voraussetzung von Legitimation fragen oder solche finden helfen. Stattdessen stellt sich kommunale Kulturpolitik, man könnte sagen unisono, unter die sozialstaatliche Vorgabe, durch Wachstumsförderung Wohlstand und Umverteilungspotenziale zu sichern, und bestätigt damit die Vermutung, nur Sozialstaatlichkeit sei letztlich legitimatorisch relevant.

Damit akzeptierte kommunale Kulturpolitik in den 80er Jahren endgültig, dass eine normativ legitimatorische Funktion aus Kulturstaatlichkeit nicht zu entwickeln ist, dass zumindest die Kommune mit ihren kulturellen Aufwendungen zu dieser Leistung schwerlich beitragen kann. Je bevölkerungsnäher, so scheint es, desto unausweichlicher der Druck auf die Politik, Effizienz und Nützlichkeit nachzuweisen, die sich nur in sozialstaatlichen Kategorien zeigen kann. Bis in die Detailprogramme hinein lässt sich die sozialpolitische Funktionalisierung der Kulturpolitik nachweisen. Wurde in der Reformphase z. B. Versorgungsgleichheit auch für eine berufsbezogene Kreativitätssteigerung durch „Kultur" erwartet, ein durch und durch sozialpolitisches Ziel, in dem sich modernisierte CDU, SPD und Gewerkschaften sehr einig waren, so thematisiert Kulturpolitik heute die Defizite des Arbeitsmarktes und sucht Arbeitsplätze durch Kultureinrichtungen herzustellen oder Arbeitsplatzverteilung durch Modelle einer Tätigkeitsgesellschaft zu korrigieren, alles Anlässe und Programme, die in der Sozialpolitik weidlich durchgearbeitet sind.

Kulturpolitik soll Ausgrenzung vergessen machen

Mit dem Ende der 90er Jahre scheint sich eine neue sozialpolitische Problematik zu entwickeln, auch wenn sie sich in den Defiziten der traditionellen Arbeitsgesellschaft bereits andeutete und den Hintergrund der Arbeitsmarktprogramme bildete, die Ablösung von Ungleichheit, von Disparität durch Desintegration. Polarisierungstendenzen sowohl zwischen individuellen Einkommen oder zwischen Arbeitenden und Arbeitslosen als auch zwischen Regionen, Städten, Stadtteilen, zwischen Zentrum und Peripherie scheinen sich zu verfestigen und qualitative Gegensätze da zu fixieren, wo bisher eher von quantitativen Gefällen die Rede war. Unterstellt der Begriff der Ungleichheit bei allen Distanzen zwischen oben und unten dennoch deren Zusammenhang in einem Kontinuum, so signalisiert „Desintegration" eine unüberbrückbare Kluft zwischen „Innen" und „Außen", einen Bruch zwischen „Zugehörigkeit" und „Exklusion". Desintegration oder Exklusion definiert Einzelne oder Gruppen als überflüssig und schließt sie mit dieser Stigmatisierung als Mitglieder einer Gemeinschaft aus, ein zweifellos normatives Urteil, das als solches und damit kulturell oder kulturpolitisch thematisiert werden müsste. Statt nun die Normen zur Diskussion zu stellen, die z. B. Arbeitslosigkeit mit Überflüssigkeit gleichsetzen, scheint es, als könne sich Kulturpolitik aus ihrer sozialpolitischen Verklammerung nicht befreien und werde in ambivalenter Weise zur Lösung oder besser zur Beseitigung des Desintegrationsproblems eingesetzt. Zum einen fördert Kulturpolitik eine Ereignis- und Stadtkronenpolitik, die auch dazu dient, Ausgrenzung unsichtbar werden zu lassen. Zum anderen wird sie z. B. in Sanierungsprogrammen wie der „Sozialen Stadt" explizit zur Bearbeitung von Desintegrationsproblemen in Problemgebieten herangezogen, ohne die Chance zu haben, die Ursachen zu thematisieren. Damit wird das Problem der Ausgrenzung gegen eine normative Thematisierung immunisiert, als objektiv gegeben anerkannt. Kulturpolitik wird als sozialtechnische Ergänzung von Sozialpolitik eingesetzt. Es geschieht genau das, was mit der Auflösung des Kulturstaates in Sozialstaatlichkeit zu erwarten war und was sich unweigerlich dann zeigen muss, wenn sich ein normativer Wandel vollzieht, der als Sachzwang und nicht als gewollte Entscheidung verstanden werden soll.

Als dieser Wandel muss in Deutschland wie in anderen westlichen Ländern die Tendenz zu einem neoliberalen Gesellschafts- und Politikverständnis gelten, in dem ökonomische Nützlichkeit als alleiniges Bewertungskriterium die Vorstellungen von Mitgliedschaft in einer Gemeinschaft als Begründung sowohl für politische als auch für soziale Bürgerrechte (Marshall 1992) zu ersetzen beginnt. Im Sinne einer Kulturpolitik als Realisierung eines Kulturstaatsparadigmas wäre es deren Thema und Aufgabe, auf die normativen Dimensionen dieses Wandels, der gerade deutsche Traditionen verbindlicher Sozialstaatlichkeit in Frage zu stellen beginnt, einzugehen und die Implikationen herauszuarbeiten, nicht faktische Leistungen zu erbringen, die den Umgang mit den Folgeproblemen des einsetzenden Neoliberalismus erträglich machen können, wie es Sozialpolitik zu tun verpflichtet ist. Nur im Teilproblem der Exklusion von Migranten scheinen kulturpolitische Reaktionen erkennbar, die die normativen Dimensionen von Fremdenfeindlichkeit thematisierten, hier aber auch eher in einem kulturellen Pluralitätsmodell der multikulturellen Stadt, das den drohenden Ausgrenzungen und ihren Folgen kaum mehr gerecht wird. Am Desintegrationsproblem zeigt sich damit in aller Schärfe das Versagen einer Kulturstaatlichkeit, die Kulturpolitik sozialpolitisch vereinnahmen lässt, mit Willen und Zustimmung führender Kulturpolitiker, statt über eine Kulturpolitik zu sinnen, die nicht sozialpolitische Aufgaben löst, sondern die normativen Grundlagen von Sozialstaatlichkeit zu thematisieren in der Lage ist.

Gefährdung kommunaler Kulturpolitik

Während nach der Idee eines normativ relevanten Kulturstaates die neoliberale Wende der Kulturpolitik Auftrieb geben müsste, weil sie in ihren eigentlichen Funktionen jetzt auf den Plan gerufen ist, droht diese Wende kommunale Kulturpolitik nachdrücklich zu gefährden. Die Integration kommunaler Politik insgesamt, besonders aber der Kulturpolitik durch ihre sozialpolitische Funktionalisierung in Politikfelder, in denen die systematische Unterscheidung von staatlicher und vorstaatlich-bürgerschaftlich-kommunaler Politik nicht erforderlich ist, hat die Trennung zwischen Staat und Kommune verwischt, sodass die Kommune leicht als Staat missverstanden werden kann. Dem Staat aber ist besonders nach streng liberalem Denken eine normative (Kultur-)Politik gar nicht gestattet. Werden Kommune und Staat also zusammengezogen, gerät auch kommunale Kulturpolitik in den Verdacht unangemessener Staatsautorität. Ihr kann die Forderung entgegengesetzt werden, dass nur die Privaten berechtigt seien, Kulturförderung zu betreiben. Der Staat dürfe diesen Privaten äußerstenfalls gesetzliche Rahmen z. B. in Form eines Steuer- oder Stiftungsrechts vorgeben. Und diese Vorstellung wird umso nachdrücklicher vertreten, je mehr tatsächlich normativ-kulturelle Umorientierungen zur Debatte stehen, die gegen Kritik geschützt werden sollen. Die besonders aus der Privatwirtschaft zu hörende Forderung, kommunale Kulturpolitik sei mehr oder weniger durch private Aktivitäten zu ersetzen, da diese privaten Akteure – Stiftungen, Mäzene, Sponsoren – wesentlich effizienter, innovativer und flexibler „Kulturförderung" betreiben könnten, hat nicht nur technische, sondern vermutlich durchaus normative Hintergründe. Kommunale Kulturpolitik sitzt damit in einer ausgesprochenen Zwickmühle. Entweder sie bleibt bei ihrer sozialpolitischen Vereinnahmung, dann ist sie auf dieser Ebene durch jede andere Art von sozialpolitischen Maßnahmen ersetzbar und unterliegt den gleichen graduellen Einsparungsrestriktionen, denen in der neoliberalen Wende Sozialpolitik ausgesetzt ist; oder sie besinnt sich auf ihren normativen Auftrag, dann kann dieser ihr aufgrund behaupteter Staatsnähe der Kommune komplett streitig gemacht werden. In diesem Dilemma scheint kommunale Kulturpolitik derzeit zu stecken. Durch die Integration in Sozialpolitik besonders in Wachstums- und Wirtschaftspolitik fehlt ihr die genuine Begründung, die sie von anderen Politiksektoren qualitativ unterscheiden könnte. Versucht sie, diese im Sinne einer normativen Leitung zu definieren, setzt sie sich Verdächtigungen aus, ungerechtfertigte Staatsautorität ausüben zu wollen.

Konsequenzen

Ein erster Schritt, sich aus diesem Dilemma zu lösen, könnte möglicherweise in der Distanzierung von sozialpolitischer Aufgabenzuweisung liegen. Dafür müsste allerdings die Vorstellung korrigiert werden, der entscheidende Gegenstand von kulturpolitischer Förderung, Kunst und Ästhetik könne von seinem affirmativen Charakter dadurch befreit werden, dass er durch eben diese sozialpolitischen Funktionen in die Lebenswelt hineingeholt wird und dass diese Integration in die Lebenswelt die Affirmation durchbreche und eine im Medium Kunst notwendig enthaltene kritische, nicht affirmative Funktion freisetze. Diese Grundannahme der „neuen Kulturpolitik" war bereits bei ihrer ersten Formulierung in den 70er Jahren wenig überzeugend. In der konsequenten Funktionalisierung der Kulturpolitik und der Kunst für Wirtschaftswachstum in den 80er Jahren hat sich diese Argumentation endgültig als Sackgasse erwiesen. Eine gedankliche Umorientierung ist eventuell möglich, wenn akzeptiert wird, dass eine nicht affirmative Kunst oder Ästhetik gundsätzlich nicht verfügbar ist, sondern dass jede symbolische Äußerung als die Artikulation von partiellen Anerkennungsansprüchen angesehen werden muss (Habermas 1994), selbst dann, wenn sich die symbolische, kulturelle Äußerung in absoluter Kunst, also in einem – scheinbar – universalen Medium vollzieht. In ihrer Kunst, ihrer Ästhetik, ihren symbolischen Kulturen treten Anerkennungsansprüche in die Öffentlichkeit und konkurrieren um Wahrnehmung und Durchsetzung, auch wenn häufig schwer zu sagen ist, welche soziale Gruppierung sich mit welcher Artikulation für welche Interessen Gehör zu verschaffen sucht. Für die Vermittlung der Ansprüche ist man entweder auf die Annahme der Anerkennung des „vernünftigen Diskurses" als allgemeinen Mediums oder auf den permanenten Widerstreit ohne jede Synthesemöglichkeit (Lyotard 1987) angewiesen. Kommunale Kulturpolitik ist kein Schiedsrichter oder Vermittler in diesem „Spiel", keine ausgleichende Gerechtigkeit oder höhere Vernunft, sondern Mitspieler wie jeder andere auch. Ein Allgemeines, eine „Assoziation der Assoziationen" („Der Spiegel" 1999), in der sich nicht mehr einzelne, partiale Anerkennungsansprüche artikulieren, sondern ein „Ganzes" entsteht, scheint ihr so wenig zur Verfügung zu stehen wie irgend einem anderen „Spieler".

Eine notwendige Konsequenz aus dieser Wende wäre, dass Kulturpolitik alle traditionellen Zielvorstellungen wie „Sinnproduktion" oder „Identitätsstiftung" aufgibt, da entweder die unabwendbare Fragmentierung von Identität und der Verlust jeder soteriologischen Wahrheit als Sinnfundament anerkannt werden muss, oder Sinn und Identität eben nur in dem „rationalen Diskurs" liegen können. Gerade unter dem Vorzeichen der neoliberalen Wende wird „Identität" zusätzlich verdächtig, könnte doch unterstellt werden, dass ökonomische Fragmentierungen normativ durch „Nation" und „Heimat" gekittet werden sollen, um nachhaltigen Widerstand gegen Exklusion nicht aufkommen zu lassen. Essentialistische Identitäten sind durchweg fundamentalismusverdächtig und führen eher zu rational nicht mehr regelbaren Konflikten als das Eingeständnis, von Interessen getragen, sich deren Partialität aber bewusst zu sein (Castells 1997).

Eine mögliche Konsequenz wäre die Konzentration von Kulturpolitik auf nicht durch externe Funktionen zu begründende Kunstförderung, vorzugsweise zeitgenössischer Kunst, gleichgültig, ob sie in der „art-world" oder in „Lebenswelten" zu Hause zu sein scheint (Nida-Rümelin 2000). Zeitgenössische Kunst erschließt sich nicht mehr nach den Dimensionen „schön" oder „nicht-schön", also nach Geschmackskriterien, die im Kunsturteil den Zugang auch zu normativen Urteilen darstellten, sondern als intellektueller Diskurs mit anderen Mitteln als denen der Sprache. In diesem Diskurs werden zentrale Erfahrungen der Moderne vermittelt und verhandelt, also z. B. die Fragmentierung von Identität (Lüscher 1997) oder die Vermittlung von Autonomie und Abhängigkeit durch die spezifische Referentialität des Kunstwerks im Kunstprozess (Danto 1991), wobei auch hier wieder offen gelassen werden muss, wer sich durch die Artikulation dieser Erfahrungen Anerkennung zu verschaffen sucht. Im modernen Kunstdiskurs werden die moralischen, normativen Fragen artikuliert, die den Hintergrund bilden z. B. für Desintegration und Exklusion oder für die normativen Individualitätskonflikte, die im Neoliberalismus aufbrechen (Simmel 1995/1901). Aber einer Kulturpolitik, die sozialpolitischen Nützlichkeitserwägungen überlassen wird, gelingt es nicht mehr, sich mit den Potenzialen ihres Gegenstandes zu begründen und zu rechtfertigen, die Folge des verfehlten Versuchs, durch sozialpolitische Funktionalisierung Kulturpolitik zu Gesellschaftspolitik zu entwickeln und dem kulturpolitischen Medium Kunst seine Affirmativität zu nehmen. Das Gegenteil dieser Intention ist erreicht.

Eine unausweichliche Konsequenz eines solchen Konzepts wäre mit Sicherheit der Vorwurf des Elitären. Zum einen stammt aber ein solcher Einwand tendenziell aus sozialpolitischer Funktionalisierung und sollte für eine neue „neue Kulturpolitik" ohne Bedeutung sein. Zum anderen ist es auch der sozialpolitisch engagierten alten „neuen Kulturpolitik" nicht gelungen, am Prinzip der „Umverteilung von unten nach oben" in der Kulturpolitik Entscheidendes zu ändern, obwohl das aus der Sicht dieser Kulturpolitik im Grunde als Skandal zu werten wäre. Unausweichlich scheint aber, dass diese neue „neue" Kulturpolitik für die Kommunen zur Zeit kaum zu realisieren ist, da der Zwang, einen „nicht kulturellen" Nutzen nachzuweisen, auf kommunaler Ebene zur Selbstverständlichkeit geworden zu sein scheint. Die Folge ist, dass die Privaten, gestützt durch neoliberales Selbstbewusstsein, zunehmend die Förderung der – zeitgenössischen – Kunst übernehmen und den Kommunen eine Art gehobener Nachspielfunktion überlassen. Was durchgesetzt ist, kein Risiko darstellt und viel Publikum verspricht, wird zur kommunalen, öffentlichen, wachstumspolitisch relevanten Domäne, sodass kommunale Kulturpolitik die Wertungen des neoliberalen Modells selber realisiert, die Nachrangigkeit und Minderwertigkeit oder gar Bedeutungslosigkeit des Öffentlichen gegenüber dem Innovativen, Produktiven und Kreativen des Privaten. Damit bestätigt sich die behauptete Partialität der öffentlichen Kulturpolitik in der Konkurrenz der Kräfte um Anerkennungsansprüche. Die Integration kommunaler Kulturpolitik in Sozialstaatlichkeit führt zur kulturellen Abwertung des Öffentlichen, des Gesellschaftlichen und Politischen gegenüber dem Privaten, Ökonomischen und Individuellen: Durch Auflösung kommunaler Kulturpolitik im Sozialstaat hat sie sich konzeptionell abgeschafft. Jetzt vollzieht sie diese Selbstabschaffung auch materiell.

Allerdings reagiert Kulturpolitik mit ihrer sozialpolitischen Funktionalisierung vor allem auf die breite Durchsetzung eines Utilitarismus, der sich bis in die Einrichtungen hinein zeigt. So hat sich die Programmatik z. B. der Volkshochschulen von der Intention der Demokratisierung durch kulturelle Bildung, die die Anfangsjahre bis zur Mitte der 60er Jahre prägte, zu einer Orientierung an qualifizierender Ausbildung gewandelt, ergänzt durch therapeutische Programmteile, die durch die neuen sozialen Bewegungen während der 70er und 80er Jahre auch in diese Einrichtungen eingebracht wurden (Oppermann u. Röhrig 1995; Otto 1993; Tietgens 1994). Dieser Durchsetzung einer Zweckorientierung entsprechen auch die permanente Reduktion der musischen Bildung im Schulsystem und der politische Druck, unter den die kommunalen Musikschulen seit einigen Jahren geraten sind. Im privaten Bereich dagegen scheint sich eine musische Praxis ständig auszuweiten.

Neben dieser Dominanz von unmittelbar plausiblen Nutzenerwägungen, denen die öffentlichen Einrichtungen ausgesetzt zu sein scheinen, behindert auch die unvermeidliche Distinktionsleistung von künstlerisch-ästhetischen Produkten eine Kulturpolitik, die sich auf diese Leistungen und ihre Förderung ausschließlich nach Qualitätsmaßstäben ausrichten wollte. Kunsturteile bleiben auch dann, wenn sie in strengem Sinne keine Geschmacksurteile mehr sind wie in der modernen Kunst, Distinktionsurteile, mit denen sich der „Kenner" vom „Nichtkenner" oder, bei ausgesprochen innovativen Produkten, auch von der „Masse" distanziert. Auch wenn Kennerschaft nicht mehr an eine bestimmte Schicht gebunden sein muss, läuft Politik, die durch Prioritätensetzung eine Auswahl treffen und damit Kunsturteile fällen muss, Gefahr, Mehrheiten vor den Kopf zu stoßen, während Private in dieser Weise nicht zur Rechenschaft gezogen werden können. Es fällt daher der Politik leichter, selektive Förderungsentscheidungen nicht mit ästhetischen, sondern mit ökonomischen oder sozialpolitischen Argumenten zu begründen. Unausweichlich bestimmt aber diese Prioritätensetzung nach nicht künstlerischen Kriterien auch die inhaltliche Auswahl. Die berechtigte Forderung an die Politik, die öffentlichen Mittel nur für allgemein nachvollziehbare und allgemein nützliche Zwecke einzusetzen, verhindert zunehmend eine Kunst- und Kulturförderung, die sich an den Qualitäten und Bedingungen ihres Mediums orientiert, ganz unabhängig davon, ob die kulturstaatliche Intention der normativen Politik mit diesem Medium möglich wäre oder nicht.

Resümee: Es scheinen gegenwärtig die urbanen sozialen Bewegungen zu fehlen – z. B. der Ausgegrenzten, deren Ausgrenzung sich in eben diesem Defizit manifestiert –, die der öffentlichen, kommunalen Kulturpolitik eine normative Debatte oder normative Thematisierungen aufzwingen könnten, die sie nur als kommunale entfalten kann, wie dies ansatzweise den neuen sozialen Bewegungen in den 70er Jahren gelungen war. An ihre Stelle sind tendenziell neoliberale „Bewegungen" getreten, die die Dominanz der – starken – Privaten betonen und der Kulturpolitik, und nicht nur dieser, eine nachrangige Rolle zuweisen wollen. Einen – starken – Staat fordern diese Bewegungen nur in der Durchsetzung von Ordnungsrechten für die ungehinderte Entfaltung der – starken – Privaten, womit Ausgrenzung in Kauf genommen und nicht mehr normativ thematisiert wird.

In dieser Konstellation kann einerseits nationale Kulturpolitik wie in Frankreich zur symbolischen Demonstration der Einheit und Stärke der Nation wachsende Bedeutung erhalten, zum anderen eine informelle, nicht verfasste Bürgergesellschaft an die Stelle von verfasster Kommunalbürgerschaft treten, wie z. B. in den USA oder Großbritannien. Deutschland versucht zur Zeit beide Alternativen zu verbinden, auf Kosten der Kommune, die weder genug Staat ist, um von kultureller „Leuchtturmpolitik" zu profitieren, noch genug informelle Bürgergesellschaft, um durch die liberale Aufwertung des Privaten Auftrieb zu erhalten. Die Idee des lokalen Bürgers, der im Namen universaler Prinzipien kommunal organisiert ist, wird abgelöst durch lokale und staatliche Organisationen und Aktivitäten, die das Partiale nie verlassen, ein heikler, aber unabwendbarer Vorgang. Der Begriff der bürgerlichen Urbanität war an den Gedanken der Möglichkeit universaler Kategorien, wie z. B. des rationalen Diskurses oder der bürgerlichen Freiheits- und Gleichheitsrechte, gebunden, die sich in den modernen Fragmentierungen aufzulösen scheinen, die bürgerliche Stadtgesellschaft zur unverbundenen Summe partialer Zweckassoziationen einerseits, zur Spaltung in Integrierte und Ausgeschlossene andererseits ohne Integration durch kulturpolitisch zu entfaltende Normativität; der Raum der Stadt zur Anhäufung von funktional definierten Orten ohne die Integration durch den allgemeinen, funktional offenen, öffentlichen Raum als alltagskultureller Leistung der Stadt. Angesichts dieser pessimistischen Perspektive bestünde die einzige Herausforderung an Kulturpolitik noch darin, Räume offen zu halten, in denen eben die überraschenden, nicht vorhersehbaren Erfahrungen der modernen Kunst ermöglicht werden, die in der „realen" Stadt zunehmend ausgeschaltet sind.

Literatur

Bourdieu, Pierre, Gegenfeuer. Wortmeldung im Dienste des Widerstandes gegen die neoliberale Invasion, Konstanz 1998a.

Bourdieu, Pierre, Warnung vor dem Modell Tietmeyer, in: Deutsch-französische Kulturgespräche Freiburg 1996. Soziale Integration als kulturelle Aufgabe, Freiburg 1998b (Frankreichzentrum der Universität Freiburg, Deutsch-Französisches Institut Ludwigsburg) S. 84-89.

Castells, Manuel, The Power of Identity. The Information Age. Economy, Society and Culture, Band 2, Malden, Mass. 1997.

Danto, Arthur, Kunst nach dem Ende der Kunst, München 1996.

Danto, Arthur, Die Verklärung des Gewöhnlichen. Eine Philosophie der Kunst, Frankfurt/M. 1991.

Galbraith, John Kenneth, Die Zukunft der Städte im modernen Industriesystem – Konzept der organischen Stadt, in: Deutscher Städtetag (Hrsg.), Rettet unsere Städte jetzt! Vorträge, Aussprachen und Ergebnisse der 16. Hauptversammlung des Deutschen Städtetages vom 25.-27. 5.1971 in München, Stuttgart 1971.

Gellner, Ernest, Bedingungen der Freiheit. Die Zivilgesellschaft und ihre Rivalen, Stuttgart 1995.

Glaser, Hermann, Kommunale Kulturpolitik, in: Hellmut Wollmann u. Roland Roth (Hrsg.), Kommunalpolitik. Politisches Handeln in den Gemeinden, Opladen 1999, S. 676-687.

Göschel, Albrecht, Kontrast und Parallele – kulturelle und politische Identitätsbildung ostdeutscher Generationen, Stuttgart, Berlin, Köln 1999.

Göschel, Albrecht, Kultur in der Stadt – Kulturpolitik in der Stadt, in: Ders. u. Volker Kirchberg (Hrsg.), Kultur in der Stadt. Stadtsoziologische Analysen zur Kultur, Opladen 1998, S. 229-253.

Göschel, Albrecht, Kulturpolitik im konservativ-liberalen Staat: das Modell Deutschland, in: Bernd Wagner u. Annette Zimmer (Hrsg.), Krise des Wohlfahrtsstaates – Zukunft der Kulturpolitik, Bonn, Essen 1997, S. 241-264.

Göschel, Albrecht, Die Ungleichzeitigkeit in der Kultur. Wandel des Kulturbegriffs in vier Generationen, Stuttgart, Berlin, Köln 1991.

Göschel, Albrecht; Klaus Mittag, Thomas Strittmatter, Die befragte Reform. Neue Kulturpolitik in Ost und West, Difu-Beiträge zur Stadtforschung, Bd. 15, Berlin 1995.

Grimm, Dieter, Recht und Staat der bürgerlichen Gesellschaft, Frankfurt/M. 1987.

Habermas, Jürgen, Faktizität und Geltung. Beiträge zur Diskurstheorie des Rechts und des demokratischen Rechtsstaats, Frankfurt/M. 1994.

Häberle, Peter (Hrsg.), Kulturstaatlichkeit und Kulturverfassungsrecht, Darmstadt 1982

Häußermann, Hartmut, Die Krise der „sozialen Stadt", in: Aus Politik und Zeitgeschichte. Beilage zur Wochenzeitung „Das Parlament", B 10-11/2000 S. 13-21.

Häußermann, Hartmut, Armut in den Großstädten – eine neue städtische Unterklasse? in: Leviathan, Zeitschrift für Sozialwissenschaft, 1997, H. 1, S. 12-27.

Häußermann, Hartmut, Die Bedeutung „lokaler Politik" – neue Forschung zu einem alten Thema, in: Staat und Stadt, Politische Vierteljahreszeitschrift, Sonderheft 22, 1991, S. 35-50.

Häußermann, Hartmut u. Walter Siebel, Stadt und Urbanität, in: Merkur. Deutsche Zeitschrift für europäisches Denken, 1997, Heft 4, S. 293-307.

Häußermann, Hartmut u. Walter Siebel, Neue Urbanität, Frankfurt/M. 1987.

Hoffmann, Hilmar, Kultur für alle, Frankfurt/M 1979.

Hradil, Stefan (Hrsg.), Differenz und Integration. Die Zukunft moderner Gesellschaften. Verhandlungen des 28. Kongresses der Deutschen Gesellschaft für Soziologie in Dresden 1996, Frankfurt/M., New York 1997.

Kronauer, Martin, „Soziale Ausgrenzung" und „Underclass": Über neue Formen der gesellschaftlichen Spaltung, in: Leviathan. Zeitschrift für Sozialwissenschaft, 1997, H. 1, S. 28-49.

Lüscher, Kurt, Postmoderne Herausforderung an die Soziologie, in: Stefan Hradil (Hrsg.), Differenz und Integration. Die Zukunft moderner Gesellschaften. Verhandlungen des 28. Kongresses der Deutschen Gesellschaft für Soziologie in Dresden 1996, Frankfurt/M., New York 1997, S. 94-17.

Lyotard, Jean-François, Der Widerstreit, München 1987.

Marshall, Thomas, Bürgerrechte und soziale Klassen. Zur Soziologie des Wohlfahrtsstaates, Frankfurt/M., New York 1992.

Nida-Rümelin, Julian, Raus aus den eigenen vier Wänden. Perspektiven kommunaler Kulturpolitik nach dem Ende ihrer sozialen Legitimationsbasis, in: Frankfurter Rundschau Nr. 52, 2. März 2000.

Oppermann, Detlef u. Paul Röhrig (Hrsg.), 75 Jahre Volkshochschule. Vom schwierigen Weg zur Humanität, Demokratie und sozialen Verantwortung, Bad Heilbrunn 1995.

Otto, Volker, IX. Deutscher Volkshochschultag Kassel 1991. Offene Volkshochschule – neue Herausforderung: Deutschland und Europa in der Einen Welt, Bonn 1993.

Rada, Uwe, Die Urbanisierung der Angst. Von einer kulturellen zur sozialen und räumlichen Technik der Verdrängung, in: Albrecht Göschel u. Volker Kirchberg (Hrsg.), Kultur in der Stadt. Stadtsoziologische Analysen zur Kultur, Opladen 1998, S. 101-119.

Raschke, Joachim, Soziale Bewegungen. Ein historisch-systematischer Grundriß, Frankfurt/M., New York 1985.

Sabais, Heinz Winfried (Hrsg.), Auf dem Weg zu einer gesellschaftlichen Kultur. 25 Jahre Ruhrfestspiele 1946-1971, Recklinghausen 1971.

Salin, Edgar, Urbanität, in: Deutscher Städtetag (Hrsg.), Neue Schriften des Deutschen Städtetages, Erneuerung unserer Städte. Vorträge, Aussprachen und Ergebnisse der 11. Hauptversammlung des Deutschen Städtetages, Augsburg 1.-3. Juni 1960, Bonn 1960

Sauberzweig, Dieter, Kultur und Urbanität. Aspekte zur Zukunft der Stadt, in: Archiv für Kommunalwissenschaft 1986, H. 1, S. 1-23.

Schlenker, Wolfram, Das „Kulturelle Erbe" in der DDR. Gesellschaftliche Entwicklung und Kulturpolitik 1945-1965, Stuttgart 1977.

Schulze, Gerhard, Die Erlebnisgesellschaft. Kultursoziologie der Gegenwart, Frankfurt/M., New York 1992.

Schwenke, Olaf, Der Stadt Bestes suchen. Kulturpolitik im Spektrum der Gesellschaftspolitik. Arbeiten zur deutschen und europäischen Kulturpolitik aus 25 Jahren (1971-1996), Bonn 1997.

Schwenke, Olaf; Klaus H. Revermann, Alfons Sielhoff, Plädoyer für eine neue Kulturpolitik, München 1974.

Siebel, Walter, Armut oder Ausgrenzung? Vorsichtiger Versuch einer begrifflichen Eingrenzung der sozialen Ausgrenzung, in: Leviathan. Zeitschrift für Sozialwissenschaft, 1997, H. 1, S. 67-75.

Simmel, Georg, Die Großstädte und das Geistesleben, in: Ders., Gesamtausgabe, Bd. 7, Aufsätze und Abhandlungen 1901-1908, Bd.1, Frankfurt/M. 1995 (1903), S. 116-131.

Simmel, Georg, Die beiden Formen des Individualismus, in: Ders., Gesamtausgabe, Bd.7, Aufsätze und Abhandlungen 1901-1908, Bd.1, Frankfurt/M. 1995 (1901), S. 49-56.

Spiegel, Erika, Zur Institutionalisierung gesellschaftlicher Interessen auf der kommunalen Ebene, in: Archiv für Kommunalwissenschaft, 1999, H.1, S. 3-23.

Tenbruck, Friedrich H., Die kulturellen Grundlagen der Gesellschaft. Der Fall der Moderne, Opladen 1989.

Tietgens, Hans, Zwischenpositionen in der Geschichte der Erwachsenenbildung seit der Jahrhundertwende, Bad Heilbrunn 1994.

Wollmann, Hellmut und Roland Roth (Hrsg.), Kommunalpolitik, Opladen 1999.

Anmerkungen

1. Wie selbstverständlich im autoritären Staat des Deutschen Reiches der Begriff Kulturpolitik mit der machtvollen Durchsetzung bestimmter Werte verbunden war, zeigt z. B. Glaser (1999) in seiner „historischen Begriffsbestimmung".

2. Es gilt weitgehend als anerkannt, dass sich die Bundesrepublik Deutschland als „Kulturstaat" versteht, auch wenn dieser Begriff weder im Grundgesetz noch in den Landesverfassungen auftaucht, vgl. Glaser 1999, Grimm 1987, Häberle 1982.

3. Diese Einschränkung staatlicher Kulturhoheit im Unterschied zur Bildungshoheit auch auf der Ebene der Länder wird daran deutlich, dass staatliche Schulpflicht gleichzeitig das Verbot privater Bildung einschließt bzw. diese an die staatliche Zulassung bindet, eine Vorgabe, die in der Kulturpolitik liberaler Staaten offensichtlich undenkbar wäre, dem Sozialismus aber mit seiner autoritären Kulturpolitik ganz selbstverständlich erschien.

4. „Von besonderer Bedeutung für aktive Kulturpolitik ist die sozialstaatliche Verantwortung, jedem Menschen ein Höchstmaß an Förderung zur Entfaltung seiner Persönlichkeit zukommen zu lassen" (Glaser 1999:677). Mit dieser Formulierung kommt Hermann Glaser der Argumentation Arthur Dantos (1996:200) sehr nahe, der gleichfalls von einer sozialpolitischen Begründung staatlicher Kulturpolitik ausgeht, diese aber aus einer normativen Neubewertung des Begriffs des „lebenswerten Lebens" ableitet. Kulturförderung erfüllt dann nur noch diese normative Neudefinition des Sozialstaates als Wohlfahrtsstaat, stellt sie aber von sich aus nicht her. Der eigentliche normative Vorgang ist kein kulturpolitischer, sondern ein vorpolitischer, liegt also in sozialen Bewegungen und sozialen Konflikten. Damit wird in einer Tradition, wie sie für Arthur Danto verbindlich zu sein scheint, die Unmöglichkeit einer normativen Politik konstatiert. Hermann Glaser erhofft aber genau dies von Kulturpolitik.

5. Als geradezu exemplarisch für diese Tradition, die plausiblerweise vor allem von sozialdemokratischen Kulturdezernenten des Ruhrgebietes vertreten wurde, vgl. die Beiträge in Schwenke, Revermann, Spielhoff 1974 und die Programmschriften zu den Ruhrfestspielen, deren explizite Aufgabe darin gesehen wurde, die großen kulturellen Werte einer breiten Bevölkerung nahe zu bringen, den Wert „Kunst" gegen den Wert „Kohle" zu tauschen, vgl. Sabais 1971. Als detaillierte Analyse dieser sozialpolitischen Umverteilungskonzeptionen in der Kulturpolitik vgl. auch Göschel, Mittag, Strittmatter 1995.

6. Relativ früh haben Häußermann u. Siebel (1987:211) auf dieses Dilemma der „neuen Kulturpolitik" und einer Grenzaufhebung von Politik und Leben in dieser, von solchen Grenzüberschreitungen besessenen und daher zu Recht als romantisch bezeichneten Bewegung hingewiesen.

7. Die Hauptversammlung des Deutschen Städtetages 1971 in München unter dem aufrüttelnden Motto „Rettet unsere Städte jetzt!", auf der John Kenneth Galbraith (1971) sein viel zitiertes Referat hielt, war vermutlich einer der Anstoßpunkte der kulturpolitischen Reformbewegung. Keine 20 Jahre später zeigte die Praxis der Kommunen die Unmöglichkeit einer kritischen Distanz kommunaler Kulturpolitik, die vorgab, auf nicht affirmative Kunst und Ästhetik setzen zu können.

8. Einen knappen Überblick über das Problem der Desintegration vermitteln die Beiträge in Leviathan, Zeitschrift für Sozialwissenschaft, Heft 1,1997, z. B. Häußermann 1997, Kronauer 1997, Siebel 1997; vgl. auch Hradil 1997.

9. Seit Mitte der 80er Jahre, also seit erkennbar wird, dass der Arbeitsgesellschaft die – bezahlte – Arbeit auszugehen droht, wird das Problem der Exklusion durch Arbeitslosigkeit oder Migration oder beides und die Entstehung einer neuen Segregation diskutiert, in der sich Phänomene der Stadt des 19. Jahrhunderts wiederholen, die Unsichtbarkeit der Armut für die Besitzenden, wie sie damals Engels für Manchester beschrieben hatte, vgl. Häußermann 2000, Häußermann u. Siebel 1987; Rada 1999.

10. Zur neoliberalen Wende als gewollte, nicht als erzwungene Politik vgl. die vehementen Kritiken von Pierre Bourdieu 1998a, 1998b.

11. Es ist in der Kommunalpolitikforschung immer wieder höchst umstritten, ob die Kommunen ihre intermediäre Funktion einer Vermittlung zwischen Bürger und Staat tatsächlich realisieren können, oder ob sie mehr oder weniger zwangsläufig zu staatlichen Organen der Durchsetzung staatlicher Politik werden, wie es im Sozialismus der DDR gesetzlich festgeschrieben war; als Überblick über die Debatte vgl. Häußermann 1991 sowie die Beiträge in Wollmann u. Roth 1999.

12. Explizit in diesem Sinne hat sich im Februar 2000 Bernhard v. Löffelholz, Vorstandsmitglied des Kulturkreises der deutschen Wirtschaft im BDI, auf der Ulmer Tagung „Kultur in der Stadtgesellschaft von morgen – Perspektiven kommunaler Kulturpolitik" geäußert.

Walter Siebel
Verfallsgeschichten
Stadtentwicklung und die Zukunft der Urbanität

Die Diskussion über die Zukunft der europäischen Stadt und der europäischen Stadtkultur, der Urbanität, weist eine eigentümliche Parallele zur konservativen Großstadtkritik des 19. Jahrhunderts auf. Beide Male werden Verfallsgeschichten erzählt. Im 19. Jahrhundert galt die moderne Großstadt ihren konservativen Kritikern als Ort des Verfalls von Sitte und Ordnung. Heute ist die Rede vom Verlust von Urbanität. Die konservative Stadtkritik hat der modernen Großstadt die vermeintlich heile Welt der mittelalterlichen Bürgerstadt entgegengehalten. Heute hält man dem Siedlungsbrei der großen Agglomerationen die vermeintlich bessere Welt der dichten, vielfältigen, gemischten Stadt des 19. Jahrhunderts entgegen. Beide Male wird die Gegenwart vor dem Hintergrund einer verklärten Vergangenheit als Verlust wahrgenommen.

Es muss aber stutzig machen, wenn das steinerne Berlin, gegen das nicht nur konservative Großstadtkritiker Sturm gelaufen sind, sondern auch Wohnungsreformer und Generationen von progressiven Planern, wenn diese kompakte Stadt des 19. Jahrhunderts heute als urbane Stadt der kurzen Wege zum Leitbild erhoben wird, während die Gegenentwürfe der Reformer – z. B. das Programm der Charta von Athen – als Sünden wider den Geist europäischer Urbanität verworfen werden. Ähnlich fragwürdig bliebe eine Kritik der Stadtentwicklung, die z. B. in der Suburbanisierung nur die Auflösung der europäischen Stadtgestalt erkennen könnte, ohne die erweiterten Optionen in Rechnung zu stellen, die bei steigendem Wohlstand und verbesserten Transportmöglichkeiten im Zuge der Suburbanisierung realisiert werden. Solange man nicht analysiert, aufgrund welcher Zwänge und welcher guten Gründe die Bewohner, die Betriebe und der Handel die Stadt verlassen, läuft man Gefahr, nur einer rückwärts gewandten Utopie anzuhängen.

Die kompakte Stadt des 19. Jahrhunderts verdankt ihre Dichte u. a. der schieren Armut. Wachsender Wohlstand erlaubt Individualisierung – Individualisierung führt zu kleinen Haushalten – kleine Haushalte beanspruchen mehr Wohnfläche und dies wiederum trägt zur Suburbanisierung bei. Aber niemand käme auf die Idee, Armenviertel gutzuheißen, weil sie besonders Ressourcen und Flächen sparend sind. Die Stadt des 19. Jahrhunderts war auch eine Stadt der Dienstboten. Mehr Zofen, Köchinnen und Hausdiener bedeuten mehr Arbeitsplätze, und sie sind ökologisch nachhaltiger als Staubsauger, Spülmaschinen und selbst reinigende Herde. Aber niemand käme auf die Idee, mit ökologischen und Arbeitsplatzargumenten für eine Dienstbotengesellschaft zu plädieren. Die dichte, kompakte Stadt der kurzen Wege des 19. Jahrhunderts ist auch die Stadt der persönlichen Abhängigkeiten, des Industrieproletariats, der Armut und der unterentwickelten Transportmöglichkeiten. Die Menschen sind aus ihr nicht nur aufgrund der ökonomischen Zwänge des Immobilienmarkts ausgezogen, sondern auch, um ihre Vorstellungen vom richtigen Wohnen zu verwirklichen, auch um vor den sozialen Problemen zu fliehen, die die Gesellschaft nicht lösen kann oder lösen will und die sie deshalb den Städten zur Verwaltung überlässt.

Über die Stadt wurden schon immer Verfallsgeschichten erzählt, im 19. Jahrhundert die vom Verlust von Überschaubarkeit, Gemeinschaft und Moral, im 20. Jahrhundert die vom Verlust von Urbanität, der Privatisierung des öffentlichen Raums und dem Verschwinden des Stadtbürgertums. Geschichten des Verfalls lassen sich leichter erzählen, denn was verloren geht, ist uns vertraut und deshalb haben wir dafür treffende Begriffe. Was wir dagegen im Zuge des sozialen Wandels erst noch gewinnen, ist neu, muss sich erst entfalten, man muss sich erst daran gewöhnen und deshalb fehlen noch die überzeugenden Begriffe. Verfallsgeschichten sind darum keineswegs falsch, aber sie erzählen eine einäugige Wahrheit, weil sie vergessen, auch über die möglichen Gewinne und über die unumgänglichen Notwendigkeiten des sozialen Wandels zu berichten. Die Gegenentwürfe etwa von Stadtplanern, die sich auf derart einäugige Kritiken berufen, bleiben solcher Einäugigkeit verhaftet, weshalb sie neue Defizite produzieren, indem sie die alten beseitigen. Und soweit sie an den Zwängen und Notwendigkeiten vorbeisehen, die die Stadtentwicklung bestimmen, bleiben sie weitgehend illusionär. Wenn man sich also mit der Zukunft der europäischen Stadt befasst, dann muss man sich mit den Ambivalenzen und Widersprüchen der europäischen Stadt auseinandersetzen, muss die Notwendigkeiten und Zwänge benennen, die ihre Entwicklung bestimmen, muss nach den guten Gründen fragen, die zum Wandel oder gar zum Verschwinden der europäischen Stadt beitragen.

Freiheit, Lebensweise und Gestalt

Zunächst aber benötigt, wer sich mit der Zukunft der europäischen Stadt und ihrer Kultur befasst, einen Begriff von der europäischen Stadt. Ich möchte dafür drei Elemente vorschlagen:

1. Wir verbinden mit der europäischen Stadt eine Hoffnung: Stadtluft macht frei. Die Attraktivität der europäischen Stadt ist gar nicht zu verstehen ohne die Perspektive der Emanzipation, die Hoffnung, als Städter ein besseres Leben führen zu können.

2. Die europäische Stadt wird durch eine bestimmte Lebensweise charakterisiert, die wir urban nennen. Sie ist gekennzeichnet durch die Polarität von Öffentlichkeit und Privatheit, die Trennung von Wohnen und Arbeiten, ein gesittetes, zivilisiertes Verhalten.

3. Gefäß, Ort und Symbol dieser Lebensweise und dieser Hoffnungen ist die Gestalt der europäischen Stadt. Das Bild von der traditionellen europäischen Stadtgestalt ist das dritte Element unseres Begriffs von der europäischen Stadt.

Der Begriff der europäischen Stadt umfasst demnach das physisch-materielle Substrat der Stadt, die Siedlungsstruktur, ferner eine an die Stadt gebundene besondere Qualität des Alltagslebens, die urbane Lebensweise, und schließlich eine Vorstellung vom richtigen Leben, Stadtkultur also als Emanzipation.

Zur Gestalt der Stadt

Sie ist mit drei Merkmalen zu kennzeichnen: Zentralität, das Gefälle von hoch getürmter Stadt hinunter zum Stadtrand; Stadt-Land-Gegensatz, das klare Gegenüber von ummauerter Stadt und flachem Land; Mischung, das lebendige Neben- und Miteinander von Arbeiten, Wohnen, Erholung und Verkehr, von Jung und Alt, Einheimischen und Ausländern, Armen und Wohlhabenden.

Der Prozess der Auflösung dieser Stadtgestalt beginnt bereits im 19. Jahrhundert mit dem Auftritt der Industriegesellschaft. Wo die moderne Industriegesellschaft nicht auf vormodern entstandene städtische Strukturen getroffen ist, hat sie gänzlich neue Siedlungsstrukturen entwickelt, die fast nichts gemein haben mit der traditionellen Gestalt der europäischen Stadt. Dies ist z. B. im nördlichen Ruhrgebiet der Fall. Hier findet sich keines der Elemente der europäischen Stadtgestalt. Es handelt sich um eine verstädterte Landschaft, in der der Gegensatz von Stadt und Land in einem unübersichtlichen Gemenge verschwunden ist, in dem Arbeiterdörfer neben Industrieanlagen stehen und in dem die Mitte der Ortschaft, so es eine gibt, nicht durch Markt, Kirche und Rathaus, sondern durch die Fabrik markiert wird.

Die Industriegesellschaft veränderte aber auch die überkommenen städtischen Strukturen. Der beherrschende Prozess der Stadtentwicklung seit Ende des Ersten Weltkriegs ist der der Suburbanisierung, dem Wachstum der Stadt weit über die kommunalen Grenzen hinaus

in Suburbia. In diesem Prozess ist die Kernstadt der Verlierer. Sie verliert Bevölkerung. Soweit die Kernstädte noch Bevölkerungszuwächse verzeichnen, handelt es sich um Ausbildungswanderer, meist jüngere Menschen, die häufig die Stadt nach abgeschlossener Ausbildung wieder verlassen, und um Einwanderer aus außereuropäischen Ländern. In den US-Metropolitan Areas wohnen mittlerweile zwei Drittel der Bevölkerung in Suburbia. In Europa zeigen sich ähnliche Tendenzen. Diese quantitativen Verschiebungen der Bevölkerungsgewichte zu Gunsten des Umlands und zu Lasten der Kernstadt bezeichnen dabei nicht einmal das wichtigste Problem. Gravierender sind die qualitativen Veränderungen der Sozialstruktur, die mit dem Prozess der Suburbanisierung einhergehen. Er führt zu einer großräumigen sozialen Segregation, bei der sich die sozial, politisch, ökonomisch und kulturell aktive Bevölkerung im Umland konzentriert, während die Kernstadt zum Auffangbecken problematischer Gruppen wird, der so genannten vier A's: der Armen, der Arbeitslosen, der Alten und der Ausländer.

Bei den Arbeitsplätzen zeigt sich eine ähnliche Tendenz. Auch hier sind 50 Prozent aller Arbeitsplätze in den US-Metropolitan Areas im Umland angesiedelt. Auch hier handelt es sich vorwiegend um die dynamischeren, expandierenden Betriebe. Die Kernstädte in Deutschland haben nur noch in einem Segment des Arbeitsmarkts absolute Zuwächse, nämlich bei den modernen, produktionsorientierten Dienstleistungen, während sie in allen anderen absolute Verluste aufweisen. Aber ihre Zuwächse bleiben unter dem Durchschnitt der Region und dem der Bundesrepublik. Hinzu kommt, dass bei einigen der stadtorientierten Dienstleistungen, beispielsweise Versicherungen und Banken, in Zukunft erhebliche Arbeitsplatzeinbußen durch Rationalisierung erwartet werden.

Besonders schwerwiegend für die europäische Stadt ist, dass die Gründungsfunktion der mitteleuropäischen Stadt, nämlich Markt und Handel, die Kernstädte verlässt. Die westdeutschen Innenstädte haben in den letzten Jahren im Durchschnitt 2 Prozent an Umsatz verloren. Entsprechend sinkt ihr Anteil an den gesamten Verkaufsflächen der Region. Mittlerweile entfallen nur noch 40 Prozent der Verkaufsflächen auf die Innenstädte.

Diese Trends werden auch in Zukunft anhalten, weil sie strukturelle Ursachen haben. Dies heißt auch, dass sie politisch kaum steuerbar sind. Die Bevölkerung zieht ins Umland aufgrund des Wunsches nach mehr Wohnfläche, nach dem Einfamilienhaus, nach besserer physischer und sozialer Umweltqualität. Der Wunsch nach sozial homogenen Nachbarschaften, nach Distinktion gegenüber anderen sozialen Gruppen, nach Sicherheit und nach besseren Bildungschancen für die Kinder sind Umzugsmotive von wachsender Bedeutung. Man fühlt sich in der Kernstadt bedroht, man assoziiert den wachsenden Anteil von Migrantenkindern auf innerstädtischen Schulen mit verschlechterten Bildungschancen. Ein Stopp der Abwanderung der Angehörigen von Mittelschicht und Oberschicht ist also durch entsprechende Wohnangebote innerhalb der Stadtgrenzen kaum aufzuhalten. Abgesehen davon, dass mit solchen Baupolitiken kaum Mengeneffekte erzielt werden können, müssten vor allem die sozialen Probleme der Kernstadt gelöst sein, um die Wanderungsbewegung zu beeinflussen. Auch die Arbeitsplätze werden aufgrund wachsender Ansprüche an die Fläche ins Umland verlagert. Hinzu kommt das Interesse an optimaler Erreichbarkeit, späteren Expansionsmöglichkeiten und die Furcht vor Konflikten mit sensiblen Nachbarschaften.

Handel, Freizeit und Kulturfunktionen werden ins Umland verlagert, einmal weil diese Dienstleistungen ihren Kunden hinterherziehen, also mit der Suburbanisierung der Bevölkerung ebenfalls ins Umland abwandern, ferner aufgrund tief greifender Prozesse des sozialen Wandels, u. a. der veränderten Rolle der Frau. Je mehr Frauen berufstätig sind, desto stärker verändert sich das Einkaufsverhalten weg vom täglichen Einkauf in Nähe der Wohnung hin zum wöchentlichen Kofferraumeinkauf in gut mit dem Pkw erreichbaren Einkaufszentren. Der E-Commerce wird in Zukunft voraussichtlich den gleichen Anteil an den gesamten Einzelhandelsumsätzen erreichen wie gegenwärtig schon der Versandhandel, nämlich 5 Prozent. Vor allem aber ist für diesen Auszug der Handels- und Marktfunktion aus der Kernstadt die Konzentration im Einzelhandel verantwortlich. 1973 entfielen gut 40 Prozent der Umsätze im Lebensmittelhandel auf die zehn größten Betriebe, 1996 waren es mehr als vier Fünftel. Der Konzentrationsprozess beschleunigt das Wachstum der Betriebsgrößen, wodurch auch die Ansprüche an Flächen und Erreichbarkeit wachsen.

Diese Entwicklung hat heute ein Stadium erreicht, das es fraglich erscheinen lässt, ob sie noch als Suburbanisierung adäquat zu begreifen ist. Mit Suburbanisierung ist eine doppelt abhängige Entwicklung des Umlands von der Kernstadt gemeint. Einmal sei das Umland abhängig von den Wachstumsüberschüssen der Kernstädte. Heute aber spielt die Abwanderung aus der Kernstadt nur noch eine untergeordnete Rolle für das Wachstum der Umlandgemeinden. Zum andern seien die Umlandgemeinden funktional von der Kernstadt abhängige, unvollständige, eben suburbane Gemeinden. Heute entwickeln sich im Umland auch funktional eigenständige Städte. In diesen Entwicklungen liegt die Berechtigung von der These der Desurbanisierung, wonach sich die Richtung der gesellschaftlichen Dynamik, die die letzten 150 Jahre auf die Kernstädte gerichtet war, umzukehren beginnt, weg von den Kernstädten ins Umland und in die peripheren Regionen.

Heißt das, dass wir Löcher in der Mitte der Städte zu erwarten haben? Ganz sicher nicht! Städte existieren seit 7000 Jahren, in Mitteleuropa haben die meisten Städte eine Tradition von bis zu 1000 Jahren. Es wird auch in Zukunft eine Nachfrage nach Innenstadt geben. Einmal die von sog. Headquarter-Funktionen. Die Innenstädte, vor allem wenn sie über ein Kapital an historisch wertvoller Bausubstanz verfügen, weisen auch heute noch eine geradezu mystische Anziehungskraft für die Darstellung von ökonomischem Erfolg und von Macht auf. Aber die Unternehmenssitze werden in Zukunft voraussichtlich weniger Arbeitsplätze in den Innenstädten binden.

Zum Zweiten werden die Innenstädte auch in Zukunft bevorzugtes Ambiente für Gruppen mit bestimmten Lebensstilen jenseits der klassischen Zwei-Generationen-Familie sein. Aber da diese Gruppen überdurchschnittlich viel Wohnfläche pro Person beanspruchen, wird ihre Nachfrage nach Innenstadt die zahlenmäßigen Bevölkerungsverluste der Kernstädte nicht aufhalten.

Drittens wird der Tourismus von wachsender ökonomischer Bedeutung für die Kernstädte sein, allerdings keineswegs für alle, und er wird die Gefahr der Musealisierung der Innenstädte verstärken.

Viertens werden die Kernstädte Auffangbecken für die sozialen Probleme sein, die unsere Gesellschaft in den Städten ablagert, doch eben das wird die Städte nicht stärken. Es ist eher ein weiterer Grund für die Stadtflucht der Bessergestellten.

Es werden also keine Löcher in den Innenstädten auftreten, aber es handelt sich um einen Abbau von Zentralität. Moderne Gesellschaften benötigen anscheinend kaum noch räumliche Zentralität. Die Siedlungsstrukturen der Zukunft werden eher vernetzte knotenpunktförmige Verdichtungen sein. Ihre Strukturen sind heute bereits dort am deutlichsten zu erkennen, wo sie nicht überdeckt werden von den Relikten vorindustriell entstandener Städte, also in den USA und im nördlichen Ruhrgebiet.

Urbanität als Lebensweise

Mit der europäischen Stadt verbindet sich aber nicht nur ein Bild von der Gestalt der Stadt. Diese Gestalt war immer auch das Gefäß einer besonderen Lebensweise, die den Städter vom Dörfler unterscheidet. Urban nennen wir eine verfeinerte, intellektualisierte und distanzierte Lebensweise, die Trennung von öffentlichem und privatem Leben, von Arbeit und Freizeit. Solche Urbanität ist heute nicht mehr an die Stadt als an ihren besonderen Ort gebunden. Städter ziehen aufs Land und bleiben doch Städter. Die Lebensweise der Landbevölkerung hat sich der der Städter weitgehend angeglichen. Urbanität als Lebensweise ist ortlos geworden.

Wenn es heute noch besondere Orte der Urbanität gibt, so sind sie inselhaft und vorübergehend. Urbanität kann als ein Spannungsverhältnis beschrieben werden zwischen physischer Nähe und sozialer Distanz, zwischen Dichte und Fremdheit. Solche produktive Spannung konzentriert sich an bestimmten Orten zu bestimmten Zeiten, dann und dort, wo eine neue Gesellschaft sich die Gehäuse der alten aneignet. Eine solche Phase der Urbanität ergab sich im 19. Jahrhundert, als die Industriegesellschaft die vorindustriellen Bürger- und Residenzstädte aufbrach und umwälzte. Heute geschieht Ähnliches dort, wo die nachindustrielle Gesellschaft sich in den industriellen Stadtstrukturen einnistet oder wo die Transformation der sozialistischen Gesellschaft wie im Brennglas sichtbar wird. Deshalb sind heute so gänzlich verschiedene Orte wie Ostberlin und das Ruhrgebiet Kristallisationspunkte des Urbanen.

Warum entfalten gerade die leeren Hüllen einer vergangenen gesellschaftlichen Formation diese eigentümliche Attraktivität? Einmal schlicht aus ökonomischen Gründen. Die Industriebrachen sind meist entwertet, also für neue, aber noch schwache Nutzungen, für kulturelle Aktivitäten und Existenzgründer zugänglich. Wichtiger aber ist ihr symbolisches Potenzial. An solchen Orten kann sich eine Spannung zwischen den Gebäuden entwickeln, die noch Geschichten von Macht, Ausbeutung und Gegenwehr erzählen, und den neuen Nutzern, die dieser Herrschaft nicht mehr unterworfen sind und deswegen deren Räume als Spiel- und Möglichkeitsräume begreifen können. Die Burgen entlang des Rheins sind zu Zeiten der Raubritter von den Kaufleuten, die ihre Waren den Rhein herunter treidelten, wohl kaum als romantische Sehenswürdigkeit wahrgenommen worden. Erst als die Herrschaft gebrochen war, wurden sie frei für eine romantisierende Ästhetik. Das Gehäuse einer vergangenen gesellschaftlichen Formation, das seine Zwecke überlebt hat und nun für ganz andere Zwecke in Dienst genommen wird, weist ökonomisch und symbolisch jene Überschüsse und Hohlräume auf, in denen sich Fantasien entfalten können. Industriebrachen sind heute potenzielle Kristallisationspunkte einer neuen Urbanität. Der Erfolg der IBA im Ruhrgebiet beruht wesentlich darauf, dieses Potenzial zu nutzen.

Neben diesen Orten des gesellschaftlichen Umbruchs sind es die „zones of transition", in denen sich Urbanität entfaltet, Zonen des Übergangs, baulich heruntergekommene, ökonomisch entwertete, häufig am Rand der Innenstadt gelegene Gebiete, in denen die sozialen Kontrollen weniger dicht sind, wo Alteingesessene und Zuwanderer, Künstler und Studenten, legale Aktivitäten und die Laster der Großstadt sich sammeln können. Die Zonen des Urbanen haben wenig gemein mit den geleckten Fußgängerzonen deutscher Innenstädte, die sich von Shopping-Malls hauptsächlich dadurch unterscheiden, dass es hereinregnet.

Im heutigen Stadtdiskurs wird allzu oft vergessen, dass die urbane Lebensweise durchaus anstrengend ist. Sie erschöpft sich nicht in den Annehmlichkeiten gesitteten Flanierens und üppiger Warenwelten. Die urbane Großstadt ist kein angenehmer Ort. Simmel hat urbanes Verhalten als distanziert, gleichgültig und blasiert bezeichnet, als eine wie er sagt „Selbstpanzerung" gegen die Reize der großen Stadt. Die Stadt ist der Ort, wo Fremde leben. Das dichte Nebeneinander von Fremdheiten aber weckt Aversion. Urbanität ist – so könnte man definieren – gezähmte Abneigung. „Urbanität ist nichts als die überlegene Unfähigkeit, sich über die schlechten Manieren anderer zu ärgern" (Stendhal).

Die gute Stadt bietet Sicherheit und Ordnung. Aber sie muss auch Raum für Unordnung und Unsicherheit lassen. Urbanität richtet sich auch gegen die öffentliche Ordnung, gegen die glatte, übersichtliche, licht- und sonnendurchflutete Stadt des gesitteten Bürgertums. Es gibt auch eine Nachtseite der Urbanität. Zu ihr gehören die halb- und illegalen Aktivitäten, die Schattenwirtschaft, die verdrängten oder doch verborgenen Seiten menschlichen Verhaltens. Die Unüberschaubarkeit der Stadt ist Voraussetzung dafür, dass abweichendes Verhalten seine Ni schen findet, in denen es ausgelebt werden kann, unbemerkt von Verwandten, Nachbarn oder der Polizei.

Die Kritik an den Nachtseiten der Urbanität, an ihrer Lasterhaftigkeit, an Anonymität, Isolation und Dschungelhaftigkeit der großen Stadt hat durch und durch Recht. Aber sie hat auch Unrecht, denn sie verkennt, dass das, was sie kritisiert, zugleich Voraussetzung ist für die Hoffnungen, die sich von jeher mit der Stadt verbunden haben: dass sie ein Ort sei, wo man unbehelligt von den dichten Kontrollen dörflicher Nachbarschaft sein eigenes Leben leben kann. Die urbane Stadt bietet noch für die ausgefallensten Verhaltensweisen einen Ort und noch für das seltsamste Bedürfnis die gewünschte Befriedigung. Die Anonymität der großen Stadt ist die Vorbedingung dafür, dass nicht jede Regung gleich auf die Konvention zurechtgestutzt wird. Dass einen keiner kennt, vermittelt zumindest die Hoffnung, sein Leben noch einmal von vorne beginnen zu können, ohne dass einen lauter gute Bekannte auf die alte biografische Identität verpflichten. Deswegen verbinden sich mit dem Umzug in eine andere Stadt eben nicht nur Angst und Unsicherheit, sondern häufig auch die Hoffnung auf einen neuen Anfang. Es gibt dort niemanden, der einen kennt.

Die seit langem in den USA, seit kurzem auch in Deutschland sich ausbreitenden Bemühungen um Sicherheit in der Stadt drohen, die Spielräume für solche Ambivalenzen der Stadtkultur einzuengen, indem sie die für die städtische Lebensweise konstitutive Polarisierung des Alltags in eine öffentliche und eine private Sphäre durch die Polarität von sicheren und gefährlichen Räumen überdecken.

Öffentlicher und privater Raum

Der Polarisierung des Alltagslebens des Städters entspricht eine Polarisierung des städtischen Raums in öffentliche und private Räume. Sie unterscheiden sich in drei Dimensionen. Juristisch: der öffentliche Raum steht unter öffentlichem Recht, der private unter Eigentumsrecht und privatem Hausrecht. Funktional: Dem öffentlichen Raum der Stadt sind die Marktfunktion, Freizeit, kulturelle und politische Funktionen zugeordnet; dagegen sind Produktion und Reproduktion den privaten Orten, Betrieb und Wohnung, vorbehalten. Schließlich ist die Differenz zwischen öffentlichen und privaten Räumen auch sozial definiert. Der öffentliche Raum ist Ort ritualisierter Anonymität, eines stilisierten, distanzierten Verhaltens. Der private Raum dagegen ist Ort von Intimität, Körperlichkeit und Emotionalität. Norbert Elias hat diesen Prozess der sozialen Definition von Räumen als Einhausung von körperlichen und intimen Vorgängen beschrieben. Dieser Prozess der Einhausung und damit der Privatisierung greift heute über den engen Bezirk der Wohnung hinaus und erfasst fast alle noch im öffentlichen Raum verbliebenen Funktionen. Damit erodiert die Differenz von Öffentlichkeit und Privatheit.

Die räumliche Außengrenze des Privaten wird über die Wohnung und die Grundstücksgrenze hinaus vorverlegt in den halb öffentlichen und öffentlichen Raum von Nachbarschaft und Wohnquartier. Deutlichster Ausdruck dieser Ausweitung des Privaten sind die umzäunten Nachbarschaften in den Vereinigten Staaten. Sie sind umzäunt mit physischen Grenzen, technischen Überwachungsmitteln und privaten Sicherheitsdiensten, aber auch durch juristische Grenzen: an Stelle der öffentlich-rechtlich verfassten Kommune tritt die privatrechtlich organisierte Vertragsgemeinschaft der Eigentümer. An Stelle der öffentlichen Planung die Produktion der Stadt durch private Entwickler; an Stelle der politischen Administration ein privates Management. Umzäunte Nachbarschaften sind das schnellst wachsende Segment auf dem amerikanischen Immobilienmarkt, und dies nicht nur aufgrund wachsender Kriminalitätsfurcht, sondern auch aufgrund der mit ihnen verbundenen ökonomischen Eigendynamik. Die Immobilienwerte innerhalb umzäunter Nachbarschaften steigen schneller als in den übrigen Nachbarschaften. Teilweise sinken sogar die Immobilienwerte in der nicht so gesicherten Umgebung. Diese Entwicklung betrifft nicht nur kleine Nachbarschaften, sondern ganze Städte. Das wohl bekannteste Beispiel ist Celebration City, eine vom Disney-Konzern geplante und betriebene Kleinstadt für 20 000 Einwohner.

Dieser Ausdehnung des Privaten in den öffentlichen Raum entspricht die Privatisierung von Funktionen des öffentlichen Raums. Die Einhausung der Marktfunktion beginnt bereits um 1900 mit den Passagen und Kaufhäusern. Sie überdachen Straße und Marktplatz, machen sie abschließbar und stellen sie unter privates

Hausrecht. Heute kann von einem Qualitätssprung in dieser Entwicklung gesprochen werden, einmal aufgrund des Konzentrationsprozesses und des damit einhergehenden enormen Größenwachstums der Betriebseinheiten, zum andern aufgrund moderner Organisationsformen, die darauf zielen, durch interne Differenzierung des Angebots von einer urbanen Nachbarschaft unabhängig zu werden. Diese modernen Organisationsformen machen den Versuch, möglichst alle Funktionen, die ihre Klientel noch nachfragen könnte, unter dem eigenen Dach anzubieten. Moderne Shopping-Malls, Freizeitparks und Urban Entertainment-Centers sind zu begreifen als der Versuch, Stadt zu inkorporieren. Die so gewonnene Unabhängigkeit von der urbanen Umgebung erlaubt diesen Betriebsformen, ihre Standorte ausschließlich nach der Verfügbarkeit und Erreichbarkeit von Flächen zu wählen, weshalb sie sich über die ganze Region an Autobahnauffahrten, Bahnhöfen und großen Industriebrachen verteilen können.

Diese Einhausung von Stadt dient aber nicht nur der freien Standortwahl, sondern auch der Kontrolle der Kunden. Intern wird Stadt inszeniert. Der Wechsel der Angebote verdankt sich nicht mehr der unsichtbaren Hand des Marktes, sondern exakter Kalkulation, um Bewegungen, Wahrnehmungen und Verweildauer der Kunden lenken zu können. Ebenso kontrollierbar wird die soziale Zusammensetzung der Kundschaft durch das Angebotssortiment, das Image, die feinen Mittel ästhetischer Gestaltung, aber auch durch die handfesteren privater Sicherheitsdienste.

Die Ausdehnung des privatisierten Raums und die Privatisierung öffentlicher Funktionen verwischen die für die europäische Stadt konstitutive Differenz von Öffentlichkeit und Privatheit. Damit verändert sich die sozialräumliche Struktur der Stadt. Die Angehörigen der Mittel- und Oberschicht grenzen sich im gentrifizierten Altbau der Kernstadt und in wohlhabenden Gemeinden des Umlands ein. Die „Überflüssigen" der Arbeitslosen und Migranten werden ausgegrenzt. Auch ihre Quartiere verteilen sich in der ganzen Region auf nicht modernisierten Altbau am Rand der Innenstädte, heruntergekommene Werkssiedlungen, Quartiere mit hoher Verkehrs- und Umweltbelastung und Großsiedlungen des sozialen Wohnungsbaus an der Peripherie. Es entsteht eine Stadtstruktur, die aus drei einander überlagernden Inselsystemen besteht: auf dem untersten Niveau die Stadt der Ausgegrenzten als kaum

vernetzte Inseln ortsgebundener Armutsmilieus; darüber die netzartig verknüpften Aktionsräume verschiedener Lebensstilgruppen der integrierten Mittelschicht; wiederum darüber das Netzwerk der international eingebundenen, hoch qualifizierten Arbeitskräfte, Betriebe und Dienstleistungen. Die Überlagerung dieser drei Inselsysteme lässt eine Vielzahl von unerwünschten Nachbarschaften entstehen, also eine Vielzahl von Grenzen, die nun kontrolliert werden müssen. Die sich vertiefenden sozialen Spaltungen der Gesellschaft machen solche Kontrollen immer dringlicher. Es werden künstliche Schwellen durch das Angebot an Wohnungstypen und das Warensortiment errichtet, mit den Mitteln ästhetischer Gestaltung, der Verkehrsführung, der technischen Überwachung und durch den Einsatz von Türstehern und privaten Sicherheitsdiensten. Sicherheit wird zu einer immer wichtigeren Dimension der sozialen Strukturierung des Stadtraums. Demgegenüber wird die Differenz von Öffentlichkeit und Privatheit diffus, sie wird überlagert von der Differenz zwischen sicheren und gefährlichen Räumen.

Ort der Emanzipation

Das dritte Element der europäischen Urbanität meint Stadt als Ort der Emanzipation, als Synonym für die Hoffnung auf ein besseres Leben.

Am Anfang aller Stadtkultur steht die Befreiung vom Naturzwang. Der erste Städter war der, der sich nicht tagtäglich mit einer unkultivierten Natur auseinandersetzen musste. In Agrargesellschaften bedeutet dies Befreiung von notwendiger Arbeit. Das Enthobensein von Arbeit war denn auch die Grundbedingung für den Status eines Bürgers in der antiken Polis. Stadtbürger in der antiken Polis konnte nur der sein, der als Herr über einen Haushalt über Sklaven und Frauen verfügte, die ihn von aller notwendigen Arbeit befreiten. Aristoteles hat noch Handwerk und Handel zu den notwendigen Arbeiten gerechnet und deshalb Handwerkern und Kaufleuten, immerhin den Gründerfiguren der mitteleuropäischen Stadt, die Bürgerrechte aberkannt.

Diese Idee der Stadt als Ort der Befreiung von Arbeit ist aber nicht nur ein Phänomen antiker Sklavenhaltergesellschaften. Sie findet sich wieder in den utopischen Entwürfen der Frühsozialisten des 19. Jahrhunderts, die von ihren Entwürfen nicht ohne Grund als von Wohnmaschinen gesprochen haben. Sie findet sich auch in modernen Städten wie New York. Diese Stadtmaschinen mit all ihrer Güterfülle, Dienstleistungsangeboten und Infrastrukturen versprechen jedem eine mühelose Befriedigung all seiner Bedürfnisse unter einer Voraussetzung: Er muss zwar nicht mehr über Sklaven, aber doch über genügend Geld verfügen.

Erreicht wird dieses Versprechen auf Entlastung von Arbeit und Verantwortung durch eine enorme Verschwendung von Ressourcen. Die Lebensweise des städtischen Konsumentenhaushaltes in Nordamerika und Westeuropa ist die eines Schädlings. Sie ist nicht verallgemeinbar. Wenn alle heute sechs und demnächst zehn Milliarden Menschen auf dieser Erde so leben würden wie diese schmale städtische Oberschicht, so würde das die Erde als Ressourcenquelle und Mülldeponie überfordern. Erforderlich ist ein ökologisch nachhaltiger Umbau der Städte, der mehr beinhalten wird als nur die Einführung anderer Haus- und Stadttechniken, nämlich eine andere Lebensweise. Die erste Frage an die Zukunft einer europäischen Urbanität lautet daher: Wie verträglich mit den Versprechen der Urbanität auf Befreiung von Arbeit und Verantwortung werden die Verhaltenszumutungen sein können, die mit dem ökologischen Umbau auf die Städter zukommen? An der Frage nach solchen Widersprüchen und nicht an Fragen technischer Machbarkeit wird sich die politische Möglichkeit einer nachhaltigen Stadtentwicklung entscheiden.

Im Mittelalter ist die Stadt Ort der ökonomischen und politischen Emanzipation der bürgerlichen Gesellschaft. In der Stadtbürgerschaft entwickelt sich die demokratische, zivile Gesellschaft. Inwieweit aber kann die Stadt heute noch Ort des Stadtbürgertums sein? Diese Frage stellt sich einmal, weil die Mehrheit gerade der politisch, ökonomisch und sozial aktiven Bevölkerung wie die der dynamischen Betriebe außerhalb der Kernstädte im Umland angesiedelt ist. Zum andern, weil die Stadt heute nicht mehr die Einheit des Alltags ihrer Bürger ausmacht. Damit aber verschwindet auch die Stadtbürgerschaft. Solange der Bürger einer Stadt in derselben Stadt wohnte, arbeitete, das Kulturangebot nachfragte und seine Kinder zur Schule schickte, solange existierte auch eine Stadtbürgerschaft, die in sich selber die Konflikte zwischen Wohnen, Arbeiten, Verkehr, Erholung, Bildung und Kultur austragen musste und konnte. Heute aber ist der Alltag – zumindest bei Mittel- und Oberschichtangehörigen – über verschiedene Gemeinden und hier wiederum auf isolierte Inseln verteilt organisiert. Die administrativen Grenzen der Stadt sind zu einem viel zu engen Gehäuse für die Selbstverwaltung der zivilen Gesellschaft geworden. Daraus ergibt sich die zweite Frage an die Zukunft, in diesem Falle der politischen Urbanität: Wie und in welchen Grenzen muss künftig eine kommunale Selbstverwaltung organisiert sein?

Im 20. Jahrhundert schließlich ist die expandierende industrielle Großstadt Ort der sozialen Integration, der Integration einer aus der Sicht der bürgerlichen Gesellschaft fremden Klasse, des Industrieproletariats, und der Integration einer aus der Sicht der Einheimischen fremden Kultur, der der Migranten. Heute aber ist die amerikanische Stadt zumindest für Teile der schwarzen Bevölkerung und die europäische Stadt zumindest einige Migrantengruppen nicht mehr Ort der Integration, sondern Ort der Ausgrenzung. Die Tendenzen der Spaltung der Stadtgesellschaft, der Privatisierung des öffentlichen Raums und der Verinselung der Stadtstruktur stellen die Funktionsfähigkeit der Stadt als Maschine der Integration in Frage. Dies beinhaltet die dritte Frage an die Zukunft der europäischen Stadt: Welche Voraussetzungen müssen gegeben sein, damit die Stadt ihre Funktion als Integrationsmaschine auch in Zukunft erfüllen kann?

An den Antworten auf diese drei Fragen nach den sozialen Konsequenzen des ökologischen Umbaus, den adäquaten Organisationsformen kommunaler Demokratie und den Voraussetzungen sozialer Integration wird sich die Zukunft der europäischen Urbanität entscheiden. Und diese drei Fragen werden nicht innerhalb der physischen, sozialen und politischen Grenzen der traditionellen europäischen Stadt beantwortet werden können.

Reservate der Sehnsucht

Aqua Magica – Eine dreifache Premiere

Magisches Wasserland

Landesgartenschau 2000
AQUA MAGICA
Bad Oeynhausen & Löhne

Die Landesgartenschau 2000 bedeutet für Nordrhein-Westfalen gleich eine dreifache Premiere. Zum ersten Mal wird eine Landesgartenschau von zwei Nachbarstädten gemeinsam ausgerichtet, Bad Oeynhausen und Löhne. Erstmals ist eine Gartenschau als Motor für Investitionen und Publikumsmagnet eingebettet in ein Landesprogramm zur Strukturentwicklung einer ganzen Region: in die Expo-Initiative Ostwestfalen-Lippe. Und erstmalig wird eine Landesgartenschau in Deutschland von französischen Planern konzipiert.

Die Pariser Landschaftsarchitekten Henri Bava und Olivier Philippe und ihr Büro Agence Ter gingen im Herbst 1997 als Gewinner aus einer freiraumplanerischen Entwurfswerkstatt zur Landesgartenschau 2000 hervor. Ihre Idee vom magischen Wasserland ist eine Rückbesinnung auf die Wurzeln des Gesundheitsstandorts Ostwestfalen-Lippe. Die Entdeckung der warmen, solehaltigen Heilquellen durch Carl von Oeynhausen vor mehr als 150 Jahren war die Keimzelle für die Entwicklung des heute bedeutenden Standorts der „weißen Industrie" mit mehr als zwei Dutzend Rehabilitations- und Fachkliniken bis hin zur Hightech-Medizin im Herzzentrum Bad Oeynhausen, der bedeutendsten kardiologischen Klinik in Europa. Die Strukturkrise im Gesundheitswesen trifft eine Stadt wie Bad Oeynhausen natürlich hart, die im Wettbewerb mit attraktiven Gesundheitsstandorten in Urlaubsregionen am Meer oder in den Bergen zu bestehen hat.

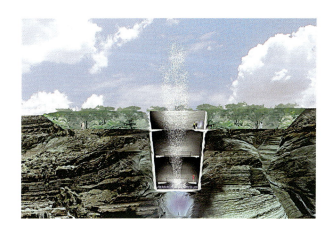

Erlebnisorientierte Inszenierung
des Elements Wasser: der begehbare Wasserkrater im „Park der
Magischen Wasser"

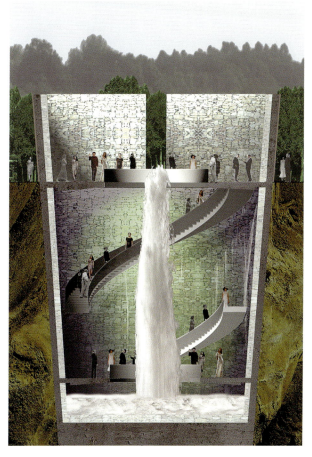

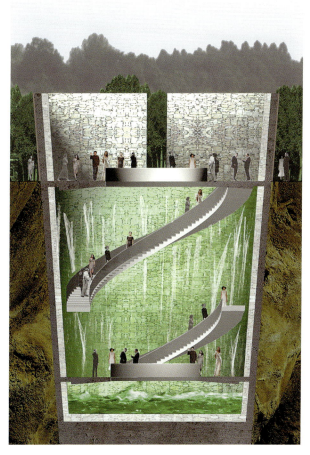

Im Mittelpunkt des Konzepts der französischen Landschaftsarchitekten steht die Idee, das Heilwasser sinnlich erlebbar zu machen, seine Herkunft zu veranschaulichen, seine Faszination ebenso faszinierend zu präsentieren. Jahrtausendealte unterirdische Verwerfungslinien von Bodenschichten verbinden die Städte der Region miteinander. Aus diesen Verwerfungen entspringen die Solequellen. Im Bad Oeynhauser Kurpark, vor 150 Jahren von Peter Joseph Lenné angelegt, demonstriert ein „Brunnen der vier Wasser" die unterschiedlichen Qualitäten und Eigenschaften von Solequellen: ihren Druck, ihre Wärme, ihre Mineralien – und ihre Magie. Der Verlauf der Verwerfungslinien wird oberirdisch markiert. Der „Park der magischen Wasser", eine knapp 30 Hektar umfassende Gartenanlage, wurde als Erweiterung der Kur- und Erholungsanlagen nur wenige Schritte vom Lennéschen Kurpark entfernt auf dem Gelände einer ehemaligen Ziegelei eingerichtet. Tragende Struktur des Parks ist eine 600 Meter lange und 20 Meter breite Allee des Weltklimas, gebildet aus 240 Platanen und kleinen Themengärten mit Kulturpflanzen aus den verschiedenen Klimazonen der Erde. Im „Park der magischen Wasser" ist auch die Hauptattraktion der Landesgartenschau zu finden: der Wasserkrater, eine begehbare, unterirdische Brunnenskulptur inmitten eines kreisrunden, fünf Meter tiefer gelegten Gartens. Besucher können über eine spiralförmige gewundene Treppe 18 Meter in die Tiefe hinabsteigen und Wasser „hautnah" erleben.

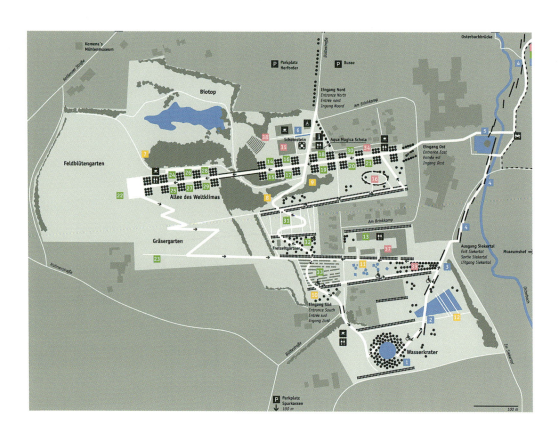

Wasserspiele im Park: nicht nur
zum Anschauen, sondern auch
zum Anfassen

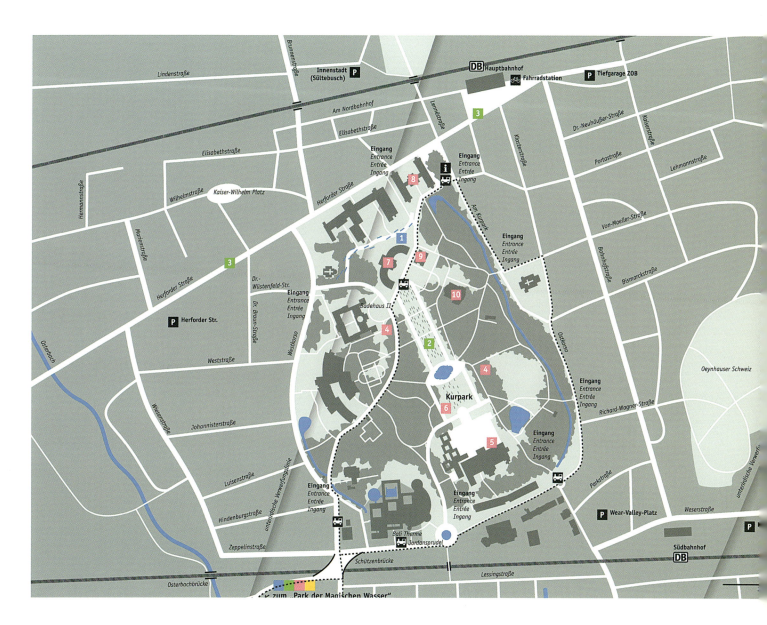

Schon der Grundriss macht den
Unterschied deutlich: Der historische Kurpark Bad Oeynhausens
von Peter Joseph Lenné Mitte des
19. Jahrhunderts angelegt (rechts)
und der Event-Park der Landesgartenschau 2000 nach einem
Konzept des Pariser Landschaftsarchitekten Henri Bava (links).

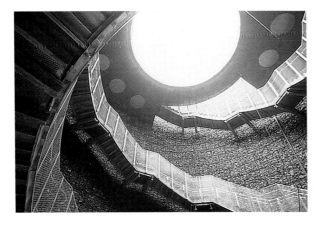 

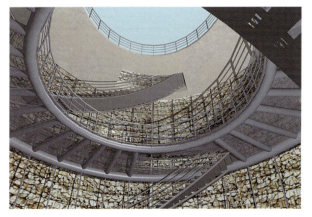

Impressionen aus dem Wasserkrater

Klaus Selle
Haushalten und Experimentieren
Haushalten mit dem, was man hat – erproben, was möglich ist

Die Entwicklung von Quartieren, Stadt und Landschaft wird von vielen Einflussfaktoren geprägt, von ökonomischen, sozialen, ökologischen. Öffentliche Planung ist nicht nur ein blinder Reflex auf diese Veränderungen. Sie hat ihre Spielräume und kann sie – so dies gewollt wird – nutzen.

Ob und wie sie die ihr gegebenen Optionen erkennt und nutzt, scheint offen. Wer sich in der Praxis umschaut, erkennt erhebliche Unterschiede im planerischen Umgang mit ähnlich erscheinenden Aufgaben. Einmal erschöpft sich der öffentliche Beitrag etwa zur Siedlungsentwicklung auf das Bereitstellen rechtlicher Grundlagen für private Investitionen. Einmal sind öffentliche Akteure mit eigenen Zielvorstellungen und ausgearbeitetem Instrumentarium selbst im Spiel, mischen sich ein, mischen mit.

Es gibt bislang wenig Erklärungen für dieses Auseinanderfallen der Planungspraxis in sehr unterschiedliche Praxen. Vorläufig behilft man sich mit dem Verweis auf spezifische lokale oder regionale Ausgangsbedingungen, die mit „Planungskultur" und ihren drei Ebenen Aufgaben, Arbeitsformen, Werte vage, aber umfassend bezeichnet werden.

Nun ist Kultur nichts Statisches, dauerhaft Gefügtes. Sie entwickelt sich vielmehr und wird entwickelt. Und sie ist nicht eindeutig oder widerspruchsfrei, sondern sie ist vorzustellen als Strömung – mit Gegenströmung, Verwirbelungen, Turbulenzen.

Planungskulturelle Entwicklungen erhalten ihre Impulse von verschiedenen Seiten. Und wie es scheint, kann auch Politik Einfluss nehmen – etwa die eines Bundeslandes.

Dieser Vermutung sei hier nachgegangen. Einige Beobachtungen aus drei Jahrzehnten werden kurz skizziert, um nach dem planungskulturellen Hintergrund zu fragen. Dabei schält sich so etwas wie eine Kultur des sorgsamen Umgangs, des Haushaltens mit dem, was man hat, und eine des Experiments heraus.

Schlaglichter auf 30 Jahre

In den späten 60er und frühen 70er Jahren wurden in nordrhein-westfälischen Städten die Innenstädte und ihre Ränder erneuert. Das hieß fast immer: Zunächst wurde großflächig zerstört, um dann Platz zu schaffen für verbreiterte Straßen, Parkhäuser, Fußgängerzonen, neue Kaufhäuser und – am Rande – für neue Wohnungen.

Das begann sich zu ändern. Aus Berlin und Rotterdam drang die Kunde von der behutsamen Erneuerung. Es zeigte sich, dass auch andere Lösungen im Umgang mit den Altbauten möglich waren, solche, die die Substanz nutzten und mit ihr, nicht gegen sie arbeiteten. Diese Ideen stießen allenthalben – bei Wohnungswirtschaft, Baubranche und Behörden zumal – auf die wohlbekannten Einwände: „Das geht nicht. Das rechnet sich nicht. Das haben wir noch nie so gemacht". Von der Landespolitik in Nordrhein-Westfalen ging in dieser Phase ein wichtiger Impuls aus: In verschiedenen Altbauquartieren wurden experimentell neue Konzepte, bestandsbezogene bauliche Lösungen, veränderte Förderungsangebote entwickelt. Zugleich wurde die Akzeptanz für solche Ansätze getestet und nach Möglichkeiten gesucht, Eigentümer und Fachleute für den veränderten Umgang mit dem Bestand zu gewinnen.

Es blieb nicht bei Konzepten. In einigen Städten wurden, die Vorarbeiten nutzend, Umsetzungen versucht und die dabei gewonnenen Erfahrungen systematisch ausgewertet. So entstand Schritt für Schritt die Politik der „Erhaltenden Erneuerung" in NRW. Veränderte wirtschaftliche Rahmenbedingungen trugen dazu bei, dass innerhalb weniger Jahre aus den ersten Experimenten eine weit verbreitete Praxis werden konnte.

Etwa zur gleichen Zeit waren noch andere Stadtquartiere gefährdet. Der Strukturwandel im Montanbereich führte dazu, dass sich die großen Konzerne von ihren Immobilien trennten. Das traf den Werkswohnungsbau – zu der Zeit gab es etwa im Ruhrgebiet noch über 1000 Arbeitersiedlungen – besonders hart. Viele Siedlungen wurden abgerissen, andere auf eine Weise privatisiert, die zur Verdrängung der bisherigen BewohnerInnen führte. Deren Widerstand erzeugte politische Aufmerksamkeit und die Bereitschaft, sich in Einzelfällen auch gegen die Absichten der Alteigentümer für den Erhalt einzusetzen. Auch hier war es die Landesebene, von der wichtige Impulse – etwa zur Gründung einer ersten Bewohnergenossenschaft in der Rheinpreußensiedlung – ausgingen. Die damals gewonnenen Erfahrungen mit der Mieterselbsthilfe und Bewohnerbeteiligung wurden zu einem Potenzial, auf das in den folgenden Jahrzehnten immer wieder zurückgegriffen werden konnte – bis hin zu den Siedlungsprojekten der IBA Emscher Park oder den Strategien, die zur Sicherung des zur Zeit gefährdeten Sozialwohnungsbestandes der 50er Jahre entwickelt werden.

Als letztes Schlaglicht in dieser Reihe sei auf die Politik für benachteiligte Stadtquartiere (in der Landespolitik werden sie als „Stadtteile mit besonderem Erneuerungsbedarf" bezeichnet) hingewiesen: In den späten 80er Jahren wurde deutlich, dass bauliche Maßnahmen allein – selbst dann, wenn sie behutsam und erhaltend angelegt waren – den Problemen mancher Stadtteile nicht gerecht werden konnten. Hohe Arbeitslosigkeit, räumliche Konzentration von Armut, Spannungen zwischen verschiedenen Bevölkerungsgruppen bedurften anderer Vorgehensweisen. Soziale, ökonomische, kulturelle und bauliche Maßnahmen müssen sinnvoll ineinander greifen, um solche Quartiere stabilisieren und die Lebenssituation ihrer BewohnerInnen verbessern zu können. Dies wurde in NRW früh erkannt. Auf dem Wege der Forschung transferierte man Erfahrungen aus den Niederlanden, Großbritannien, Frankreich und unterstützte – zunächst wiederum experimentell – lokale Ansätze in den Städten. So wurde NRW zu einem Vorreiter dieser Politik, die nun im Rahmen des Programms „Soziale Stadt" auch auf Bundesebene propagiert wird.

Nicht nur mit Bebautem wurde und wird sorglos umgegangen. Ähnliches gilt auch für die noch unbebaute Landschaft. Immer wieder wird der Flächenfraß gegeißelt, gerade eben wieder (März 2000) im Sachverständigengutachten zum Zustand der Umwelt in Deutschland.

Unter den Bundesländern war Nordrhein-Westfalen das erste, das eine Trendwende forderte. Mit dem Freiraumbericht von 1984 wurde nicht nur auf die Probleme des Freiraumverbrauchs verwiesen, sondern für die praktische Umsetzung einer flächenschonenden Politik die „Umkehr der Beweislast" vorgeschlagen: Die Beweislast müsse der tragen, der Umweltgüter in Anspruch nimmt. Das bedeutet: „Freiraum ist zunächst grundsätzlich geschützt und darf keiner anderen als der Freiraumnutzung zugeführt werden. Ausnahmsweise kann Freiraum dann in Anspruch genommen werden, wenn bestimmte Nachweispflichten erfüllt werden." Ist eine Inanspruchnahme des Freiraums unumgänglich, muss dies flächensparend und umweltschonend erfolgen.

Solche Forderungen wurden später auch andernorts erhoben. Allerdings führten programmatische Aussagen dieser Art und das seither deutlich verbesserte Rechtsinstrumentarium noch nicht zur erhofften Trendwende. Vor diesem Hintergrund ist es bemerkenswert, dass in Nordrhein-Westfalen der Versuch unternommen wurde, gleichsam unterhalb der Ebene allgemeiner landes-

politischer Aussagen und Programme zur konkreten Umsetzung solcher Ziele zu kommen: Die IBA Emscher Park verfolgte verschiedene Ideen und Projekte, aber eines ihrer Leitmotive war der Schutz und der Wiederaufbau von Landschaft. Das fand seinen Ausdruck im Großprojekt des Emscher Landschaftsparks, mit dem Freiräume in Wert gesetzt wurden, um sie vor weiterem Zugriff zu schützen. Das prägte auch die einzelnen Projekte, ob es um neue Gewerbegebiete („Arbeiten im Park") oder neue Siedlungen ging. Immer galt das Primat der Wiedernutzung. Nicht neue, bislang unbesiedelte Flächen sollten in Anspruch genommen werden, sondern bereits genutzte, brach gefallene. Und selbst auf diesen sollte nicht nur gebaut, sondern auch Landschaft in der Stadt wieder gewonnen werden. Dieses Prinzip der „doppelten Innenentwicklung", dessen Sinn und Machbarkeit von der IBA in vielen Projekten konkret nachgewiesen werden konnte, beginnt seither Schule zu machen. Die Idee des Einstiegs in die Flächenkreislaufwirtschaft, die leicht zu proklamieren, aber schwer umzusetzen ist, gewann hier erstmals greifbar Gestalt.

Haushalten mit dem, was man hat – experimentell erproben, was möglich ist

Diese Schlaglichter leuchten die Städtebaupolitik des Landes keineswegs angemessen aus, aber es werden Impulse deutlich, die Veränderungen im Planungs- (und Politik-)verständnis signalisieren und Anstöße für die Entwicklung der Planungskultur (nicht nur im Lande) geben. Vor allem zwei Aspekte sind hervorzuheben, die Bestands- und die Projektorientierung oder, anders formuliert, das Haushalten und das Experimentieren.

Dies gilt es zu erläutern.

1. Die 50er und 60er Jahre waren die Jahre des Wachstums. 1973 zeigten sich mit dem so genannten Ölschock erstmals unübersehbar Grenzen dieses Wachstums. Kritik am bisherigen Wachstumsmodell wurde laut, „Lebensqualität" als Gegenbegriff in die

Debatte geworfen. Einer der ersten, der damals Präzisierungen und programmatische Konsequenzen für die Stadtentwicklung einforderte, war Karl Ganser. 1974 schrieb er in der Stadtbauwelt: „Zwar wird von Lebensqualität geredet. Bruttosozialnutzen statt Bruttosozialprodukt! Doch was bedeutet dies konkret?" Diese Frage beantwortete er selbst so: „Der Gedanke der Bestandspflege, der Modernisierung und sorgsamen Nutzung des Bestehenden, des Haushaltens mit dem, was man hat, müsste ... die Oberhand gewinnen."

Damit ist ein zentraler Aspekt der planungskulturellen Entwicklung seit den 70er Jahren identifiziert. Die Hinwendung zum Bestand, dessen Pflege und Entwicklung. In der Umorientierung der Stadterneuerungspolitik, der erhaltenden Erneuerung der Gründerzeitgebiete, im Versuch, neue Trägerformen für Werkssiedlungen zu finden, in der Entwicklung von Strategien für benachteiligte Quartiere und in der doppelten Innenentwicklung findet dies seinen Ausdruck. Die noch unbebaute Landschaft, die städtebaulichen Qualitäten der Altbauquartiere und das soziale Kapital nachbarschaftlicher Netzwerke werden als knappe Ressourcen erkannt, die pfleglich bewirtschaftet werden sollen. Hier sind ökonomische, ökologische und soziale Dimensionen der Stadtentwicklung angesprochen, und insofern wundert es nicht, dass uns Heutigen diese Impulse vertraut vorkommen. Denn hier geht es um nachhaltige Entwicklung, die schon betrieben wurde, bevor es das Wort dafür gab. Das gilt nicht nur für die inhaltlichen Komponenten des Programms der Nachhaltigkeit. Das gilt auch für die Einsicht in die notwendige Verbindung von neuen Orientierungen mit veränderten Arbeitsweisen.

Prozess und Ergebnis, Arbeitsformen und angestrebte Qualitäten hängen voneinander ab, Prozessqualitäten sind entscheidend für das inhaltlich Angestrebte. Wer Wohnungsbestände behutsam umstrukturieren oder endogene Potenziale mobilisieren will, kann dies nicht von oben herab tun, aus der Ferne ministerialer Verordnungen. Gefragt ist eine Politik der Nähe, die vor Ort überzeugen kann und mit lokalen Potenzialen umgesetzt wird. Eine solche Politik setzt Anreizstrukturen Qualifizierungsangebote und immer wieder Informations- und Überzeugungsarbeit voraus. Das lässt sich nicht anordnen und per Gesetz oder Programm landesweit einführen.

2. Die Veränderungen und Neuorientierungen, von denen die Rede ist, haben nicht nur inhaltliche Gemeinsamkeiten, sondern ähneln sich auch in der Art ihrer Entstehung und Entwicklung. Stets ging man, von konkreten Aufgabenstellungen vor Ort aus: Die Neuorientierung der Politik für die Gründerzeitgebiete konzentrierte sich zunächst auf einzelne Projekte. Ähnliches galt für die verschiedenen Auffang- und Sicherungslösungen im Werkswohnungsbestand. Auch die Strategien zur Wiedernutzung von Industriebrachen wurden über mehrere Entwicklungsstufen und Lernphasen hinweg (z. B. die Arbeit der Grundstücksfonds, dann die der IBA usw.) schrittweise entwickelt.

Das ist für diejenigen, die Landespolitik vor allem in Gesetzen, Durchführungsbestimmungen und Förderrichtlinien manifestiert sehen, eine ungewöhnliche Vorstellung. Wird doch hier nicht für das ganze Land, flächendeckend „reguliert", sondern fallbezogen. Hinzu kommt noch der notwendige Verweis auf die kommunale Planungshoheit. Es obliegt nicht dem Land, konkret vor Ort Projekte durchzuführen.

Solche Hinweise machen die Spannungsfelder deutlich, in denen dieser Typus von Politik sich bewegt. Und sie verweisen darauf, dass es hier um mehr und anderes gehen muss als um Einzelfälle oder Einmischung, nämlich um den Beginn oder die Testphase einer Strategie. Vom und am Einzelfall ist zu lernen. Das ist in der Tat ein verändertes Politik- und Planungsverständnis: konkret, projektorientiert, lernend, experimentell.

Wenn Projekte Erprobungsfelder sein sollen, müssen die gewonnenen Anregungen in die Breite wirken können. NRW zeigt, dass das auf unterschiedliche Weise geschehen kann:
– durch die Kraft des Beispiels: Qualitätsanforderungen und Umsetzungsmöglichkeiten werden in Projekten entwickelt und konkretisiert. Die Prozesse und Ergebnisse sind Anschauungs- und Lernobjekte und dienen als Anregungen für die Praxis andernorts;
– durch das Herausfiltern generalisierbarer Regelungen: etwa die Übernahme neuer Erkenntnisse in Landesbauordnungen, Förderrichtlinien etc.;
– durch die Verwendung ganzer Strategiebausteine: etwa das Aufgreifen von Arbeitsprinzipien der IBA Emscher Park (z. B. Qualitätswettbewerb, intermediäre Organisations-

form, Kooperationen) im Rahmen eines regionalen Förder-
programms.

Für diese projektorientierte Form der Politik-
formulierung spricht nicht zuletzt ihre größere Innova-
tionsfähigkeit. Denn umfassende, flächendeckende Neu-
regelungen führen oft zu Grundsatz- und Wertekonflikten
und, um diese zu meiden, zu inhaltlich stark zurückgenom-
menen, unverbindlichen Formulierungen. Projekte und
Experimente hingegen unterlaufen diesen Konsensdruck
zunächst und machen Ideen und Ziele am konkreten Beispiel deutlich. Einmal realisiert, dienen sie zum einen –
ohne den Umweg über generalisierte Regelungen – direkt
als Anschauungsmaterial. Zum anderen sind sie geeignet,
wenn denn Elemente in traditionelle Steuerungsformen
(Richtlinie, Verordnung etc.) übernommen werden sollen,
die Argumente der Opponenten („das geht doch nicht") zu
entkräften und Wertekonflikte zu entschärfen.

„Haushalten mit dem, was man hat" und
„Experimentell erproben, was möglich ist" sind Bezeich-
nungen für zwei Merkmale der Politikentwicklung in NRW,
die weit über sie hinaus wirken. Mit ihnen werden die
wesentlichen Impulse für die planungskulturelle Entwicklung in den 70er, 80er und 90er Jahren zum Ausdruck
gebracht.

Aber selbstverständlich stehen sie nicht allein.
Wer von Impulsen spricht, kann von Gegenkräften nicht
schweigen. Zunächst ist daran zu erinnern, dass die
Forderung „Bestands-Zuwachs statt Zuwachs-Wachstum"
als Gegenposition entstand. Das blieb auch so bei ihren
Weiterentwicklungen. Sorgsame Nutzung des Bestehenden, nachhaltige Entwicklung und Planung aus der Nähe
sind immer noch Positionen, die – werden sie ihrer
Formelhaftigkeit entkleidet und konkret – zumeist gegen
starke widerstreitende Interessen stehen.

Einige Beispiele:

Für große Teile der Wohnungswirtschaft ist die
Orientierung am Shareholder-Value wichtiger als eine nach-
haltige Entwicklung. In vielen Städten und Regionen wird
mit dem Bestand weiterhin bedenkenlos umgegangen.
Großprojekte (statt kleiner Schritte) erfreuen sich ungebro-
chener Beliebtheit. Auch in der Landespolitik folgt der IBA
Emscher Park, die auf weiche Standortfaktoren, auf
Umweltqualität und kulturelle Entwicklung setzt, eine
Projekt Ruhr GmbH, der der Ruf voraus eilt, vor allem auf
harte Infrastruktur zu setzen.

Punktuell gelingt es, zumeist projektförmig und
experimentell, die Logik der Bedenkenlosigkeit, des
Beharrens auf gewohnten Lösungen, der Unterwerfung
unter vermeintliche Sachzwänge zu durchbrechen. Aber
dieser Plan, der Grundsätzen nachhaltiger Entwicklung verpflichtet ist und jenes Projekt, mit dem neue soziale und
ökologische Qualitäten realisiert wurden, stehen hart
neben dem business as usual.

Die begrenzte Reichweite von Experimenten
gibt gelegentlich Anlass zu resignativen Analysen und
düsteren Prognosen. Das, was hier geschaffen werde, sei
auf Sonderbedingungen zurückzuführen. Es reiche nicht
bis in den Nachbarstadtteil und andernorts könne man gar
nichts mehr damit anfangen.
Das ist richtig und falsch zugleich,
– richtig insofern, als keinesfalls die gesamte
Planungspraxis (einer Stadt, einer Region, eines Landes) –
auch durch noch so zähes Bemühen um Veränderungen in
den Köpfen nicht – umgekrempelt werden kann;
– falsch, weil Lernprozesse zu verzeichnen sind
und sich so Linien durch die Fragmente der Planungs-
realität ziehen, die unterschiedliche Orte und Zeiten miteinander verbinden.

Die Entwicklungen, die hier beschrieben wur-
den, fanden nicht auf Inseln statt. Das gilt für die frühen
Phasen der Stadterneuerung in kleinen Schritten ebenso
wie für die Freiraumentwicklung. Die Experimente blieben
keine singulären Ereignisse. Sie funktionieren wie Brenn-
gläser, treiben Entwicklungen auf die Spitze und haben
Vorbild- und Anstoßfunktion für die Weiterentwicklung der
Planungskultur.

Klaus-Dieter Weiss
Auf der verzweifelten Suche nach Baukultur
Bauen ohne Anspruch an Architektur

Architektur ist kein Gimmick, keine Ware mit knappem Verfallsdatum – vor allem keine Frage des Geschmacks. Architektur braucht Zeit und Nachdenklichkeit: einen Standpunkt an einem Standort, eine Position innerhalb von Kultur, Politik und Gesellschaft, eine Aussage von gestalterischer bis philosophischer Dimension. So entwickelt sich auf breiter Front Baukultur.

Leider benötigt der Architekt anders als der Künstler oder Schriftsteller eine Arbeitserlaubnis. Diese wird politisch und gesellschaftlich immer seltener erteilt. Der Architekt braucht einen Auftraggeber: einen kulturell aufmerksamen und neugierigen, niveauvollen Gesprächspartner, der weiß, dass Kultur kein Zufall ist, sondern der Inhalt von allem, im Positiven wie im Negativen. Bauherren dieser Qualität, die verstehen, ihr privates und öffentliches Umfeld mit Architektur zu bereichern, gedeihen in großer Zahl nur in einem spezifischen gesellschaftlichen Klima. Gerade das steht in Deutschland immer stärker in Frage. Zwar machen die Verantwortlichen der Expo 2000 verbal deutlich, welchen hohen Stellenwert Architektur für das menschliche Dasein hat. Konsequenzen werden daraus jedoch nicht gezogen.

Will dieses Land Architektur noch als dreidimensionale Literatur oder Philosophie begreifen? Gibt es ein für gestalterische und räumliche Phänomene sensibles Publikum, das auch quantitativ Gewicht hat? Werden neue Wege der Architektur auf breiter Front und mit Begeisterung diskutiert? Gibt es auch nur ein Grundverständnis für architektonische Qualität jenseits der Vorstellung, ansprechende, durchdachte, motivierende oder experimentelle Räume beim Möbelhändler erwerben zu können? Der Teufelskreis hat sich längst geschlossen. Da Architektur im Alltag nicht präsent ist, steht jedes Argument für Baukultur im leeren Raum. Baukultur ist in Deutschland etwas, das von Berufsverbänden einmal im Jahr gefordert wird, um folgenlos wieder vergessen zu werden. Der Zeitpunkt der Aufführung ist wieder einmal gekommen. Aber welche Resonanz ist zu erwarten?

Der Architekt sieht sich in einer Zwickmühle. Spielt er den Einzelkämpfer, den Architektur-Guerillero? Oder schwimmt er mit im breiten Strom architektonischen Unverständnisses, der sich irgendwann in ein Meer ergießt, in dem die Architektur und ihre letzten Überzeugungstäter endgültig nicht mehr zu finden sind? Die Verlockung zu kapitulieren ist groß. Warum sich für imaginäre Ziele einsetzen, die nicht anerkannt sind, die nur von einer kleinen Elite, die es besser weiß, nachgefragt werden? Den Profiteuren geht es besser. Sie spielen das verkannte Genie, das sie nie waren, und leben von der Unkultur des Publikums komfortabler, als sie es, ernst und beim Wort genommen, je vermöchten.

Die Baukultur der Republik im Allgemeinen, im Durchschnitt aller Bautätigkeit, hat zu Beginn des neuen Jahrtausends einen Tiefpunkt erreicht, der beschämend ist. Das scheint eine kühne Behauptung, lässt sich aber mit einem Blick auf besser beratene kleine Nachbarländer dieser großen Industrienation belegen. Dazu zählen zum Beispiel die Niederlande, die Schweiz, Österreich, Finnland. Zwar bejubelte „Der Spiegel" in seiner Ausgabe zum Expo-Beginn das „Comeback Europas": „Wohin man auch blickt ist ein neues, europäisches Selbstbewusstsein erkennbar. (...) Die zurückgewonnene Kraft wird symbolisiert durch den Millennium Dome in London, die glitzernden Hochhäuser an Berlins Potsdamer Platz, die längste Schrägseilbrücke der Welt, die nun Dänemark und Schweden verbindet, oder die gewaltigen Hallen der Weltausstellung Expo in Hannover, die Millionen von Besuchern anlocken soll. Auch Europas Kunst- und Kulturszene emanzipiert sich vom amerikanischen Bruder." Die digitale Revolution gibt Europa mit seinen 376 Millionen Menschen die Chance, gegenüber den um 100 Millionen Einwohner kleineren USA aufzuholen. Aber haben wir tatsächlich eine eigenständige, blühende Kulturszene?

Die Hochhäuser am Potsdamer Platz und die Hallen der Hannover-Messe können solche Euphorie nicht begründen. Gibt es keine markanteren Anhaltspunkte? Von den Media-Parks in Köln und Düsseldorf, der größten Fabrik für Solarzellen Europas in Gelsenkirchen, dem größten Einkaufszentrum Europas in Oberhausen oder anderen politischen Zielvorgaben ist jedenfalls nicht die Rede, wenn es um das hier zu Lande neu erwachte kulturelle Selbstbewusstsein geht. Vom Media-Park in Köln hat es mit einem BDA-Preis 1999 allein das Umspannwerk zu architektonischen Ehren gebracht. Abseits des Media-Parks in Düsseldorf qualifizierte sich das Siemens-Vertriebsgebäude. Nur, wenn man die viel weniger unabhängig jurierten „vorbildlichen Bauten in Nordrhein-Westfalen 2000" der Architektenkammer hinzunimmt, rücken ein Block des Media-Parks in Köln nach und eine Mikado-Haltestelle im CentrO Oberhausen. Mit anderen Worten: Mehr Baukultur ist aus diesen Vorzeige-Vorhaben beim besten Willen nicht zu gewinnen.

Das besonders fatale, weil international begutachtete Beispiel für unsere Weigerung, das nationale Selbstverständnis auch über Architektur zu definieren, ist – nach dem vorangegangenen Eklat um den deutschen Pavillon auf der Weltausstellung in Sevilla 1992 unverständlich – die erste Weltausstellung auf deutschem Boden. Berlin, das Wilhelm II. zu einem deutschen Paris machen wollte: mit dem Kurfürstendamm als Champs-Elysées und dem Grunewald als Bois de Bologne, sollte schon Ende des 19. Jahrhunderts Schauplatz der ersten deutschen Weltausstellung werden, auf Drängen von Kaufleuten und Industriellen. Der Kaiser vereitelte diesen Plan, weil er den Vergleich mit Paris noch scheute. Stattdessen fand 1896 in Treptow eine Berliner Gewerbeausstellung statt.

Ein Jahrhundert später quält die Verantwortung der Primaballerina unter den deutschen Städten ausgerechnet Hannover. Wieder sind Kaufleute und Industrielle die treibenden Kräfte. Als Bühne des Spektakels für 40 Millionen Besucher dient das erweiterte Gelände einer „Gewerbeausstellung". Denn Dreh- und Angelpunkt der 1988 in einer Sektlaune von Birgit Breuel geborenen Idee, Berlin die Show zu stehlen, ist der Ausbau des Messe-Standorts Hannover. Wenn Birgit Breuel der Meinung ist, dass es den Architekten gelungen ist, „herausragende Beispiele moderner Architektur zu realisieren", dann stimmt das nur mit erheblichen Einschränkungen. Die architektonische Ausbeute dieser Expo ist gering.

Während sich der Sachwalter unserer Kultur, Staatsminister Michael Naumann, auf eine „große Gesellschaftsausstellung" freut, „eine einmalige ästhetische Selbstkonzentration des ganzen Landes", trommeln die Kaufleute schon eine ganz andere Melodie. „Kaufen Sie ein Stück Weltausstellung. Jetzt!", heißt es in großen Anzeigen. Im „Expo Park Hannover" locken „hochwertig erschlossene Gewerbegrundstücke mit exklusiven Nationenpavillons": ideale Verkehrsanbindung, direkter Zugang zum bedeutendsten Messeplatz der Welt, Großveranstaltungen in der Preussag-Arena ... Die Arena, mit der Preussag wirbt, ist der zentrale Veranstaltungsort der Expo mit bis zu 14 000 Plätzen.

Nach dem 31. Oktober wird aus dem Expo-Gelände ein Gewerbe- und Freizeitpark, dessen Mischung allein vom Zufall regiert wird. Vielleicht werden einige Pavillons zu Autohäusern mutieren? Frei nach dem Motto, das schon Jürgen Trittin für die Expo vorgeschlagen haben soll: Auto-Motor-Sport? Nein, diese Show wird pünktlich zur Expo in Wolfsburg eröffnet. Mit seinem Kompetenz- und Erlebniszentrum „Autostadt" lenkt der Volkswagenkonzern einen Teil des Expo-Ansturms clever nach Wolfsburg um. Als Lockvogel dient ein alter VW-Käfer im deutschen Pavillon: das Identität stiftende zentrale Exponat Niedersachsens.

Kaufleute überall? Nur der französische Pavillon steht nicht zum Verkauf. Ein Sportartikelhersteller, der hier nach der Expo seine Kassen klingeln lässt, griff schon zu, als nur ein Bauherr gesucht wurde. Die flache Kubatur des Supermarkts neben deutschem Pavillon und Expo-Plaza überrascht darum nicht. So banal sind Warentempel am Stadtrand immer zugeschnitten. Für Dynamik sorgen allein

Licht- und Filmeffekte. Im Inneren wird eine Waldatmosphäre zelebriert, später eine willkommene Kulisse, um Jogging-Schuhe zu verkaufen.

Für den deutschen Pavillon zwischen der Preussag-Arena des Architekten Helmut Sprenger aus Hannover und dem Sportgeschäft der Franzosen bietet Deutschland als Stararchitekten Josef Wund von der Wund Industriebau GmbH Friedrichshafen auf. Mehr Investor und Bauherr als Architekt baute Wund die 120-Millionen-Mark-Immobilie auf eigene Rechnung und ist damit auch für die Reanimation des Pavillons nach der Expo verantwortlich. In Gesprächen mit Bill Gates und Rita Süssmuth, so Wund, kämpft die Firma um eine Nachnutzung. Nicht zuletzt davon hängt ihr betriebswirtschaftlicher Gewinn ab. Geplant ist ein Science-Center, ein Ort, an dem die Industrie ihren Fehlbestand an Ingenieuren langfristig schon unter den Jugendlichen rekrutiert, die sich gerade gegenüber neu eingekleidet haben.

Kann unter diesen Voraussetzungen eine Architektur entstehen, die eine relevante kulturelle Position bezieht, die – in den Worten Naumanns – zur „Projektionsfläche unseres gesellschaftlichen Selbstverständnisses" wird? An den Kosten des finnischen Pavillons ist der Staat zu 75 Prozent beteiligt. Die Trägergesellschaft Deutscher Pavillon GmbH, die ihren Etat von insgesamt 262 Millionen Mark mit Hilfe von Bund (54 Prozent), Ländern (27 Prozent) und der Industrie (19 Prozent) bestreitet, zahlt auch. Aber den Gesellschaftern geht es nicht um Architektur, sie spielen nicht einmal den Bauherrn. Dem architekturfernen Gremium saß allein die Angst im Nacken, wirtschaftlich zu straucheln. Insofern ist man mit dem Architekten hoch zufrieden, denn er garantiert einen Festpreis und ist als Einziger auf den wirtschaftlichen Erfolg nach der Expo angewiesen.

Im Theoriestreit der Architekten war die Stimme von Josef Wund noch nicht zu hören. Seine architektonischen Anknüpfungspunkte reichen in Bausch und Bogen vom demokratischen Bauen des antiken Griechenland über die spielerische Transparenz der Münchner Olympiabauten von Günter Behnisch bis zu Renzo Pianos Architektur am Potsdamer Platz Berlins. Behende belegt er anhand von Fotos, wie am Potsdamer Platz Transparenz unter stählernen Korsettstangen erstickt, wie licht und klar dagegen der deutsche Pavillon sein Innenleben offenbart. Ein verkanntes Genie?

Josef Wund will mit seinem Gebäude bezeugen, „wie modern, nach vorne gewandt, wie offen und transparent sich dieses Land auf der Weltausstellung präsentieren will". Das Symbol dafür sind die konkav nach innen gebogenen Glasfassaden, für Michael Naumann „wunderbar geblähte Segel". Kritiker schmähten das „aufgeblasene Autohaus im Gewerbepark" von Anfang an als eine „Margarinebox unter Unterdruck". Kurz nach Baubeginn Ende Oktober 1998 waren die Pläne noch euphorisch, die Computersimulationen fern jeder Realität. Eine materielose Glasfassade sollte sich nicht nur rahmenlos selbst tragen, sie sollte vielmehr als lastabtragendes, konstruktives Element des Bauwerks fungieren. Das zwei Fußballfelder große Dach sollte auf 25 Meter hohen Glasstützen ruhen. Jede Glasstele belastet mit 300 Tonnen, dem Gewicht eines vollgetankten Jumbo-Jets.

Inzwischen sind die Stützen aus Stahl, die Felder der nach innen wehenden spiegelnden Glasvorhänge, die sich lediglich selbst tragen, gerahmt. Der vermeintlich demokratische Gimmick entlarvt sich schnell als architektonischer Flop. Der deutsche Pavillon ist nicht mehr als eine Messehalle an prominentem Standort. Allen gegenteiligen Beteuerungen zum Trotz ist aber gerade das beabsichtigt. Denn mit Blick auf die Nachhaltigkeit der Gebäude spielt die Expo-Nutzung nur eine belanglose Rolle. Mit anderen Worten: Je länger ein Gebäude genutzt wird, desto weniger ist Bauen mit Architektur zu verwechseln. „Ein wesentliches Kernstück der Expo 2000 ist demnach (...) ein Platz, um den herum Privatinvestoren (...) Gebäude für unterschiedliche Nutzungsvorhaben errichten." Diese Gebäude kosten insgesamt 800 Millionen Mark. Sepp Heckmann, Vorstand der Deutschen Messe AG, sieht hier kein Expo-Gebäude, „sondern Bauten von Investoren, die selbstverständlich eigene Intentionen damit verbinden. Diese Bauten werden nach Investorenart vor allem unter betriebswirtschaftlichen Gesichtspunkten geplant". Ist Achitektur nicht vielmehr eine Voraussetzung für Nachhaltigkeit? Die Meinung der Architekturkritik: „Deutscher Pavillon: Entsorgen, sofort."

Architektonisch stellt sich die Nation nicht nur mit dem deutschen Pavillon, sondern auch mit der Preussag-Arena samt den die Expo-Plaza rahmenden banalen Büroriegeln ein Armutszeugnis aus. Wurde über die städtebauliche Leitidee für das Herzstück der Expo noch in einem Wettstreit der Meinungen entschieden, zeigt die bauliche Umsetzung, welch geringen kulturellen Stellenwert unsere Gesellschaft der Architektur beimisst. Generell und darum auch zu Expo-Zeiten. Der städtebauliche Wettbewerb hatte vor vier Jahren für die einzelnen Gebäude mehr versprochen, als jetzt von architektonischen Nobodys gehalten wird.

Um zu diesem beschämenden Ergebnis zu kommen, war ein Verfahren notwendig, das die Großen der Architektur, die es mit Günter Behnisch, Gottfried Böhm, Frei Otto, Oswald Mathias Ungers und jungen Sternen am Himmel auch in Deutschland gibt, von vornherein ausschloss. Der Architektenwettbewerb für den deutschen Pavillon wurde ausgeschrieben, als noch niemand wusste, was darin stattfinden soll. Als der Zweck des Gebäudes erkennbar wurde, musste das Verfahren wiederholt werden. Die Resonanz unter den Architekten war entsprechend verhalten. Der in beiden Wettbewerben siegreiche junge Stuttgarter Architekt Florian Nagler pochte bis ins Detail auf seine Gestaltungshoheit, für die Gesellschafter des Pavillons ein unkalkulierbares Risiko. Blankes Entsetzen machte unter den Gesellschaftern die Runde, als Nagler einsichtig genug war hinzuwerfen, aber die Nutzung seines bereits baurechtlich genehmigten Entwurfs juristisch untersagte. Das war die große Stunde des Nothelfers Josef Wund, der längst in den Kulissen bereitstand. Mit dem Bau der Messehalle 25, eigentlich ein Projekt der Architekten Michele Arnaboldi und Raffaele Cavadini, hatte sich die Feuerwehr aus Friedrichshafen bereits blendend eingefühlt. Jetzt kam die Glanznummer: Der Ersatzentwurf für den deutschen Pavillon wurde in 30 Tagen aus dem Boden gestampft. Nicht einmal ein Prozent der zehnjährigen Vorbereitungszeit für die Expo wurde in das Nachdenken über die Architektur des deutschen Pavillons investiert. Zu verheimlichen ist das leider nicht, egal was darin stattfindet.

Aber nicht nur das Herz der Expo, die Expo-Plaza, kann auf Architektur dankend verzichten. Unmittelbar neben dem Expo-Gelände sind 6000 Wohnungen für 15 000 Bewohner entstanden. Deutschlands größte Wohnungsbaustelle, Europas größte Siedlungsbaustelle behaupten die Verantwortlichen. 20 Prozent des neuen Stadtteils Hannover-Kronsberg sind bereits realisiert und bewohnt, zur Eröffnung der Expo sind es 50 Prozent. Der ökologisch vorbildliche Stadtteil, die erste Neuplanung der Stadt in dieser Dimension seit 1968, will sich damit der Welt in seinem Entstehungsprozess vorstellen. Das Motto ist kein geringeres als „Bauen für das nächste Jahrtausend". Die offiziellen Titel der drei registrierten Expo-Projekte lauten: „Ökologische Optimierung Kronsberg", „Stadt als sozialer Lebensraum" und „Stadt als Garten".

Dank umfangreicher Mittel der Deutschen Bundesstiftung Umwelt will man die Weltöffentlichkeit für die Probleme Energie, Abfall, Wasser, Boden und Landschaft interessieren und begeistern. Um Erfahrungsdefizite aller Beteiligten abzubauen, werden Bauen und Wohnen im südöstlichen Zipfel Hannovers von der Kronsberg-Umwelt-Kommunikations-Agentur KUKA intensiv betreut. Die Ökologieschnittstelle, die Architekten qualifizieren und Feste organisieren kann, nimmt für sich in Anspruch, in der Baugeschichte der Bundesrepublik einmalig zu sein. Hier erfahren Handwerker, wie man luftdichte Häuser

Klaus-Dieter Weiss
Auf der verzweifelten Suche nach Baukultur
Bauen ohne Anspruch an Architektur

baut, Neubürger erhalten zwei Wasserspar-Perlatoren, fünf Energiesparlampen und den Kronsberg-Ordner mit Hinweisen zur Umweltverträglichkeit ihres Daseins. Die KUKA, zuständig für Fachseminare, Blitzschulungen und Info-Frühstücke, weiß auf Anfrage sogar, wo man abfallarm und gesund einkauft. Selbst der Pfarrer des evangelischen Kirchenzentrums hat einschlägige Erfahrungen als Umweltbeauftragter. Stadtteilzeitungen der KUKA wie „Kronsberg life" und „Kronsberg aktuell" berichten über Johanniskraut und Treibhauseffekt, den „KronsbergNachbarschaftsUmweltEntdeckungsSonntag", Kompostgemeinschaften, Tausch- und Tagesmutterbörsen, Car-Sharing, eigentumslosen Konsum, Pflanzaktionen und Windeldienste. Schon rekrutiert sich unter dem Namen AG Umwelt eine Bürgerwehr, die überquellenden Mülltonnen den Kampf ansagt. Um den Planungsprozess kooperativ zu gestalten, moderieren zwischen Planern, Auftraggebern und Bürgern Anwaltsplaner, Energieberater und Fieldworker. Nur für Architektur interessiert sich niemand.

Planungsprinzip ist, kleine und wenig dichte Quartiere um eine grüne Mitte zu gruppieren. Ausgelöst durch das perfekte Freizeitprogramm sollen sich als kleinste Vernetzungseinheit Nachbarschaften bilden. Das reicht bis zu organisierter Nachbarschaftshilfe: Schreibst du mir den Brief, reparier ich dein Fahrrad. Spätestens wenn man erfährt, dass zur Nachbarschaft auch ökologischer Landbau samt Wirtshaus gehört, weiß man, dass Urbanität hier nicht nach Metropolenart buchstabiert wird. Neben einem 100-Hektar-Hof samt Metzgerei, Bäckerei, Käserei und Brauerei im südlichen Anschluss durchzieht den Stadtteil eine Allmende (gemeinschaftlich genutzte landwirtschaftliche Fläche) in der Größe von 40 Fußballfeldern für 80 Leineschafe. Als ökologische Großtat gilt das elf Kilometer lange Mulden-Rigolen-System, das nahezu alle Straßen begleitet und das Regenwasser nicht im Gully verschwinden lässt, sondern durch begrünte Rückhaltevorkehrungen dem Grundwasser zuführt. Nur für Architektur interessiert sich niemand.

Der Expo-Vorzeigestadtteil Kronsberg beschränkt sich auf ökologisches Bauen und soziales Miteinander. Im Sperrfeuer der PR-Arbeit kommt die Vokabel Architektur an keiner Stelle vor. „Spektakulären Highlights" zieht man reichlich nebulös „generell praktikable Lösungen" vor. Damit wirft Hannover die Qualität deutschen Wohnungsbaus um Jahrzehnte zurück. „Eines der ehrgeizigsten Städtebauvorhaben des ausgehenden 20. Jahrhunderts", so die Pressestelle, wurde von der Stadt als Grundstückseigentümerin quasi per Handschlag Bauträgern und Investoren überlassen, um dort „hohe kulturelle Ansprüche umzusetzen". Ein ganzer Stadtteil ohne jede auf den Ort bezogene architektonische Auseinandersetzung. Und diese graue, mit ökologischen Peanuts gemästete Maus soll der Welt als Vorbild dienen? Angeblich auf Empfehlung des Bundeskanzlers höchstpersönlich wurde der Preisträger des Niedersächsischen Staatspreises für

Architektur im Expo-Jahr ausschließlich hier gesucht. Eine große Ehre für einen massiv öffentlich geförderten Stadtteil, den Bauträger ohne jeden auf vorbildlichen Wohnungsbau zielenden Architektenwettbewerb wie ein Goldgräber-Eldorado unter sich aufteilen konnten. Die Ergebnisse sind beschämend. Legte man in Hannover-Kronsberg die Wettbewerbsquote des kleinen westfälischen Lemgo zugrunde, hätten in diesem Stadtteil ohne Expo-Zuschlag mindestens sechs Architektenwettbewerbe stattfinden müssen. Tatsächlich kommt man ohne einen einzigen aus. 1991 hatte Oberstadtdirektor Jobst Fiedler noch den Anspruch erhoben, Vorbilder für das „Leben im 21. Jahrhundert", eine Siedlung mit mehreren tausend Wohnungen und Arbeitsstätten zu bauen. Die besten Architekten aus vielen Ländern sollten die jeweils besten Erfahrungen mit zukunftsweisenden Wohn- und Bauformen demonstrieren. Fiedler ist nicht mehr im Amt.

Die Reihe baukultureller Entgleisungen lässt sich über die Expo hinaus ohne Mühe fortsetzen. Die ersten Urban Entertainment-Center amerikanischer Herkunft werden in Kürze in Deutschland eintreffen. Ein Immobiliencocktail aus den Zutaten Einkaufszentrum, Fressmeile, Kino und Live-Unterhaltung – das alles mit einem kräftigen Schuss Disney World. Eine Kombination aus Kaufhaus, Märchenpark und Geisterbahn, die unter Fachleuten nicht mehr „Mall", sondern „Category Killer" heißt. Im großen Handbuch der Shopping-Center ist die Strategie nachzulesen: „Wie jedes Kind weiß, hat das Kino die Funktion der Mythologie übernommen. Hollywood erfüllt die Aufgaben eines Märchenerzählers, dessen Figuren und Geschichten uns daran erinnern wollen, worum es eigentlich im Leben geht ... Der Einzelhandel nutzt diese Unterhaltungsformen als Instrument, um mehr Produkte zu verkaufen. „Geldausgeben wird listig zur Sinnesorgie stilisiert: gurgelnde Aquarien, Parkanlagen mit sprechenden Märchenpuppen, künstliche Raumbeduftung und pausenlose Musikberieselung ... Die Größenordnungen sind vergleichbar. Die Expo soll in 153 Tagen 40 Millionen Besucher anlocken, die riesenhafte „Mall of America" bei Minneapolis, 20-mal größer als der Petersdom, zählt alljährlich 40 Millionen Besucher.

Am 1. Juni öffnete in Wolfsburg die 800-Millionen-Mark-Investition „Autostadt" ihre Pforten: der Themenpark der Expo in Sachen Automobilität. Als Wahrzeichen dienen zwei gläserne Hochregallager für die Autos, die täglich übergeben werden. In besseren Zeiten 1000 Fahrzeuge pro Tag. Dazu gibt es Virtuelles und Kulinarisches aus den VW-Standorten in aller Welt, für langfristig Interessierte das einzige Luxushotel von Ritz-Carlton in Deutschland. Architektonisch löst keines der Gebäude Euphorie aus. Die Stadt Wolfsburg wehrt sich mit einem eigenen Science-Center, das Zaha Hadid baut, gegen den Sog, den VW am Ende der Fußgängerzone auf dem Bahnhofsvorplatz erzeugt.

Der 200 000 Quadratmeter umfassende Space-Park in Bremen spielt in zwei Jahren mit Zukunft und Raumfahrt den Turbolader für ein Shopping-Center. Bremerhaven, geplagt von einer Arbeitslosenquote um 20 Prozent, setzt auf den eine Milliarde Mark schweren Trumpf Großaquarium mit Science-Center. Die „maritime Erlebniswelt mit globalem Anspruch, in der man eine Reise durch die Weltmeere und Klimazonen unternehmen kann" – und auch einige Einkaufsmöglichkeiten findet – nennt sich Ocean-Park. Besorgten Politikern zufolge geht der Trend von der Windjammerparade zur 24-Stunden-Stadt, die von den Jahreszeiten unabhängige Attraktionen bietet.

„Das hafenwirtschaftliche Erbe Bremerhavens wird", so die offizielle Terminologie, „gezielt und eindrucksvoll in einen neuen freizeitindustriellen Zusammenhang gestellt." Dazu gehört um des Malerischen willen auch eine neue „Alte Hafenstadt". Beim Bürgerentscheid enthielten sich über 50 Prozent der Stimme. Im Gegenzug sollen jährlich 800 000 Besucher ihren bis zu drei Stunden beanspruchenden Weg nach Bremerhaven finden.

Zum Dank dafür, dass wir bei ihnen einkaufen, machen uns die Kaufleute der Immobiliengesellschaften und Stadtverwaltungen zu Freizeitwissenschaftlern vor interaktiven Versuchsanordnungen. Die Idee des Deutschen Museums in München wird unter der Produktbezeichnung Science-Center aufpoliert und bundesweit vermarktet. Verknüpft mit künstlichen alten Stadtbildern werden daraus Intensivstationen für Öffentlichkeit und Stadtkultur. Westlich der umbrischen Stadt Orvieto soll sogar das kaiserliche Rom als Freizeit- und Lehrpark „Roma vetus" neu entstehen, auf einer Fläche von 360 Hektar in Originalgröße.

Nichts ist dagegen einzuwenden, der Stadt neue Bezugs- und Identifikationspunkte zu geben, neue Brennpunkte in Form großartiger Schauplätze des öffentlichen Lebens, wie dies Paris in seinen großen Bauprojekten unter Mitterand mit einem staatlichen Aufwand von über zehn Milliarden Mark gelungen ist. Die Inszenierung von Gemeinschaft ist gerade in einer Gesellschaft, die das Individuum nie mehr vereinzelte als heute, eine wichtige Quelle für die kollektive Identität. Alexis de Tocqueville, der große Prophet des Massenzeitalters, sah im Raumanspruch der Öffentlichkeit, dem scharfen Kontrast zwischen vielen kleinen und wenigen großen Bauwerken, ein zentrales Phänomen der Demokratie. Weite Plätze und große öffentliche Gebäude, im Stadtplan durch schiere Fläche, nicht Höhe markant ablesbar, machten im antiken Rom Urbanität unmittelbar anschaulich und greifbar.

Zu fragen ist aber, warum dies nicht mit architektonischem Anspruch möglich sein sollte. Architektur muss nicht in einer protestantischen Raumethik auf Askese pochen, auf Angst vor der Lust und dem Vergnügen, auf Verleugnung des Visuellen und Emotionalen. Architektur kann diese Wünsche erfüllen, ohne banale Surrogate und das übliche Potpourri der Epochen und Regionalismen zu bemühen. Köln, Duisburg, Essen und Dortmund gehen mit ihren spektakulären Großprojekten einen anderen Weg und lassen darauf hoffen, nicht nur die Ökonomie, sondern auch die Architektur „sprechen" zu lassen. Mit anderen Worten, das weit verbreitete Unverständnis für Architektur muss nicht in Celebration/Florida oder im CentrO Oberhausen enden.

Die Probleme sind nicht neu. Sie waren bei Camillo Sitte schon vor mehr als hundert Jahren nachzulesen: in seinem Buch „Der Städtebau nach seinen künstlerischen Grundsätzen". Sitte schreibt dort: „Alles dehnt sich ins Maßlose, und die ewige Wiederholung derselben Motive allein schon stumpft die Empfänglichkeit so ab, daß nur ganz besondere Krafteffekte noch einige Wirkung zu erzielen vermögen." Das umreißt eben die örtlich begrenzten gestalterischen Interventionen, die heute überhaupt noch möglich sind. Weiter heißt es: „Risalite, Vorhöfe, Freitreppen, Laubengänge, Ecktürme usw. sind für uns ein unerschwinglicher Luxus geworden …" Mit anderen Worten: Das Repertoire ist auch heute architektonisch eingeschränkt, aus finanziellen, gestalterischen oder ideologischen Gründen, vielleicht auch einfach aus Unvermögen.

Camillo Sitte: „Wir können es nicht ändern, daß der öffentliche Marktverkehr sich immer mehr von den Plätzen zurückzieht, teils in unkünstlerische Nutzbauten sich einschließend, teils ganz auflösend durch Zuträgerei direkt ins Haus." Offensichtlich eine Vorahnung von Shopping-Mall und Tele-Shopping. Sitte: „Gesetzt den Fall, daß bloß dekorativ bei einer Neuanlage ein pompöses und malerisch möglichst wirkendes Stadtbild gleichsam nur zur Repräsentanz, zur Verherrlichung des Gemeinwesens

Klaus-Dieter Weiss
Auf der verzweifelten Suche nach Baukultur
Bauen ohne Anspruch an Architektur

geschaffen werden soll, so kann das mit dem Lineal, mit unseren schnurgeraden Straßenfluchten nicht bewirkt werden." Damit scheint von Hundertwasser bis Gehry alles Schräge unserer Zeit vorweggenommen. Die Formulierung „Verherrlichung des Gemeinwesens" liest sich dagegen fast wie „Celebration" oder „Ocean-Park". Sitte kommt dann, einigermaßen enttäuscht, zu dem Schluss: „Könnte man denn an solcher erlogenen Naivität, an einer solchen künstlichen Natürlichkeit wirkliche, ungeheuchelte Freude haben? Gewiß nicht."

Die Dimensionen der Bauten haben sich weiter ausgedehnt, das gesellschaftliche Grundverständnis für Architektur hat weiter abgenommen. Dennoch führt uns das mit fünf Millionen Einwohnern nicht gerade ebenbürtige Finnland heute vor, wie Baukultur zu einer politischen Größe werden kann. In Finnland existiert seit dem 100. Geburtstag Alvar Aaltos, dem 17. Dezember 1998, eine regierungsamtliche Architekturpolitik in 24 Programmpunkten. Nach zweijähriger öffentlicher Diskussion, nach zwei Kommissionen, in denen auch, aber nicht nur Architekten vertreten waren, ist die Initiative des Erziehungsministeriums in die Tat umgesetzt. Architektur von der Landschaftsgestaltung bis zum Straßenbau gilt als gestaltbare Umgebung des Menschen, als Merkmal einer in der Verfassung zugesicherten Lebensqualität, als Kennzeichen nationalen Wohlstands – nach dem Motto Vitruvs: praktisch, haltbar und schön.

Keine unangemessene Forderung, wenn man bedenkt, dass zwei Drittel des volkswirtschaftlichen Vermögens aus Gebäuden bestehen und 15 Prozent der Arbeitsplätze in diesem Sektor liegen. Der Unterschied liegt nicht in der Höhe der Baukosten, sondern allein in der Kontrolle und in der Verantwortung der öffentlichen Hand. Wenn der Staat im öffentlichen Bauen seine Verantwortung an andere abgibt, zeigt das vor allem eines: Gleichgültigkeit. In Finnland werden für Bauten der öffentlichen Hand grundsätzlich Wettbewerbe durchgeführt. Das finnische Architekturmuseum ist als Informationszentrum für alle architektonischen Belange finanziell unabhängig. Architektonische Erziehung ist Bestandteil aller Lehrpläne bis zur Erwachsenenbildung. Für kommunale Entscheidungsträger ist eine entsprechende Nachausbildung eingerichtet. Das sind von 24 Punkten des Programms lediglich die vier wichtigsten.

Solange wir den Stellenwert von Architektur nicht gesellschaftlich und politisch verankern, wird die baukulturelle Wende auf sich warten lassen. Das westfälische Bad Salzuflen machte nach der für die CDU überaus siegreichen Kommunalwahl mit der „Poetischen Landschaft" eines Peter Zumthor, Cees Noteboom und weiteren namhaften Schriftstellern kurzen Prozess, trotz der enormen Resonanz, die gerade dieses regionale Expo-Projekt hervorgerufen hatte. Die zerbrechliche, in der Welt einmalige Verbindung von Lyrik, Landschaft und Architektur wurde im Wahlkampf auf Basis skandierbarer Hetzparolen einem scheinbaren Volksentscheid ausgeliefert – wie in einem Hexenprozess. Gerhard Kleemann, der neue Bürgermeister, offenbar ein Schildbürger mit Abitur, outete sich zu allem Überfluss mit der Feststellung, es sei billiger, jedem Bürger ein Reclam-Heftchen mit „Prosa" zu schenken und im Kurpark „Lese-Ecken" einzurichten. Kein Wunder, dass der hauptamtliche und dank Kommunalreform nun allgewaltige Stadtobere Poesie mit Prosa verwechselt hatte. An so viel Kulturlosigkeit dürfen sich seine Wähler nun wärmen, bis die „poetische Landschaft" an anderer Stelle eine lebendigere geistige Heimat gefunden hat.

Solange wir uns den Luxus einer baukulturellen Grundausbildung an unseren Schulen nicht leisten wollen, machen wir uns abhängig von glücklichen Zufällen, wie sie nach der Kommunalreform in Nordrhein-Westfalen kaum noch zu erwarten sind: Architekten in der Politik. Der Spielraum eines politischen Architekten, wie ihn zum Beispiel das 40 000 Einwohner zählende Lemgo mit Ulrich Faßhauer, einem Architekten in der Rolle des Stadtdirektors, erlebt hat, ist heute kaum noch zu realisieren. Lemgo erhielt auf dieser Basis im Wettbewerb „Stadtgestalt und Denkmalschutz im Städtebau" 1978 auf Landesebene die Goldmedaille, auf Bundesebene ein Jahr später die Silbermedaille und 1997 für die couragierte Umsetzung von 15 Wettbewerben den Ausloberpreis des Landes Nordrhein-Westfalen. Ein solcher Ansatz unterscheidet sich in seiner Komplexität wie in seiner Ortsbezogenheit zwangsläufig von Eilverfahren zur Ermittlung von Architektenprominenz auch in der Provinz: Frank O. Gehry in Bad Oeynhausen, in Herford, in Hannover ...

Die Verwaltungsspitze, noch in mittleren Städten die einzig entscheidende Position, wird heute ohne Eingangsvoraussetzungen durch Berufspolitiker besetzt, deren Handlungsfreiheit, gekoppelt an die Ratswahlen, schon zeitlich zu knapp bemessen ist. Fachlich fehlt nicht nur der planerische oder gestalterische Hintergrund, sondern auch die notwendige Verwaltungserfahrung. In Verbindung mit knapperen Fördermitteln und der Allmacht von Investoren, die keine Bauherren mehr sind, schwinden die Möglichkeiten für Stadtkultur.

Klaus R. Kunzmann
Globalisierungstendenzen
Stadtentwicklung und Kultur in Europa

Neue Informations- und Kommunikationstechnologien haben die Globalisierung von Wirtschaft und Gesellschaft schneller und leichter gemacht. Sie haben das Leben und Arbeiten in Städten und Regionen weltweit verändert. Das kulturelle Leben ist davon nicht ausgeschlossen, kulturelle Produktionen auf hohem qualitativen Niveau sind längst globalisiert. Regionale Kulturen, oft als Gegenbewegung zu globalen Strömungen konzipiert, werden dann schnell in globale Netze eingebunden, wenn sie Gewinn versprechen. Hier unterscheidet sich die kulturelle Produktion nur wenig von der schon lange globalisierten Automobilindustrie oder Fischwirtschaft. In vielerlei Hinsicht war die Kulturindustrie sogar schon viel früher eine globale Industrie, vielleicht weil ihre „Bilder" und „Töne" weniger von einer gemeinsamen Sprache abhängig waren.

Kunstausstellungen werden von großen und einflussreichen, weltweit agierenden Museumsunternehmen, z. B. dem Guggenheim, so konzipiert und organisiert, dass sie, bei entsprechender Nachfrage, in die weite Welt wandern können. Aber nicht nur die großen Museen nutzen ihr Image und ihre Ressourcen für die Ausdehnung ihrer Macht. Die Filmindustrie in Los Angeles tut dies, wie auch die Musikindustrie, schon seit Jahrzehnten. Der Literaturbetrieb ist längst so globalisiert wie die Architektur und das Design.

Mit zunehmender Dominanz des Englischen als Weltsprache wird die weitere Globalisierung der Kultur schnell vorangehen. Regionale Kulturen werden dabei trotzdem nicht verloren gehen. Sie werden, wo sie gezielt gepflegt und gestärkt werden, regionale Identitäten bewahren, aber damit gleichzeitig auch Teil globaler Strukturen sein, wo Kulturagenten immer das Andersartige, das Neue suchen und es geschickt in ihre weltweiten Marktstrategien einbinden. In dem Maße, im dem neue Informations- und Kommunikationstechnologien das tägliche Leben von Menschen überall in Europa bestimmen, werden sie von den Sinn-Produzenten für ihre Interessen genutzt. Die virtuelle Universität wird ihnen ebenso die Hörer (und Seher) zutreiben, wie Amazon.com bereits Leser umgarnt. Im Sog der Konsumgesellschaft entfernt sich allerdings auch die Kulturindustrie immer mehr von ihrem anspruchsvollen Bildungsauftrag. In weiten Bereichen ist die Kulturindustrie zu einem Unterhaltungs- und Tourismusfaktor geworden, den Regional- und Stadtpolitiker ins Kalkül ziehen, wenn sie vor Ort über Kultursubventionen und kulturelle Infrastruktur entscheiden. Kultur als Bestandteil einer aggressiven Stadt-Marketing-Politik hat in den Metropolen Konjunktur.

Was bedeutet all dies für die Städte in Europa? Was tun sie, um sich mit diesen Strömungen zu arrangieren? Wie steht Nordrhein-Westfalen, wie die Metropolenregion Rhein-Ruhr in diesem Wettbewerb? Welche Konsequenzen müsste eine aufgeklärte Landes– und Stadtpolitik in Nordrhein-Westfalen aus der Globalisierung des Kulturbetriebes ziehen, die sie nicht aufhalten kann?

Was bedeutet die Globalisierung der Kultur für die Städte in Europa?

Unbegrenzte Informationsmöglichkeiten, wie sie die etablierten europäischen Zeitungen und die neuen Informationstechnologien bieten, machen es den mobilen Kulturkonsumenten in Europa leicht, sich über das aktuelle kulturelle Angebot zu informieren. Die daraus resultierende Informationsfülle zwingt die Städte zum Handeln. Sie tun dies auf vielfältige Weise.

1. Die Städte müssen sich europaweit profilieren und bauen aus diesem Grunde unermüdlich immer wieder neue kulturelle Leuchtturmprojekte, neue Museen, Ausstellungs- oder Aufführungsorte, die durch ihre Größe, ihre Architektur, ihre Einzigartigkeit, ihre Programmpolitik aus der Masse der regionalen Angebote herausragen. Dabei wetteifern sie um weltweit bekannte Architekten, um Wanderausstellungen populärer Künstler oder Kunstrichtungen, um große philharmonische Orchester, um Stardirigenten, StarsängerInnen und Starregisseure, und sie überbieten sich gegenseitig in den Ansprüchen um die lokale Präsenz der internationalen Spitzenklasse. Mit viel Kreativität werden die dafür erforderlichen finanziellen Mittel bereitgestellt, bzw. anderen Politikfeldern entzogen. Bedenken gegen eine solche polarisierende Stadtkulturpolitik werden schnell durch Arbeitsplatzargumente zerstreut, aber auch durch Hinweise auf die selektiven Standortpolitiken global agierender Unternehmen, die Investitionspolitiken großer Immobilienfonds, Banken und Versicherungen. Regional bedeutsame Projekte kultureller Infrastruktur zur Befriedigung regionaler Wünsche bleiben dabei nicht selten auf der Strecke, weil sie für die überregionale Aufmerksamkeit zu mittelmäßig und für die Region zu teuer sind. Oder sie werden verwirklicht, ohne dass sie für das internationale Außenimage der Stadt werben können. Die beträchtlichen Kosten, die außenorientierte Leuchtturmprojekte verursachen, belasten die lokalen Kulturhaushalte immer stärker und schränken die freien Spielräume zur Förderung lokaler Kultur immer mehr ein.

2. Mit zunehmender Globalisierung kommt die regionale Kultur immer mehr unter Druck. Sie wird nur noch dort gestützt, wo sie überregionale Aufmerksamkeit findet, wo sie und weil sie das Image und das kulturelle Milieu von Standorten prägt (in Paris, in Lissabon oder in Barcelona), wo sie Trend setzend ist (in London, Amsterdam oder in Berlin) oder auch nur, weil sie unverzichtbarer Bestandteil lokaler Tourismuskonzepte ist (in Wien oder in Venedig). Die regional verwurzelte Kultur wird als Schutz

4. Die Sicherung von Arbeitsplätzen in der Kulturindustrie, der Kulturwirtschaft, der Hotelindustrie und der Gastronomie ist ein wesentliches Motiv für die tourismusorientierte Kulturförderung. Aber es ist auch das Bewusstsein, dass eine Bilder produzierende Kulturindustrie sehr wesentlich das internationale Image von Orten prägt. Mit zunehmender Verlagerung industrieller Produktion in die Billiglohnländer Asiens wird dem Tourismus in Europa, der die Kulturgeschichte Europas als wertvolle und einmalige Ressource nutzt, immer mehr Bedeutung zugemessen.

5. Der Wettbewerb um hoch qualifizierte und kreative Arbeitskräfte wird immer mehr ein globaler Wettbewerb. Doch weil diese kosmopolitanen Arbeitskräfte besonders mobil, auch international mobil sind, wählen sie Standorte, deren Umwelt und Lebensstile ihnen entsprechen. Vorausgesetzt wird dabei, dass die Zeit sparende und bequeme globale Erreichbarkeit der Standorte gesichert bleibt, dass also internationale Flughäfen und Hochgeschwindigkeitsbahnhöfe und attraktive Freizeitareale (Golfplätze oder Segelreviere) über Autobahnen schnell erreichbar sind. Weiche Standortfaktoren, darunter vor allem das lokale Kultur- und Unterhaltungsangebot in attraktiven Lebenswelten, spielen dabei eine immer größere Rolle im individuellen Standortkalkül, denn mit technologiebestimmter Vernetzung werden face-to-face-Kontakte nachweisbar immer wichtiger, und diese Begegnungen sollen selbstverständlich in attraktiver Umgebung stattfinden.

Die Globalisierung der Kultur ist folglich Gefahr und Chance für Europas Städte. Sie befördert die nivellierende Amerikanisierung der Kultur, aber sie kann den Städten Europas auch neues Profil verleihen, wenn diese ihre kulturellen Traditionen kreativ bewahren.

Was tun die Städte in Europa, um sich mit diesen Strömungen zu arrangieren?

In sehr unterschiedlichem Maße versuchen sich die Metropolen und großen Städte Europas, den kulturellen Herausforderungen des globalen Wettbewerbs zu stellen. Sie bemühen sich, ihr internationales Profil zu schärfen, ihre weichen Standortanforderungen zu verbessern, durch kulturelle und sportliche Events und aggressives Regionalmarketing internationale Medien auf sich aufmerksam zu machen.Sie putzen sich für Stadttouristen sowie Messe- und Kongressbesucher heraus und betreiben eine eigene Stadt-Außenpolitik, weil sie sich durch nationale Regierungen nicht ausreichend auf internationalen Parketten vertreten fühlen. Um hoch qualifizierte Arbeitskräfte zu halten oder anzuziehen, bemühen sie sich,

gegen die austauschbaren Werte nivellierender globaler Kulturen gesehen, als Bastion gegen die fortschreitende Internationalisierung kulturellen Konsums. Aus Verantwortung gegenüber der regionalen Bevölkerung, deren kulturelle Wertesysteme immer mehr Gefahr laufen zu erodieren, muss sie gegen den Trend gestützt werden. Dabei kommt es nicht selten zu aufreibenden politischen Konflikten zwischen kulturellen Regionalisten und anspruchsvollen Globalisten.

3. In der globalen Gesellschaft befriedigt Kultur weitgehend die Unterhaltungsbedürfnisse der Gesellschaft. Daher steht der Unterhaltungswert der Kultur auch im Mittelpunkt der Kulturpolitik, die damit zu einer besonderen Art von Wirtschaftspolitik geworden ist. Ihre Bildungsfunktion wird hingegen aus Gründen immer mehr in den Hintergrund gerückt, die viel mit der immer stärkeren Spezialisierung von bildender Kunst und Musik zu tun haben, aber auch mit dem Verlust von Traditionen und den Defiziten schulischer Allgemeinbildung. Weitgehend offene Grenzen, harter, preisdämpfender Wettbewerb der Reisebranche und steigender Wohlstand vieler Haushalte machen es den Kulturkonsumenten Europas leicht, unterhaltende Kulturangebote dort zu konsumieren, wo sie attraktiv sind, wo sie dem Zeitgeist schneller folgen oder wo sie in entspannter Urlaubsstimmung einfach anders wahrgenommen werden. Städtereisen in Europa „boomen", ebenso wie die Bilder und Orte prägende Tourismusliteratur. Verständlicherweise bemühen sich die Städte in Europa, den Bedürfnissen nach modischer Kurzzeitunterhaltung gerecht zu werden. Ihr Ziel ist es, vielfältige Gelegenheiten zum Konsum kultureller Angebote in dem weiten Spektrum von Unterhaltung und traditioneller Bildung anzubieten. Das dafür erforderliche lokale urbane Milieu wird bevorzugt entwickelt: attraktive und sichere öffentliche Räume zum Flanieren mit großem Wiedererkennungs- und Erinnerungswert, Einkaufsmeilen zum modischen „fun-shopping" und eine breite Palette internationaler Gastronomie für alle Preisstufen.

den Bedürfnissen dieser maßgeblichen Zielgruppe gerecht zu werden. Ihre Politiken ähneln sich in großem Maße:

Die beiden großen europäischen Metropolen Paris und London wetteifern seit Jahrhunderten um den Lorbeer der Kulturhauptstadt Europas. Feudalismus und Imperialismus haben die beiden Hauptstädte zu den kulturellen Zentren der Macht gemacht. Dafür war kein Aufwand zu hoch. Ihre Kultureinrichtungen sind im Laufe der Jahrhunderte, im Rahmen einer herrschaftlichen Bau- und Kulturpolitik sowie durch Stiftungen und Schenkungen, zu einem dichten Netz von Kulturbauten gewachsen. Im Laufe der Zeit haben sich diese Einrichtungen immer mehr ausdifferenziert und spezialisiert, und sie haben sich ihre eigene lokale und globale Klientel geschaffen, die dafür sorgt, dass ihre Grundauslastung gesichert ist. Die demokratischen Stadtregierungen, großzügig unterstützt von den auf internationales Prestige erpichten nationalen Regierungen, hatten es leicht, auf dieser soliden Grundlage aufzubauen. Und sie orientierten sich in der Regel an den einmal gesetzten feudalen Maßstäben. Die großen Prestigeprojekte in Paris, das Centre Pompidou, wie die Opéra Bastille, der Parc de la Villette, der noch größere Louvre oder das Stade de Paris verbinden lokale Bedürfnisse mit globalen Anforderungen in beinahe idealer Weise. Sie gehören zum Standard-Besuchsprogramm von Paris-Besuchern, aber sie sind auch viel genutzte Kultureinrichtungen der einheimischen Pariser Bevölkerung. Aber es hat den Anschein, dass mit jedem großen Kulturprojekt, mit dem Paris seine kulturelle Vorherrschaft in Europa bestätigen möchte, London mit ebenso großen Projekten antwortet. Die gerade neu eröffnete Tate-Galerie für moderne internationale Kunst in einem alten Heizwerk oder der Millennium Dome in Greenwich sind die neuesten Kulturattraktionen, mit denen London die internationale Medienaufmerksamkeit auf sich ziehen will. Und die Projekte nehmen kein Ende: Paris ist dabei, ein neues Afrikamuseum zu projektieren, und London bemüht sich um ein neues Stadion für Großereignisse.

Mit sehr geschickten und intensiven Marketingkampagnen hat es die Industriestadt Glasgow in den letzten Jahren geschafft, sich als Kulturstadt in Europa einen Namen zu machen. Mit der erfolgreichen Bewerbung um die Krone der Kulturhauptstadt Europas im Jahre 1990 hat die Stadt mit Hilfe der Kultur ihr düsteres Image verdrängt. Aus der vom strukturellen Wandel arg betroffenen Stadt im Westen Schottlands, die immer im Schatten der reichen Kulturmetropole Edinburgh stand, wurde mit den Werbekampagnen um die Kulturhauptstadt Europas, aber auch durch ein beeindruckendes, wenn auch sehr kostspieliges Kulturprogramm während dieses Festival-Jahres ein viel besuchter Ort, der immer wieder europäische Medienaufmerksamkeit auf sich ziehen konnte. Dies wiederum verhalf der Stadt, der Wirkungsstätte von Mackintosh, zu einer Reihe von Kultureinrichtungen, die anderenfalls vermutlich keine politischen Mehrheiten gefunden

hätten. Als das nationale und internationale Interesse an Glasgow wieder nachließ, weil die wirtschaftlichen Wirkungen des Kulturjahres immer weniger spürbar wurden, bewarb sich die Stadt im Jahre 1999 erfolgreich um die Krone der „UK City of Architecture and Design". Dies frischte die Erinnerungen auf, sorgte für neues Medieninteresse und stärkte erneut das international positive Image, aber auch das Selbstwertgefühl dieser Stadt, die nach wie vor mit großen sozialen Problemen zu kämpfen hat. Glasgow nutzte das europäische Interesse an Kultur, um von seinen wirtschaftlichen Defiziten abzulenken.

Auch Rotterdam, die Hafenstadt an der Schelde, die kulturell und touristisch immer im Schatten von Amsterdam steht, hat rechtzeitig erkannt, dass Kultur ein wichtiger Image bildender und Identität stiftender Faktor für eine Stadt ist, die dem europäischen Standortwettbewerb standhalten muss. Um ihr Image als funktionale Hafenstadt etwas zu verändern, hat sie sich ein Kulturviertel geschaffen, das eine Reihe attraktiver Museen beherbergt, darunter das wohl bedeutendste europäische Architekturmuseum, das mit seinem Programm und seinen Ausstellungen viel internationale Aufmerksamkeit auf sich zieht. Und im Jahre 2001 wird Rotterdam Kulturhauptstadt Europas sein.

In sehr kurzer Zeit hat es auch die Industriestadt Bilbao im Norden Spaniens geschafft, sich über ein kulturelles Projekt in Europa einen Namen zu machen. Eine nicht ganz demokratisch getroffene Entscheidung für ein internationales Museum, eine auf kulturelle Unabhängigkeit bedachte finanziell großzügige baskische Landesregierung, eine mutige Wettbewerbsjury und ein glanzvoller Entwurf des Architekten Frank Gehry haben der Stadt ein großes Bauwerk, ein internationales Leuchtturm-Projekt eingebracht, das beinahe über Nacht das Image der Stadt verändert und damit auch die Stimmung in der vom Strukturwandel sehr belasteten Stadt verwandelt hat. Dieses Glanzstück postmoderner Architektur, das in jeder zukünftigen Architekturgeschichte einen prominenten Platz einnehmen wird, hätte in jeder Stadt der Welt errichtet werden können. Das Museum hat zwar nur wenig mit der Kultur des Baskenlandes zu tun, aber es ist ein ungemein attraktiver Ausstellungsraum für Ausstellungen, die die Guggenheim Corporation in New York auf Weltreise schickt. Es ist letztlich allein dieses Bauwerk, ein leuchtender Diamant in einer ansonsten wenig attraktiven Stadtlandschaft, das die Zahl der Touristen in Bilbao in kurzer Zeit vervielfacht hat. Natürlich hat die internationale

Medienaufmerksamkeit sehr dazu beigetragen, dass Bilbao zum „Pflichtbaustein eines kulturbezogenen Spanienaufenthaltes" geworden ist. Die Umwegrentabilität des Projektes war schon nach kurzer Zeit positiv. Keine internationale Tageszeitung, kein kulturelles Fachjournal, kein „Lifestyle"-Magazin hat es versäumt, ausführlich über das Wunder von Bilbao („lohnt den Umweg") zu berichten.

Stand die Mehrzahl der lokalen Bevölkerung dem Projekt anfänglich skeptisch gegenüber, hat sie sich inzwischen mit dem Bauwerk voll identifiziert, obwohl es wenig mit lokalen Kulturtraditionen zu tun hat. Von der äußeren Perspektive her gesehen ist Bilbao eine europäische Erfolgsgeschichte. Es zeigt, welche Außenwirkung ein kulturelles Projekt haben kann und wie es die Identifikation mit der Region stärkt. Das Projekt hat das Selbstvertrauen der Stadt erheblich gestärkt. Natürlich bleibt abzuwarten, wie nachhaltig dieser Erfolg sein wird, wenn das Bauwerk seine anfängliche Attraktivität verloren hat, bzw. wenn es an anderen Stellen nachgebaut wird.

In die Reihe europäischer Städte, die sich über kulturelle Projekte internationale Aufmerksamkeit und lokale Loyalität sicherten, gehört auch Berlin, das seit der Wiedervereinigung alles daran setzt, um sich (wieder) als europäische Kulturstadt in Erinnerung zu bringen, zumindest jedoch sich als Kulturhauptstadt Deutschlands zu etablieren. Wenn es auch manche Widersprüche zwischen den anspruchsvollen kulturpolitischen Träumen und finanzieller Realität gibt, so wissen die politischen Gremien der Stadt doch, dass die Kultur eine der ganz wenigen Bereiche ist, auf denen die wieder eingesetzte Hauptstadt Deutschlands international konkurrenzfähig ist. Daran ändern selbst die ständigen stadtinternen Auseinandersetzungen um kulturpolitische Prioritäten und finanzielle Unterstützung nichts. Auch die Internationale Bauausstellung Emscher Park legte viel Gewicht auf Kultur, insbesondere auf den Erhalt und die aktive Nutzung der das Ruhrgebiet prägenden, aber lokal oft nur sehr gering geschätzten Industriekultur. Sie initiierte und förderte vielfältige Initiativen, die die künstlerischen Herausforderungen einer gesichtslosen Industrielandschaft kreativ für eine neue Identität des Montanreviers nutzten.

Die Metropole Rhein-Ruhr, eine Metropole ohne Profil

Trotz aller kulturellen Potenziale und politischen Anstrengungen tut sich Nordrhein-Westfalen schwer, in diesem weltweiten Wettbewerb der Regionen um kulturelle Aufmerksamkeit wirklich mitzuhalten. Auch die Dichte der Kulturindustrie und der von ihr abhängigen Kulturwirtschaft in der Region ist groß und eindrucksvoll. Daran liegt es also nicht, warum die Metropole Rhein-Ruhr weltweit so wenig profiliert ist. Es liegt eher an einem verschwommenen internationalen Außenimage dieser Region, die zwar zwölf Millionen Einwohner hat, aber kein urbanes Zentrum von internationaler Ausstrahlung. Und zu wenig Anstrengungen werden unternommen, dies zu ändern. Da ist eine Stadtregion Rhein-Ruhr, die auf keiner Karte Europas als Metropole verzeichnet ist, die auch keine ist und dies auch nicht werden will. Dafür gibt es gute Gründe. Einzelne Städte dieser Stadtregion haben kulturelle Bedeutung, die weit über Stadt- und Landesgrenzen hinausgeht. Ihre kulturellen Angebote brauchen den internationalen Vergleich nicht zu scheuen. Trotzdem, Amsterdam, München, Berlin und Hamburg sind attraktivere Ziele für Unterhaltung suchende deutsche wie europäische Stadttouristen. Die wenigen jugendlichen Besucher aus den Nachbarregionen der Niederlande und Belgiens können dies nicht kompensieren. Und die Europa-Sehnsüchte amerikanischer und asiatischer Tourismusströme gehen in der Regel an dieser Region vorbei. Im Wettbewerb um Stadttouristen Europas hat die Region erhebliche Imagenachteile, und daran wird sie auch nicht viel ändern können. Dazu bräuchte sie die Bildproduzenten vom Einfluss der finanzstarken Mogule von Hollywood, die magische Ausstrahlung eines romantischen Königs wie Ludwig II. oder die Hilfe eines breitenwirksamen Erzählers wie Mark Twain, der Heidelberg in den USA zum Erfolg verholfen hat. Heine kann dies nicht ersetzen, auch nicht Heinrich Böll. Nein, diese Stadtregion ist zu nüchtern, zu pragmatisch, als dass sie zu einer weltweiten Traumfabrik werden könnte. Ihre urbanen Standortnachteile sind nicht aufzuheben. Die polyzentrische Stadtregion hat keine global bedeutsame City, die strahlende Stadtbühne fehlt. Der Rhein in Düsseldorf kann die Seine in Paris nicht ersetzen, der Domplatz in Köln ist kein Piccadilly Circus. Die Lebensstile der Stadtregion Rhein-Ruhr sind keine globalen „Trendsetter", die Universitäten haben wenig internationale Ausstrahlung für die „Crème de la Crème" des internationalen akademischen Nachwuchses, und weil es keine international gelesene Zeitung gibt, ist selbst das, was in der Region geschieht, in der Regel nur „Insidern" bekannt. Den Journalisten der internationalen Zeitungen fiel ein Stein vom Herzen, als im deutschen Bundestag die Entscheidung für Berlin getroffen wurde. Sie feierten die knappe Entscheidung als einen Sieg der Metropole gegen die Provinz.

Welche Konsequenzen müsste eine aufgeklärte Stadtpolitik in der Stadtregion Rhein-Ruhr aus diesen Erfahrungen ziehen?

Es würde wenig Sinn machen, den amerikanischen Architekten Frank Gehry dazu zu bewegen, nach Bilbao und bald New York auch noch in der Region Rhein-Ruhr ein Museum für moderne Kunst zu bauen, das dann schon von weitem als Reproduktion des Originals in Bilbao oder des Vorentwurfs in Minneapolis zu erkennen ist. Es würde auch nicht helfen, das Unternehmen Guggenheim in New York mit Management und globaler Vermarktung zu beauftragen. Die Region muss nicht internationalen Trends nachlaufen, ein „Nachkarten" ist nicht angebracht. Die Internationale Bauausstellung Emscher Park hat gezeigt, dass es auch anders geht. Was erforderlich ist, ist eine gemeinsame, ressortübergreifende Politik des Landes und der Städte, die, durchaus mit dem Blick nach außen, regionale Prioritäten setzt und Nachteile zu überwinden sucht.

Von außen nach innen schauen: Eine gewisse regionale „Introvertiertheit" ist mit ein Grund für das geringe internationale Profil der Metropole Rhein-Ruhr. Gepaart mit gelegentlicher Selbstzufriedenheit schwächt dieser Blick nach innen die Region im internationalen Wettbewerb. Es ist die Innensicht, die die Ziele setzt, und die Innenprobleme bestimmen die Entscheidungen über Prioritäten in der Stadtentwicklungspolitik. Dabei geht die Sicht von außen nach innen oft verloren. Und diese Außensicht ist ein wichtiger Maßstab für regionales Handeln in Zeiten der Globalisierung.

Regionale Außenpolitik betreiben: Eine gemeinsame regionale „Außenpolitik", also eine Politik, die über vielfältige personelle Außenkontakte Verbindungen schafft, persönliche Netzwerke stärkt und Erinnerungen nutzt, müsste im Vordergrund aller Bemühungen der Stadtregion Rhein-Ruhr stehen, wenn sie sich den Herausforderungen der Globalisierung stellen will. Dichte personelle Netze sind Informationskorridore. Sie sichern den kontinuierlichen Austausch von Erfahrungen und schärfen vergleichende Qualitätsmaßstäbe. Dass dabei jede Stadt der Region, auch für andere Städte der Region wirbt, müsste selbstverständlich sein.

Regionale endogene Potenziale stärken: Dies ist die Grundvoraussetzung für eine seriöse Internationalisierungspolitik im Bereich der Kultur. Was profiliert die Metropole Rhein-Ruhr über Landesgrenzen hinaus? Wo sind ihre Stärken, wo hat sie herzeigbare kulturelle Traditionen? Visuelle Dimensionen spielen dabei eine wichtige Rolle. Über Bilder werden Inhalte transportiert, über Bilder wird Aufmerksamkeit ausgelöst, über Bilder wird Identifikation erzeugt. Oder bleibt es auf Dauer ein künstliches politisches Konstrukt der Nachkriegszeit, das die Rheinlande mit der westfälischen Provinz Preußens zusammengebracht hat?

Kultur auch strategisch nutzen. Der Missbrauch der Kultur, ihre Instrumentalisierung für Zwecke der Wirtschaft, ist eines der Argumente, das von Kritikern immer dann vorgetragen wird, wenn wirtschaftliche und finanzielle Fragen politische Auseinandersetzungen, Prioritäten bei der Kulturförderung in den Städten der Metropolenregion Rhein-Ruhr, beherrschen. Auch wenn dies tatsächlich der Fall ist, führt letztlich doch kein Weg daran vorbei, Kultur auch wirtschaftlich und strategisch und für die regionale Außenwirkung zu nutzen, wie es in traditionellen Tourismusregionen schon immer gemacht wird. Die Qualität kultureller Angebote muss darunter, wie es Paris, Amsterdam, Stockholm oder London zeigen, nicht leiden.

· Kontinuität sichern: Das kulturelle Profil der Region Rhein-Ruhr wächst nur über lange Zeiträume. Daher macht es Sinn, bei kulturellen Initiativen, insbesondere bei solchen, die ein internationales Publikum ansprechen sollen, langen Atem zu haben, sie nicht nur einmal anzubieten, sondern dafür zu sorgen, dass sie langfristig wirken können, dass individuelle Zeitpläne darauf eingerichtet werden können, dass internationale Medien und Informationsdienste sich darauf einrichten können. Kurzer Atem kostet am Ende mehr Geld als Geduld, vorausgesetzt die institutionalisierte Routine geht nicht zu Lasten unverzichtbarer Innovationen.

Kulturelle Bildung wieder entdecken und stärken: Aus einer Reihe von Gründen hat in den Schulen der Region Rhein-Ruhr, auch in den Hochschulen, die breite kulturelle Bildung an Stellenwert verloren. Die Vermittlung von Wissen steht im Vordergrund, obwohl dieses Wissen schnell veraltet. Die Schulung der Kreativität als vorrangiges Ausbildungsziel für eine kontinuierliche Erneuerung von Wissen wird oft zu sehr in den Hintergrund gedrängt.

Regionale Kulturwirtschaft fördern: Eine starke regionale private Kulturwirtschaft ist Garant für ein wirtschaftliches Umfeld, das Interesse an Kultur und kulturellen Aktivitäten hat. Je mehr kulturbezogene Arbeitsplätze außerhalb öffentlicher Kulturindustrie bestehen und geschaffen werden, je mehr kulturelle Produkte und Dienstleistungen einer Region international nachgefragt werden, desto mehr Verbündete gibt es für die regionalen Anliegen der Kultur. Hinzu kommt, dass die Kulturwirtschaft ein Segment der Wirtschaft in Nordrhein-Westfalen ist, das weit höhere Wachstumsraten hat als viele andere regionale Teilökonomien. Darauf bezieht sich auch die Essener Erklärung zur Kulturwirtschaft in Europa.

Intraregionale Kooperation verbessern: Die Globalisierung hat die räumlichen Maßstäbe der weltweiten Wahrnehmung von Städten verändert. Die Metropolenregion Rhein-Ruhr kann im internationalen Wettbewerb der Stadtregionen nur dann mithalten, wenn sie mit den vielen Städten und Gemeinden in der Region kooperiert, wenn sie sich als eine einheitliche Stadtregion versteht, in der die kulturellen Aufgaben angemessen und fair verteilt werden, sodass lokale Bedürfnisse befriedigt, aber überregional Aufmerksamkeit findende Angebote nicht der politischen Gießkanne geopfert werden. Das erfordert überzeugende Konzepte und Programme, aber auch Persönlichkeiten, die diese über kommunale Kirchtürme hinaus im politischen Raum durchsetzen. Die Jugendlichen der Region haben schon längst die mentalen Stadtmauern der Region überwunden.

Bei allen Bemühungen um Ausgewogenheit wird es immer eine Gratwanderung zwischen globalen und regionalen Erfordernissen, zwischen internationaler Aufmerksamkeit und regionaler Verankerung bleiben. Es wird darauf ankommen, dass Projekte nicht nur gemacht, sondern dass sie an internationalen Qualitätsmaßstäben gemessen und außerhalb der Landesgrenzen bekannt gemacht werden.

Fazit

Die augenblickliche Orientierung der großen Politiklinien in der Metropole Rhein-Ruhr lässt nicht erwarten, dass sich die Rahmenbedingungen für gemeinsames Handeln entscheidend ändern. Der unausgesprochene Konflikt zwischen dem Land Nordrhein Westfalen, das Angst hat, Macht an die Stadtregion abgeben zu müssen, und den Städten der Metropolenregion Rhein-Ruhr, die dies ebenso befürchten, lähmt die Beteiligten bzw. beansprucht ihre ganze Kraft in den Auseinandersetzungen um Mittelkürzungen und Mittelzuweisungen. Die Bildungspolitik hat zu wenig Visionen, wie die Hochschulen der Stadtregion Rhein-Ruhr gemeinsam internationale Bedeutung erlangen könnten bzw. überlässt dies ungesteuert den einzelnen Universitäten und Fachhochschulen. Die Infrastrukturpolitik versucht, internationale Anforderungen zu befriedigen, kann sich aber gegen den lokalen Bürgerwillen nicht oder nur in zähen und Zeit raubenden Verhandlungen durchsetzen. Die Kulturpolitik versucht, die kulturellen Bedürfnisse der Städte vorwiegend mit der Gießkanne zu befriedigen, weil sie die notwendige räumliche Aufgabenteilung zwischen den Städten in der Metropolenregion Rhein-Ruhr politisch nicht durchsetzen kann. Die internationale Bauausstellung Emscher Park, die gezeigt hat, in welche Richtung eine überörtliche Politik gehen müsste, und die international viel Aufmerksamkeit gefunden hat, wird eine Episode in der Geschichte des Strukturwandels im Ruhrgebiet bleiben.

Mont-Cenis, Herne

Mont-Cenis steht stellvertretend für eines der zentralen Anliegen der IBA Emscher Park: für den Versuch, den vom Ende des Steinkohlebergbaus besonders betroffenen Stadtteilen neue Entwicklungsimpulse zu geben.

Neue Entwicklungsimpulse waren in Sodingen vonnöten. Nachdem die Zeche Mont-Cenis, die die Ortsentwicklung über 100 Jahre bestimmt hatte, geschlossen und abgebrochen wurde, blieb eine fast 30 Hektar große Brachfläche zurück, eine schmerzliche Erinnerung an das ehemalige Herz des Stadtteils. Ein Entwurfsseminar lotete 1990 das Entwicklungspotenzial der Fläche aus. Ein Jahr später wurde ein Wettbewerb für eine Fortbildungsakademie des Innenministeriums ausgeschrieben. Das Programm wurde um weitere Bausteine ergänzt, mit denen Sodingen seine Zukunft gestalten will. Neben der Fortbildungsakademie sind das öffentliche Einrichtungen wie Bürgersaal, Stadtteilbüros und Bibliothek, neue Läden, Dienstleistungseinrichtungen, Büros und Praxen, ein neues Wohngebiet und die Gestaltung der Landschaft.

Für den Entwurf des städtebaulichen Gesamtkonzepts und des Neubaus der Fortbildungsakademie zeichnet das Büro Jourda et Perraudin aus Lyon verantwortlich. Die Planung erfolgte gemeinsam mit den Architekten Hegger Hegger Schleiff aus Kassel. Das städtebauliche Gesamtkonzept integriert die Fortbildungsakademie in einen Stadtteilpark, entwickelt die Landschaft im weiteren Umfeld und arrondiert den Statteil mit weiteren 300 Wohnungen, Gewerbe- und Dienstleistungseinrichtungen. Die Architekten begreifen das ehemalige Zechengelände als einen Park, der im Süden über einen Platz an den Stadtteil anschließt und im Norden in ein Landschafts- und Naturschutzgebiet übergeht.

Die Architektur der 1999 eingeweihten Akademie zählte schnell zu den imagebildenden Gebäuden des neuen Ruhrgebiets. Unter einer 170 Meter langen und 75 Meter breiten Glashülle, die von einem hölzernen Tragwerk gehalten wird, versammeln sich Baukörper mit unterschiedlichen Funktionen entlang einer zentralen Achse. Das Konzept der Klimahülle war zuvor in einem von der EG finanzierten Forschungsprojekt für tauglich befunden worden.

Mont-Cenis ist ein ökologisches Modellprojekt. Das Repertoire des ökologischen Bauens findet hier nahezu vollständig Anwendung; die Verwendung nachwachsender Rohstoffe, der Verzicht auf Verbundbaustoffe, Sonnenenergienutzung, natürliche Regenwasserversickerung, natürliche Klimatisierung, eine Lüftungsanlage mit Wärmerückgewinnung, ein grubengasbetriebenes Blockheizkraftwerk. Vor allem das über 10.000 Photovoltaik-Module in die Glashülle integrierte Solarkraftwerk verdient besondere Beachtung. Denn es erwirtschaftet mehr Energie, als es verbraucht, d. h., die Eigenenergieproduktion übersteigt den Energiebedarf des Gebäudes. Der Solarstrom wird in das öffentliche Netz eingespeist. Aus dieser positiven Bilanz errechnet sich eine Energieeinsparung von gut 20 Prozent gegenüber konventionellen Gebäuden dieser Größe. Zudem sorgen die Module bei starker Sonneneinstrahlung für die notwendige Verschattung des Gebäudes. So entspricht das Klima unter der Glashülle nun dem von Nizza; ein Stück Südfrankreich im nördlichen Ruhrgebiet.

Wolfgang Roters
Industriekultur
10 Bausteine eines Entfaltungs- und Modernisierungsprogramms
für das erste Jahrzehnt dieses Jahrhunderts

Bauliche Zeugnisse der Industriegeschichte sind Denkmäler wie andere auch, nicht mehr und nicht weniger. Ihre meist rational-aufklärerische Formensprache verweigert sich jeder romantisierenden Überhöhung und modischen Verklärung. Nicht Mythisierung ist angesagt, sondern weiterhin Aufklärung und im Übergang einer industriell geprägten Epoche in eine neue – weithin de-industrialisierte – Gesellschaft hinein erst recht. Nicht Traditionspflege ist geboten, sondern Radikalmodernisierung, wobei Radikalität für die Überzeugungskraft der geistigen Strategie und deren Akzeptanz in der Bevölkerung steht, nicht für eine vordergründige, einseitige Turbo-Kapitalismus-Modernität, die blind für Prozesse ist, und insofern auch blind für Übergänge und deren Nebenfolgen. Industriekultur also als Lernprogramm – kein Ballast, der mitgeschleppt werden muss, sondern Chance für Zukunftsgestaltung. Voraussetzung dafür, dass dies gelingt, ist, dass in zahlreichen Feldern gelernt wird.

1. Lernfeld
Modernisierung der Standort- und Strukturpolitik

Solange die Deindustrialisierung großer Produktionsanlagen, verbunden mit der Entlassung ganzer Belegschaften, den Reflex auslöst, Strukturpolitik müsse zwangsläufig eine Kompensation durch neue Großindustrie erreichen oder aber den schnellen Abriss der Fabriken, die Säuberung der Flächen und die Aufbereitung der Gelände zur Abmilderung des gesellschaftlichen Konfliktes betreiben, greift Modernisierung zu kurz. So werden öffentliche Mittel verschwendet, und in der Bevölkerung wird die Hoffnung auf kurzfristige neue Arbeitsplätze genährt, die nicht erfüllt werden kann. Auf diese Weise gehen geschichtliche Identitätsmerkmale, städtebauliche Landmarks und soziale Orientierungen ersatzlos verloren und die Chance für neues Arbeiten, Wohnen und Leben „mit Stil und Ambiente" wird preisgegeben.

Ein Lernfeld für Struktur- und Standortpolitik heißt: gesellschaftliche und ökonomische Kraft für die ruhige Entwicklung hoch attraktiver neuer Standorte mobilisieren vor allem für Dienstleistungen mit einem klugen Mix aus hochwertiger Industriekultur und neuer Baukultur, die qualitativ mindestens die Maßstäbe der Industriekultur erreichen muss. Das Ergebnis sind unschlagbar gute Standorte zum Leben und Arbeiten.

2. Lernfeld
Modernisierung der Kulturpolitik

Die über Generationen hinweg eingeübten Scheingegensätze – hier Kultur, dort Zivilisation – machen es für Zeugnisse der Technik schwer, als Kulturgüter begriffen zu werden. Allenfalls wird Industriekultur als Tummelplatz für Sozialkultur geduldet.

Die Modernisierung der Kulturpolitik bedeutet: Öffnung auch der so genannten Hochkultur für die Industriekultur, eine qualitativ neue Integration von Kulturpolitik mit einer neu entstehenden Industriekulturlandschaft mit allen Chancen für Cross-over, als außergewöhnliche Kulisse und unnachahmliche Spielorte für Musik, Tanz, Theater, Literatur im Industrieraum.

3. Lernfeld
Modernisierung der Baukultur

In Europa waren ökonomisch erfolgreiche Regionen stets Kulturregionen. Baukultur war und ist dabei die augenfälligste Erscheinung kultureller Qualität. Wer Modernisierung als Abbau von Architekturqualität und Urbanität begreift, in der Absicht, international agierenden Konzernen vermeintlich die Investitionswege zu verkürzen, schädigt langfristig nicht nur die Kultur, sondern auch die ökonomische Standortqualität.

Für das Ruhrgebiet gilt dies in verschärftem Maß. Einer durch die Industrialisierung durch und durch standortgeschädigten Region ist nicht mit weiteren Verzichten auf Baukultur gedient; dann würde sich das verbreitete Image eines „grottenhässlichen" oder jedenfalls mittelmäßigen Reviers nur verfestigen. Modernisierung der Baukultur bedeutet: Weltspitze werden.

4. Lernfeld
Modernisierung der Denkmalpflege

Denkmalpflege ist auf Bewahrung und Sicherung angelegt. Das ist gut und richtig, aber für die Industriedenkmalpflege bei weitem nicht alles. Industriedenkmäler sind meist als Bauwerke auf Zeit konzipiert. Stahl und leichte Hüllen sind Ausweise gewollter Vergänglichkeit. Insofern sind Industriedenkmäler Vorläufer heutiger Architektur „auf Zeit" im Handels- und Freizeitsektor mit Abschreibungsfristen und Reinvestitionszeiträumen häufig von wenigen Jahren.

Industriedenkmalpflege darf daher nicht vorrangig die statische Konservierung einer Anlage in dem jetzt befindlichen Zustand sein, sondern muss dynamisiert werden. Vergehen und Werden lassen, Nichteingreifen, Experimente durch temporäre Inszenierungen, bewusste Dauerverfremdung sind neue, spannende Perspektiven.

Die Modernisierung der Denkmalpflege bedeutet: Prozessschutz statt Bestandsschutz.

5. Lernfeld
Modernisierung des Naturschutzes

Analog zur Denkmalpflege ist auch die Öffnung des Naturschutzes erforderlich. Der Naturschutz auf Industrieflächen muss mehr als der Schutz der heute vorgefundenen seltenen Arten sein, also das Einfrieren eines bestimmten Zeitpunktes. Er ist vielmehr die beobachtende und korrigierende Begleitung eines Sukzessionsprozesses. Beide – Denkmalpflege und Naturschutz – müssen sich also parallel weiterentwickeln. Wenn ihre jeweilige Modernisierung sogar im Zusammenhang und Zusammenwirken gelingen würde, könnte daraus durchaus die Grundlage für die Zukunftsgestaltung der gesamten neuen Industriekulturlandschaft entstehen: Industriekultur und Industrienatur als das prägende Identitätsmerkmal des Reviers.

Modernisierung des Naturschutzes also bedeutet auch hier: Prozessschutz statt Bestandsschutz.

6. Lernfeld
Modernisierung der Regionalplanung

Die neu entstehende Industriekulturlandschaft benötigt ein Planungssystem, das in der Lage ist, die notwendige Dynamik, Komplexität, Innovationsfreiheit und den erforderlichen Experimentierraum zu gewährleisten. Bauleitplanung, Regionalplanung und Landschaftsplanung sind in ihrer institutionellen Trennung und ihrer strengen Formalität dafür nicht mehr in vollem Umfang geeignet.

Es werden strategisch angelegte informelle Pläne benötigt – ressortübergreifend und fachpolitikenintegrierend. Auch jenseits der überfachlichen Planung der Raumordnung und Stadtentwicklung könnte sich diese Planart nach dem Muster einer „regionalen Agenda 21" für die Industriekulturlandschaft ausformen, partizipativ angelegt, flexibel genug, um Innovationen zu ermöglichen, und stark genug, um Ressortegoismen zu kanalisieren. Modernisierung der Regionalplanung also bedeutet: „Regionale Agenda 21".

7. Lernfeld
Modernisierung von Partizipationsverfahren

Starke Initiativen haben sich frühzeitig und mit beträchtlichem Erfolg der spannenden Industrieanlagen, -gebäude und -flächen bemächtigt. Diesen Initiativen ist viel zu verdanken, was die Popularisierung der Industriedenkmalpflege betrifft. Aber umfassende Partizipation, umfassende Initiierung von unten ist dies noch nicht. Häufig genug sind altindustrielle Anlagen mit hohem Denkmalswert – meist „verbotene Orte" in der industriellen Vergangenheit – fremd für die Bevölkerung geblieben, Enklaven inmitten der Wohnbevölkerung.

Die umfassende Aneignung durch die Wohnbevölkerung ist also erforderlich, eine enge Identifizierung der Menschen mit „ihrer Industriekultur". Die Menschen müssen hier Platz nehmen können und gern Platz nehmen, nicht nur als Gäste, sondern als aktive Mitgestalter. Dafür müssen Planungs- und Beteiligungsprozesse stärker als bisher geöffnet werden. Hier muss Nachbarschafts-, Quartiers- und Stadtteilkommunikation stattfinden, lokales Engagement, übrigens auch lokale Ökonomie, muss hier ihren Ort haben.

Modernisierung der Partizipationsverfahren also bedeutet: Aneignung durch die Bevölkerung ermöglichen!

8. Lernfeld
Modernisierung administrativen Handelns

Das A und O komplexer Modernisierungsstrategien für die neu entstehende Industriekulturlandschaft ist die Modernisierung des administrativen Verhaltens auf allen Ebenen. Diese Modernisierung ist bereits einmal vorgelebt worden. Über hundert Projekte sind im Rahmen der Internationalen Bauausstellung Emscher Park in einem komplexen Instrumentarium in Form integrierter Finanzierung der Maßnahmen und Projekte, zum Teil der Integration von Investitions- und Betriebskosten, realisiert worden. Komplexe Planung, Finanzierung – öffentliche und private –, Abrechnung und Projektorganisation sind zusammengebracht worden. Dieses war ein ungeheuer wichtiges und im Ergebnis durchaus erfolgreiches Lernfeld für modernes administratives Handeln.

Dieser Weg muss weitergegangen werden. Er darf nicht abgebrochen werden. Die Investitionszweckzuweisungen müssen stärker aufeinander bezogen und insgesamt zu Gunsten innovativer, kostengerechter Lösungen „entfeinert" werden. Die Grenzen von Investitionsfinanzierung und Betriebskostenfinanzierung müssen behutsam und kontrolliert aufgeweicht werden.

Modernisierung des administrativen Handelns also bedeutet: eine integrierte Finanzierung!

9. Lernfeld
Modernisierung von Politik

Modernisierung bedeutet immer zweierlei: verantwortliches Einstellen auf neue und sich gravierend verändernde ökonomische Rahmenbedingungen einerseits und „Mitnehmen" der betroffenen Bevölkerung andererseits. Eine „kalte", eine rein technokratische Modernisierung muss scheitern, weil die Menschen weder emotional noch verstandesmäßig begreifen, was passiert. Mehr als Akzeptanz ist gefragt: Emotionales Mitmachen, soziales, bürgerschaftliches Engagement und kulturelles Eingebettetsein, Freude am Experiment müssen geweckt werden. Der Gasometer in Oberhausen, die Industriekulisse auf dem Zollvereingelände in Essen, der Landschaftspark Duisburg-Meiderich, die Bergarbeitersiedlungen, die neuen Wohnsiedlungen und neuen Gewerbeparks etwa auf Nordstern (Gelsenkirchen) oder auf Minister Stein (Dortmund-Eving) könnten Kristallisationspunkte für bürgerschaftliche Identifikation und bürgerschaftliches Engagement sein. Gerade für Stadtteile mit besonderem Erneuerungsbedarf ist das Mitgehen der Bevölkerung wichtig, das Ernstnehmen ihrer Interessen und die Öffnung jeder Chance zur aktiven Teilnahme am gesellschaftlichen und ökonomischen Leben. Modernisierung von Politik bedeutet: Den Weg aus der Industriegesellschaft sozial und emotional begreifbar machen.

10. Lernfeld
Modernisierung des Reviers

Das Ruhrgebiet hat das meiste, was eine Metropole – im modernen Sinne – braucht. Das Ruhrgebiet hat etwas, was nur diese Metropole und sonst keine hat: eine entwicklungsfähige Industriekultur mit Alleinstellungsanspruch. Was dem Ruhrgebiet fehlt, ist ein gemeinsames Handeln nach innen und außen. Alle Versuche, administrative Verfassungen für dieses komplexe dezentrale Urban-Gebilde zu finden, sind bislang gescheitert. Jetzt kommt es darauf an, eine stufenweise Strategie der Reifung zu entwickeln, einen etwa zehnjährigen Prozess, der offen genug für neue Impulse ist, die immer wieder kommen werden, und der ein Ergebnis nicht vorwegnimmt, sondern eher eine Einladung zum Mitmachen bedeutet, der aber das Ziel verfolgt, das Ruhrgebiet als Ganzes international wettbewerbsfähig zu machen – ökonomisch, sozial und kulturell, ohne den großen Vorteil der Dezentralität zu verspielen.

Dabei sind in der Anfangsphase formale Verfassungen weniger wichtig als der informelle Prozess der Kooperation, der Vertrauen schafft und Konflikte kanalisierbar macht. Die Industriekulturlandschaft an der Ruhr könnte dafür eine geistige Klammer bilden.

Modernisierung des Reviers also bedeutet: den Prozess praktischer Kooperation der Revierstädte stärken!

Wolfgang Roters
Industriekultur
10 Bausteine für ein Entfaltungs- und Modernisierungsprogramm
für das erste Jahrzehnt dieses Jahrhunderts

Schüngelbergsiedlung, Gelsenkirchen

Route der Industriekultur
Das Ruhrgebiet als Reiseregion

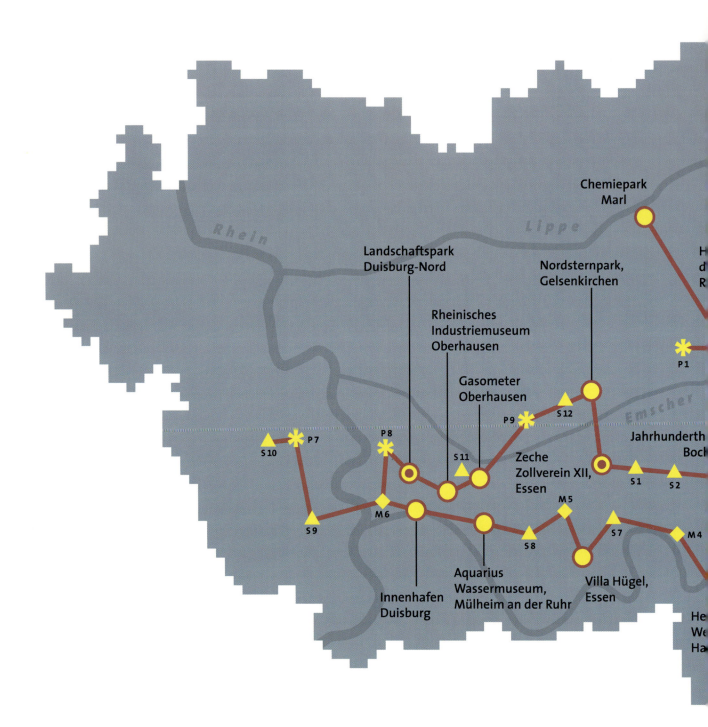

Rhein

Lippe

Chemiepark
Marl

Landschaftspark
Duisburg-Nord

Nordsternpark,
Gelsenkirchen

Rheinisches
Industriemuseum
Oberhausen

Gasometer
Oberhausen

Emscher

P1

S12

P9

Jahrhunderth
Boch

P8

S11

P7

S10

Zeche
Zollverein XII,
Essen

S1

S2

M5

M6

S9

S8

S7

M4

Aquarius
Wassermuseum,
Mülheim an der Ruhr

Villa Hügel,
Essen

Innenhafen
Duisburg

He
We
Ha

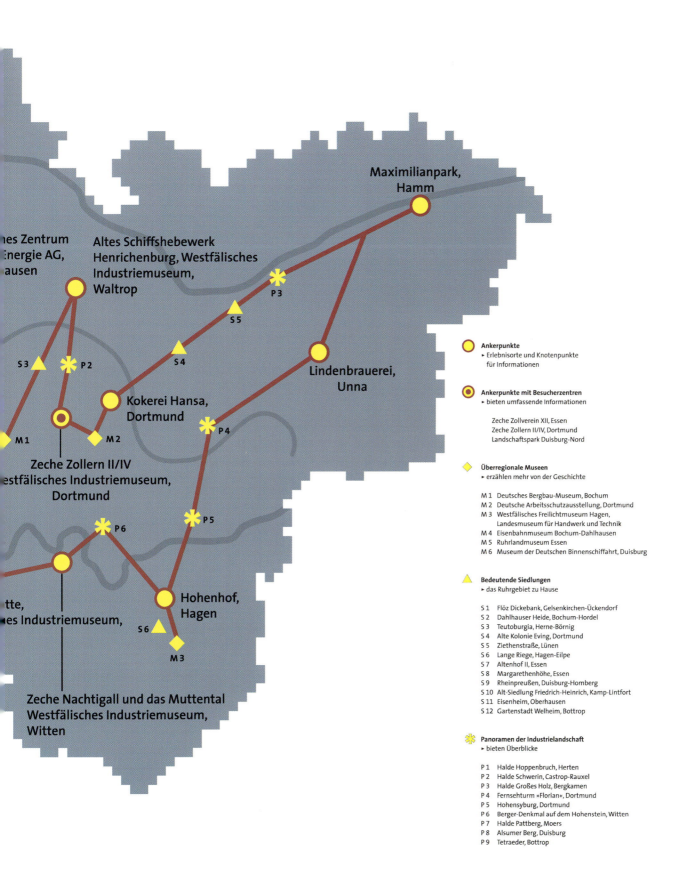

Maximilianpark,
Hamm

es Zentrum
Energie AG,
ausen

Altes Schiffshebewerk
Henrichenburg, Westfälisches
Industriemuseum,
Waltrop

P 3

S 5

S 3

P 2

S 4

Lindenbrauerei,
Unna

M 1

Kokerei Hansa,
Dortmund

M 2

P 4

Zeche Zollern II/IV
estfälisches Industriemuseum,
Dortmund

P 5

P 6

Hohenhof,
Hagen

tte,
es Industriemuseum,

S 6

M 3

Zeche Nachtigall und das Muttental
Westfälisches Industriemuseum,
Witten

Ankerpunkte
► Erlebnisorte und Knotenpunkte
für Informationen

Ankerpunkte mit Besucherzentren
► bieten umfassende Informationen

Zeche Zollverein XII, Essen
Zeche Zollern II/IV, Dortmund
Landschaftspark Duisburg-Nord

Überregionale Museen
► erzählen mehr von der Geschichte

M 1 Deutsches Bergbau-Museum, Bochum
M 2 Deutsche Arbeitsschutzausstellung, Dortmund
M 3 Westfälisches Freilichtmuseum Hagen,
Landesmuseum für Handwerk und Technik
M 4 Eisenbahnmuseum Bochum-Dahlhausen
M 5 Ruhrlandmuseum Essen
M 6 Museum der Deutschen Binnenschiffahrt, Duisburg

Bedeutende Siedlungen
► das Ruhrgebiet zu Hause

S 1 Flöz Dickebank, Gelsenkirchen-Ückendorf
S 2 Dahlhauser Heide, Bochum-Hordel
S 3 Teutoburgia, Herne-Börnig
S 4 Alte Kolonie Eving, Dortmund
S 5 Ziethenstraße, Lünen
S 6 Lange Riege, Hagen-Eilpe
S 7 Altenhof II, Essen
S 8 Margarethenhöhe, Essen
S 9 Rheinpreußen, Duisburg-Homberg
S 10 Alt-Siedlung Friedrich-Heinrich, Kamp-Lintfort
S 11 Eisenheim, Oberhausen
S 12 Gartenstadt Welheim, Bottrop

Panoramen der Industrielandschaft
► bieten Überblicke

P 1 Halde Hoppenbruch, Herten
P 2 Halde Schwerin, Castrop-Rauxel
P 3 Halde Großes Holz, Bergkamen
P 4 Fernsehturm »Florian«, Dortmund
P 5 Hohensyburg, Dortmund
P 6 Berger-Denkmal auf dem Hohenstein, Witten
P 7 Halde Pattberg, Moers
P 8 Alsumer Berg, Duisburg
P 9 Tetraeder, Bottrop

Spektakuläre Kulisse für schön Gestaltetes, das Design-Zentrum Nordrhein-Westfalen im ehemaligen Kesselhaus der Zeche Zollverein XII in Essen (Entwurf Norman Foster, London)

Das Ruhrgebiet als Reiseregion: ein Gedanke, an den man sich gewöhnen muss. Mit der Route der Industriekultur wurden die herausragenden Orte der Industriekultur im Ruhrgebiet erstmals touristisch erschlossen und in einem zusammenhängenden System präsentiert. Die Route der Industriekultur stellt das industriekulturelle Erbe als unverwechselbares Markenzeichen der Region in den Mittelpunkt. 150 Jahre Industriegeschichte haben markante bauliche und technische Zeugen hinterlassen: Hochöfen, Zechenanlagen, Gasometer, Kokereien, Maschinenhallen und Fördergerüste. Diese Orte sind nicht nur Zeugen einer untergegangenen Epoche, sondern haben sich zu Landmarken und Identifikationspunkten des neuen Ruhrgebiets entwickelt. 19 besondere Orte der Industriekultur bilden die Knotenpunkte der Route, die so genannten Ankerpunkte. Von hier gehen wiederum 24 Themenrouten ab, die man mit dem Auto, mit Bus oder Bahn, per Fahrrad, auf Wanderwegen, mit Personenschiffen oder auch mit ehemaligen Zechenbahnen erkunden kann. Themen sind z. B. „Frühe Industrialisierung", „Brot, Korn und Bier" oder „Historische Parks und Gärten". An drei Ankerpunkten kann sich der Besucher in eigens eingerichteten Zentren umfassend über das Gesamtsystem informieren, um die weitere Route selbstständig zu planen.

– Zeche Zollverein XII in Essen-Katernberg. Hier befindet sich das zentrale Besucherzentrum der Route der Industriekultur. Zollverein war einstmals die größte und modernste Steinkohleförderanlage des Ruhrgebiets. Im Bauhausstil gestaltet gilt sie als eine der schönsten Zechen der Welt. Auf der Anlage finden heute Kongresse, Konzerte, Festivals und Ausstellungen statt. Das Design-Zentrum NRW im vom britischen Architekten Norman Foster umgestalteten Kesselhaus ist eine der Hauptattraktionen.

– Zeche Zollern II/IV in Dortmund-Bövinghausen. Die mit großem architektonischen Aufwand gestaltete, schlossähnliche Anlage erstand um die Jahrhundertwende. Ihre 1903 installierte Fördermaschine galt als eine der ersten elektrischen Fördermaschinen weltweit. Seit Anfang der 80er Jahre wird die denkmalgeschützte Anlage restauriert und zum Museum ausgebaut.

– Das dritte Besucherzentrum liegt im Landschaftspark Duisburg-Nord. Die Kraftzentrale im Landschaftspark war Schauplatz der zentralen Ausstellung zum Finale der IBA.

Die 400 Kilometer lange Route der Industriekultur kann auf ganz unterschiedliche Weise bereist werden. Zentraler Bestandteil der Route der Industriekultur ist eine einheitliche Beschilderung. Rund 1500 Schilder und Hinweistafeln auf Einzelobjekte an Autobahnen und innerörtlichen Straßen sollen Touristen den Weg zu den Sehenswürdigkeiten im Revier zeigen. Darüber hinaus gibt es so genannte Eingangstafeln mit dem Schriftzug „Industrie Kultur Landschaft – Ruhrgebiet". An den Autobahnen stehen die Hinweisschilder auf die Ankerpunke, in den Innenstädten führen kleinere Hinweisschilder direkt zu ihnen hin.

Eröffnet wurde die Route der Industriekultur am 29. und 30. Mai 1999 mit einem großen Fest auf dem Gelände der Zeche Zollverein. Mit riesigen Projektoren erzeugte Bilder zum Thema Industriekultur wurden auf Großleinwänden unter dem berühmten Fördergerüst gezeigt. Vor einer der Leinwände fand eine ungewöhnliche Tanzaufführung statt. Die französische Compagnie Les Passagers präsentierte eine Tanzchoreographie auf vertikaler Ebene an der Wand. Ein „knalliges" Ende des Samstags bescherte die Welturaufführung der „Ruhrknall Zünfonie". Diese „feuermusikale" und multimediale Darbietung vor der Kulisse des Design-Zentrums wurde von dem Berliner Pyrokünstler Kain Karawahn entwickelt.

Das Fest zur Eröffnung der Route Industriekultur fand im Mai 1999 auf der Zeche Zollverein XII in Essen statt.

Stationen der Route
Industriekultur: Zeche Zollverein XII
von Fritz Schupp und Martin
Kremmer (linke Seite und oben
rechts), Landschaftspark Duisburg-
Nord (oben und unten links) und
die Bochumer Jahrhunderthalle
(unten rechts)

Christoph Brockhaus
Ein Intendant für Industriekultur
Über die Vermittlung von Projekten

Wie das Landesfestival „Stadtkultur als Stadtentwicklung" der Duisburger Akzente 1999 durch die Ausstellung „Stadtbild Duisburg" des Wilhelm Lehmbruck Museums deutlich gemacht hat, kann es in Zukunft keine überzeugende Stadtentwicklung mehr geben ohne die verstärkte Einbeziehung von Stadtkultur. Bei dieser dezernatsübergreifenden und auch kulturwirtschaftlich relevanten Planung geht es vor allem darum, wesentlich entschiedener als bisher identitätsprägende und identitätsstiftende gestalterische Aufgaben in künstlerischer und kultureller Weise auf hohem Qualitätsniveau zu entwickeln und umzusetzen.

Im Jahrzehnt zwischen 1989 und 1999 hat die IBA Emscher Park im gesamten nördlichen Ruhrgebiet, in Duisburg vor allem im Innenhafen und im Landschaftspark Duisburg-Nord, eine ganz neue Form von Industriekultur als entschiedenen Beitrag zur Strukturreform und zum städtebaulichen Umbau initiiert und in Ansätzen programmatisch ausgebaut. Industriekultur, das heißt die Verbindung von Industriearchitektur, Industrienatur und Landmarken-Kunst, ist international auf eine positive Resonanz gestoßen und bedarf in Zukunft nicht nur der Erhaltung und Neubelobung, sondern auch der theoretischen und praktischen Fortentwicklung.

„Kunst im öffentlichen Raum" war bis in die späten 70er Jahre hinein ein bedeutender Beitrag der Stadtkultur zur Stadtentwicklung. Mit dem Ausbleiben öffentlicher Bauvorhaben schrumpfte dieser wichtige Bereich öffentlicher Auseinandersetzung mit zeitgenössischer Kunst und Kultur auf ein Minimum zusammen.

Für alle drei genannten Aspekte mangelt es heute nicht nur in Duisburg an jeglicher Perspektive, weil weder entsprechende personelle noch finanzielle Kapazitäten vorhanden sind. Dieser Umstand trifft die Stadt Duisburg umso mehr, als hier – vor dem Hintergrund seiner Industriegeschichte und Strukturreform – die größten Potenziale zur weiteren Entwicklung einer spezifischen Industriekultur vorhanden sind. Mehr noch: Gerade Duisburg war wesentlich an der Entwicklung und Umsetzung industriekultureller Projekte der IBA Emscher Park beteiligt (Skulptur „RheinOrange" von Lutz Frisch, der „Garten der Erinnerungen" von Dani Karavan und die Sammlung Grothe im Museum Küppersmühle, die Endpräsentation der IBA Emscher Park in der Kraftzentrale und der Entwurf „Bunker-Galerie" im Landschaftspark Duisburg-Nord, „KunstKlangRaum Zeche Nordstern" der Bundesgartenschau Gelsenkirchen, „Entwurf Landmarken im Ruhrgebiet" der Kultur Ruhr GmbH, Beiträge zur Ausstellung „Landmarken-Kunst" im Museum Oberhausen). Da das Wilhelm Lehmbruck Museum in Duisburg zehn Jahre lang die IBA Emscher Park in künstlerischen Fragen beraten hat, macht es auch Sinn, das Projekt „Stadtintendant für Industriekultur" in Duisburg anzusiedeln.

Die zukünftigen Aufgaben eines Intendanten für Industriekultur gestalten sich äußerst vielfältig. Ein Aufgabenkatalog, der sich auf Duisburg konzentriert und gleichwohl die Industriekultur im Ruhrgebiet im Auge behält, könnte folgendermaßen aussehen:

1. Evaluation vorhandener, entworfener und laufender Projekte der Industriekultur im Ruhrgebiet und in Duisburg, vor allem im Innenhafen und im Landschaftspark Duisburg-Nord; Entwicklung von interkulturellen Programmen in Kooperation mit der Stiftung DKM und EarPort, mit der Folkwang Musikhochschule Duisburg und anderen Disziplinen wie Literatur und Tanz, Ausbau der „Schaufenster-Galerie" mit Vitrinen für Skulpturen (als temporäre Ausstellung aus Beständen des Lehmbruck Museums und aktuellen neuen Arbeiten).

2. Auftragserteilung für industriekulturelle Standorte an Komponisten, bildende Künstler und Schriftsteller.

3. Entwicklung von „Künstlerischen Zeichen" für die „Kulturmeile Duisburg", eventuell in Form von Licht-Zeichen.

4. Entscheidungsprozess zu den Entwürfen „Geleucht" von Otto Piene auf der Halde Rheinpreußen, zur „Bunker-Galerie" im Landschaftspark Duisburg-Nord und zu „Yellow Marker" von Mischa Kuball.

5. Vernetzung und Vermittlung herausragender Orte der Industriekultur in Duisburg mit entsprechenden Flyern und Publikationen, mit einem Führungsangebot usw. bis hin zur kulturtouristischen Nutzung (Ankopplung an die Route der Industriearchitektur, die Route der Industrienatur und die Route der Landmarken), womit auch neue Wege der Kulturwirtschaft verfolgt werden.

Der Stadtintendant entwickelt seine Projekte auf der Basis aufgaben- und themenbezogener, informeller und fluktuierend besetzter Kreativgespräche sowie in Verbindung mit einem Aufsichtsrat, dem ein Vertreter des Ministeriums, der Kultur- und Baudezernent der Stadt Duisburg sowie der Direktor des Wilhelm Lehmbruck Museums angehören; als externe Entscheidungsträger sollten jeweils Experten der Industriearchitektur und der Industrienatur einbezogen werden.

Galerie Architektur und Arbeit, Gelsenkirchen
(GAAG)

In den ersten Jahrzehnten des 20. Jahrhunderts wurde das Bauen für Handel und Gewerbe in Deutschland noch als Herausforderung an die Architektur begriffen. Dafür stehen berühmte Entwürfe von Behrens, Gropius oder Poelzig. Solche Innovationen zu dokumentieren und Geschichte und Zukunft einer anspruchsvoll gestalteten Arbeitswelt zu reflektieren, hat sich die 1996 eröffnete Galerie Architektur und Arbeit auf dem Gelände der ehemaligen Zeche Oberschuir in Gelsenkirchen zum Programm gemacht – als eine gemeinsame Initiative des Bundes Deutscher Architekten und der IBA Emscher Park.

Die Maschinenhalle der ehemaligen Zeche Oberschuir gehörte zu den vielen Industriebauten im Ruhrgebiet, die dem Verfall preisgegeben schienen, bis sich die IBA ihrer annahm. Die 1908 errichtete Halle changiert gestalterisch – ganz Kind ihrer Zeit – zwischen Historismus und Jugendstil. Der Baukörper insgesamt ist noch ein bisschen neugotische Kathedrale, die Ornamentik schon klarer Jugendstil, eine Synthese, wie sie beispielhaft für den Industriebau der Jahrhundertwende im preußischen Ruhrgebiet ist.

Für die Nutzung als GAAG musste die Halle ergänzt werden. Den Architektenwettbewerb zur denkmalgerechten Umgestaltung entschieden die Lüdinghauser Architekten Pfeiffer/Ellermann 1992-93 für sich. Ihr Konzept, die Halle von baulichen Eingriffen unberührt zu lassen und alle notwendigen ergänzenden Funktionen für ein Ausstellungs- und Veranstaltungszentrum in einem Neubau unterzubringen, überzeugte die Jury. Der formal prägnant gestaltete Neubau, ein dreigeschossiger Sichtbeton-Kubus unter einer Glashülle, hat sich in wenigen Jahren zu einem überregional bekannten Symbol einer selbstbewussten Darstellung von Industriearchitektur und -kultur entwickelt.

Die umgebaute und erweiterte ehemalige Maschinenhalle der Zeche Oberschuir in Gelsenkirchen ist heute ein Architektur-Zentrum im Ruhrgebiet.

Die Kultur Ruhr GmbH

Gedacht als ein kulturelles Gesamtprogramm für eine Region im Strukturwandel ist die Kultur Ruhr GmbH im Jahr 1998 angetreten. Die Förderung von Kunst und Kultur versteht sie nicht als Selbstzweck, sondern als Beitrag zur ökonomischen, ökologischen und sozialen Erneuerung des Ruhrgebiets. Um dieses Ziel zu verwirklichen, wurde organisatorisch, methodisch und inhaltlich Neuland betreten. Inhaltlich bedeutete das u. a.: Hochkultur ja, aber keine repräsentative Kunst an traditionellen Spielorten. Vor allem der jungen Kultur, ja, durchaus der Avantgarde-Kultur wollte man ein Podium bieten. Gleich mit dem ersten großen Projekt hat man diesen Anspruch einlösen können.

Von den 19 geplanten Projekten des Programms wurden drei noch im Jahr 1998 ausgerichtet, darunter die Multi-Media-Ausstellung „Reservate der Sehnsucht" im Dortmunder U, dem ehemaligen Gebäude der Union-Brauerei in der Dortmunder Innenstadt. Das weithin leuchtende blaue Neon-U auf seinem Dach gilt seit langem als das heimliche Wahrzeichen der Stadt. Das funktionslose Gebäude selbst war weitgehend aus dem öffentlichen Bewusstsein verschwunden. Dabei markiert die weit an den inneren Stadtring heranreichende Großindustrieanlage einen sehr zentralen Ort in der Stadt: zum einen die Grenze zur „Einkaufsstadt Dortmund", zum anderen den für das Ruhrgebiet typischen „Armutsgrenzwall" – die von Ost nach West verlaufende Bahntrasse. Das „U" steht also auf dem „Boden der Tatsachen" urbanen Lebens. Die Träger des Projekts, das Kulturbüro der Stadt Dortmund in Zusammenarbeit mit hARTware projekte, Dortmund, sehen den öffentlichen Raum zunehmend in der Gefahr, aus-

schließlich von ökonomischen privaten Interessen okkupiert zu werden. Mit der „Wiederveröffentlichung" des brachliegenden Industriegebäudes durch Kunst und die Zurückgewinnung einer interessierten Öffentlichkeit für ein urbanes Vakuum setzten sie erfolgreich dagegen.

Dass auch ein an sich nicht-urbaner Ort urbane Qualitäten gewinnen kann, wenn er als Spielort inszeniert wird, zeigt das Beispiel der Bottroper Halde Haniel. Das kleine Amphitheater auf dem Haldenplateau hat sich als außergewöhnlichster Spielort des Ruhrgebiets profilieren können.

Ein Schwerpunkt der Kultur Ruhr GmbH gilt der Musik. Die Konzertzyklen klassischer Musik unter dem Motto „Musik im Industrieraum" zeigen anschaulich, welche Potenziale die Industriearchitektur des Ruhrgebiets für Kunst und Kultur bietet. Die Hochkultur musste ihre angestammten Refugien, Konzertsäle und Musiktheater, verlassen. Als Spielorte dienten u. a. die Kraftzentrale im Duisburger Landschaftspark, die Kokerei Zollverein in Essen und natürlich die Bochumer Jahrhunderthalle. Die riesigen Hallen mit ihrem charakteristischen Gepräge und einer oft eigenwilligen Akustik haben eindrucksvolle neue Klangräume erschlossen.

Industrieräume als Konzerthallen: Die besondere
Akustik der riesigen Hallen wird zum Bestandteil
der musikalischen Interpretation.
Kraftzentrale im Landschaftspark Duisburg-Nord
(oben), Bochumer Jahrhunderthalle (rechts)

Norman Foster
Bauen in Duisburg

Von Anfang an haben in unserer Arbeit die Belange der Umwelt und die Bedeutung für die Ökonomie der Mittel eine grundlegende Rolle gespielt. Unsere Arbeit in Deutschland hat es ermöglicht, diese Ideen weiterzuentwickeln. Überhaupt war es Deutschland, das in seiner Haltung gegenüber der Umweltgesetzgebung und der Betonung erneuerbarer Energiequellen für Europa zum Vorbild wurde.

Unsere drei Bauten in Duisburg, die zwischen 1990 und 1993 entstanden sind – das Haus der Wirtschaftsförderung, das Mikroelektronik-Center und das Telematik-Forum – haben uns zu neuem Denken über die Energie und den Nutzerkomfort geführt. Wir waren mit der Technik der Nutzung der Solarenergie vertraut, aber in Duisburg haben wir die Grenzen weiter nach vorn gerückt und Techniken entwickelt, um Wärme aus Abluft zu gewinnen und warmes in kaltes Wasser umzuwandeln, mittels einer „absorption cooling plant", die das Gebäude im Sommer kühlt. Und wir entdeckten Wege, Wärme und Kälte in Form von warmem und kaltem Wasser für zukünftigen Gebrauch zu speichern.

Duisburg ist auch deshalb symbolisch für unsere Arbeit, weil es unser erstes in Deutschland gebautes Projekt war. Als wir 1988 mit der Arbeit am Masterplan begannen, war das Bewusstsein für und die Fokussierung auf Umwelt- und Energiebelange noch nicht lange vorhanden. Die Forschung, die wir für Duisburg geleistet haben, ist dann einer ganzen Reihe von Projekten zugute gekommen, die unser Büro in den 90er Jahren beschäftigt haben, darunter auch die Commerzbank in Frankfurt und der Reichstag, die beide unser Denken weitergebracht haben.

Duisburger Zukunftsmusik: Norman
Fosters sichelförmiges „Eurogate" am
ehemaligen Holzhafen

Innenhafen, Duisburg

Dani Karavans Garten
der Erinnerung.

Lange Zeit galt der Duisburger Innenhafen, der nur wenige Gehminuten vom Stadtzentrum entfernt ist, als größter Getreideumschlagplatz Westeuropas. Dabei war es der Stadt erst im Jahr 1831 gelungen, die technischen Voraussetzungen für diese wirtschaftliche Blüte zu schaffen, nämlich die seit Jahrhunderten nicht mehr vorhandene Anbindung der Stadt an den Rhein wiederzugewinnen. Bereits um 1200 hatte der Rhein nach einem starken Hochwasser seinen Lauf verändert und die Stadt vom Wasser getrennt. Der Kanal verband nun die Stadt wieder mit dem im Industriezeitalter unverzichtbaren Verkehrsweg, ihrer eigentlichen Lebensader. Die Nachteile der integrierten Lage des Hafens machten sich im rasanten wirtschaftlichen Strukturwandel rasch bemerkbar. In den 60er Jahren verlor der Innenhafen weitgehend seine wirtschaftliche Bedeutung. Aufgrund seiner Einbindung in die historische Stadtstruktur war er räumlich begrenzt und nicht weiter entwicklungsfähig.

Diese verhängnisvolle Einbindung in die Stadt sollte sich drei Jahrzehnte später als Glücksfall erweisen und die Neuentwicklung des Hafengebiets als Stadtquartier begründen. Der Duisburger Innenhafen ist eines der ambitioniertesten Projekte der Internationalen Bauausstellung Emscher Park zur Revitalisierung industrieller Brachflächen. Das alte Hafenareal wird auf der Grundlage eines Masterplans des britischen Architekten Norman Foster durch eine städtebaulich und architektonisch überaus anspruchsvolle Umnutzung und Neubebauung zu einem attraktiven und innovativen neuen Stadtquartier entwickelt. Arbeiten, Wohnen, Freizeit und Kultur sind hier in jener Dichte möglich, die für Stadt und Urbanität unverzichtbar ist.

Zu den architektonischen Höhepunkten des neuen Quartiers zählen drei bereits fertiggestellte kulturelle Projekte: das neue jüdische Gemeindezentrum (Architektur Zvi Hecker, Tel Aviv/Berlin), eine kleine öffentliche Parkanlage, „Garten der Erinnerung" genannt, des israelischen Bildhauers Dani Karavan und ein Museum für Gegenwartskunst (Sammlung Hans Grothe). Das Museum befindet sich in einer durch die Schweizer Architekten Herzog und de Meuron umgebauten, 1908 entstandenen ehemaligen Getreidemühle, der Küppersmühle.

Ein ebenso wichtiger Bestandteil der Gesamtkonzeption wie die kulturellen Bauten ist der Wohnungsbau. Eingebunden in eine reizvolle Grachtenlandschaft wird ein Wohnquartier mit insgesamt 500 Wohneinheiten entstehen. Die Entwürfe stammen durchweg von renommierten Büros. Der erste Bauabschnitt durch das Stuttgarter Büro Auer, Weber und Partner ist bereits fertiggestellt. Weitere (Foster, Steidle, Ingenhoven) werden in den nächsten Jahren dazukommen. Der möglichen Realisierung des sichelförmigen „Eurogate", eines 16-geschossigen multifunktionalen Gebäudes (ebenfalls ein Entwurf Norman Fosters), das die Konturen des ehemaligen Holzhafens nachzeichnet, wird als Highlight und weiteres Symbol des Strukturwandels sicher besondere Bedeutung zukommen.

Das Hafenforum hat sich als Treffpunkt im neuen Innenhafenviertel etabliert.

Glaswände lassen das Tageslicht den Innenraum durchfließen.

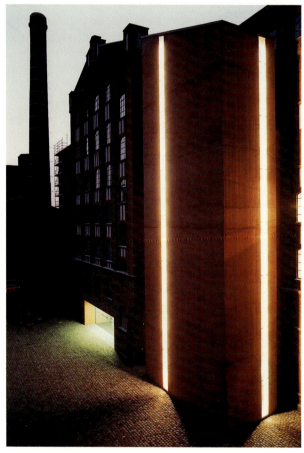

Die Schweizer Architekten
Herzog + de Meuron haben die
historische Küppersmühle zu
einem Kunstmuseum für die
Sammlung Grothe umgebaut.
Einziges neues Bauelement ist der
innen wie außen ziegelrote
Treppenturm.

Karl Ganser
Kultur als Motor
Strukturwandel am Beispiel IBA Emscher Park

Definitionen

Strukturwandel ist das Kürzel für einen zukunftsbezogenen Umbau der Regionalwirtschaft. Dafür fühlen sich die Organisationen der Wirtschaft zuständig: die Wirtschaftsverbände und die Industrie- und Handelskammern, die kommunalen und regionalen Wirtschaftsförderungen und die Wirtschaftsministerien. In Wirklichkeit baut sich aber die Wirtschaft wildwüchsig auf, weit weniger beeinflusst, als die für Wirtschaftsförderung zuständigen Organisationen dies glauben machen wollen. Kultur ist das, was die Kulturverwaltungen darunter verstehen, fein verspartet nach Musik, Literatur, Theater, Tanz, bildender Kunst, Film, Medien u. a. Baukultur, Architektur oder Baukunst finden dort keinen Platz. Natürlich gibt es die staatlichen und die kommunalen Bauverwaltungen, aber ressortierte Baukultur? So betrachtet wäre Baukultur das Nebenergebnis des Bauens von Museen oder Straßen, Hochschulen oder Wohnhäusern. Wenn nun Wirtschaft und Wirtschaftsförderung auf Kultur und Baukultur treffen, dann gilt die Kultur in der herrschenden Meinung als Kostgänger der Wirtschaft. Sie kostet Gold, das in der Wirtschaft erst einmal verdient werden muss. Daher muss der Strukturwandel erst einmal erfolgreich sein, um danach an Kultur denken zu können!

Kulturpolitik hält dagegen mit dem Verweis auf die kulturwirtschaftlichen Effekte und die Standortwerbung, die von Kulturaktivitäten ausgehen. Kulturschaffende und Theoretiker der Kultur pochen auf die Autonomie der Kultur und wehren sich gegen eine derartige Instrumentalisierung. Und doch gilt der Satz: „Die Kunst geht nach Brot", ob auf Kunstmärkten und Kunstbiennalen oder bei den zahlreichen Festspielen bis hin zu den Kunst sammelnden Feudalherren der heutigen Zeit. Die Kultur als Motor des Strukturwandels verstehen zu wollen, ist nach dieser Betrachtung auf jeden Fall eine Außenseiterposition.

Beschäftigungswirkungen

Die vielerorts immer nach demselben Muster geführten Grundsatzdiskussionen über das Verhältnis von Kultur und Wirtschaft werden etwas entkrampft, wenn die Beschäftigungswirkungen von Kultur konkreter beschrieben sind:

1. Kultur kann Innovationen mit weit reichenden Wirkungen im technologischen Bereich auslösen. Film- und Medienkunst sind beileibe nicht nur Anwender des technischen Fortschritts, sondern viel häufiger als vermutet auch dessen Auftraggeber.

2. Kulturschaffende und Kulturkonsumenten sind die Träger einer stark wachsenden Kulturwirtschaft. Der vom Land Nordrhein-Westfalen in Abständen herausgegebene Bericht zur Kulturwirtschaft belegt dies eindrucklich.

3. Kultur formuliert Wirtschaftsstandorte mit hoher Attraktivität, die sich in der Konkurrenz um die Ansiedlung von Unternehmen und um privates Investment besser durchsetzen als Standorte mit banalen Eigenschaften. Der kulturelle Ruf einer Region ist heute vermutlich das wichtigste Mittel des regionalen Marketings und der Imagewerbung für Regionen.

4. Der auf der Kultur beruhende Kultur- und Städtetourismus ist ein beachtlicher Wirtschaftszweig mit deutlichen Wachstumstendenzen.

5. Alles zusammengenommen wirkt auf das Selbstwertgefühl der Menschen in einer Region prägend. Es formuliert regionale Identität und macht den Ruf einer Region aus.

Innovationen

Der Innovationsbegriff ist techniklastig, obwohl in der Innovationstheorie ungeklärt ist, wie das Milieu zusammengesetzt ist, in dem wissenschaftlich-technische Innovationen bevorzugt ausgelöst werden und wie die Milieus beschaffen sind für eine bereitwillige Aufnahme von Neuerungen.

Der primär baukünstlerisch begründete Entwurf für die Innenministerakademie in Herne-Sodingen mit der Idee, Gebäude einfachster Bauart unter eine große Glashülle zu stellen, entwickelte sich zum derzeit größten Solarkraftwerk der Welt. Der Großauftrag für die Beschaffung der Solarmodule war mit ausschlaggebend, dass in Gelsenkirchen eine große Fabrikationsstätte für Solarzellen und Solarmodule entstand. Die Stadtwerke Herne als Bauherr und Betreiber dieses Solarkraftwerkes haben ihr technisches Wissen und ihr Bewusstsein mit Blick auf die Bedeutung von Umweltenergie deutlich verändert.

Kulturwirtschaft

Eine baukulturelle Leistung aus der Jahrhundertwende, die „Jahrhunderthalle", die zur Industrieausstellung um 1900 in Düsseldorf vom Bochumer Verein für die Ausstellung der Produkte des damaligen Eisen schaffenden Großunternehmens in einer modernen Stahl- und Glaskonstruktion erstellt wurde, hatte ihre ursprüngliche Funktion längst verloren. Sie war scheinbar leer und nutzlos und in den vergangenen Jahren von Zeit zu Zeit nur ein ungewöhnlicher Raum für musikalische Experimente. Sie hat sich inzwischen einen Ruf für „Musik im Industrieraum" erworben. Wenn daraus in den nächsten Jahren ein Zentrum für die Musik im Industrieraum wird, dann hat dies Folgewirkungen für den gesamten kulturwirtschaftlichen Bereich.

Dem musikkulturellen Zentrum wird ein musikkulturelles Gründerzentrum für private Unternehmen angegliedert, die ein breit gefächertes Dienstleistungsangebot für die Musikschaffenden dieses Genres ebenso wie für die Konsumenten dieser Musik bereithalten. Dass die Jahrhunderthalle dazu noch eine Ikone für große Konzerte sein wird und somit in den Mittelpunkt der kulturtouristischen Werbemittel des Ruhrgebietes rücken wird, stellt die Verbindung zum Wirtschaftssektor Fremdenverkehr her.

Zukunftsstandorte

Wenn Strukturwandel in einer industrielastigen Region darauf ausgerichtet sein muss, moderne produktionsorientierte Dienstleistungen zur Entfaltung zu bringen, dann gehören dazu Standorte mit hohen urban-kulturellen Qualitäten, denn die Unternehmen und die Menschen, die in diesen Unternehmen arbeiten, verlangen danach mit ihren Lebenstilen.

Für die Entwicklung dieser Standorte bedeutet dies mehr als nur Plattmachen der Vergangenheit, Bodenaufbereitung und Erschließung mit Straßen und Kanälen. Stadträume müssen neu entstehen. Architekturqualität und gestaltete Landschaft sind gefordert. Einrichtungen der Kunst und Kultur gehören dazu und dies alles zusammen im Vorlauf, bevor private Unternehmen und die auf ihre Kalküle ausgerichteten Investoren solche Standorte annehmen.

Der Innenhafen in Duisburg ist ein solcher Zukunftsstandort mit einem Masterplan aus der Feder von Sir Norman Foster, mit einem „Park der Erinnerungen" nach einem Entwurf des Bildhauers Dani Karavan, mit einem Museum für moderne Kunst in der Küppersmühle, mit einer neu gestalteten Landschaft aus Wasser und mit einem Jüdischen Kulturhaus des Architekten Zvi Hecker. Hier gehen Kunst, Architektur und Landschaft zu einer baukulturellen Einheit zusammen, die diesen Standort akquisitionsfähig für moderne Dienstleistungen machen.

Kulturtourismus

Wenn eine Region über einen längeren Zeitraum hinweg am baukulturellen Profil mit hohen Qualitätsansprüchen arbeitet, dann lassen sich die Ergebnisse zu einem unverwechselbaren und dieser Region eigenen Angebot für den Kultur- und Stadttourismus bündeln. Im Ruhrgebiet ist das Profil dieses Angebotes die Industriekultur in Vergangenheit und Zukunft, präsentiert in vier Routen:
– für Industrienatur,
– für Industriekultur,
– für Industriearchitektur,
– für Landmarkenkunst.

Regionalmarketing

Das früh gebrauchte und zumeist stumpfe Instrument im Wettbewerb der Regionen ist das Regionalmarketing. Alle Regionen arbeiten mit gleichartigen und auswechselbaren Profilen. Mehr Aufmerksamkeit erzeugt der, der mit eigenwilligen und der Region zugänglichen Standorteigenschaften in das Marketing eintritt und dabei Innovationsleistungen und ihre kulturelle Eingebundenheit darstellt.

Der Slogan für das Ruhrgebiet, „Der Pott kocht", bringt zum Ausdruck, dass das Ruhrgebiet mit Stolz seine große Industriegeschichte präsentiert (der Pott) und mit Mut an seiner Zukunft experimentiert (kocht). Transportiert werden damit die Inhalte von Zukunftsprojekten in ihrer aufregenden kulturellen Verpackung.

Regionale Identität

Regionale Identität ist nicht machbar, aber sie entsteht, und es lässt sich erklären, wie sie entsteht. Regionale Identität wird häufig überbewertet, aber es ist nicht schädlich, wenn die Menschen in einer Region ein Zusammengehörigkeitsgefühl haben und sich dieser Region selbstbewusst verbunden fühlen. In solcher Verbindlichkeit sind Menschen aufgeschlossener für den Wandel der Zeit und belastbarer für die Folgen dieses Wandels, auch widerstandsfähiger gegenüber den vielen Vordergründigkeiten des Fortschritts, der häufig keiner ist.

Die Menschen in der Region sind letztlich die Botschafter, die den Ruf einer Region ausmachen. Bei fortschreitender internationaler Arbeitsteiligkeit ist es nicht unbedeutend, welche Position eine Region in der Wertschätzung der Menschen und Unternehmen einnimmt, die über die Verteilung von Chancen in Wirtschaft, Kultur und Gesellschaft ein gewichtiges Wort reden.

Nachruf

Zehn Jahre IBA Emscher Park im wirtschaftlich schwierigsten Teil des Ruhrgebietes waren darauf begründet, dem Strukturwandel ein ökologisches Fundament und ein kulturelles Gesicht zu geben. Dies sei erfolgreich verlaufen, sagen viele. Nun fragen viele, wie es weitergeht, manche in Sorge, es könne die angefangene Strategie verenden. Andere wiederum wollen bewusst den Paradigmenwechsel: Es sei nun Zeit, endlich etwas für die Arbeitsplätze zu tun. Wieder andere beklagen die Folgekosten, die die IBA der Region hinterlassen habe.

In dieser unübersichtlichen Situation macht es Sinn, die Frage immer wieder zu bedenken, ob Kultur Motor des Strukturwandels sein kann. Nicht jede Art von Kultur wird dies für sich in Anspruch nehmen können. Aber eine Strategie, in der Kultur, Baukultur und Stadtgestaltung mit Konsequenz, hoher Qualität und Mut zum Experiment angetrieben werden, das ist ein Treibsatz, der wahrscheinlich mit größerer Treffsicherheit, weniger Streuwirkung, angenehmerem Feuerschein und weniger Kosten sein Ziel erreicht.

Ein Nationalpark der Industriekultur

Will das Ruhrgebiet diesem Verständnis von Strukturwandel eine feste und weithin beachtete organisatorische Basis geben, dann sollte dies der erste Nationalpark inmitten einer Großagglomeration sein, ein Nationalpark der Industriekultur, der die große Vergangenheit immer wieder lebendig macht und in Verantwortung für die Lebensmöglichkeiten künftiger Generationen endlich eine nachhaltige Regionalentwicklung an die Stelle des Ressourcenverbrauches setzt.

Die IBA Emscher Park hat zehn Jahre den Weg für eine solche Einrichtung vorbereitet, Projekte entwickelt, die Kultur und Wirtschaft miteinander versöhnen, Aufmerksamkeit in die Region gelenkt, das Interesse der Bevölkerung an Industriekultur und Modernität geweckt, Vertrauen geschaffen. Sie hat auch Planungsprozesse und Organisationsformen entwickelt und erfolgreich praktiziert, die vorbildlich weit über die Region hinausstrahlen. Deshalb ist es kein Schritt in eine unsichere Zukunft, einen solchen Nationalpark im Laufe der nächsten Jahre einzurichten.

„IBA Das Finale"
Auftaktveranstaltung in der
Kraftzentrale des Landschaftsparks
Duisburg Nord, 21. 4. 99

Thomas Sieverts
Ästhetik – Anästhetik
Kulturelle Dimensionen der Zwischenstadt

Urbane Peripherie, verstädterte Landschaft oder Zwischenstadt gelten im Allgemeinen als der Inbegriff von Kulturlosigkeit. Mit traditionellen Maßstäben von Hoch- und Volkskultur, von Kulturlandschaft und Naturschönheit ist der mögliche kulturelle Gehalt der Zwischenstadt nicht zu messen und den gestalterischen Entfaltungsmöglichkeiten nicht beizukommen. Es müssen andere Sichtweisen erschlossen werden, um die Zwischenstadt als Gestaltungsfeld begreifen und entwickeln zu können.

„Zwischenstadt" gibt es in Nordrhein-Westfalen nicht nur, aber ganz besonders im Ruhrgebiet. Die IBA Emscher Park hat sich mit den kulturellen Dimensionen dieses Stadttyps intensiv auseinander gesetzt. In diesen Auseinandersetzungen müssen auch immer wieder theoretische Grundfragen erörtert werden, und zu diesen gehört die Auseinandersetzung mit dem in weiten Bereichen „anästhetischem" Charakter der Zwischenstadt. Dieser anästhetische Charakter bedeutet nicht „Hässlichkeit" als Gegensatz zum ästhetisch „Schönen", sondern die Eigenart, dass weite Bereiche unserer Städte z. B. an den Stadträndern, Ausfallstraßen und Gewerbegebieten, aber auch in monotonen Einfamilienhausgebieten, mit verminderter Aufmerksamkeit, quasi wie „betäubt" und schmerzlos, ja sogar fast „bewusstlos" – also „anästhetisiert" – wahrgenommen werden.

Diese anästhetische Wahrnehmung ist verhängnisvoll, denn wie sollen wir die kulturellen Dimensionen der Zwischenstadt überhaupt erkennen können, wenn wir sie wie betäubt wahrnehmen? Manchmal freilich erhält man den Eindruck, als wolle man die Zwischenstadt durch Zuwendungsentzug bestrafen, im Gegensatz zur geliebten Alten Stadt. Der Philosoph Wolfgang Welsch beschreibt dies so: „Dem reinen Rationalismus käme die Anaesthetisierung allenfalls zupaß, und er würde weiterhin (nur jetzt mit dem endgültig guten Gewissen, nichts übersehen zu haben) das betreiben, womit er uns blindlings von einer Katastrophe zur anderen treibt. Der aesthetisch Sensibilisierte hingegen erkennt die Kehrseite des Prozesses und bahnt einem anderen, auf die Anaesthetik reagierenden, nicht ihr verfallenden Handeln den Weg. Gerade dort, wo die Dynamik der Technowissenschaften und einer durch sie geprägten Zivilisation wahrnehmungslos und fühllos geworden ist (...), wird solche Wahrnehmung vordringlich. Gegen systematische Anaesthetik hilft nur gezielte Aesthetik".

Diese Bemerkungen lassen sich unmittelbar auf die Zwischenstadt anwenden. Erst die Sensibilisierung für ihre große anästhetische Seite kann den Weg bahnen zu einem anderen Umgang mit der Zwischenstadt. Dabei ermutigt uns die moderne französische Philosophie, auf die sich Wolfgang Welsch bezieht, zu einem offenen, fast spielerischen Umgang mit Elementen und Bedeutungen, wie das Zitat aus seinem Beitrag Perspektiven für das Design der Zukunft nahe legt: „Es gilt, die Obsession des absoluten und vorgegebenen Sinns (wie sie beispielsweise in der Formel von ‚form follows function' noch immer wirksam ist) zu verabschieden. Jeder Sinn bildet sich in einem System von Verweisungen und Verschiebungen."

In dieser Charakterisierung klingt etwas von der Relativität und Beweglichkeit der möglichen Bedeutungen an, die wir aus der Zwischenstadt herauslesen können. Diese Sichtweise ermutigt zu aktiven, vielfältigen, persönlichen, je nach Verknüpfungen mit verschiedenen Funktionen und Erlebnissen unterschiedlichen und sich mit der Zeit wandelnden Interpretationen. Sie ermutigt damit auch zu einem spielerischen Umgang mit der Zwischenstadt in ihrem zum Teil transitorischen Charakter, zu vorläufigen Lösungen ebenso wie zu kühnen Experimenten. So gesehen bildet die Zwischenstadt ein viel offeneres und freieres Spielfeld, als es die alte Stadt darstellt.

Viel deutlicher als die Architektur haben bildende Kunst, Tanz, Theater und Musik die Grenzen des Ästhetischen erweitert und z. B. mit der Pop-Art auf vergnügliche Art gelehrt, das Schöne im Alltäglichen und Banalen zu sehen. Auch die zeitgenössische Musik, die z. T. mit alltäglichen Geräuschen arbeitet, macht das deutlich, wie John Cage sagte: „Our intention is to affirm this life, not bring order out of chaos or to suggest improvements in creation, but simply to wake up to the very life we are living, which is so excellent once one gets one's mind and one's desires out of the way and let it act of its own accord" (Silence, 1961).

Der Schweizer Hör-Forscher Pascal Amphoux hat für das Hören aufgrund empirischer Forschungen zwischen Geräuschumwelt, Geräuschmilieu und Geräuschlandschaft unterschieden. Ausgehend von empirischen Befunden werden die für das Subjekt möglichen Bewertungsarten der Geräuschwelt unterschieden:

– Entweder wird sie als Geräuschumwelt (environnement sonore) definiert, die außerhalb von uns liegt, mit der wir jedoch „funktionelle" Beziehungen von Produktion und Rezeption unterhalten,

– oder sie wird als Geräuschmilieu (milieu sonore) interpretiert, in das wir eintauchen und mit dem wir aufgrund unserer Aktivitäten „fusionelle" Beziehungen eingehen,

– oder sie wird als Geräuschlandschaft (paysage sonore) wahrgenommen, die gleichzeitig fremd und vertraut ist, mit der wir „perzeptorische" Beziehungen durch unsere ästhetische Erfahrung eingehen.

Diese Kategorien scheinen bemerkenswert und anregend, weil damit die alte, viel zu vereinfachte Unterscheidung zwischen „störend" und „nicht störend" überwunden und das Geräusch in seiner mehrdimensionalen Wirkung erfasst werden kann: Liegen hier nicht auch über die Geräuschwelt hinausgehende Anregungen für eine neue, mehrdimensionale Ästhetik? Könnte man nicht versuchsweise statt Geräusch auch den Begriff Zwischenstadt einsetzen, um unsere unterschiedliche Beurteilung der Zwischenstadt zu charakterisieren, die viel differenzierter ist, als dass sie sich in den polaren Begriffen von schön und hässlich fassen ließe?

Vor jedem aktiven gestalterischen Ordnen und Eingreifen muss man nicht nur die Augen öffnen, sondern auch alle anderen Sinne benutzen, um die Zwischenstadt erfassen zu können. Bewusstes Sicheinlassen, Wahrnehmen, Erkennen und Interpretieren mit dem Ziel der kritischen, möglichst vorurteilsfreien und der jeweiligen Situation gerecht werdenden Aneignung der eigenen Umwelt stehen am Anfang jedes Gestaltungsversuchs der Zwischenstadt. Wieder geht es um eine Erweiterung der ästhetischen Welt, um ein Verschieben der Grenzen zwischen Anästhetischem und Ästhetischem.

Dabei ist der ästhetische, sinnliche Zugang zu sensibilisiertem Erleben einfacher über die Wahrnehmung der Spuren des Lebens als über die Welt der Formen. Denn die Wahrnehmung und Deutung unter Aspekten des lebensweltlichen Bezugs relativiert die von außen herangetragenen kanonisierten ästhetischen Maßstäbe und ergänzt sie durch den Reichtum an Zeichen lebendigen Lebens. Die Sensibilisierung für die Spuren des gelebten Lebens im Kleinen, die sich zu einem reichen Milieu verdichten können, und für das Abbildhafte der Zwischenstadt als ein Zeichengefüge der arbeitsteiligen, sozioökonomisch und soziokulturell differenzierten Gesellschaft verändert die kulturelle und ästhetische Bewertung der Zwischenstadt.

Eine solche Sensibilisierung bedeutet ein großes Stück Arbeit an den eingefahrenen Wahrnehmungsmustern, in denen die Zwischenstadt überwiegend in das Reich der Anästhetik gehört, und damit zu jenem Teil der Welt, der – wenn überhaupt – ohne bewusste Empfindung gesehen wird. Die Transformation aus dem anästhetischen Bereich in den ästhetischen Bereich der empfindsamen, von Gefühlen, Assoziationen und Anmutungen begleiteten Wahrnehmung ist eine wichtige Voraussetzung jeglicher Gestaltung: „Unsere Sinne sind zwar biologisch auf einer fortgeschrittenen Entwicklungsstufe, aber gesellschaftlich, soziokulturell, unterbeschäftigt!" (Kevin Lynch).

Die empfindsame Wahrnehmung ist eine unverzichtbare Voraussetzung für eine angemessene, aktive Gestaltung der Zwischenstadt. Hinzu kommen müssen noch Bilder, die einen wünschbaren Zustand anschaulich machen – und das sind „Leit-Bilder":

„Leitbilder sind in hohem Maße versinnlichte, bildhafte Vorstellungen, die inhaltlich ganz unterschiedliche Lebensbereiche ansprechen können und sich durch erhebliche Prägekräfte auszeichnen, welche sie aus einer präzisen Ausbalancierung der beiden, prinzipiell einem inhärenten Widerspruch unterliegenden Dimensionen Machbarkeit und Wünschbarkeit beziehen. Als ihre drei wesentlichen Funktionen für Gesellschaft und Individuum lassen sich unterscheiden: Orientierung, Koordinierung und Motivierung, insbesondere die enge Verflechtung dieser Funktionen stellt die Grundlage dar für die Leitbildern innewohnende Fähigkeit, handlungsleitend zu wirken."

Die Leitbilder können die durch eine sensibilisierte Wahrnehmung wach gewordenen Sehnsüchte und Veränderungswünsche in bestimmte Richtungen lenken, denn die Zwischenstadt ist ja auch, je nach innerer Einstellung, ein Projektionsfeld für unterschiedliche Wünsche und Kritik. Die Arbeit an der Sensibilisierung der Bewohner für die Zwischenstadt und an deren Metaphern, und damit die Arbeit an inneren Leitbildern ist eine ebenso vielschichtige wie reizvolle und niemals endende Aufgabe. Sich an dieser Arbeit zu beteiligen ist die Stadt- und Regionalplanung ebenso aufgerufen wie die Kulturschaffenden und auch der Sport. Gerade der Sport kann durch neue Bewegungstrends und durch die Besetzung bestimmter Bereiche mit sportlichen Ereignissen auch Menschen ansprechen, die sonst kaum zu erreichen sind. Die IBA hat auf diesem Feld zwischen Planung und Kulturpolitik mit den großen Ausstellungen, Konzerten, Veranstaltungen, Volkswanderungen, Volksfahrradtouren und Festen wesentliche Anstöße geliefert.

Als ein Verbindungselement zwischen empfindsamer Wahrnehmung und Entwicklung eines inneren Leitbildes sind als Lese- und Orientierungshilfen im unübersichtlichen Feld der Zwischenstadt zu „Logos" vereinfachte und verdichtete Orientierungsdiagramme ein nützliches Hilfsmittel. Diesen Orientierungsdiagrammen müssen genügend erkennbare und ausreichend häufig auftretende

"Wiedererkennungszeichen" in der Realität entsprechen, damit sie ihren Zweck erfüllen können. Diese Wiedererkennungszeichen können wiederum die Qualität von grafischen Zeichen mit einer eigenen Gestaltqualität haben.

Die IBA hat mit ihren Zeichen- und Orientierungssystemen an den Autobahnen und an den großen Fahrradwegen für die Routen der Industriekultur und der Industrienatur einen wirkungsvollen Beitrag zur Orientierung geleistet. Eine Serie von einfachen, pointierten Karten, die das Ruhrgebiet besser lesbar und verständlich machen, muss aber noch entwickelt werden. Diese Karten sollten jeweils auch eine wichtige "plakative" Botschaft vermitteln. So zum Beispiel: "Orientierung ist einfach", "Die Ruhrachse ist so wichtig wie die Rheinachse", "Das neue Emscher Tal: Nach dem ,blauen Himmel über der Ruhr' nun das ,blaue Wasser mitten im Revier'", "Arbeit und Umwelt: Wir bauen das neue Emscher Tal – das schafft Arbeitsplätze bis weit ins nächste Jahrtausend!", "Der Emscher Landschaftspark – die neue Ruhe und die neue Wildnis im Revier", "Der Mythos von Kohle und Stahl: Auf der Route der Industriekultur", "Künstliche Berge und technische Türme: Die Landmarken im Revier", "Netzwerk Innovation – die Kette der Technologiezentren und Hochschulen".

Die wesentlichen Aussagen dieser unterschiedlichen thematischen und vereinfachten Karten sollen in einem "Karten-Gemälde" zusammengefasst werden, das mit der Vielzahl der unterschiedlichen, für das Ruhrgebiet so typischen kleinen Stadtteile und Siedlungsgemeinschaften – feinmaschig durchdrungen von Freiräumen – die besondere Form der Urbanität des Ruhrgebietes auch emotional vermittelt.

Bilder allein aber können wenig ausrichten. Der wesentliche Beitrag zur Lesbarkeit einer Stadtregion läuft über den Prozess der kleinen gestalterischen "Interventionen" und der Besetzung mit Bedeutungen, denn Lesbarkeit bedeutet zuerst einmal bewusstes Wahrnehmen, Einprägen, Erinnern. Dieser Prozess kann ganz unterschiedliche Formen annehmen:

– von außen nicht wahrnehmbare Elemente können sichtbar, zugänglich und damit erlebbar gemacht werden;
– bisher nicht bewusst wahrnehmbare Elemente können durch "kulturelle Aufladung" einprägsam werden, d. h., sie können aus dem anästhetischen in den ästhetischen Bereich wandern;
– bisher emotional negativ besetzte Elemente können durch Verbindung mit positiven Ereignissen umgedeutet werden;
– sichtbar gemachte, positiv aufgeladene und umgedeutete Elemente können zu einer Sicht- und Erlebniskette verknüpft werden, d. h., plurale, ganz unterschiedliche Zeichen können verbunden werden zu einem regions. weiten Superzeichen;
– Informationskampagnen können diese exemplarischen Prozesse verbreiten und dazu anregen, die Region zu entdecken. Hierzu können z. B. auch die noch zu entwickelnden thematischen Orientierungskarten beitragen.

Die Potenziale für ein solches Lesbarmachen sind in jeder Zwischenstadt aufgrund unterschiedlicher Topographie, Geschichte, Landschaft und Wirtschaft verschieden und müssen gesondert aufgespürt werden. Im Ruhrgebiet hat die IBA Emscher Park solche Prozesse in Gang gesetzt. Hierfür einige Beispiele:

Die so genannte Jahrhunderthalle aus dem Jahr 1900 auf dem ehemaligen Krupp-Gelände in Bochum sollte wegen Funktionslosigkeit abgerissen werden. Diese Absicht wurde Schritt für Schritt kulturell unterlaufen, bis die Jahrhunderthalle zu einem Baudenkmal und zu einem wichtigen Veranstaltungsort geworden und damit gesichert war: Den Anfang machte Werner Durth mit seinen Kunststudenten aus Mainz, die im Gelände künstlerisch arbeiteten, die Ergebnisse in der Halle ausstellten und später publizierten. Sie erreichten einen provisorischen öffentlichen Zugang und zogen das erste Mal eine interessierte Öffentlichkeit in den Bau.

Die Spur wurde vertieft durch große Symphoniekonzerte der Bochumer Philharmoniker unter ihrem experimentierfreudigen Dirigenten Kloke und durch großes Tanztheater. Inzwischen hat sich die Halle mit dem Erlebnis kultureller Veranstaltungen verbunden, sie wurde unter Verwendung des Betrags, der ursprünglich für den Abriss vorgesehen war, instand gesetzt und wird jetzt Mittelpunkt eines künstlerisch gestalteten Stadtparks neuen Typs. Zur Zeit werden gerade die nächsten Schritte des Ausbaus zu einer besonderen kulturellen Institution diskutiert.

Ein vergleichbarer Prozess der kulturellen Besetzung wurde für das ehemals zum Abriss bestimmte Hochofenwerk Duisburg-Meiderich eingeleitet. Große kulturelle Veranstaltungen (Musik, Theater, Multimedia) und sportliche Aktivitäten (Tauchen, Klettern) verbanden sich mit industriegeschichtlicher und pflanzenökologischer

Erschließung, mit dem Ziel, durch behutsame Umnutzung und Umgestaltung der alten Industrieanlagen einen großen Volkspark zu schaffen. Dieser Park ist inzwischen zu einem nicht mehr wegzudenkenden Freizeitstandort im Revier geworden.

Der ebenfalls ursprünglich zum Abriss bestimmte riesige Gasometer in Oberhausen von über 100 Metern Höhe und mehr als 60 Metern im Durchmesser, der landläufig als ungeschlachtes Monstrum angesehen wurde, ist durch die Erschließung des einmaligen Innenraums für kulturelle Veranstaltungen und besonders mit der Ruhrgebietsgeschichtsausstellung „Feuer und Flamme" mit einem Schlag vom Symbol industriellen Niedergangs zu einem unübersehbaren Zeichen kultureller Erneuerung geworden, vertieft durch die Installation der Ölfässer Christos.

Ein Beispiel aus der Landschaftsgestaltung: In einer zum Teil technisch deformierten, zum Teil erdgeschichtlich „natürlichen" Landschaft werden landwirtschaftliche Techniken eingesetzt, um z. B. große, farbige, geometrisch geordnete Blütenfelder zu schaffen, um auf abgeernteten Feldern mit dem Pflug große grafische Zeichen zu setzen und mit den großen Pressstrohballen eigenartige künstlerische Zeichen aufzubauen. Die technisch deformierten Deponiefelder und die erdgeschichtlich ursprünglichen, natürlichen Elemente werden mit subtiler Gartenkunst und geometrischen Mustern akzentuiert.

Mit Mitteln dieser Art können neue Kunstlandschaften zu Elementen der Eigenart der Region werden und dazu beitragen, durch anfangs ungewohnte „Verfremdungen" die Sehgewohnheiten zu verändern und auch die bisher verborgenen, weil unkonventionellen Schönheiten einer alten, landläufig als hässlich geltenden Industriegesellschaft zu erkennen. Die an den Diskussionen mit den Künstlern beteiligten Bürger konnten diese Erfahrung der Transformation ihrer persönlichen Sehgewohnheiten am eigenen Leibe erleben.

Auch Feste können als ein das Regionalbewusstsein förderndes Mittel eingesetzt werden. Das Symphonieorchester der Stadt Bochum hat im Jahr 1992 aus Anlass der Entdeckung Amerikas unter Leitung seines Dirigenten Kloke ein Musikfest besonderer Art veranstaltet mit dem Namen „aufbrechen amerika": Besondere, früher als „verbotene Städte" unzugängliche, aber heute funktionslos gewordene Orte der zu Ende gehenden Epoche der Montanindustrie – Stahlwerke, Zechen, Hochofenkomplexe – wurden mit musikalischen Ereignissen besetzt, die zu einer Reise verknüpft wurden, bei der auch alte Zechenbahnen und Kanalschiffe dienstbar wurden. So entstand eine große musikalische Inszenierung einer vergangenen Welt. Diese Welt konnte von ihren Bewohnern früher nie erlebt werden, muss heute aber im neuen Erlebniszusammenhang zu einem wesentlichen Bestandteil der Kultur des Ruhrgebietes werden, wenn dies nicht seine historische Identität verlieren soll.

In allen diesen Fällen hat das Zusammenwirken von ökologisch ausgerichteter Freiraumplanung bzw. von Stadtentwicklungspolitik, Kultur und Sport zu einer positiven Umdeutung weithin sichtbarer alter industrieller Apparate und zerstörter Landschaften geführt und damit einen wichtigen Beitrag zur Erhaltung der Geschichte, zur Orientierung und Lesbarkeit regionaler Zusammenhänge geleistet.

Die Beispiele aus der IBA Emscher Park zeigen, wie wirksam ein Zusammenwirken von ökologisch orientierter Freiraumplanung, sozial ausgerichteter Stadtgestaltung und Kultur und Sport eingesetzt werden kann, um eine vergessene Region für die Bewohner zu erschließen. Die politische Zusammenfassung von Stadtentwicklung, Kultur und Sport in einem Ministerium hat hierfür gute politische und administrative Ansätze geschaffen. Es gilt, die ganze Stadtregion als ein weit gefasstes Feld metropolitaner Kultur zu begreifen und auszurichten, auf einen niemals abschließbaren Prozess der inneren Verwandlung und Qualifizierung.

Die IBA hat hier für das Ruhrgebiet Pionierarbeit geleistet. Diese Arbeit wird von der Agentur Ruhr in angemessener Form fortgesetzt werden und die Institution der „Regionale" wird den Gedanken auch in die ländlichen Regionen des Landes weitertragen.

Anmerkungen
1. Vgl. Wolfgang Welsch: Zur Aktualität ästhetischen Denkens, In: „Ästhetisches Denken", Reclam-Verlag, Stuttgart, 3. Aufl. 1993
2. Vgl. Wolfgang Welsch: Perspektiven für das Design der Zukunft, In: Ästhetisches Denken, Anm. 1
3. Vgl. Stichwort „John Cage", In: The New Grove Dictionary of Music and Musicians, London 1980, Band 3, S. 60
4. Vgl. Pascal Amphoux: Aux écoutes de la ville, la qualité sonore des espaces publics européens. Méthode d'analyse comparative, enquête sur trois villes suisses (mit deutscher Zusammenfassung), (Schweizerischer Nationalfonds zur Förderung der Wissenschaftlichen Forschung, Programm Stadt und Verkehr, 1995)
5. Walter Kahlenborn, Meinolf Dierkes, Camilla Krebs-Gnath, Sophie Mützel, Klaus W. Zimmermann: Berlin – Zukunft aus eigener Kraft, ein Leitbild für den Wirtschaftsstandort Berlin. FAB-Verlag, Berlin 1995

Rainer Wirtz / Helmut Bönnighausen
Die Entdeckung der Industriekultur
Die Industriemuseen der Landschaftsverbände

Umfassende Veränderungen kennzeichnen seit jüngerer Zeit die Arbeitswelt im industriell geprägten Nordrhein-Westfalen. Das zentrale Schlagwort für diese Vorgänge heißt Strukturwandel. Die alten Industrien von Kohle und Stahl wurden radikal abgebaut. Auf dem Gelände von Zechen und Hüttenwerken etablierten sich Gewerbe und Dienstleistungseinrichtungen. Der Prozess der Entindustrialisierung hat dazu geführt, dass heute in Dortmund oder Essen nahezu 70 Prozent der Erwerbstätigen im Bereich der Dienstleistungen tätig sind.

Die Industrialisierungsprozesse in der Vergangenheit wurden in der Landschaft durch Bauwerke wie Fördertürme, Gasometer und Hochöfen markiert, die Orientierung schufen. Heute ist es oft nur ein kurzer Schritt von einer solchen Industrieanlage zur Industriebrache, in einzelnen Fällen auch zur Musealisierung. Denn mit dem Verlust von Bauwerken der Industrie wuchs in Deutschland das Bewusstsein, dass gerade die Industrie und ihre Geschichte im weitesten Sinne Kultur- und Lebensweise der Menschen bestimmt hat, besonders an Rhein und Ruhr. Die Geschichtswürdigkeit von „Industriekultur" erkannt zu haben, ist das Verdienst von Denkmalpflegern und Museumsleuten, die von Anregungen aus dem europäischen Ausland, vor allem aus England und Frankreich, profitieren.

Vor diesem Hintergrund haben der Landschaftsverband Westfalen-Lippe 1979 und, fünf Jahre später, der Landschaftsverband Rheinland beschlossen, das Westfälische bzw. das Rheinische Industriemuseum in der Absicht zu gründen, sowohl die Industriekultur in diesen beiden Landesteilen zu bewahren, zu dokumentieren und zu erforschen als auch die Arbeitsergebnisse in Form von Ausstellungen und Publikationen der Öffentlichkeit zugänglich zu machen. Die beiden Museumsprojekte sind im Kontext mit ähnlichen in Hamburg oder Mannheim und vielen kleinen Regionalmuseen zu sehen; jedoch wird anderswo kaum der enge Zusammenhang zwischen industriellem Denkmal und der vergangenen Arbeit am konkreten Ort hergestellt. „Fabrik" wird als eine wichtige technische, räumliche und soziale Institution begriffen, die auch ihr ganzes Umfeld prägt, im Guten wie im Schlechten. Insofern ist das Ziel wichtig, Produktionsstätten möglichst vollständig zu erhalten und, soweit konservatorisch verantwortbar, eine Schauproduktion aufzunehmen.

Gleichzeitig sollte der Anspruch erhoben werden, die Industrie des Rheinlandes bzw. Westfalens an repräsentativen Beispielen darzustellen. Diese Leitgedanken haben zu einem besonderen Modell geführt, dem dezentral organisierten Museum der Industriegeschichte einer großen Region. Vergleichbar in Europa ist nur das Museum für Wissenschaft und Technik in Katalonien und im kleineren Maßstab das Ecomusée in Le Creusot.

Das Industriemuseum findet seine Grenzen darin, dass bestimmte Themen von kommunalen Einrichtungen oder freien Trägern mit Engagement wahrgenommen werden. Oder die Industriegeschichte eines engeren Raumes, z. B. in einer Stadt, wird zum Thema gemacht. Hier kommt es zu einer sinnvollen thematischen Arbeitsteilung zwischen den anderen industriegeschichtlichen Museen. Natürlich setzen auch Dimensionen von bestimmten industriellen Produktionsprozessen selbst der Musealisierung Grenzen.

Das Museum gliedert sich zur Zeit in sechs Außenstellen aus den Branchen Metall, Textil und Papier.

Die Standorte

Die frühe Industrie des Rheinlandes war die Textilindustrie. Diese Thematik wird an drei Standorten mit unterschiedlichen zeitlichen Schwerpunkten behandelt. Für die Epoche der frühen Industrialisierung steht die Textilfabrik Brügelmann von 1784 in Ratingen. Hier geht es darum, den ältesten Zustand der Fabrik (vor 1800) in Architektur und technischer Ausstattung in der Dauerausstellung zu zeigen. Die Baumwollspinnerei Ermen & Engels in Engelskirchen, gegründet 1837, schließt mit der nächsten Stufe von beachtlichen Rationalisierungsanstrengungen im Industrialisierungsprozess der ersten Hälfte des 19. Jahrhunderts an. Die Nutzung von Wasserkraft und die spätere Elektrifizierung einer Region ist ein weiteres Schwerpunktthema dieser Außenstelle für die Zeit nach der Jahrhundertwende. Die Tuchfabrik Müller in Euskirchen-Kuchenheim eröffnet dem Rheinischen Industriemuseum die Chance, eine Wolltuchfabrik, die 1961 in eine Art Dornröschenschlaf versunken war, zu neuem Leben als Museum zu erwecken. Das Inventar der Fabrik, das bis ins 19. Jahrhundert zurückreicht, gilt unter Fachleuten als technik- und sozialgeschichtlich einmalig.

Düren und Bergisch Gladbach waren seit dem 17. Jahrhundert wichtige Zentren der Papierherstellung im Rheinland. Von den ältesten Papiermühlen in Bergisch Gladbach blieben die Gebäude der Alten Dombach erhalten. Noch heute befindet sich in Bergisch Gladbach eine der modernsten Fabriken der Feinpapierherstellung. So liegt es nahe, im Museum die Papierfabrikation von der Manufaktur bis zur maschinellen Produktion zu präsentieren. Der Fußweg der Alten Dombach zur nahe gelegenen Fabrikationshalle der Neuen Dombach, die mit großer Unterstützung des Fördervereins hergerichtet wurde, ist

Der Schein trügt: Keine idyllische
Landschaftsmalerei, sondern romantisie-
render Blick auf eine Industrieanlage, die
Papiermühle Dombach im Rheinland
(Gemälde von 1827).

Papierherstellung und Baumwollverarbei-
tung gehören zu den ältesten Industrie-
zweigen im Rheinland: Telefonkabel mit
Papierisolierung, Baumwollspinnerei Ermen
und Engels in Engelskirchen.

mehr als ein industriegeschichtlicher Lehrpfad. Er eröffnet Perspektiven auf das gesamte industrielle und soziale Umfeld einer von Papierindustrie bestimmten Region. Und an dem Ausstellungsobjekt, der Papiermaschine 4 der Firma Zanders, lassen sich anhand der Um- und Einbauten 100 Jahre Papierfabrikation ablesen.

Was für die Tuchfabrik Müller gesagt wurde, gilt in ähnlicher Weise auch für die Gesenkschmiede Hendrichs von 1886 in Solingen. Eine vollständige Fabrikationsstätte aus einem Teilbereich der Scherenproduktion konnte übernommen werden. Bei der Übernahme 1986 gelang es auch, die ehemalige Beschäftigte der Firma als Mitarbeiter im Museumsbetrieb, d. h. der Schauproduktion, weiter einzusetzen. Die dort hergestellten Rohlinge für Zierscheren werden übrigens von namhaften Firmen weiterverarbeitet. Das Rheinische Industriemuseum RIM in Oberhausen, ehemalige Zinkfabrik Altenberg von 1854, schließlich thematisiert die Geschichte der Metallverarbeitung im westlichen Ruhrgebiet. 1981 wurde die Fabrik stillgelegt und die Produktionsstätte nach Essen verlagert. Drei Jahre nach der Stilllegung übernahm der Landschaftsverband Rheinland die Hauptgebäude von „Zink Altenberg". In der hergerichteten Walzhalle befindet sich die größte Dauerausstellung des RIM zur Geschichte der Schwerindustrie. Zum Museumsstandort Oberhausen gehört ein Ausstellungsraum im ehemaligen Waschhaus der ältesten Arbeitersiedlung des Ruhrgebiets (1846), Eisenheim. Dort ist eine Dauerausstellung zur Gründung und Geschichte der Arbeiterkolonie zu sehen. Sie kann von April bis Oktober an Sonn- und Feiertagen besichtigt werden.

Ebenfalls in Oberhausen befindet sich das zentrale Depot des Rheinischen Industriemuseums. Der von dem Architekten Peter Behrens als Zentrallager für die Gutehoffnungshütte entworfene Bau aus den 1920er Jahren ist ein Baudenkmal von höchstem Rang. Wie in anderen Museen auch, ist das Depot für angemeldete und geführte Besucher zugänglich.

Die Villa der Zinkfabrik Altenberg beherbergt die Verwaltungszentrale des Rheinischen Industriemuseums mit Bibliothek, Dokumentation, Fotoarchiv. Auf dem ehemaligen Fabrikgelände befinden sich die Werkstätten und Räume für Wechselausstellungen.

Eine besondere Bereicherung hat das RIM durch die Übernahme der St.-Antony-Hütte erfahren. Dabei handelt es sich um ein Fachwerkhaus aus der Mitte des 18. Jahrhunderts, das als die Wiege der Schwerindustrie bezeichnet wird. Urkundlich ist belegt, dass diese Eisenhütte 1758 in Betrieb ging und damit das erste schwerindustrielle Unternehmen im entstehenden Ruhrgebiet war, wenn man so will, die Keimzelle der Schwerindustrie.

Bis auf Euskirchen sind alle Museen im Verbund des Rheinischen Industriemuseums in Betrieb, das RIM Euskirchen wurde gerade eröffnet.

Die Standorte weisen das RIM als ein Museum aus, dass aus historisch bedeutenden Gebäuden gebildet wird. Noch einmal sei die Fabrikanlage von 1784 in Ratingen, die St.-Antony-Hütte von 1758 erwähnt. Auch die Fabrik von Ermen und Engels aus dem Jahr 1837 ist in der Industriegeschichte ein Markstein, genauso wie die Siedlung Eisenheim von 1846. Nicht minder wichtig in der historischen Dimension ist die Papierfabrikation aus dem 17. Jahrhundert in Bergisch Gladbach. Auf ganz andere Weise gewinnen die Standorte Euskirchen und Solingen ihre Bedeutung: Die Vollständigkeit des Fabrikensembles gelten als einmalig. Architekturhistorischen Glanz verbreitet der Peter-Behrens-Bau. Mit anderen Worten: Die historische Dimension und die jeweilige industriegeschichtliche Bedeutung gruppieren die RIM-Standorte zu einem hochrangigen Ensemble.

Die Sammlung im Peter-Behrens-Bau

Das ehemalige Lagerhaus der Gutehoffnungshütte (GHH) in Oberhausen, entworfen von Peter Behrens, zählt zu den großen Bauten der Architekturgeschichte. In der klaren Gliederung des Baukörpers in Quadern wird er der „Neuen Sachlichkeit" zugeordnet. Dieses Lagerhaus von 1925 beherbergt die Sammlung des RIM. In der Dachetage präsentiert eine Ausstellung die Geschichte von Design und Architektur von Peter Behrens. Von hier hat man einen Blick auf die Shopping-Halle CentrO von Oberhausen. Auf dem Gelände des Einkaufszentrums stand bis vor einigen Jahren die GHH. Mit dem Dreieck Behrens-Bau, Industriedenkmal Gasometer, CentrO hat man so Elemente eines dramatischen Strukturwandels im Blick, zugleich aber auch Fixpunkte der Industrie von gestern. Die Sammlung selbst umfasst ca. 100 000 Objekte. Die wichtigsten Bestandteile sind zweifellos die Inventare der denkmalgeschützten Fabriken.

Ferner gehören die Produkte vom Zink bis zum Tuch und deren entsprechende Verarbeitung zur Sammlung. Die Dimension des Alltags eröffnet ein unendliches Sammlungsfeld, das letztlich nur in Absprachen mit anderen Häusern, die zu Spezialisierungen führen, beackert werden kann. Zu den Zeugnissen der Industriegeschichte

Die Entdeckung der Industriekultur

Die Industriemuseen der Landschaftsverbände

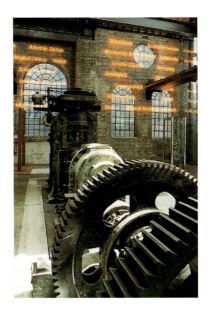

In der ehemaligen Walzhalle der Oberhausener Zinkfabrik hat das RIM eine Dauerausstellung zur Geschichte der Schwerindustrie eingerichtet.

Wichtigstes Schaustück der Industriemuseen ist das Inventar der denkmalgeschützten Fabriken: hier ein Dampf-Schmiedehammer.

Berühmte Industriearchitektur von Peter Behrens: Im ehemaligen Zentrallager der Oberhausener Gutehoffnungshütte (1925) ist heute das zentrale Depot des RIM untergebracht.

Gut erhaltene historische
Fassade eines typischen
Solinger Metallbetriebs

Die „Hohe Fabrik", eine
Dependance des RIM in
Ratingen – rechts eine histo-
rische Feinspinnmaschine

gehören auch Fotos, Grafiken, Gemälde, also im weitesten Sinn auch die kulturelle Verarbeitung der Industrialisierung.

Ein Museum lebt von seinem Fundus. Das Verhältnis von ausgestellten Objekten zu Fundus ist etwa eins zu zehn, um die Objekte in Ausstellungen wechseln zu können. Auf der einen Seite muss ein Haus seinem Sammlungs- und Dokumentationsauftrag nachkommen, auf der anderen Seite ist der Platz für eine Sammlung endlich, im Peter-Behrens-Bau ca. 8000 Quadratmeter. Für das RIM wird es in den nächsten Jahren darauf ankommen, die Sammlung insgesamt zu veredeln.

Die Standorte des Westfälischen Industriemuseums

Die Zeche Zollern I/IV in Dortmund-Bövinghausen, zwischen 1898 und 1904 von der Gelsenkirchener Bergwerks-Actiengesellschaft als Musteranlage eingerichtet, wurde später kaum modernisiert und blieb bis zur endgültigen Stilllegung 1966 als nahezu geschlossenes Ensemble erhalten. Die technische Ausstattung und die Architektur von Zechenbauten und Siedlung galten als vorbildlich. In den Tagesbauten der Anlage, in Häusern und Gärten dieser Siedlung werden Arbeits- und Lebensbedingungen im Steinkohlenbergbau der ersten Hälfte dieses Jahrhunderts dokumentiert. Das Museum wurde im Herbst 1999 eröffnet. Die Zeche fungiert zugleich als Zentrale des gesamten Westfälischen Industriemuseums und beherbergt u. a. die Verwaltung, den wissenschaftlichen Dienst, die Bibliothek, das Fotoarchiv, die zentralen Depots und die Restaurierungswerkstätten.

Die Zeche Hannover I/II/V in Bochum-Hordel wurde ab 1856 als zeittypische symmetrische Doppelförderturmanlage errichtet. Nach Übernahme durch Krupp 1872 war diese Zeche mehrfach Schauplatz wichtiger Neuerungen im Bergbau. Die Stilllegung erfolgte 1973. Von den ältesten Gebäude blieben ein Malakoffturm und das Maschinenhaus mit Dampffördermaschine erhalten. Hauptthema der künftigen musealen Darstellung sind die stürmischen Veränderungen einer ländlichen Region durch den Einbruch der Großindustrie mit den daraus resultierenden sozialen Spannungen und Auseinandersetzungen.

Das Gelände der ehemaligen Zeche Nachtigall in Witten-Bommern liegt südlich der Ruhr am Anfang des bergbaugeschichtlichen Rundwegs durch das Muttental. Die Geschichte der Zeche Nachtigall, die bis 1892 Kohle förderte, ist typisch für den Ruhrbergbau der ersten Generation. Um die tiefer liegenden Flöze zu erschließen, gingen die Zechen Anfang des 19. Jahrhunderts vom Stollenbau zum Tiefbau mit senkrechten Schächten über. Thema der Ausstellungen im Museum Zeche Nachtigall wird diese Phase des Umbruchs im frühindustriellen Ruhrbergbau mit ihren Auswirkungen auf die Arbeit des Bergmanns sein. In einem Kotten werden die Lebensumstände von Bergarbeiterfamilien dargestellt.

Die Henrichshütte in Hattingen wurde 1853 gegründet. Nach harten Auseinandersetzungen um die Erhaltung der Arbeitsplätze erfolgte 1897 die Stilllegung der Hochofenanlage. Das Hüttenwerk wurde 1989 als achter Standort in das Westfälische Industriemuseum einbezogen. Damit bleibt ein wichtiges Denkmal der Montanindustrie erhalten. Das Museum wird hier die Eisenerzeugung und die Arbeitsbedingungen von Eisenhüttenleuten dokumentieren. Eröffnung ist im Herbst 2000.

Das Alte Schiffshebewerk Henrichenburg in Waltrop ist das größte und spektakulärste Bauwerk im Verlauf des Dortmund-Ems-Kanals. Es wurde 1899 von Kaiser Wilhelm II. eingeweiht. Nach der endgültigen Stilllegung im Jahr 1970 verfiel das Hebewerk zur Ruine. Nach Restaurierung und Rekonstruktion ohne Wiederherstellung der ursprünglichen Funktion ist das alte Schiffshebewerk seit 1992 als Museum eröffnet. Es gewährt Einblicke in die Lebens- und Arbeitswelt der Binnenschifffahrt. Das im Herbst 1999 eröffnete Oberwasser zeigt eine Sammlung von historischen Schiffen und schwimmenden Arbeitsgeräten, eine Helling-Anlage zur Schiffsreparatur, historische Hafenkräne, den Kanaldurchlass mit altem Klapptor und die historische Hubbrücke.

An die Glashütte Gernheim in Petershagen-Overstädt erinnert der konische Backsteinturm am Ufer der Weser. Die Fabrik gab im 19. Jahrhundert mehr als 200 Familien Arbeit. Von dem Glasmacherort Gernheim bleiben zwei Arbeiterhauszeilen erhalten und das Fabrikantenwohnhaus, die Verwaltung, das Wirtshaus sowie die frühere Korbflechterei und die Fabrikschule. Im Glasturm wurde der Schmelzofen rekonstruiert. Er wird mithilfe verdeckt eingebauter moderner Technik wieder in Betrieb genommen. Die Ausstellung informiert u. a. über die unregelmäßigen überlangen Arbeitszeiten und über Gesundheitsgefährdungen, denen auch zahlreiche Kinder bei ihrer Arbeit im Bereich des Ofens ausgesetzt waren. Eröffnet ist Gernheim seit 1998.

Die Sylbacher Dampfziegelei in Lage nahm 1908 den Betrieb auf und erhielt 1922 ihre heutige Gestalt. 1979 stellte der Betrieb die Produktion ein. 1982 konnte bei Übernahme in das Industriemuseum außer den Gebäuden auch das komplette Betriebsinventar mit sämtlichen Maschinen und Geräten sowie ein Aktenbestand erhalten

Das Schiffshebewerk
Henrichenburg in Waltrop aus dem
Jahr 1899 ist das spektakulärste
Bauwerk im Verlauf des Dortmund-
Ems-Kanals. Der Betrieb wurde
1970 stillgelegt; seit 1992 ist es
Museum.

Bescheidene Anfänge des
Bergbaus im südlichen Ruhrgebiet:
Die Zeche Nachtigall in Witten-
Bommern ist eine typische Anlage
der ersten Generation.

werden. Das Museum wird nicht nur die Entwicklung der Ziegelherstellung vom Handstrichverfahren zur industriellen Produktion anschaulich zeigen, sondern auch die lokale und regionale Ausprägung des Ziegeleigewerbes und das für das Fürstentum Lippe typische Wanderzieglerwesen. Eröffnung im Frühjahr 2001.

Als bedeutende Textilstadt in Westfalen ist Bocholt Standort des Textilmuseums Bocholt. Es wurde 1989 eröffnet. Hier können die Besucher in einer alten Vorbildern nachempfundenen Museumsfabrik Einblick nehmen in die Lebenswelt von Textilarbeitern und -arbeiterinnen. Die restaurierten und in Betrieb befindlichen Maschinen vermitteln eine anschauliche Vorstellung der Arbeit in einer münsterländischen Weberei zwischen 1880 und 1950.

Innerhalb der nächsten zwei Jahre werden also alle Standorte des Rheinischen und des Westfälischen Industriemuseums eröffnet sein. „Eröffnet" bedeutet aber keineswegs „fertig". Abgesehen davon, dass ein Museum dieser Art niemals fertig sein kann und sich stets in einem lebendigen Entwicklungsprozess befinden muss, werden auch in den nächsten Jahren umfangreiche Restaurierungsarbeiten erforderlich sein.

Regionale Verankerung und Identität

In den Projekten der Industriemuseen vereinigen sich die Anstrengungen, den industriellen Strukturwandel sozialpolitisch und kulturpolitisch ohne Brüche zu vollziehen. Wenn alte Fabrikanlagen museal genutzt werden, tragen sie wesentlich zur Verbesserung der Struktur eines Stadtquartiers oder der ganzen städtischen Situation bei. Die Mittel zur Herrichtung der Industriedenkmäler kommen aus dem Ministerium für Arbeit, Soziales, Stadtentwicklung, Kultur und Sport des Landes Nordrhein-Westfalen. Dieses finanziert die Bauinvestitionen zu 90 Prozent. Es ist ein glücklicher Umstand, dass die politische Verantwortung für Stadtentwicklung und Kultur in einer Hand liegt. Indem diese museal genutzten Industriedenkmäler die jeweilige Stadt, das jeweilige Stadtviertel aufwerten, werden sie von der Bevölkerung aktiv angenommen. Vereine und Gruppen nutzen die Museen für ihre Veranstaltungen. Firmen, die sich von der alten Industrie verabschiedet haben, zeigen Geschäftspartnern, wie es früher einmal war. Das Interesse der Besuchergruppen liegt zwischen Nostalgie und Aufklärung liegt . Die Gebäude gewinnen äußerlich schon dadurch einen symbolischen Wert, dass alte Orientierungen erhalten bleiben, die ringsherum längst weggefallen sind. Im Inneren stellen

sie eine Regionalgeschichte ganz anderen Typs dar, die Geschichte vergangener Arbeit.

Wie die Menschen damit dann umgehen, bleibt ihnen überlassen. Es geht also nicht um Industrieromantizismus, Nostalgie oder Ideologie, sondern um Sozialgeschichte und Denkmalschutz mit allen praktischen Konsequenzen.

Perspektiven

Museen der Industriegeschichte sind Museen, die Wandel dokumentieren. Wir wissen, dass industrieller Wandel nicht so einfach von Alt zu Neu, von Niedergang zu Aufbau verläuft. Und wir wissen auch, dass diese Wandlungsprozesse bis heute nicht beendet sind, sondern dass auch in unserer gegenwärtigen industriellen Arbeitswelt ständig Veränderungen eintreten. Die Mikroelektronik bewirkte eine dritte industrielle Revolution; Medien üben Einfluss auf gesellschaftliche Verhaltensweisen aus, dessen Konsequenzen und Ausmaß sich bislang einer genauen Einschätzung entziehen. Die industrielle Fertigung ist nach wie vor eine der dominierenden Fertigungsweisen, immer wieder modifiziert durch Bemühungen um Rationalisierung und Humanisierung. Gleichzeitig entsteht eine europäische oder gar globale Arbeitsteilung mit ebensolchen Märkten. Nicht immer blüht aus den Ruinen des Abrisses neues Leben, nicht immer schafft der Wandel auch Neuerung am gleichen Ort. Ungleichzeitigkeit und Ungleichheit, historisch gut bekannte Phänomene des Industrialisierungsprozesses, nehmen deutlich zu. Dies gilt innerhalb einer Gesellschaft wie der größer gewordenen Bundesrepublik und erst recht für den europäischen Raum, der nun wieder Osteuropa mit umfasst. Von diesen Umwälzungen bleibt die Industrieregion des Rheinlandes nicht unberührt. Der Standort im Herzen Europas wird randständiger. Schlüsselindustrien hier geraten durch niedrige Lohnkosten im Osten Europas in Bedrängnis. Eine langfristige Sockelarbeitslosigkeit wird von Fachleuten prognostiziert. So ist das Rheinland heute wirtschaftlich und sozial anders strukturiert als etwa noch vor 30 Jahren: Köln ist z. B. eine Medienstadt geworden, neben München und Hamburg. Im Ruhrgebiet hat sich eine Hochschul- und For-

schungslandschaft etabliert. Etwa 70 Prozent der Erwerbstätigen in Essen sind im Dienstleistungsgewerbe tätig.

Für ein Industriemuseum, das bisher im Wesentlichen „alte" bis „ganz alte Industrien" in seinen
sechs Standorten abhandelt, bedeutet dies, sich auch der
neuen Themen anzunehmen; d. h. auch den aktuellen
Wandel der Arbeitswelt zu beobachten, z. B. das Streben
nach mehr Produktivität, das Ringen um Arbeitszeit und
Flexibilisierung nachzuzeichnen und zu gesellschaftlicher
Reflexion über diese Vorgänge anzuregen. Mit Sicherheit
sollte in diesem Zusammenhang die Medienindustrie
museal thematisiert werden. Ein weiteres zentrales Thema
– allein von ihrer großen Bedeutung her – ist die Chemie-
industrie des Rheinlandes. Die Rationalisierungsbestrebun-
gen im Automobilbau könnten ebenfalls ein wichtiges
Thema sein.

Vor diesem Hintergrund muss gefragt werden,
ob das Medium Museum überhaupt dem Veränderungstempo industrieller Wandlungen gewachsen ist. So lange
wir uns auf vergangene und aufgelassene Industrien beziehen, ist die Musealisierung unproblematisch; das belegen
die Standorte des Westfälischen bzw. Rheinischen Industriemuseums. Mit dem Verständnis als Ausstellungshaus,
d. h. mit thematisch wechselnden Großausstellungen zu
aktuellen Themen des Industrialisierungsprozesses, kann
man auf das Veränderungstempo reagieren. Es macht also
Sinn, auf der einen Seite eine historische Informiertheit
über Industrie der Vergangenheit in den Außenstellen zu
schaffen, aber gleichzeitig die akuten Veränderungen der
Industrialisierung bzw. Deindustrialisierung im Rheinland zu
thematisieren.

Dabei kann an eine Zusammenarbeit mit der
Industrie, mit einzelnen Betrieben gedacht werden, genauso wie mit den Gewerkschaften oder anderen gesellschaftlichen Gruppen. Insofern hat ein Industriemuseum
nicht nur die Aufgabe, Vergangenes der Industriegeschichte zu bewahren, zu dokumentieren, zu erforschen und aus-
zustellen, also in Dokumenten, Bildern, Objekten historische Informiertheit über frühere Industrialisierungsprozesse herzustellen. Vielmehr berühren uns die Veränderungen in der industriellen Welt in unserer Gegenwart. Es ist
genau dieser Wandel in der Lebens- und Arbeitswelt unserer Zeit, dem sich ein Industriemuseum mit seinen Themen nicht entziehen kann.

Die im Jugendstil erbaute Zeche
Zollern I/IV in Dortmund-
Bövinghausen ist heute die
Zentrale des Westfälischen
Industriemuseums.

Dieter Ullsperger
Die Wiederbelebung der Bahnhöfe

Der Bahnhof – eine Visitenkarte? Unbedingt! Einerseits natürlich die des Dienstleisters und Verkehrsunternehmens Deutsche Bahn AG, andererseits aber auch die der Städte und Gemeinden. Denn: Ein Personenbahnhof erfüllt mehr als nur seine Funktion als Verkehrsanlage, in der Reisende ihre Fahrt beginnen oder beenden. Er ist zugleich das Aushängeschild einer Stadt oder Gemeinde. Das ist Grund genug, die Bahnhöfe und Haltepunkte zu attraktiven Standorten zu entwickeln. Außerdem sollen die Bahnhöfe für die Bürger zu Kommunikations- und Erlebniszentren werden. Der Bahnhof und sein Umfeld sollen wieder wie früher eine wichtige Rolle im Leben der Bürger in Nordrhein-Westfalen spielen.

In der jüngsten Vergangenheit war dies leider nicht der Fall. Unsere Bahnhöfe – Start und Ziel jeder Zugreise – haben in den letzten Jahren viel von ihrer Faszination verloren. Gerade in den größeren Städten, in denen die Bahnhöfe in früheren Jahren einen Hauch von Internationalität und Weltläufigkeit vermittelten, bereitete der Wandel zu modernen Dienstleistungszentren Schwierigkeiten. Aber auch die mittleren und kleineren Bahnhöfe, viele davon wichtige kulturhistorische Baudenkmäler, sind von einer dynamischen und zukunftsorientierten Standortentwicklung nahezu ausgeschlossen gewesen.

Seit 1994 arbeitet die DB Station und Service AG als eigenständiges Unternehmen im Konzern Deutsche Bahn AG mit Nachdruck daran, die insgesamt rund 6000 Bahnhöfe bundesweit und gerade auch in Nordrhein-Westfalen zu revitalisieren. Sie werden modernisiert. Hohe, eigens erarbeitete Qualitätsstandards sollen überall Anwendung finden, sind allerdings nur bedingt aus Eigenmitteln des Konzerns zu finanzieren. Nur mit finanzieller Unterstützung des Landes Nordrhein-Westfalen und der Kommunen können die erforderlichen und geforderten Standards mittelfristig hergestellt werden.

In einer strategischen Allianz und nach dem Prinzip der partnerschaftlichen Zusammenarbeit mit dem Land und den Kommunen werden in den kommenden Jahren kontinuierlich ganzheitliche Standort- und Streckenentwicklungen am und im Bahnhof stattfinden. Exemplarisch ist dies unter anderem anlässlich der Internationalen Bauausstellung Emscher Park 1999 entlang der Eisenbahnstrecke „Köln-Mindener-Eisenbahn" und an vielen anderen Bahnhöfen verwirklicht worden und wird weiter fortgesetzt.

Als wegweisende Projekte in Nordrhein-Westfalen sei die gelungene ganzheitliche Revitalisierung der Bahnhöfe Köln Hbf, Oberhausen Hbf, Hamm (Westf.), Gütersloh Hbf, Herne, Castrop-Rauxel Hbf und Kamen genannt. Desweiteren wird die Einrichtung von DB PlusPunkten und DB ServiceStores auch an kleineren Standorten vorangetrieben.

ServiceStore: Das Konzept des DB ServiceStores ist ein Mischsystem mit Modulen aus den Bereichen Handel, Verzehr und Dienstleistungen, die auf einer Fläche von ca. 80 bis 130 Quadratmetern Verkaufsfläche unter einem Dach im Bahnhof vereinigt werden.

PlusPunkte: Über 1000 Stationen werden langfristig mit den DB PlusPunkten ausgestattet. Neben Wetterschutz und Sitzgelegenheiten bieten die signalroten Einheiten einen Fahrscheinautomaten, Telefon und eine Verbindung zur 3-S-Zentrale.

In Zusammenarbeit mit dem Land und den Kommunen erfolgt zur Zeit die Verwirklichung des Aktionsprogramms „100 Bahnhöfe in NRW". Die Zielsetzung ist es, gerade auch kleinere Bahnhöfe in die Stadtentwicklung einzubinden. Die Entwicklungspotenziale des Bahnhofsgebäudes, des Bahnhofsumfelds, der Verkehrsschnittstelle Bahnhof und der städtebaulich bedeutsamen Flächen sind qualitätvoll und zukunftsorientiert auszuschöpfen.

An fünf Standorten in Nordrhein-Westfalen findet derzeit eine pilothafte Umsetzung der Rahmenvereinbarung zum Aktionsprogramm mit den Kommunen statt. Die Standorte sind: Bad Oeynhausen, Detmold, Halle (Westf.), Herford und Minden (Westf.).

In der praktischen Umsetzung ist jede gute Idee willkommen. Deshalb sind nicht nur Stadtplaner, sondern auch die Bahn und engagierte Bürgerinnen und Bürger gefragt. Gemeinsam erreichen wir unser Ziel: die Bahnhöfe als Visitenkarte wiederzubeleben.

Hauptbahnhof Oberhausen, Bahnhof Lemgo

Bahnhof Oberhausen

Bahnhofshalle Oberhausen

Bahnhöfe sind Impulsgeber für die Stadtentwicklung und die Zukunft der Innenstädte. Das funktioniert auch ohne die in ihren Auswirkungen auf die Innenstädte im Übrigen vermutlich eher verhängnisvollen Großinvestitionen wie beim Duisburger Multi-Casa oder dem Dortmunder Ufo. Jene gigantischen Überbauungen bzw. bahnhofsnahen Investitionen werden der traditionellen, kleinteilig strukturierten Innenstadt wohl eher Kaufkraft wegnehmen.

Mit Architektur und neuer Funktionalität lässt sich eine stadtverträglichere Aufwertung der Bahnhöfe erreichen. So ist der Oberhausener Hauptbahnhof, ein kubisch-kühler neu-sachlicher Backsteinbau von 1930, in den letzten Jahren mit besonderer Sorgfalt wieder hergerichtet worden. Die Fassade wurde saniert und von Leuchtreklamen und Schildern befreit, die die Architektur über Jahrzehnte in ihrer Wirkung stark beeinträchtigt hatten. Die große Halle wurde wieder auf die beeindruckenden ursprünglichen Dimensionen zurückgebaut. Auch der Bahnhofsvorplatz ist in die Bemühungen um die Attraktivierung einbezogen worden. Wer mit der Bahn in Oberhausen eintrifft, dem zeigt die Stadt nun wieder eine sehr ansehnliche Visitenkarte.

Auch in den ländlich gelegenen kleineren Städten des Landes haben viele Bahnhöfe wieder zu ihrer ursprünglichen Bedeutung zurückfinden können. Die Modernisierung des Lemgoer Bahnhofs gilt als wesentlicher Baustein des bemerkenswerten Erfolgs des ÖPNV im ländlichen Raum. Nach dem 1995 erfolgten Umbau befindet sich im Obergeschoss des Lemgoer Bahnhofs nun ein Mehrzwecksaal, der den Lemgoer Bürgern als zusätzlicher Treffpunkt und Veranstaltungsort dient.

Bistro Bahnhof Lemgo

Wettbewerbskultur

Die Frage nach der Baukultur in unseren Städten landet schnell beim Thema Architekturwettbewerb. Noch immer ist der Wettbewerb der Königsweg zu einer Architektur, die sich der Stadt und einer urbanen Kultur verpflichtet fühlt. Die Bedeutung von Wettbewerben und der Architektur oder des neuen Stücks Stadt, das aus ihnen heraus entsteht, für das Ansehen eines Unternehmens oder einer Stadt kann gar nicht überschätzt werden. Man müsste im Gegenzug sogar einmal untersuchen, ob nicht der Imageverlust vieler Unternehmen und Kommunen sich durch ihren Verzicht auf hochwertige Architektur begründen lässt, wie sie über einen Wettbewerb hätte gefunden werden können.

In Münster und Lemgo werden die positiven Wirkungen einer florierenden Wettbewerbskultur besonders deutlich.

Die kleine ostwestfälische Stadt Lemgo hat bislang mehr als 15 Architektenwettbewerbe ausgelobt oder initiiert. Mit wenigen Ausnahmen wurden stets die Entwürfe der 1. Preisträger realisiert. Für diese vorbildliche Arbeit wurde der Stadt im Jahr 1997 der Ausloberpreis der Architektenkammer NRW zuerkannt. Dass in einer kleinen Stadt wie Lemgo Architektenwettbewerbe ebenso selbstverständlich sind wie in Köln oder Berlin, ist eher ungewöhnlich. Vielleicht waren die guten Erfahrungen mit dem ersten Wettbewerb, den der Kölner Architekt Walter von Lom für sich entscheiden konnte, dafür ausschlaggebend. Die aus seinem städtebaulichen Konzept hervorgegangene Marktplatzbebauung wurde auch Jahrzehnte später noch als beispielhaft für neues Bauen in historischer Umgebung erwähnt. Das Altenzentrum bzw. die Altenwohnungen in der Echternstraße (Auer, Weber und Partner), in zwei Bauabschnitten 1983-86 und 1989-93 entstanden, gelten aus dem gleichen Grund als vorbildlich. Eines der jüngsten – und schönsten – Beispiele ist sicher die 1997 fertiggestellte Erweiterung des Engelbert-Kämpfer-Gymnasiums durch Joachim und Felix Schürmann.

Auch die Stadt Münster hat den Ausloberpreis der Kammer erhalten, einige Jahre früher, nämlich 1992. Hier sind seit 1971 nicht weniger als 52 Wettbewerbe durchgeführt worden, davon elf durch private Bauherren. Das bekannteste Projekt ist sicher die Stadtbücherei des Münsteraner Büros Bolles–Wilson (1993), die an anderer Stelle in diesem Buch ausführlicher beschrieben wird.

Das Engelbert-Kämpfer-Gymnasium
in Lemgo (Architekten: Joachim und
Felix Schürmann

Wettbewerb Münster Stubengasse
(Entwurf 1. Preisträger: RKW Architekten, Düsseldorf)

Gemeindezentrum St. Loyen,
Lemgo

Kindergarten,
Lemgo

Heinz W. Hallmann
Landschaftskultur – Gartenkultur
Eine Renaissance

Städten und Landschaften in Nordrhein-Westfalen eine neue, bessere Gestalt zu geben, ist nicht zuletzt Aufgabe der Garten- und Landschaftsarchitektur. Welchen Beitrag hat diese für das heutige Gesicht der Städte und Landschaften in NRW geleistet und inwieweit unterscheidet sich das von anderen Ländern und Regionen Deutschlands?

Es war in erster Linie die Umbauaufgabe von Gebieten der ehemaligen Schwerindustrie mit den beherrschenden Zweigen des Bergbaus und der Eisen- und Stahlverhüttung, die in weiten Teilen des Landes (Schwerpunkt Ruhrgebiet) eine einmalige Anforderung gestellt hat. Die Schwerindustrie, meist ohne direkten Bezug zu den vormaligen Charakteren der Städte und Landschaften, hinterließ Brachen. Diese taugten weder zur Rückkehr zu den vormaligen Zuständen noch erschienen sie aus sich selbst heraus attraktiv genug, sich ohne Veränderung für neue Inbesitznahmen und Nutzungen zu öffnen. Die in diesem Schwebezustand beliebte Formel der Aneignung durch die Natur fruchtete nur bedingt. So war denn auch der Versuch, aus Brachen eine Stadt und Landschaft neu aufzubauen, prototypisch für die Wiederkehr eines Phänomens, das zwischenzeitlich schon ausgestorben schien: die bewusste Gestaltung von Freiräumen – ob nahe dem Wohnen und dem Lebensort im kleinen, als Parks und öffentliche Räume im größeren städtischen Kontext oder als Um- und Neuaufbau ganzer maroder Landschaften im umfassendsten Sinne – war wieder zu ihrem eigentlichen Wesen zurückgekehrt, eine Kulturaufgabe zu sein. Wollte man hierfür einen Zeitraum benennen, so könnte man seine Anfänge in die Mitte der 80er bis zu seinen Höhepunkten ab Mitte bis Ende der 90er Jahre legen.

Nun werden die Vertreter des Funktionalen der 70er Jahre und des Ökofunktionalen der 80er Jahre erwidern, dass auch in diesen Zeiten schöne landschaftliche Gestaltungen zu konstatieren waren. Das ist nicht von der Hand zu weisen. Etwas Entscheidendes aber fehlte meist: der Vorrang einer „künstlerischen" einmaligen Setzung durch das Wiederentdecken und Neu-Wahrnehmen eines unverwechselbaren Ortes. Man kann durchaus sagen, dass solchen gestalteten Objekten etwas wie die Seele fehlte. Hierzu ist eine Kreativität, ja ein schöpferischer Akt erforderlich. Man muss die allgemein gültigen Prinzipien von Zweckbindung, Nutzungsorientiertheit und Funktion wie auch ein durchgängiges ökologisches Prinzip – beides ohne Zweifel anerkannte Grundanforderungen – deutlich übersteigen, um Kultur (von Garten und Landschaft) oder sogar (Garten) Kunst zu schaffen.

Es ist eine Renaissance der Gartenkunst und der Landschaftskultur zu verzeichnen. Etwas banaler ausgedrückt, es wird heute bewusst mehr Wert auf Gestaltungsqualität gelegt, als dies noch vor 15 bis 30 Jahren der Fall war. Alles Reden über und Betonen der Beachtung wissenschaftlicher Fundierung durch soziale und ökologische Grundlagen in der Freiraumplanung hat die qualitätvolle Gestaltung nicht ersetzen können. Ohne diese Grundlagen geht es nicht, aber nur mit solchen Grundlagen ausgerüstet entsteht nichts, das dem Anspruch von Raumgestaltung oder gar Raumkunst gerecht werden könnte. Lange Zeit gab es die Hoffnung, mittels der Ökologiebewegung könnte die Wiederkehr harmonisierender, vielleicht sogar heilender Natur allein eine ausreichende Lösung sein. Wie sich aber gezeigt hat, tragen grün verhüllte Häuser (Dächer und Wände), verwilderte Gärten und Parks sowie grün verwulstete Straßen, Siedlungen und Gewerbegebiete eher zum Zuwachsen von Stadt und Landschaft und damit zum Identifikationsverlust der von Menschen geschaffenen Räume bei.

Als Gegenbewegung zur Gesichtslosigkeit und Banalität monotoner funktionaler Stadt- und Landschaftsräume war die auf den Raum / das Objekt zugreifende Renaturierung sicher ein sinnvoller Anstoß in Richtung eines neuen Nachdenkens über die Qualität der menschlichen Lebensräume. Ein Lösungsansatz für eine neue Kultur der Raumgestaltung oder gar Raumkunst konnte sie ohne das entscheidene Zutun einer bewussten Gestaltungsabsicht aber nicht werden. Wo diese hinzutrat und wirksam werden konnte, gelangen dagegen sehr gute Beispiele.

Ästhetik wohnt der Natur immer inne. Wer sie wahrnimmt und für sich selbst zu reflektieren und deuten imstande ist, hat schon einen Schritt in eine bestimmte Richtung getan – er beschäftigt sich mit der Kultur der Natur. Ein solcher Umgang ist nur wenigen Menschen gegeben und nur wenige begnügen sich wirklich damit. Für andere findet das Interpretieren durch ein gezieltes Arbeiten mit den natürlichen Elementen, insbesondere den Pflanzen, statt. Sie fangen an zu gärtnern, sie fangen an, einen Garten zu schaffen. Die meisten aber sehen in den so geschaffenen Gärten, Parks, grünen Freiräumen und den (Kultur)Landschaften die Orte der Natur – obwohl sie dies in Wirklichkeit nicht sind – an denen sie sich gerne aufhalten. Diese Orte aber sind, in welcher Weise auch immer mit Hilfe der Natur gestaltet, Kulturorte.

So ist es zu verstehen, dass die Menschen, auf welchen Umwegen und in welchen Neuinterpretationen des Herkömmlichen auch immer, zu solch bewusst gestalteten und gebauten Räumen zurückkehren, in denen sie Natur finden. Nach einer Phase des Funktionalismus und des Ökofunktionalismus folgte auch und besonders in Nordrhein-Westfalen die Rückbesinnung auf diesen Ur-Freiraumtypus, der bewusst gegen oder mit der Natur, also aus dem Dialog zwischen Kultur und Natur, durch einen menschlichen Schöpfungsakt entsteht, der im besten Fall (Raum) Kunst ist. So ist die Renaissance der Gartenkunst in NRW erklärbar, und wie bei jeder Renaissance beginnt das Erinnern bei dem Bekannten aus der Geschichte, um danach in neue zeitgemäße Ausdrucksformen einzumünden.

Als praktische Beispiele dieser Bewegung sind die IBA Emscher Park und die von der Landesregierung geförderten Landesgartenschauen und Regionalen zu nennen. Letztere haben sich zur Aufgabe gesetzt, die Kultur- und Naturräume einer Region zu fördern. Im Mittelpunkt steht dabei meist eine Landesgartenschau, die auch unabhängig von den Regionalen im Zweijahresrhythmus stattfindet. Gerade am Beispiel der Landesgartenschau können die hier dargelegten Entwicklungen zur Wiederentdeckung der Kultur in Garten und Landschaft an einem kleinen Beispiel treffend belegt werden. Über mehr als ein Jahrzehnt hing den Gartenschauen aus ökologischer Sicht das Image einer Blümchenschau an, bis in jüngster Zeit bei ökologisch und künstlerisch hoch gelobten Freiraumgestaltungen vermehrt das Fehlen von Blumen bemerkt wurde.

„Sag mir, wo die Blumen sind", „Zurück zur Kultur", „Zurück zur Natur", all dies sind indes nur Sprüche, die einen Hauptmangel der handelnden Menschen bloßlegen: die einseitige Sicht der Dinge. Wenn also heute eine Rückbesinnung auf Kultur von Garten und Landschaft festgestellt und begrüßt wird, dürfen darüber Zweck, Nutzung, Funktion und Ökologie als durchgängige Prinzipien des Wechselspiels zwischen Raum einerseits und Natur und menschlichem Verhalten andererseits nie vernachlässigt werden. Die bewusste Raumgestaltung kann dabei die „Krönung" dieses Spiels sein, sie muss es sein, wenn sie Kultur genannt werden will.

Thomas Kellein
Vor dem Konzertjubel, nach dem Katzenjammer
Von Museen, Mausoleen und Kulturfabriken

Das Kunstmuseum von heute lebt von seiner konsequenten Öffnung zur Gegenwartskultur. Vom Centre Pompidou in Paris bis zum Guggenheim Museum in Bilbao bestaunen wir es als architektonisches Wunder. Das Gebäude und sein Inhalt, ob hochkarätige Werke der klassischen Moderne oder aufregende Zeitgenossen, können immer wieder ein Massenpublikum anziehen. In Zahl und Umfang haben sich die Kunst vermittelnden Institutionen in den vergangenen 20 Jahren stark vermehrt. Von Tokio bis Sydney, von Seattle bis Buenos Aires, von Stockholm bis Porto sind beachtliche Museumsneubauten entstanden. Neben den Jahr für Jahr expandierenden Programmen sind in Dakar, Havanna, Istanbul, Johannesburg oder Santa Fe neue Biennalen entstanden, die den weltübergreifenden Kuratoren- und Kunsttourismus von heute zusätzlich befördern. Die alten Avantgarde-Ideen beleben Auktionshäuser, Verlage und Fernsehkanäle. Christie's hat 1998 für die Kunst der vergangenen drei Jahrzehnte die Abteilung Contemporary eingerichtet und dafür eigene Kataloge, eigene Ausstellungsräume und inzwischen auch Rekorde vorgestellt. Benedikt Taschen hat ein Verlagsprogramm aufgebaut, das von der Romanik bis zu Jeff Koons Kunst- und Architekturinformationen fast lückenlos in mehreren Sprachen weltweit vertreibt. In Form von digitalem Wissen wird die Kunst des 20. Jahrhunderts inzwischen vom Museum of Modern Art, New York, und der frisch eröffneten Tate Modern in London für das Internet präpariert. Was einst Gegenstimme war, ist fast überall Hauptmeinung geworden, was als ästhetische Provokation verstört haben mag, gilt heute als Geldanlage, Wissensspeicher und kulturelle Attraktion.

Den Anfang dieser Entwicklung machten mit Happenings, Fluxus, Pop-Art, Minimal-Art, Arte Povera, Concept-Art und schließlich Land-Art solche Künstlerinnen und Künstler in Westeuropa und den USA, die die kontemplative Enge der geltenden ästhetischen Werte, sowohl der herkömmlichen Medien und Stile als auch der Idee nationaler und historischer Bildungskanons in Frage stellten. Einen wichtigen Hintergrund dazu bildete der Sputnik-Schock im Jahr 1957, mit dem der Wettlauf um die Fahrt zum Mond begann. Globale künstlerische Maßstäbe und ein stark profanisiertes Materialbewusstsein, sowohl zum Immateriellen als auch zum kapitalistischen Konsum gewendet, sind in der Kunstgeschichte seitdem selbstverständlich. Zehn Jahre später sorgten die Studentenrevolten in Westeuropa und den USA dafür, dass die Wirtschaftswunderkultur der Vätergeneration auch Unterhaltungskunst und gewöhnliche Spielorte einbeziehen musste. „Learning from Las Vegas" hieß ein Vergleichsauftrag in der Architektur. Es ging nicht nur um Alltäglichkeit oder um die Straße. Der Unterschied von High und Low ist heute noch an Käuferkreisen messbar, als eine entscheidende kulturelle Differenz ist er im Verlauf der lertzten drei Jahrzehnte weggeschmolzen.

Attitüden zur Selbstverwirklichung
Neue Maßstäbe und Spielorte hieß 1968, dass ein unverblümtes Projektdenken begann. Nehmen wir die Idee der Deutschen Studentenpartei von Joseph Beuys, der sogar Tiere angehören sollten, die Relikte einer Wanderung von Richard Long oder einen Text von Lawrence Weiner an der Wand. Anstelle von Malerei und Plastik sollten Attitüden und mithin ihre formalen Konsequenzen im Museum sichtbar sein. Ein Raum greifendes Verlangen nach dem Gesamtkunstwerk aus dem Geist der eigenen Sozialisation bildet den Kern unserer Gegenwartskultur. „A

man makes a work of art because it is not there", hat Carl Andre zur Begründung von Kunst lakonisch gesagt.

Sammlerisch war das Projektdenken in großem Stil zuerst in den Räumen von Giuseppe Panza di Biumo in Varese und der Dia Art Foundation, New York, präsent. Beide haben ab 1974 einer damals jungen Generation von Künstlern zur ersten Musealisierung verholfen. Panza erlaubte Künstlern, aus ehemaligen Stallungen neben seinem Haus Zellen für künstlerische Wahrnehmungstests zu bauen, Dia stellte den jungen Zeitgenossen sogar Grundstücke und Häuser bereit. Walter de Marias Lightning Field in New Mexico, der Broken Kilometer in New York und der Vertikale Erdkilometer in Kassel sind namhafte Beispiele der daraus resultierenden Welt-Kontemplation, die in Form von dauerhaft installierter Minimal-Art inzwischen über 20 Jahre Gültigkeit hat. International, auch bei den Architekten, stehen ortsspezifische minimalistische Eingriffe, hinter denen oft denkmalhaftes Inszenieren eigener Gedanken steht, noch nicht so lange auf dem Programm. Aber bis zu den Einrichtungsideen von Ikea bricht sich unser Welt-Erleben mit geometrisch bunten Relikten der Moderne Bahn, wobei die einst getrennten Bereiche E und U kaum noch geschieden sind. Vorrangig geht es um Surrogate für Selbstverwirklichung, zumindest für den wohlhabenden Teil der Menschheit. Ein Museum bleibt auf dem Weg der idealen Gegenstandsfindungen nicht nur theoretisch ein wichtiger Hort.

Das Museum neuen Typs, hätte es den Projektformen früh gerecht werden wollen, wäre technisch vielleicht eine Art Werkhalle geworden. Physisch hätte zu ihm die Größe von realen Landschaften, psychisch die Wirkung geballter Zentren gepasst. Außer bei den Hallen für neue Kunst in Schaffhausen gab es ein solches Modell für zeitgenössische Kunst in Mitteleuropa jedoch kurzfristig nicht. In Deutschland wurde nach 1968 stattdessen versucht, die nach dem Zweiten Weltkrieg wiedereröffneten Sammlungen aus ihrem vermeintlich alten Musentempeldasein wachzuküssen. Linke Kunsthistoriker forderten innerhalb des Museums neue Themen und den Funktionswandel zum Lernort ein. Von außen sorgten die neu gegründeten Kunstmärkte in Köln und Basel, Avantgardegalerien wie Alfred Schmela, Heiner Friedrich oder Konrad Fischer und danach Ausstellungen wie Skulptur.Projekte 1977 in Münster dafür, dass sich der Umgang mit Bildern und öffentlicher Skulptur, der vielerorts noch den Liegenden von Henry Moore verhaftet war, zu Gunsten zeitgenössischer Projekte verschob. Dass im Museum einmal Kultur-Events und Erlebniskunst, Filmprogramme, Design, Fotografie, Videoskulpturen und Shops wie selbstverständlich einziehen würden, war vor diesem Datum eigentlich nur durch Christos Verpackungen, das Theater Robert Wilsons oder den Circus Roncalli zu erahnen. Der lange Zeit schockierende Beuys-Block neben der Pop-Sammlung Karl Ströhers in Darmstadt wurde aufgrund einer Intensität, die einem Kraftwerk vergleichbar war, dennoch bald legendär. Fast keines der neuen Museen hat diese inszenatorische Qualität jedoch wieder erreicht.

Urbane Architektur in Finanznot

Die Entwicklung im deutschen Museumsbau ging von den späten 70er Jahren und durch beachtenswerte Wettbewerbe und Ausführungen in Mönchengladbach, Stuttgart, Düsseldorf, Frankfurt, Köln oder Bonn erst einmal dazu über, den zum Lernort gewandelten Musentempel zu einer architektonischen Attraktion ersten Ranges zu machen. Insbesondere die 1984 von James Stirling erweiterte Staatsgalerie Stuttgart hat gezeigt, wie ein gut ausgestattetes, aber fast verschlafenes Museum inmitten eines verkehrsreichen Zentrums urbanes Profil gewinnen und einer Landeshauptstadt einen menschidealen Ort schenken konnte. Programmatisch haben die Erweiterungen und Neueröffnungen, zuletzt in Hamburg und Karlsruhe, vorrangig dazu beigetragen, dass man zeitgenössische Kunst nun in den Museen sieht und den nach 1968 auch hier erheblich gestiegenen Bildformaten ein funktionaleres Zuhause bietet. Fast alle deutschen Städte haben inzwischen die Museumsflächen zu Gunsten von Gegenwartskunst stark vergrößert oder erstmals, wie in Bielefeld, ein veritables Kunstmuseum gebaut. Dass das für die Bewältigung der insgesamt anstehenden Aufgaben nicht ausreichen würde, war erst spät absehbar.

Die Erweiterung des Museumsauftrags zur Gegenwartskultur geriet nach 1989 aufgrund des Finanzbedarfs durch die deutsche Wiedervereinigung in eine dramatische Krise. Selbst bei großzügigen Bauvorhaben konnte es im vergangenen Jahrzehnt passieren, dass im Anschluss an die Eröffnung fast kein Geld mehr für die Programme blieb. Alle älteren bundesdeutschen Museen haben seit 1989 eine Zeit des rigorosen Sparens erlebt. Zuerst wurden die Etats sukzessiv fast auf Null gesenkt. Dann schraubte man die Einnahmeerwartungen herauf, besetzte vakante Stellen nicht mehr, um schließlich künstliche Überschüsse aus Ausstellungen zu prognostizieren. Diese wurden dann nicht erbracht, weshalb sich Schulden ergaben und die Suche nach Verantwortlichen begann. Die Folgen waren neben hohem Zeitverlust und zunehmenden Imageproblemen blanke Nerven und letzlich nicht mehr als die gesunde Einsicht, dass auch Museen wie Betriebe geführt werden müssen. Ohne Zuschuss für Personal und Gebäude geht es jedoch nicht. Dort, wo die kreativen Potenziale in den Häusern durch die jahrelangen Sparszenarien nicht beschädigt wurden, trat gelegentlich Hilfe von privater Seite auf. Innerstädtische Geldtransfers konnten ebenfalls manches überbrücken. Erst wenn Stiftungsgelder das klassische Museumskonglomerat aus wertvollem Eigenbesitz, hohem wissenschaftlichen Know-how und minimalen disponiblen Mitteln zu Gunsten programmatischer Kontinuität bereichern konnten, war im museablen Finanzwesen die Rettung nah.

Viele Häuser in Deutschland – von Stuttgart bis Hamburg – sind heute in dem genannten Sinne „frei", dass sie über ihre Mittel global verfügen dürfen. Die Direktoren haben sich auf Zeitverträge und eine gestiogono Verantwortung eingestellt. Ihre Aufgaben umfassen neben der Planung und Gestaltung künstlerischer Programme mehr Obhut für vorhandenes und neues Personal, für die architektonische Qualität des Gebäudes und die wirtschaftliche Stellung insgesamt. Daran wird sich voraussichtlich nicht viel ändern. Was aber ändert sich in nächster Zeit?

Mausoleum und Kulturfabrik

Keines der großen und kleinen Häuser in Deutschland ist hinreichend auf die Aufgabe vorbereitet, dass ein Museum – überspitzt formuliert – schon heute einen kulturellen Spagat zu absolvieren hat. Es soll ein einzigartiges Mausoleum für die jeweils gezeigte Kunst, eine denkbar schlanke Kulturfabrik für die produzierende Equipe und eine faszinierende Ausstellungs-Disco für die Bevölkerung sein. Die Anforderung an die Architekten hat sich deshalb vor allem innen gewandelt. Ob Retrospektive oder Projekt-Raum, am besten wäre es, wenn man vom White Cube über eine Black Box zur schwelgenden Inszenierung umschalten könnte. Laute und leise, helle und dunkle Ausstellungen sollten in jedem Museum möglich sein, ohne damit Beliebigkeit zu evozieren. Das wissenschaftliche und handwerkliche Personal, das nicht nur aufpasst, abkassiert, öffnet und schließt, wird bei der Vorbereitung hochwertiger Ausstellungen zunehmend „lean production" leisten müssen. Deutlich ist, dass besondere Projekte ein wachsendes Maß an Spezialisierung und zeitlich befristeten Zusatzkapazitäten erfordern. Besucher werden bald online prüfen, ob sich der Weg aus dem Haus auch wirklich lohnt. Bei den besonderen Produkten muss fachlich und pädagogisch vermittelt werden, was eine Ausstellung bieten kann. Das Klappern mit Namen rettet die Museen nur zum Schein.

Thomas Kellein

Vor dem Konzertjubel, nach dem Katzenjammer
Von Museen, Mausoleen und Kulturfabriken

Dem Publikum sollte das städtische Museum nach dem Jahr 2000 ein menschidealer Mittelpunkt werden, den es nach Bedarf zum Lernen oder Entspannen, für Einsamkeit oder für Zerstreuung und zwischenmenschliche Begegnungen aufsuchen kann. Das Museum ist ganztägig geöffnetes Schulhaus für Kinder, Jugendliche, Erwachsene und Alte, als egozentrisches Theater für Einzelgänger und als „stiller" Konzertsaal für Ruhebedürftige vielleicht besser als andere Kultureinrichtungen zum Flanieren geeignet. Es ist nicht einmal teuer. Es fordert kein stundenlanges, regungsloses Sitzen oder Warten bis zur Pause. Es kann den Konsum von alter Kunst neben neuer ermöglichen. Und an kaum einem anderen Ort ist statische Andacht neben schierer Unterhaltung denkbar. Man kann es konzentriert oder beiläufig besuchen, wobei sich die ästhetischen Qualitäten und Rezeptionsformen nicht einfach überlappen dürfen. In einem funktionierenden städtischen Museum sollte Einwänden zum Trotz hervorragende Gastronomie und ein beeindruckendes Bücher- und Geschenksortiment dazugehören. Die solide gepflegte und fantasievoll präsentierte Sammlung und ein Strauß von sehenswerten Ausstellungen bleiben weiterhin seine einzigartige und substanzielle Domäne. Mit der Sammlung erhält sich das Museum die Funktion als Schatzkammer, mit den Ausstellungen wird die Kultur der Städte fundiert. Das Museum der Zukunft kann darüber hinaus nur ein ideales Zuhause werden, wenn man es aus verschiedenen Gründen und in verschiedenen Stimmungen mit Gewinn betritt. Schön wäre es, in ihm auch einmal zu sitzen, um Zeitung zu lesen, während ein plätschernder Bach durch sein Gebäude fließt, oder wenn in ihm gelegentlich 500 Leute lautstark diskutierten. Am Ende würde man erkennen, dass das Leben ohne Kunst kein Leben war.

Die Künste selbst tendieren seit einigen Jahren zur theatralischen Unterhaltung mit hohem Materialaufwand. Der „große" Künstler bestätigt sich als Leiter einer Manufaktur wie im Barock, und er stirbt nach einem bewegten Leben mit bedeutenden Ausstellungen mitunter tragisch, aber fast immer als Multimillionär. Das Museum, auch wenn es sich auf Werke nicht mehr lebender Produzenten spezialisiert, nähert sich mit diesen Vorzeichen in Richtung auf Stars und teure Produktionen unaufhaltsam regulären Dienstleistungsbetrieben an. Vielerorts tritt es uns deshalb als improvisierte Melange aus schwach besuchtem Café, unfreiwilligem Multiplex und mittelmäßig dekoriertem Firmenfoyer entgegen. Der Funktion nach wird es noch unter fortgeschrittensten Dienstleistungsgesichtspunkten eine „klassische" Bildungseinrichtung bleiben, es sei denn, die Grenze zum Kaufhaus wurde leichtfertig überschritten. Es wäre deshalb gut, wenn das Museum an vielen Orten besser aussehen könnte, als es sich mitunter fühlt. Der Katzenjammer aufgrund der jüngsten Finanzmisere ist wahrscheinlich bald vorbei. Der Konzertjubel kommt aber, wenn man nicht aufpasst, leicht in den Nachbarstädten zuerst.

Kunstsammlung Nordrhein-Westfalen, Düsseldorf

Noch keine 40 Jahre alt, gehört die Kunstsammlung des Landes Nordrhein-Westfalen heute zu den renommierten europäischen Kunstmuseen. Das Verdienst gebührt zu einem großen Teil ihrem ersten Direktor, Werner Schmalenbach, der die Sammlung bis 1990 führte. Er hatte kein großes Interesse an Bewegungen, Strömen und Stilen der Kunstszene. Mit sicherer Hand suchte er ausschließlich einzelne Bilder höchster Qualität. Die Gemälde von Matisse über Picasso bis zu Pollock und Rauschenberg, die er für die Sammlung erwerben konnte, gehören allesamt zu den Meisterwerken der internationalen Malerei des 20. Jahrhunderts.

Bereits der Grundstock der Sammlung hatte Maßstäbe gesetzt: 1960 hatte die Landesregierung 88 Werke Paul Klees aus dem Besitz des amerikanischen Privatsammlers David Thompson gekauft und im Schloss Jägershof der Öffentlichkeit zugänglich gemacht. Als Trägerin eines künftigen Museums wurde ein Jahr später die Stiftung „Kunstsammlung" gegründet. Ihr Zweck, der Erwerb von Werken der zeitgenössischen bildenden Kunst und besonders auch die Vermittlung der bildenden Kunst über Ausstellungen, bedeutete gleichsam eine Herausforderung in Permanenz an die dafür zur Verfügung stehenden Räumlichkeiten. Schloss Jägershof – ein provisorisches Domizil – konnte die Neuerwerbungen bald nicht mehr fassen.

Es darf als besonderer Glücksfall gelten, dass die Stadt Düsseldorf dem Land ein urbanistisches Herzstück für einen Museumsneubau zur Verfügung stellte, am Grabbeplatz, mitten in der Stadt, am Rande von Altstadt und Hofgarten. Der Neubau konnte eine historische Fußwegeverbindung wiederherstellen und die „Düsseldorfer Kunstachse" vervollständigen, von der Kunsthalle über die neue Kunstsammlung bis zur Kunstakademie und dem Städtischen Kunstmuseum im Ehrenhof.

Den 1975 ausgeschriebenen Wettbewerb gewann das das Kopenhagener Büro Dissing und Weitling mit dem Entwurf einer reinen Tageslichtgalerie. Der elegant geschwungenen, mit dunklem Granit verkleideten Fassade des 1986 eröffneten Neubaus gelingt es, zwischen der heterogenen Nachbarbebauung – von einer Barockkirche über Gebäude der 20er und 50er Jahre bis zur „brutalistischen" Architektur der Kunsthalle – zu vermitteln und den Platzraum zu schließen.

Die Nutzfläche von 3200 Quadratmeter für Sammlungen und Ausstellungen sollte durch eine mögliche spätere Erweiterung bis zur Ratinger Straße auf insgesamt 6000 Quadratmeter ausgedehnt werden können. Dazu ist es bislang nicht gekommen. Die dringend notwendige Erweiterung erfolgt nun etwa 1500 Meter entfernt in der Form einer Dependance. Der Münchner Architekt Uwe Kiessler baut zur Zeit das Ständehaus zum zweiten Standort der Kunstsammlung aus. Das Ständehaus, ein Backsteinbau mit Natursteingliederungen im Stil der italienischen Hochrenaissance, nach Plänen Julius Raschdorffs zwischen 1876 und 1880 als Parlaments- und Verwaltungsgebäude für den Rheinischen Provinziallandtag errichtet, war im Zweiten Weltkrieg ausgebrannt und später als Parlamentssitz des neu gegründeten Bundeslandes Nordrhein-Westfalen wiederhergerichtet worden. In dieser Funktion diente es bis 1988.

Kiessler wird einige spätere Umbauten zurücknehmen, so etwa den ursprünglichen Innenhof rekonstruieren und den Plenarsaal auf die Dimensionen von 1880 zurückbauen. Der gesamte Dachraum wird mit einer Glaskuppel überwölbt, die einen Rundumblick auf die Innenstadt erlauben wird. Auch städtebaulich wird der Umbau genutzt, um den Park um Ständehaus, Kaiserteich und Schwanenspiegel wieder für die Bürger zurückzugewinnen. Das voraussichtlich im Sommer 2002 fertiggestellte Gebäude wird das breite Spektrum der zeitgenössischen Kunst präsentieren: von der Skulptur über die Installation bis zur Projektion. Der Schwerpunkt der Kunstsammlung NRW, die Kunst vor 1945, verbleibt im Hauptgebäude am Grabbeplatz.

Seit 1986 ist die Kunstsammlung
des Landes hinter der elegant
geschwungenen Fassade eines
Neubaus am Grabbeplatz untergebracht (Architekten: Dissing und
Weitling, Kopenhagen).

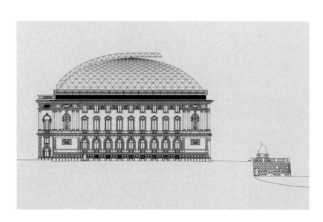

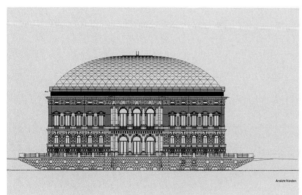

Ansicht Norden

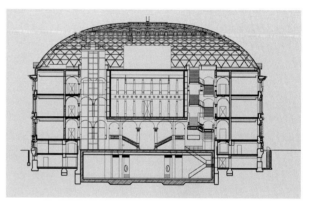

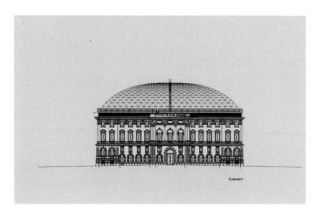

Südansicht

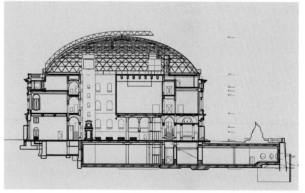

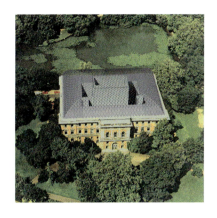

Nach dem Umbau des Stände-
hauses, ehemals Sitz des rheinischen Provinziallandtags, später
des nordrheinwestfälischen Land-
tags, steht der Kunstsammlung
zukünftig eine Dependance zur
Verfügung. Der Raum unter der
aufgesetzten Glaskuppel dürfte zu
den attraktivsten Ausstellungs- und
Veranstaltungsorten nicht nur
Nordrhein-Westfalens gehören
(Architekten: Kiessler und Partner,
München).

Wilhelm Lehmbruck Museum, Duisburg

Mit den Gebäuden des Wilhelm Lehmbruck Museums, das in allen Bauabschnitten, 1964 und 1987, von seinem Sohn Manfred entworfen wurde, besitzt die Stadt Duisburg ein ungewöhnliches und ausdrucksstarkes Gebäudeensemble, das über viele Jahre nicht nur für das Image der Stadt stand, sondern auch für das Bekenntnis des Nachkriegsdeutschlands zur modernen Kunst und zur modernen Architektur.

Die Architektur Manfred Lehmbrucks und die Kunst seines Vaters, des Bildhauers Wilhelm Lehmbruck, gehen im Duisburger Wihelm Lehmbruck Museum eine Symbiose ein. Was seine Architektur betrifft, so hat sich das 1964 eröffnete Duisburger Wilhelm Lehmbruck Museum weit vom Stilideal der formalen Reduktion und äußersten Schlichtheit entfernt, wie sie beispielsweise die nur wenige Jahre älteren Museen Folkwang in Essen oder auch Lehmbrucks eigenes Federseemuseum in Baden-Württemberg auszeichnen.

Die beiden Baukörper des Museumsensembles an der Düsseldorfer Straße, die dann 1987 um drei verschieden große und hohe massive, geschlossene Kuben in diagonaler Stellung zu den Altbauten ergänzt werden, haben auf den ersten Blick nur wenig gemein. Die lang gestreckte, auf drei Seiten vollständig verglaste große Ausstellungshalle entlang der Straßenflucht war gedacht für die damalige Sammlung von Kunstwerken des 20. Jahrhunderts. Sie scheint wie an weißen Stahlbügeln aufgehängt über dem Park zu schweben. Der Lehmbruck-Bau für die Skulpturensammlung hingegen ist nicht nur weit nach hinten in den Park hinein versetzt, sondern auch in den Boden eingelassen. Mit seinen geschwungenen Sichtbetonwänden und der raffinierten Lichtführung bekommt er, analog zu den ausgestellten Objekten, überaus plastische Qualitäten.

Auch der 1987er Entwurf ist Kind seiner Zeit und spiegelt die veränderte Museumskonzeption wider. Das Museum ist nicht länger Ort der Sammlung, Aufbewahrung und Präsentation von Kulturgütern, sondern ist offen für andere, neue Nutzungen: ein Ort der lebendigen Kommunikation mit noch wenige Jahrzehnte zuvor undenkbaren Nutzungen wie einer Cafeteria, einem Vortragsraum, einer öffentlich zugänglichen Bibliothek. Unter der Leitung von Christoph Brockhaus hat sich das Museum in den 90er Jahren zu einer kulturellen Instanz im Land entwickelt, dessen Kompetenz immer wieder gefragt wird.

Die Räume, die der Architekt Manfred Lehmbruck für die Skulpturen seines Vaters geschaffen hat, zeichnen sich vor allem durch ihre subtile Lichtführung aus und bilden einen neutralen Hintergrund für die ausdrucksstarken Werke.

Museum Folkwang, Essen

Der „Altbau" des Folkwang-Museums aus dem Jahr 1960 wird heute zu den herausragenden deutschen Museumsbauten der Nachkriegszeit gezählt.

Dem Werk Paul Gauguins ist das Folkwang-Museum von Anbeginn an verpflichtet. Eine große Gauguin-Ausstellung im Jahr 1998 setzte diese Tradition fort.

Die Geschichte des Museums Folkwang in Essen beginnt mit der Gründung des Folkwang Museums in Hagen. Ein „Himmelszeichen" für junge Künstler und Kunstgelehrte hat es Emil Nolde um 1906 genannt, August Macke schwärmte wenig später von seinem „Mekka", in dem Matisse neben „alten Sachen" wie japanischen Vasen zu sehen sei. Der Kunstsammler und Mäzen Karl Ernst Osthaus hatte im Jahr 1902 das weltweit erste Museum für zeitgenössische Kunst eröffnet, mit Werken des französischen Impressionismus, dazu Bildern von van Gogh, Gauguin, Cézanne, den Pointillisten, den Fauves. Sein mit beinahe missionarischer Wut weltweit ausgeübter Sammlungseifer brachte eine große Zahl von Gemälden, Skulpturen, Grafiken, Kunstgewerbe und Antiken nach Hagen.

Nach Osthaus' Tod im Jahr 1921 erwarb der Folkwang Museumsverein die Hagener Sammlung und vereinigte sie mit der seit 1906 in Essen herangewachsenen Städtischen Kunstsammlung, die bis dahin eine uneinheitliche Sammlung von Kunstwerken des 19. Jahrhunderts umfasste. Beide zusammen entwickelten sich nun gemeinsam weiter, zunächst in der Villa Goldschmidt an der Bismarckstraße, von 1929 an in einem eigenen Gebäude, das der Krieg dann völlig zerstören sollte.

Die Ankäufe erfolgten immer auf der Höhe der Zeit, wobei das besondere Interesse des damaligen Direktors Ernst Gosebruch den Expressionisten galt. Bekanntlich schenkte auch das nationalsozialistische Deutschland den Expressionisten seine besondere Aufmerksamkeit. Die Aktion „Entartete Kunst" hat bis heute tiefe Wunden hinterlassen. Zwar gelang es, viele Werke zurückzuerhalten oder durch Vergleichbares zu ersetzen. Von den 132 geraubten Gemälden konnten aber bis heute letztlich nur 18 zurückgekauft werden.

Mit dem 1960 eingeweihten, landesweit ersten Museumsneubau nach dem Krieg erwies sich das Museum Folkwang wiederum als Vorreiter. Die Ankaufspolitik folgte der Tradition, zeitgenössische Arbeiten zu bevorzugen und sie in großen Wechselausstellungen vorzustellen. Und sie vollzog sich so schnell, dass bereits zu Beginn der 70er Jahre die Frage nach einer möglichen baulichen Erweiterung aktuell wurde, umso mehr, als dem Museum auch neue Aufgaben und Schwerpunkte zuwuchsen, etwa die umfangreiche Lehrsammlung zur Geschichte der bildnerischen Fotografie des ehemaligen Folkwang-Professors Otto Steinert, die 1978 Aufnahme ins Museum fand. Sie war der Grundstock für die fotografische Sammlung des Hauses, die mit der Aufnahme weiterer international bedeutender Sammlungen zu einem Schwerpunkt heranwuchs, der heute ebenbürtig neben den traditionellen Sammlungen des Museums bestehen kann. Der 1983 eröffnete Erweiterungsbau machte es möglich, diese bedeutende Sammlung in das Museum zu integrieren.

Die sehr zeittypisch geratene Architektur des Neubaus hat es schwer, neben der unaufdringlichen Eleganz des nun Altbau genannten 50er-Jahre-Gebäudes zu bestehen. Nach Umbau und Sanierung (1996 bis 1999), die vor allem aus sicherheitstechnischen Gründen notwendig wurden, kommt sie nun wieder voll zur Geltung. Denn es gelang, das ursprüngliche architektonische Erscheinungsbild dieses herausragenden Beispiels moderner Museumsarchitektur der Nachkriegszeit wiederherzustellen, das über Jahrzehnte durch zahlreiche unsensible Veränderungen entstellt worden war.

Die Eingangssituation des Folkwang-Museums wurde im Zuge der Erweiterung zum Museumskomplex in den 80er Jahren um eine Überdachung ergänzt, die von der Straße zum Eingang führt.

Wallraf-Richartz-Museum, Köln

Das nach dem Zweiten Weltkrieg
wiederaufgebaute und erweiterte
Museum wurde 1957 fertiggestellt.
Hier eine Ansicht des Gebäudes
aus den 50er Jahren (Architekt:
Rudolf Schwarz).

Wenn man den endgültigen Durchbruch der Idee des bürgerlichen Museums mit dem Erfolg der französischen Revolution und der Umwandlung des Königspalastes Louvre in ein Museum der Republik gleichsetzt, dann gehörte die Stadt Köln 1824 zu den ersten deutschen Städten, die eine Sammlung öffentlich zeigten und damit ein Museum begründeten. Zugleich steht die Geschichte des Wallraf-Richartz-Museums nahezu paradigmatisch für die Verbindung von Stadtentwicklung, historischer und moderner Architektur, Kunst und Kultur.

Ferdinand Franz Wallraf, Philosoph, Theologe und Mediziner und Ende des 18. Jahrhunderts Rektor der Kölner Universität, hatte seine Stadtväter schon früh wissen lassen, dass er ihr einst seine „Kunst-, Mineralien-, Malerei-, Kupferstich- und Büchersammlung" vermachen werde. Der unermüdliche Sammler folgte dabei nicht nur seinen persönlichen Vorlieben, sondern auch der mäzenatischen Überzeugung, dass Kunstwerke für die Nachwelt gerettet werden müssten. Die Stadt Köln erklärte sich nach dem Tod Wallrafs einverstanden, die Sammlung zu übernehmen. Auf der Suche nach einem geeigneten Ausstellungsort wurde man dann nach einigen Jahren der provisorischen Unterbringung auf das ehemalige Minoritenkloster aufmerksam. Mithilfe der Schenkung eines wohlhabenden Bürgers wurde es nach Plänen Raschdorffs umgebaut, erweitert und am 1. Juli 1861 eröffnet – ein früher Fall von Erhalt durch Umnutzung. Weitere Stiftungen und Geschenke ließen die Sammlung schnell anwachsen. Ihre Schwerpunkte: Malerei des Mittelalters in Köln und Malerei des späten 19. Jahrhunderts, mit Wilhelm Leibl als Mittelpunkt.

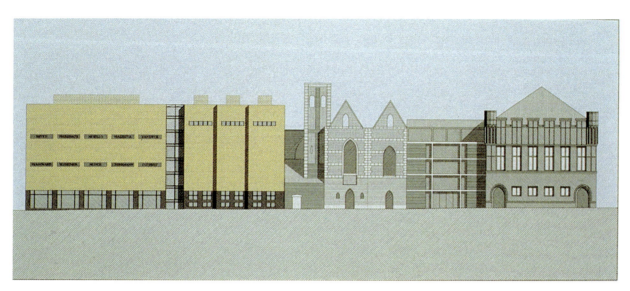

Oswald Mathias Ungers entwarf
den Neubau, der ab 2001 die
Sammlung aufnehmen wird.

Erst nach dem Zweiten Weltkrieg setzte wieder ein nennenswerter Entwicklungsschub ein, als Josef Haubrich der Stadt seine kostbare Sammlung zeitgenössischer Kunst vermachte. Der Wiederaufbau des zerstörten Museums erfolgte durch Rudolf Schwarz und Josef Bernard. Das 1957 eröffnete Gebäude darf als ein besonders gelungenes Beispiel der Integration neuer Architektur in eine historische Umgebung gelten. Spätestens nach dem Einzug der Sammlung Ludwig mit Werken der Kunst des 20. Jahrhunderts aber (1968) war auch dieses Museum wieder zu klein. Den Wettbewerb für den Neubau eines kombinierten Museum Ludwig/Wallraf-Richartz-Museum im Jahr 1975 gewannen die Kölner Architekten Busmann und Haberer. Ihr Bau in unmittelbarer Nähe des Doms, 1977 begonnen, wurde 1986 bezogen. Nur acht Jahre später musste sich das Wallraf-Richartz-Museum bereits eine neue Bleibe suchen, beide Museen gehen seither räumlich getrennte Wege.

Die Wege des Wallraf-Richartz-Museums führen in einen Neubau an historischer Stelle, der eine städtebauliche Achse historischer und musealer Bauten schließen wird, die vom Dom über das Museum Ludwig, das Römisch-Germanische Museum, das künftige Diözesanmuseum etc. bis schließlich zum Gürzenich und zur Kirche St. Maria im Kapitol verläuft. Der Neubau nach einem Entwurf von Oswald Mathias Ungers wird dem Museum im Jahr 2001 zur Verfügung stehen. Ein kubischer Gebäudetrakt, der für die Präsentation der ständigen Sammlung und der Sonderausstellung reserviert ist, ist mit der Hauptfassade und Eingangshalle zum Rathausplatz orientiert. Über Panoramafenster an den Gebäudeecken können die Besucher Bezug zum Kölner Stadtbild herstellen. Das verglaste Treppenhaus, das die Sammlungen erschließt, greift den alten Verlauf der mittelalterlichen Gasse „In der Höhle" auf. Hier lagen einst die Häuser bedeutender Künstler wie Stefan Lochner. Um den Neubau harmonisch in die Umgebung einzufügen, übernahm der Architekt das Maß der Vierung von St. Alban als Grundmodul für den Gebäudegrundriss.

Klingenmuseum, Solingen

In Pop-Art-Manier weist das ehemalige Barockkloster auf seine neue Bestimmung als Klingenmuseum hin.

Seit 1991 befinden sich die Sammlungen des Deutschen Klingenmuseums in einem sanierten und für Museumszwecke umgebauten ehemaligen Kloster in Gräfrath. Gräfrath, ein kleiner historischer Ortskern im Bergischen Land, der heute zur Stadt Solingen gehört, besitzt damit ein in kultureller wie architektonischer Hinsicht herausragendes Projekt. Die Attraktivität des Museums für Besucher liegt nicht zuletzt in der städtebaulichen Situation begründet. Das Kloster sitzt, malerisch gelegen, hoch über dem historischen Marktplatz des Ortskerns.

Das Gräfrather Augustinerinnenkloster – ein barockes Gebäude mit wechselvoller Geschichte – war schon einmal in den späten 70er Jahren als Museumsstandort im Gespräch. Die Finanzierung stand aber erst Mitte der 80er Jahre. Zwischen 1987 und 1991 fanden dann umfangreiche Sanierungs- und Umbauarbeiten statt, die der Architekt Josef Paul Kleihues durchführte. Kleihues hat sich vor allem mit Museen und sensiblen Um- und Neubauten in historischem Kontext einen Namen gemacht. Sein Museum of Contemporary Art in Chicago ist wohl das einzige bedeutende Projekt, das ein deutscher Architekt in den letzten 30 Jahren im Ausland verwirklichen konnte, noch dazu in der Architekturhochburg Chicago.

In Gräfrath blieb äußerlich – fast – alles beim Alten. Im Innenraum passen der – nach eigener Aussage – strenge Rationalist Kleihues und die barocke Architektur des Klosters erstaunlich gut zusammen. Heute präsentiert das Klingenmuseum seine neu organisierten historischen Schaustücke – wie Bestecke, blanke Waffen und Schneidwaren, alles Erzeugnisse eines im Bergischen Land über Jahrhunderte prosperierenden Handwerks – in strahlend weißen Raumfolgen. In diesen alltäglichen Dingen spiegelt sich eine bewegte Sozialgeschichte. Das deutsche Klingenmuseum ist tief in der Geschichte des Bergischen Landes und der Industrie- und Sozialgeschichte der Region verwurzelt. Es beschränkt sich aber nicht auf die Präsentation der regionalen Produktion: Aus der 1904 eingerichteten Vorbildersammlung der Solinger Fachschule für Metall wuchs durch systematische Ankäufe, Schenkungen und Stiftungen in rund einem Jahrhundert die umfangreichste Sammlung ihrer Art weltweit heran.

Rationalistische Kühle hinter
barocken Mauern: Wenn es um die
bestmögliche Ausstellungsarchitektur geht, scheut der Architekt
Josef-Paul Kleihues vor Kontrasten
nicht zurück.

Frauen Museum, Bonn

Nicht nur denkmalwerte Bausubstanz, sondern auch Gebrauchsarchitektur der 60er Jahre lässt sich erfolgreich kulturell umnutzen. Das Frauen Museum hat sich im ehemaligen Betriebsgebäude eines Textilgroßhandels in der Bonner Nordstadt eingerichtet.

Domizil des Frauen Museums ist ein Flachdachgebäude aus den 60er Jahren in einem Hinterhof in der Bonner Nordstadt. Die Bonner Nordstadt gehört zu den kleinbürgerlich strukturierten Gründerzeitquartieren, mit einem gewachsenen Neben-, Mit- und Durcheinander von Wohnungen, Handwerksbetrieben, Läden, Kneipen und Kleingewerbe. Dazu gehörte auch das ehemalige Betriebsgebäude eines Textilgroßhandels. Es sollte nach dem Auszug der gewerblichen Nutzung zunächst abgerissen, das Grundstück als öffentliche Grünfläche über einer Tiefgarage gestaltet werden. Erfolgreichen Einsprüchen einer Bürgerinitiative und ihrer Forderung, ein Bürgerforum einzurichten, ist es zu verdanken, dass diese Entwicklung verhindert wurde. So übergab die Stadt das Gebäude 1981 dem Verein „Frauen formen ihre Stadt" zur kostenlosen Nutzung. Der Verein, ein Zusammenschluss vorwiegend von Künstlerinnen, nannte es Frauen Museum, richtete darin provisorische Ateliers und Ausstellungsräume ein und widmete sich seiner Arbeit, die sich zur Aufgabe gesetzt hatte, frauenspezifische Themen im Zusammenhang mit sozialen, sozialpolitischen und ökologischen Aspekten darzustellen. Ziel sollte die Förderung der Kunst von Frauen und die Aufarbeitung und Darstellung der Geschichte und des Alltags von Frauen sein.

Ausstattung und Einrichtung des Gebäudes waren in den ersten Jahren sehr bescheiden. Da die Nutzung zunächst als Übergangslösung gedacht war, wurden keine besonderen Investitionen getätigt. Nachdem sich die Einrichtung durch erfolgreiche Ausstellungen und Veranstaltungen etabliert und der integrierte Standort als solcher bewährt hatten, konnten Mittel des Wohnumfeldprogramms für die Renovierung des Gebäudes eingesetzt werden. Eines der erklärten Ziele dieses 1984 gestarteten Programms war es, öffentliche Begegnungsstätten in den alten Stadtteilen zu schaffen, um die Defizite an Kultur-Freizeit und Kommunikationsangeboten abzubauen, und dafür vornehmlich funktionslos gewordene Gebäude und solche von Denkmalwert und stadtbildprägender Bedeutung zu nutzen.

Die Renovierung stattete das Museum mit den für einen Dauerbetrieb notwendigen sanitär- und elektrotechnischen Einrichtungen aus, ohne den Werkhallencharakter der Ausstellungsräume zu beeinträchtigen. Die Fassade wurde weiß gestrichen und erhielt einen werbewirksamen Namenszug. Eine säulenförmige Berankung schuf eine rhythmische Gliederung der schlichten Architektur. Das Dach wurde extensiv begrünt, der Eingangshof als Forum gestaltet. Die Baulücke zur Straße wurde mit einem Wohngebäude geschlossen, dessen Erdgeschosszone als großes Eingangstor zum Frauen Museum gestaltet wurde. Die Öffnung in voller Breite der Baulücke holt das Hinterhofgebäude in den Straßenraum hinein.

Gleich die erste Ausstellung nach der Renovierung „Die Bonnerinnen" wurde der bislang kommerziell größte Erfolg des Frauen Museums. Sie gilt als die bestbesuchte Ausstellung der 2000-Jahr-Feier der Stadt Bonn im Jahr 1989 und bedeutete für die bis dato nur regional bekannte Einrichtung den Durchbruch zu überregionaler Aufmerksamkeit.

Die Skulpturengruppe im Eingangshof ist zu einem festen Bestandteil der Stadtteil-Identität geworden.

Art Kite Museum, Detmold

Lichter Hangar für Kunst-Drachen.
Den Besuchern des Art Kite
Museums bietet sich ein ungewöhnliches und faszinierendes
räumliches Erlebnis.

Einen festen Ausstellungsort in einem ausge-
dienten Detmolder Flugzeughangar hat eine Sammlung
von Kunstdrachen gefunden, die seit 1988 von Japan aus
die Kunstmuseen der Welt bereiste. Auf Einladung des
Goethe-Instituts in Osaka versuchten sich internationale
Künstler in der alt-japanischen Tradition des Drachen-
bauens. Das Ergebnis der Zusammenarbeit mit den asiatischen Meistern ist eine weltweit einzigartige Sammlung,
in der sich nahezu alle Spielarten der bildenden Kunst der
Nachkriegszeit finden lassen: von den letzten Ausläufern
des abstrakten Expressionimus (Karel Appel, Emilio
Vedova) über Op-Art (Vasarely), Pop-Art (Rauschenberg),
Minimal-Art und neue Figuration bis zur Konzeptkunst. Die
Frage, wie berühmte Künstler ihre künstlerischen Auffas-
sungen in den doch etwas eingeschränkten Möglichkeiten
eines flugtauglichen Drachens verwirklichen können, hat
weltweit bislang drei Millionen Besucher interessiert.

In dem denkmalgeschützten Hangar finden die
mittlerweile 157 Stück zählenden „Bilder des Himmels" –
so der Titel der Ausstellung – mehr als ausreichend Luft-
raum, um angemessen präsentiert werden zu können:
6000 Quadratmeter Grundfläche, 12 Meter hoch und stüt-
zenfrei über eine Länge von 70 Metern.

Der für den Umbau verantwortliche Hamburger
Architekt Volkwin Marg (von Gerkan, Marg und Partner)
konnte sich auf wenige bauliche Eingriffe beschränken, um
das gigantische Raumvolumen zu inszenieren. Sein Haupt-
augenmerk lag auf der Schaffung möglichst perfekter
Lichtverhältnisse. Die ehemals durch Schiebetore ver-
schließbare Front wurde komplett verglast. Transluzente
Glaswände gliedern den Innenraum und sorgen für das
gewünschte neutrale, diffuse Licht, das die Schönheit der
bunten Papierdrachen am besten zur Geltung bringt. Ein
neuer Turm auf dem ehemaligen Flugfeld signalisiert weithin sichtbar die neue Bestimmung des Hangars, indem er
als hohe Landmarke strukturell das Prinzip von Druck und
Zug, d. h. von Druckstäben und Zugseilen zur Schau stellt,
mit dem sich die Drachen am Himmel bewegen.

Als „Zentrum für internationale Kunst" wird
sich das im April 2000 eröffnete Art Kite Museum zukünftig auch mit Wechselausstellungen, Festival, Workshops,
Tanz-, Theater- und Musikaufführungen auf dem Markt der
Kunst- und Kultur-Events behaupten. Mit seiner Verbindung von Kunst, Natur und Technologie könnte es dafür
die richtige Mischung gefunden haben.

Zeitgenössische Künstler haben sich mit großem Erfolg in der alt-japanischen Kunst des Kunst-drachenbaus versucht.

Klaus Bußmann

Stadtraum als Museum

Die Begegnung von Kunst und Bürgern

Der Titel mag die schlimmsten Befürchtungen erwecken, doch er kündigt nicht die Musealisierung der Stadt an, sondern meint das genaue Gegenteil – die Begegnung zwischen Kunst und Bürgern im öffentlichen Raum. Das Dilemma der Moderne im 20. Jahrhundert war ihre Esoterik. Sie entwickelte sich in den Ateliers der Künstler, fand – nicht immer – Eingang in die Museen, hatte über den sehr aktiven Kunstvereins- und Galeristenmarkt Zugang zu einem ausgewählten Publikum von zahlungskräftigen Sammlern. Sie hatte ein wachsendes Medienecho, sah sich aber regelmäßig konfrontiert mit einer Mauer der Ablehnung durch den Mann auf der Straße, d.h. den normalen Bewohner des Stadtraumes.

Diese Mauer zu durchbrechen war Ziel des Experiments, das 1977 in Münster gestartet wurde, einen Dialog zu stiften zwischen den Bürgern der Stadt und prominenten Vertretern der aktuellen Kunstszene. Unter der Prämisse, dass die Künstler sich auf die Geschichte, Gestalt, Struktur und Architektur einließen, um in der Form von ästhetischen Interventionen den Bürger in das intellektuelle und künstlerische Spiel mit einzubeziehen, ihn teilhaben zu lassen am aktuellen ästhetischen Diskurs und ihm zugleich die Augen zu öffnen für die Besonderheiten der eigenen Stadt. Kunst als Instrument der Stadterfahrung, Stadt als Erlebnisort zeitgenössischer Kunst – das wäre zu wenig gewesen, wenn man das Experiment in Münster nur als die Verlagerung des Museums in den öffentlichen Raum verstanden hätte. Es ging darum, einen produktiven Dialog zwischen Künstler und der von ihm selber entdeckten städtebaulichen Situation herzustellen, sodass das Resultat ohne den konkreten Kontext kaum verständlich war.

Die Erfahrungen von 1977, 1987 und 1997 in Münster beweisen, dass Künstler, wenn sie aus der geschützten Atmosphäre von Museen und Galerien entlassen werden, einen sehr spannenden Beitrag zur Frage der Urbanität im Zeichen der modernen Mediengesellschaft leisten können. Ihr geschärfter Blick auf städteplanerische Fehlentscheidungen – wie etwa bei Josef Beuys, ihr In-Frage-Stellen von tradierten städtebaulichen Maximen, ihre Entdeckungsfreude von nicht wahrgenommenen Situationen, aber auch die Fokussierung und Überhöhung architektonischer Leistungen (wie bei Richard Serras Arbeit am Münsterschen Erbdrostenhof) machen die Städte als historisch gewachsene „lieux de mémoire" erfahrbar. Sie können zugleich einen kritischen Beitrag leisten zu der Diskussion, welche Rolle die Stadt als Ort des gemeinsamen Zusammenlebens im Zeitalter von PC und Internet noch spielen kann.

Sol LeWitts „Stein des Anstoßes" vor dem Münsterschen Schloss, „Black Form – dedicated to the missing jews" mit seinem Korrelat der weißen Pyramide am Ende der barocken Achse im Schlossgarten war, ohne staatlichen Auftrag, ein adäquateres und sensibleres Monument zum Holocaust als Eisenmans megalomanischer Vorschlag für Berlin. Rebecca Horns Gegenläufiges Konzert evozierte auf beklemmende Weise im Münsterschen Zwinger die Erfahrung von Gefangenschaft, Einsamkeit und Tod. Jenny Holzers Antikriegsmonument, realisiert in der Form barocker Bänke im Schlossgarten um ein Kriegerdenkmal herum, widerlegte Morellets bekannte Diktion, dass Ausstellungen moderner Kunst wie ein Picknick seien, bei denen jeder verzehrt, was er mitbringt. Und auch der oft zitierte Aphorismus, dass die beste Skulptur im öffentlichen Raum der Schneemann sei, sollte nicht als Aufforderung zur Kapitulation verstanden werden.

Die Künstler der Gegenwart müssen sich einmischen in die Wahrnehmungsprozesse der Gesellschaft, was nicht heißt, dass Museen ihre Rolle als Schutzbereich ästhetischer Kultur und Wahrnehmung verlieren müssen. Aber auch die Museumsleute dürfen nicht weiter auf Kundschaft warten, sondern müssen aktiv an allen Fragen der ästhetischen Entwicklung der urbanen Umwelt mitarbeiten. Das bedeutet auch, dass die Museen sich nicht nur den neuen Medien öffnen müssen, sondern auch Foren für den öffentlichen Diskurs über die Stadtentwicklung und Kultur sein sollten.

Fünf Fragen an Richard Serra

„Bramme für das Ruhrgebiet" auf der Gelsenkirchener Schuren-bachhalde.

Sie haben oft in Nordrhein-Westfalen und im Ruhrgebiet gearbeitet. Was macht diese Region für einen Künstler besonders interessant?

Das Erbe und die Geschichte ihrer Kultur und ihrer Industrie.

Viele Ihrer Werke sind für eine besondere Gelegenheit und/oder einen besonderen Ort entstanden. Wie wichtig ist der Kontext, vor allem der urbane und architektonische Kontext, für Ihr Werk?

Der Ort bestimmt das Wie, das Was und das Wo.

Wie antwortet die „Bramme" auf Ihre Umgebung?

Das ist augen-scheinlich.

Gibt es einen besonderen Ort in dieser Region, an dem Sie interessiert sind, wo Sie arbeiten möchten, den Sie mit Ihrer Kunst neu gestalten oder neu definieren möchten?

Es gibt viele, an die ich denke, gerade jetzt und seit eineinhalb Jahren ist es der Barockgarten und der Kanal in Kleve.

Wie denken Sie über die Chancen, eine Industrielandschaft in eine Kulturlandschaft zu verwandeln? Und welche Rolle kann Kunst dabei spielen?

Manchmal geht es. Manchmal nicht. Das hängt vom Künstler ab, vom Kontext und von der Bereitschaft der lokalen Behörden.

Richard Serra ist in seiner Diktion ebenso knapp, rigoros und kompro-misslos wie in seiner Kunst. Seine Antworten wollen Wort für Wort gelesen werden.

Ilya Kabakov
Blickst Du hinauf und liest die Worte ...

Die Idee für die Münsteraner Installation kam mir ganz plötzlich. Es war zwei Jahre zuvor, in Genf, ein heißer Sommernachmittag. Ich gehe in diesen fantastischen grünen Park, falle in das Gras, schaue in den Himmel ... und plötzlich sehe ich diese Installation vor mir. Alles war in meiner Phantasie schon vorhanden, die Antenne, auch der Text: „Mein Lieber! Du liegst im Gras, den Kopf im Nacken, um Dich herum keine Menschenseele, Du hörst nur den Wind und schaust hinauf in den offenen Himmel – in das Blau dort oben, wo die Wolken ziehen –, das ist vielleicht das Schönste, was Du im Leben getan und gesehen hast."

Wann und wo ich das realisieren könnte, wusste ich aber nicht – bis die Einladung von Kasper König zur Münsteraner Skulpturenausstellung 1997 kam. Ich war zum ersten Mal in Münster und er zeigte mir und meiner Frau die Stadt, Plätze, die für eine Installation geeignet wären: ganz zentrale Orte, aber eben auch diesen Park, wo die Installation sich heute befindet. Es war Ende Oktober und die Bäume waren ganz kahl. Und es war sehr windig. Zuerst sah ich die Kugeln von Claes Oldenburg, dann den riesigen leeren Platz bis zur Skulptur von Donald Judd. Der Platz war einfach genial für die Antenne.

Zurück in New York habe ich dann ganz schnell drei oder vier farbige Aquarelle gemacht, alle Pläne gezeichnet und der Auswahlkommission zugeschickt. Schon nach ganz kurzer Zeit habe ich eine positive Antwort bekommen. Sogar die Finanzierung war geklärt, was ungewöhnlich ist für ein Projekt in diesem Stadium.

Nachdem wir die richtige Metallbaufirma gefunden hatten, blieb nur noch eine Schwierigkeit bei der Konstruktion: wie dünn oder wie dick die Drähte für die Schrift sein müssen. Die Proportionen der Drähte spielen die Hauptrolle in dieser Installation. Wenn sie zu dünn sind – die Antenne ist immerhin 14 Meter hoch –, dann kann man es nicht lesen. Wenn sie zu dick sind, dann ist es zu plump, eine zu primitive Idee ... Denn diese Idee, dieser Text, diese Wörter müssen blitzen ... es muss wie auf den Himmel geschrieben scheinen, als kämen sie aus dem Himmel. Es muss ein mystischer Moment sein, ein Moment der Unsicherheit: Steht da überhaupt etwas geschrieben?

Wir haben viele Experimente gemacht, bis der Effekt perfekt funktionierte und die Drahtstärke feststand: vier Millimeter.

Wirklich komisch waren zwei Begebenheiten um den Text: Der richtet sich nämlich – grammatisch betrachtet – an einen Mann: „Mein Lieber ...". Damit hatten einige ein Problem. Die hielten das für undemokratisch und für eine Unterdrückung der Frau. Kabakov mache diese Installation für Männer und nicht für Frauen. Es gab zwar keine offiziellen Proteste, aber doch sehr deutliche Anmerkungen dazu.

Die zweite Begebenheit betrifft die Frage nach dem Autor des Textes. Als ich die Installation aufbaute, musste ich die Wirkung der Buchstaben überprüfen. Ab und an nahm ich also einen Buchstaben weg oder fügte wieder einen hinzu. Dem Ingenieur, der ebenfalls mit der Installation beschäftigt war, war das sichtlich unangenehm. Immer wieder sagte er zu mir: „‚Don't touch' – Stören Sie das nicht. Verändern Sie nicht, was Goethe geschrieben hat." Ich habe das zunächst gar nicht verstanden. Bei der Vernissage dann zeigten mir Besucher eine kleine Broschüre zur Ausstellung, in der auch mein Text abgedruckt ist: „ Mein Lieber ..." Aber darunter steht: Goethe. Ich habe protestiert, aber es war zu spät. Die Leute meinten wohl, dieser Text sei so romantisch und positiv, das könne nicht zeitgenössische Kunst sein. Das müsse von Goethe sein. Natürlich bin ich darauf auch sehr stolz.

Die Drähte für die Buchstaben machten – nebenbei bemerkt – noch einigen Ärger. Ein sicherheitstechnisches Gutachten hatte nämlich festgestellt, dass es – wohl einmal in 100 Jahren – eine Wetterkombination geben könnte, in der die Drähte vereisen und so schwer werden, dass die ganze Antenne umfällt. Wir mussten die Installation tatsächlich beheizbar machen, um die Genehmigung zur Aufstellung zu bekommen.

Heute ist es ein sehr populärer öffentlicher Platz. Und was mir daran besonders gefällt: Das ist das einzige Kunstwerk, das ich kenne, bei dem man sich hinlegen muss, um es zu betrachten: eine Kombination von Kunst und Erholung, Kunst und Witz.

Das bislang einzige Kunstwerk, bei dem man sich hinlegen muss, um es zu betrachten

Meine Idee von einem Kunstwerk ist eigentlich gar nicht modern, sondern sehr romantisch. Vielleicht sogar die absolute Konteridee zur modernen, oder sagen wir besser: modernistischen Kunst. Modernistische Kunst ist pathetisch. Der Künstler ist Prophet, Genie: Seht, das bin ich. Das ist mein persönliches Werk. Es ist etwas Besonderes. Wie der Ort heißt, an dem es sich befindet, und wer ihr seid, die ihr es anschaut, und ob ihr mich versteht, das ist mir egal.

Für mich ist es umgekehrt. Der Ort sagt, was er braucht. Der Künstler spielt gar keine Rolle. Wenn jemand ein gutes Buch geschrieben hat, fragen Kinder nicht nach dem Autor. Die Installation soll eine ganz alltägliche Sache sein, die man wahrnimmt, als sei sie immer dort gewesen, ein normaler Teil dieses Ortes und der historischen Situation. Der ideale Betrachter wäre jemand, der davor steht und gar nicht weiß, von wem es ist, vielleicht nicht mal, ob es überhaupt einen Urheber hat. Eine sehr romantische Idee. Ich mache Kunst für ganz normale Leute, nicht für Wissenschaftler oder Kritiker.

Ich brauche den Ort. Ich fühle mich eher als Medium des Ortes. Ich höre, sage aber nichts. Die Historie eines Ortes spricht so stark und so klar. Für mich hat das Historische etwas sehr Positives, das Heute ist viel nervöser und aggressiver. Mein Kunstwerk funktioniert also nur an diesem Ort, es ist kein selbstgenügsames Objekt, es wird Teil des Ortes und gehört zum Kontext.

Was man sieht oder hört, trifft zuerst auf die Erinnerung, das Gedächtnis. Das ist der wichtigste Punkt: Es trifft auf etwas, was man schon kennt. Und so scheiden sich die Positionen in der Kunst. Die erste Position arbeitet mit der Erinnerung, mit dem Gedächtnis und mit dem Kontext des Ortes. Das modernistische Prinzip tut hingegen so, als sei da gar keine Erinnerung und sucht den Schock, das Neue um jeden Preis. Vielleicht sollte Kunst aber gar nicht irritieren, sondern etwas Bekanntes evozieren, Bilder im Kopf herstellen, Erinnerungen zutage fördern. Bilder nicht nur eines individuellen Gedächtnisses, sondern auch eines sozialen und eines kollektiven Gedächtnisses. Das halte ich für besonders wichtig.

(Ilya Kabakov im Gespräch mit Holger Everz im April 2000 in Bern / Übersetzung: H.E.)

Ein besonders schönes Beispiel für Kabakovs Auffassung von Kunst ist „The Weakening Voice", eines von drei Projekten für Colle di Val D'Elsa in der Toscana: eine römische Säule, die aussieht, als würde sie in der Erde verschwinden. Obenauf – ebenfalls aus Marmor – eine aufgeschlagene Buchseite mit italienischer Inschrift: „Ich habe den Tempel mit meiner Höhe gehalten / Die Zeit ist grausam gewesen und von mir ist nicht einmal mehr die Hälfte verblieben / Die Jahre fliehen davon und ich werde bald ganz von der Erde bedeckt sein / Und du wirst über mich hinwegwandern und mich nicht einmal mehr bemerken."

Klaus Weise
Der Himmel brennt!

Betrachten wir es einmal als Liebesverhältnis, das Verhältnis von Menschen zu Städten: Rom kann man lieben, Paris auch oder London, selbst München und Hamburg, aber welche Stadt im Ruhrgebiet sollte man lieben? Keine! – Es sei denn aus Gründen schwersten Patriotismus. Wenn schon, dann kann man „das Ruhrgebiet" lieben. Doch diese Liebe ist keine auf den ersten Blick. Um das Ruhrgebiet zu lieben, muss man den Fußball lieben, den Tresen, die eigenwillige Grammatik der Sprache und den ihr innewohnenden Witz (Frage: „Wem gehört der Moped?" Antwort: „Ich"), die Idylle des Ruhrtals ebenso wie die der Emscher, Schrebergärten und Industriebrachen, Assauer und Minipli. Kurzum: Man muss den Dünkel hassen und die Offenheit lieben!

Als ich Anfang der 00er Jahre nach Mülheim a. d. Ruhr kam, sah ich von einem Hügel auf Oberhausen herab: Vom Widerschein der Hochofen glühte der Himmel. Als Flüchtlingskind im Erleben von Katastrophen geschult, rannte ich nach Hause und erzählte meinen Eltern: „Der Himmel brennt!". Ein ähnlich intensives Naturerlebnis hatte ich erst Jahre später beim Anblick der Alpen, und so hatte es eine gewisse Folgerichtigkeit, dass es mich zum Studium nach München zog, nicht unbedingt mit dem Drang, ins Ruhrgebiet zurückzukehren. Als Anfang der 90er Jahre mit der Schließung des Musiktheaters der Aufbau des Schauspiels in Oberhausen einherging und ich in die verlassene Heimat zurückkehrte, wurde uns ein schneller Tod vorausgesagt. Es kam, Gott sei Dank, anders. Warum?

Ohne Talent und Glück, ohne die weder im Leben noch in der Kunst sich irgendetwas Spannendes ereignet, hätten auch wir Schiffbruch erlitten. Doch es kam etwas hinzu: Wir waren und sind neugierig auf Land und Leute an der Ruhr, neugierig auf die Topographie des Ruhrgebiets und die Seelenlandschaft seiner Bewohner. Und diese Neugierde, noch lange nicht Liebe, versuchten wir auf die Bühne zu bringen.

Anders formuliert wurde schnell klar, dass wir uns inhaltlich und ästhetisch absetzen müssen von dem, was an den Münchner Kammerspielen zu sehen ist oder in Bremerhaven. Immer noch fragen wir uns, warum außer dem Dirigenten Kloke und dem Regisseur Peter Zadek bislang keiner der Theatermacher im Revier die ungeheure Theatralität von Land und Leuten im Ruhrgebiet wahrgenommen und sie ästhetisch umzusetzen versucht hat. Da sind die Industriebrachen als Zeichen des äußeren und der Identitätsverlust als Zeichen des inneren Zusammenbruchs.

Doch in jeder Krise schlägt die Stunde des Theaters, wenn sie nicht nur als leidvoll, sondern auch als kreativ-energiegeladen empfunden wird. Innerhalb von 200 Jahren ist das Ruhrgebiet entstanden, hat Weltbedeutung erlangt und ist schließlich implodiert – doch der Mythos Ruhrgebiet lebt.

Zuerst mussten die Menschen aus aller Herren Länder lernen, sich zu verständigen, miteinander und nicht gegeneinander zu arbeiten, und als sie das gelernt hatten, mussten sie erfahren, dass man sie nicht mehr braucht und als Kohlepfennig-Empfänger nicht mehr will. Noch eines kommt hinzu: Während im Berufsleben Erfolg oft mit Misstrauen und Egoismus gepaart ist, war die Arbeit im Revier oft bestimmt von Solidarität und gegenseitigem Vertrauen. Nicht etwa, weil der Ruhrpottler der bessere Mensch ist, sondern weil die Ausübung seiner Tätigkeit diese Eigenschaften erfordert: Der Hochofen durfte rund um die Uhr nicht erlöschen, und unter Tage war jeder von der Zuarbeit seiner Kumpel abhängig, sonst drohten Einsturz und Schlagwetterexplosion.

Wie dieser rasante Wandel vom Aufstieg zum Fall des Ruhrgebiets in seiner Geschwindigkeit nicht immer innerlich nachvollzogen werden kann, davon berichten die Menschen hier und der Glanz der Industriekathedralen leuchtet noch jenseits ihrer ursprünglichen Funktion.

Was haben wir getan? Wir haben die Industriedinosaurier wie Gasometer, Halde Haniel und Emscher-Klärwerk mit Kultur reanimiert und unsere Zuschauer stolz auf ihre Geschichte gemacht, sie ernst genommen mit Themen und Formen, die sie meinen und von denen sie sich gemeint fühlen. Diese Haltung eines Theaters, das das Publikum meint und will – durchaus auch in kritischer Distanz – ist nicht nur Konzept unserer Außenproduktionen, sondern auch der Aufführungen auf unserer Bühne. Die Direktheit der Menschen im Ruhrgebiet auf der Bühne und im Zuschauerraum zu erleben, ist wunderbar und zukunftsträchtiges Kapital bei der Umgestaltung der Region.

Ruhrfestspielhaus, Recklinghausen

Die Ruhrfestspiele haben sich aus bescheidenen Anfängen zu einem der großen europäischen Theaterfestivals entwickelt. Das Festspielhaus aus dem Jahr 1965 ist nach der grundlegenden Sanierung 1997 ein Spielort für das Theater, aber auch ein Standort für Tagungen und Kongresse.

Der legendäre Handel „Kohle für Kunst, Kunst für Kohle" hatte die Ruhrfestspiele aus der Taufe gehoben. Als Dank für Kohlelieferungen aus dem Ruhrgebiet initiierten Künstler des Hamburger Schauspiels 1947 die ersten Aufführungen zunächst im Städtischen Saalbau der Stadt Recklinghausen. In den 60er Jahren entschied sich die Stadt, ein eigenes Haus für die Spiele zu bauen. So schufen die örtlichen Architekten Felix Ganteführer und Fritz Hannes im Stadtpark einen monolithischen Block mit fast pathetischer Wirkung, der mit rund 1000 Plätzen eines der größten Theater in Nordrhein-Westfalen wurde.

Während das kulturelle Programm im Laufe der Jahrzehnte immer wieder verändert und dem Zeitgeschmack angepasst wurde, kam das Gebäude allmählich in die Jahre. 1993 entschloss sich die Stadt Recklinghausen, die erforderliche Sanierung mit einem grundlegenden Umbau des wenig einladenden und unfunktionalen Eingangsbereichs zu kombinieren und das Haus zu einem Kongressstandort auszubauen. Es sollte ein bürgernaher und kunstfreundlicher Ort entstehen, der durch seine Architektur der Tradition, aber auch der heutigen Bedeutung der Ruhrfestspiele als ein europäisches Festival gerecht wird.

Die Lösung der architektonisch schwierigen Aufgabe wurde in einem Wettbewerb ermittelt. Die Aufgabenstellung an die Architekten sah vor, alle möglichen Formen von Kulturveranstaltungen, Tagungen, Seminaren, Kongressen, Ausstellungen und Messen im Festspielhaus zu ermöglichen. Um diesen Anforderungen zu entsprechen, waren gravierende Einschnitte in die bauliche Gestalt des alten Hauses notwendig. In dem mit dem 1. Preis ausgezeichneten Entwurf der Stuttgarter Architekten Auer, Weber und Partner wich die abweisende Monumentalität einer offenen und transparenten Architektur. Wie ein Wintergarten öffnet ein lichtes Glashaus das Gebäude zum Stadtpark. Ein neues Vordach aus Aluminium-Lamellen wirkt als Kontrapunkt zum massiven Altbau. Auch im Inneren musste manche massive Wand einer leichten Glaskonstruktion weichen. Die aufwendig erneuerte und ergänzte technische Ausstattung kann allen gewünschten Nutzungen gerecht werden. Und die Ruhrfestspiele, seit 1990 unter der Leitung von Hansgünther Heyme, haben wieder einen festen Spielort, in einem Haus mit unverwechselbarem Charakter und großer Ausstrahlung.

Die Ruhrfestspiele und ihr Theater, das Recklinghäuser Ruhrfestspielhaus, haben sich ebenso stark verändert wie das Ruhrgebiet selbst. In dem grunderneuerten Haus (Architekten Auer, Weber und Partner, Stuttgart) werden Inszenierungen von Weltniveau gespielt, z. B. von Robert Wilson.

Theater an der Ruhr, Mülheim an der Ruhr

Wie kein zweites Theater in Nordrhein-Westfalen hat sich das Theater an der Ruhr durch konsequente konzeptionelle Arbeit einen Namen gemacht. Roberto Ciulli und Helmut Schäfer gründeten das Ensemble im Jahr 1981 in der Überzeugung, dass Theater auch einen gesellschaftlichen Auftrag hat. In der multikulturellen Gesellschaft von heute sehen sie diesen Auftrag vor allem in der Integration von Minderheiten oder fremden Kulturen und im interkulturellen Austausch. Die Stücke werden oft mehrsprachig gespielt, an den Inszenierungen wird auch nach der Premiere noch über viele Spielzeiten hinweg weitergearbeitet.

Mülheim bot Asyl, als das Theater Pralipe, das einzige europäische Roma-Theater, infolge des Krieges in Jugoslawien in seiner Existenz bedroht war. Seit 1991 gehört das Pralipe fest zum Theater an der Ruhr. Um die Aufmerksamkeit auf Theater zu richten, das gewöhnlich nicht im Mittelpunkt des Interesses steht, wurde das Projekt „Theaterlandschaften" ins Leben gerufen. Bislang wurden Polen und Jugoslawien, Russland und die Türkei vorgestellt. 1998 hat das „Seidenstraßen-Projekt" mit Ensembles aus Ägypten, Syrien, Iran und Usbekistan begonnen.

Das ehemalige Kurhaus des Solbades am Mülheimer Raffelbergpark stand dem Theater von Anfang an zur Verfügung. Es wurde zunächst vor allem für Proben genutzt, Aufführungen im alten Kursaal blieben die Ausnahme. Hauptspielstätte war die Mülheimer Stadthalle. Bereits Ende der 80er Jahre zeichnete sich die Möglichkeit ab, das Kurhaus zu einer eigenen festen Spielstätte umzubauen. Nachdem Gutachten die Eignung für einen dauerhaften Theaterbetrieb bestätigt hatten, wurde es zwischen 1994 und 1997 saniert.

Damit fand die wechselvolle Geschichte des Solbades, das immer wieder in wirtschaftliche Schwierigkeiten geraten war, doch noch ein gutes Ende. Durch die Umnutzung ist es zudem gelungen, ein weitgehend unbeschädigt erhaltenes, wichtiges Zeugnis der Architektur- und Stadtgeschichte Mülheims dauerhaft zu sichern. In der zwischen 1906 und 1908 geplanten und bereits 1909 fertiggestellten Anlage finden Historismus, Jugendstil und Gartenstadtideal zu einer ebenso ungewöhnlichen wie ausgewogenen Einheit zusammen. Seit 1987 stehen die Gebäude des Solbades unter Denkmalschutz. Als notwendige bauliche Ergänzung wurde dem Kurhaus lediglich ein neues Foyer vorgestellt, um den Theatersaal unabhängig von den Betriebsräumen des Theaters nutzen zu können. Die Stahl-Glas-Konstruktion setzt sich deutlich von der historischen Bausubstanz ab und belässt ihr so den ästhetischen und denkmalpflegerischen Eigenwert.

Eberhard Kloke
Musik-Kultur im Ruhrgebiet:
ein Stück Imaginärer Raum

1990 stand ich mit der Idee und Forderung, aus der Jahrhunderthalle einen Ort der kulturellen Aktion und Begegnung zu machen, allein, umgeben von einer Schar abwehrender und ablehnender Stadt-, Presse- und Kulturvertreter. Es folgten einige spektakuläre und erfolgreiche musikalisch-szenische Produktionen, die eben nicht ein x-beliebiges Konzert/Theater/Kultur-Ereignis mittels des Aufführungsortes „Jahrhunderthalle" in ein so genanntes publicityträchtiges Event verwandelten. Vielmehr gelang es allmählich, die Jahrhunderthalle und die auf sie bezogenen Musikprojekte zu einem Symbol für Veränderung von Musik-Kultur und Musik-Rezeption zu machen. Dabei ging es immer konkret um die Herausforderung, die besonderen Erfordernisse und extremen Gegebenheiten des Raumes Jahrhunderthalle wie Raumdimension, Akustik (Nachhallzeit!), Temperatur- und Lichtverhältnisse in die konzeptionelle Überlegung einzubeziehen und eine angemessene Antwort in Programm und Realisierung zu finden. Aus der Primärerfahrung Jahrhunderthalle folgten einige weitergehende und spannende Raum-Erfahrungen in Duisburg, Essen und Hamm und woanders in Deutschland.

Theater, Musik und bildnerische Kunst finden heute nicht mehr ausschließlich in Räumen wie Opernhaus, Konzertsaal und Museum statt. Die Kunst im öffentlichen Raum hat seit vielen Jahren einen festen Standort in den Konzepten zukunftsweisender und lebendiger Stadtentwicklung. Nicht in der räumlichen, bisweilen auch spektakulären Verlagerung derselben künstlerischen Inhalte, sondern in der konzeptionellen Erweiterung und programmatischen Schärfung liegt das Potenzial der Neuverortung der Künste. Meine Musikprojekte im Ruhrgebiet haben dieses Potenzial vielfältig genutzt und damit den Weg bereitet für das Modell eines nicht-institutionellen Musiktheaters:

Der Imaginäre Raum

Der Imaginäre Raum bündelt interdisziplinäre, intermediale und ortsübergreifende Ideen und Konzepte und verschweißt sie zu einem Netzwerk. Er ist inhaltlich zu verstehen als Modell für eine konzeptionelle, aufführungspraktische sowie rezeptionsästhetische Erneuerung der Musik- und Theaterszene.

Begriffe wie „Inszenieren von Musik", „Visualisieren von Räumen" und „Komponieren von Bedeutungszusammenhängen" sind die äußeren Vorgänge, mittels derer der Imaginäre Raum zu neuer Auseinandersetzung innerhalb der Künste führen soll.

Ziel ist es, vom Kraftzentrum der Musik ausgehend eine grenzüberschreitende Idee unter Einbeziehung von musikalischen bzw. musikalisierten Erlebniswerten aus anderen Kunstsparten, dem Theater, der bildenden Kunst, der Architektur und der Literatur programmatisch und aufführungspraktisch umzusetzen. Ausgangspunkt und Moti-

Ein Schwerpunkt meiner Arbeit im Ruhrgebiet in den Jahren 1988 bis 1995 und 1999 bestand darin, neue Räume jenseits der existierenden etablierten Kulturorte-Industrie in die konzeptionell-programmatischen Überlegungen einzubeziehen. Dabei spielten Orte und Räume der Industriegeschichte eine initialzündende Rolle. Dass eine Erneuerung konventionell gewordener Darbietungs- und Rezeptionsformen der Musik in diesen noch unverbrauchten Kulissen besonders radikal und dennoch publikumswirksam funktionieren kann, haben Konzert- und Musiktheaterzyklen wie „Ein Deutscher Traum" (Leipzig, Weimar, NRW, 1991), AufbrechenAmerika (USA; Polen, NRW, 1992/93), Weltmusiktage (Ruhrgebiet, 1995) und „Jenseits des Klanges" (Ruhrgebiet, 1999) bewiesen. Die Programme sind unmittelbare Antworten auf Herausforderungen der jeweiligen Räume und Landschaften/Orte in Übergangsprozessen und spiegeln damit eine Musik/Raum/Zeit-Geschichte Ruhrgebiet. Industriebrachen als zu entsorgende Stadt-Bild-Störfaktoren auf der einen sowie neue Identität schaffende, restaurierte Industrie-Monumente auf der anderen Seite sind die zwei Pole der Veränderungsmedaille. Brüche, Risse, Unvereinbarkeiten sind die problematischen und zugleich faszinierenden Kennzeichen des Kulturstandortes Ruhrgebiet.

Das Engagement Eberhard Klokes hat den Industrie-Raum Ruhrgebiet für die Musik neu erschlossen. Die IBA endete 1999 mit dem Zyklus „Jenseits des Klanges", darin u. a. ein Edgar-Varèse-Konzert im Duisburger Landschaftspark (rechts) und ein Goethes „Erlkönig" gewidmeter Abend in der Maschinenhalle Hamm (links).

vation für eine radikale inhaltliche Richtungsänderung sind Skepsis und Misstrauen, dass die neuen – geschweige denn die traditionellen – Werke der Musiktheater-Literatur den ästhetischen Stand zu Beginn des 21. Jahrhunderts ausreichend reflektieren oder beleuchten können. Die rasante Entwicklung der optischen und akustischen Medien, die vielfältigen Möglichkeiten von Information, Vernetzung und Mobilität und die damit verbundene Veränderung des Rezeptionsverhaltens zwingen die an der Tradition orientierten performing arts, neue Wege von Programm, Ästhetik und Vernetzung zu erproben.

Der Imaginäre Raum stellt sich mit zwölf Positionierungen erweiterter Musikkonzepte – „vom leeren Raum zum imaginären Theater" – dieser künstlerischen Herausforderung.
– In den Stunden des Neumondes
– Éclairs sur l´Au-Delà...
– Zeit Schnitt
– Klang Wand. LiebesTod
– Das Urteil
– Blaubart-Sequenzen
– Bild Beschreibung
– Der Gelbe Raum
– Salomé-Blende
– Rheingold und
– Schweigen der Sirenen
– Winter Reise
– Mahler-Spiegel

In den nächsten drei Jahren werden die Grundelemente der Projektreihe in vielfältigen Kombinationen an verschiedenen Orten in Deutschland auf Kooperations- oder Koproduktionsbasis realisiert.

Der Imaginäre Raum als Grundkonzept und zugleich Kontext jedes Einzelprojekts kann virtuell im Internet unter den Adressen www.imaginaerer-raum.de und www.musikakzente.de nachvollzogen werden. So ist der Imaginäre Raum in seinen verschiedenen Realisierungsphasen gleichsam imaginär wie virtuell und passiert unabhängig von konkreten Orten und Räumen immer als Ganzes.

Choreographisches Zentrum NRW, Essen

Die ehemalige Zeche Zollverein im Essener Norden gehört seit einigen Jahren zu den herausragenden Kulturstandorten des Landes. Das verdankt sie vor allem dem berühmten Schacht XII und seiner dem Funktionalismus verpflichteten Architektur. Das zwischen 1927 und 1932 erbaute Werk gilt weltweit als eines der Hauptwerke der Neuen Sachlichkeit im Industriebau. Die behutsame Sanierung des denkmalgeschützten Ensembles und die Ansiedlung renommierter und öffentlichkeitswirksamer Einrichtungen das ehemalige Kesselhaus wurde nach einem Entwurf Norman Fosters zum Design-Zentrum NRW umgebaut – haben den Ruf als Kultur-Zeche begründet. Von ihrer Attraktivität profitieren auch andere Institutionen in unmittelbarer Nähe von Schacht XII.

Eine der jüngsten Einrichtungen der „Kultur-Zeche" ist das Choreographische Zentrum NRW. Standort ist die ehemalige Waschkaue des 1847 von Franz Haniel gegründeten Schachtes 1/2/8 der Zeche Zollverein. Das Choreographische Zentrum will in erster Linie Arbeitsstätte für Choreographen und Tänzer sein. Der Nachwuchs soll in den umgebauten und mit aufwendiger Technik ausgestatteten Räumen ungestört erste eigene Produktionen entwickeln und auch aufführen können.

Die passende Architektur, so der Architekt Christoph Mäckler, habe er bereits vorgefunden – einen offenen Raum für den Tanz. Sein Umbau betont diese Offenheit der Raumstruktur und lässt Wände und Decken unangetastet. So blieb der spezifische, fast ruppige Charme des Ortes erhalten. Um die Waschkaue zur Spielstätte zu machen, wurde lediglich ein Tanzboden eingebaut, auf eine traditionelle Guckkastenbühne wurde verzichtet. Dadurch kann sich das Innere des grenzenlosen Raumes, je nach Wunsch der Choreographen, ausdehnen oder zusammenziehen. Choreographen und Tänzer verfügen auf Zollverein nun über einen gut 900 Quadratmeter großen Veranstaltungsraum, einen kleineren Vorführraum und zwei weitere Studio- und Übungsräume. Ein in Kooperation mit der Folkwang-Hochschule erarbeitetes Aus- und Weiterbildungsprogramm bietet ergänzend Workshops und Kurse an.

Im Juni 2000 wurde das Choreographische Zentrum den Nutzern übergeben. Gleich anschließend hatte es seine erste Bewährungsprobe mit der Ausrichtung der renommierten Essener Tanzmesse zu bestehen.

Leerraum für die Fantasie: Der
Frankfurter Architekt Christoph
Mäckler richtet in der
„Kulturzeche" Zollverein ein
Zentrum für Choreographen ein.

Tanzhaus NRW, Düsseldorf

Freie Kultur in festen Räumen: Das Tanzhaus NRW hat ein altes Straßenbahndepot in Düsseldorf für den Tanz hergerichtet.

Wie gut sich Industriearchitektur für kulturelle Nutzungen eignet und mit welch verhältnismäßig geringem Aufwand sie dafür hergerichtet werden kann, zeigt auch ein 1893 errichtetes Düsseldorfer Straßenbahndepot. Die darin untergebrachte „Werkstatt" ist eines der ältesten und größten freien Kulturzentren in Nordrhein-Westfalen und zudem eines, das sich ausschließlich einem Thema widmet: den unterschiedlichen Tanzkulturen des zeitgenössischen Tanzes.

Begonnen hat die Geschichte der Werkstatt im Jahr 1977 mit einem Gründungs-Manifest. Getragen vom kulturkritischen Geist der 68er Jahre wollte man daran erinnern, dass Tanzen auch etwas ganz anderes sein kann, als Tanzschule und Opernballett vermitteln: nämlich Ausdruck der eigenen Persönlichkeit durch körperliche Bewegung. Mehr als zwei Jahrzehnte hat die Werkstatt dann erfolgreich Bewusstsein (und Körper) der Öffentlichkeit in diesem Sinne verändert, mit einem Programm, das von Tanzkursen bis zu Ballettpremieren reicht und zu zeigen versucht, dass Breitenkultur und Avantgarde kein Widerspruch sein müssen.

Als der Verein seinen 20. Geburtstag feierte, hatte bereits eine neue Epoche für ihn begonnen. Mit dem 1997 fertiggestellten Umbau des nicht mehr genutzten Straßenbahndepots zum Tanzhaus NRW bekräftigte man in gebauter Form das schriftliche Manifest der 70er Jahre: „So könnte der konkrete Ort aussehen, an dem wir die Zukunft des Tanzes mitgestalten wollen."

Drei Bühnen stehen ausschließlich für Aufführungen zur Verfügung und bieten genügend Kapazität für das deutlich ausgeweitete Programm. Internationale Gastspiele, Eigen- und Koproduktionen haben in der ersten Spielzeit rund 20 000 Besucher angezogen hat.

Das Tanzhaus in seiner neuen Konstellation als Bühne, Tanzschule und Kommunikationszentrum ist zugleich Standort europäischer und weltweiter Institutionen des Tanzes. Es existieren Kooperationen mit dem European Dance Development Center, der Europäischen Akademie für Film, Tanz und Theater und der World Dance Alliance.

Wolfgang Suttner
Kultur muss zärtlich machen
Stadtkultur gegen Verwaltungsphänomene und Leasingkulturen

Die eine Stadt ist gesichtslos, ohne Ambiente und Besonderheiten, eine Schlafstadt, eine Autostadt, eine Betonstadt, plattgemacht im Zweiten Weltkrieg und hektisch wiederaufgebaut. Die andere Stadt ist mit viel altem Gemäuer belastet und wird von einem kulturellen Mythos regiert. Salzburg, Heidelberg oder Weimar wären hier als Beispiele zu nennen.

In Salzburg erdrücken Touristenfluten das Originale, die Vielfalt und das wirkliche kulturelle Leben. Internationalität zeigt sich in buntgekleideten Touristen aller Herren Länder, die aus Bussen quellen und in allen Schaufenstern die gleichen regionalen Spezialitäten begaffen: Mozart und Mythos, eine fatale Kombination. Salzburg, das größte Mozart-Kugellager der Welt. Eine Stadt, in der die Einheimischen die Innenstadt kaum noch betreten und wenn, dann mit einem Anstecker am Revers: „Ich bin kein Tourist, ich lebe immer hier." Für die Entwicklung einer kulturellen Identität kann hohe Attraktivität auch ein Standortnachteil sein.

Unbekanntere und unterprofilierte urbane Räume haben eine Chance zur guten, aktiven Entwicklung. Hier stoppt kein Mythos die Innovation. Am besten haben es Städte zwischen den Gegensätzen gesichtslos und überprofiliert. Hier kann ein neues, kulturelles Stadtbewusstsein leichter entstehen.

Geschichte und Emotionalität

Die Identität einer Stadt, zum Beispiel als Handels- oder Hafenstadt, ist oft historisch gewachsen, kann aus der Industriegeschichte kommen oder von einer Universität profitieren. Gerade in der Geschichte, dem Heimattypischen, liegt viel Potenzial für das Schaffen einer Identität. Es muss ja nicht in Tümelei ausarten. Urbane Identität kann aus Kultur kommen, ja sogar das Markenzeichen einer Stadt erschaffen. Zu denken ist an die documenta in Kassel oder die Festspiele in Schwäbisch Hall. Kulturelle Identität kann in Städten auch neu entdeckt, weiterentwickelt und gefördert werden. Dies braucht Visionen und Entschlossenheit, einen Blick oft weit zurück und weit nach vorn.

Eine Basis sollte vorhanden sein: Eine Stadt der Musik formt sich durch gute Orchester, viele Musikvereine und Chöre; mit Open-Air-Ereignissen in der Stadt wird das Thema hör- und fühlbar. Eine Stadt kann ihre Industriegeschichte (neu) entdecken, so Siegen in Nordrhein-Westfalen, wo die Herstellung von Eisen entwickelt wurde.

Aber dieses spannende Thema wird in der Region kulturell kaum erlebbar. In einer Stadt der Kunst kann eine Akademie Impulse bringen. Es siedeln sich dann Galerien und offene Ateliers an, vielleicht entsteht sogar eine Kunstbiennale. Von den Zeitläuften begrabene Figuren, Geschichten, Symbole können wiederentdeckt, kommuniziert und in Stadtkonzepte umgesetzt werden. Nicht überall gibt es einen Rattenfänger von Hameln oder einen Till Eulenspiegel. Fast überall aber gibt es verschüttete Geschichten und Sagenfiguren. Identitäten können auch bei aktiven Persönlichkeiten wie Sammlern oder Künstlern anknüpfen. Ebenso haben Spezialmuseen eine große Attraktivität. Es gibt Städte, die haben ein Knoblauchmuseum, ein Stecknadelmuseum oder das größte Radiomuseum der Welt, in der westfälischen Stadt Bad Laasphe, im Kreis Siegen-Wittgenstein. Aktive Sammler können eine Stadt beleben und ihr sogar Probleme machen. Man denke nur an Lothar Günther Buchheim, der eine bayerische Stadt deswegen in Angst und Schrecken versetzte, weil man durch das Museum, das er dort bauen wollte, zu viele Besucher befürchtete.

Alle Sparten der Kultur fördern Selbstheilungskräfte, sind Bestandteile einer Stadtidentität. Dies ist ein langer und bisweilen mühsamer Weg, der Mut erfordert, der Machen verlangt und später auch Marketing. Wenn man so will, eine Trias der 3 Ms. Kultur gehört in die Stadt, muss ständig sichtbar und erlebbar sein, braucht Katalysationsfaktoren und Erlebnisorte. Kultur in der Stadt ist nicht das Möblieren von städtebaulich verdorbenen Plätzen mit Skulpturen, egal ob pro oder contra Bürgergeschmack. Kultur mit Identität ist nicht das alljährliche Sommerfestival in städtischen Parks, das über viele Wochen abends plätschert und wie eine Abo-Reihe im Theater wirkt. Kultur in einer Stadt ist nicht das bunte Straßentheater auf einem kalten und abseits gelegenen Platz.

Neue Stadtkultur traut sich Visionen und Ideen, vernetzt kreative Kräfte und findet dabei ein Stadtthema, das sich von anderen abhebt und unter Umständen sogar ein Alleinstellungsmerkmal hat. Solche Stadtkulturen gewinnen langsam Gestalt, setzen sich in den Köpfen und Herzen fest und gewinnen Inhalte und bauliche Formen. Emotionalität gehört in jede Stadt. Gefühl! Kultur und ihre vielfältigen Schattierungen bringen und erwecken Gefühle. Fritz Rau, der große Konzertimpresario, sagte einmal: „Kultur muß zärtlich machen. Für mich ist ein gutes Konzert wie eine Kur." Sollte nicht sogar die Stadt als ein Erlebnisort auch ein Spiegelbild des Lebenszyklus sein und Begriffe wie Entstehen, Leben und Vergehen symbolisieren, die „Stadt als Glücksstation" (Claudius A. Schmitz). Vielleicht ist die ideale Stadt sogar Platz für das Brüchige, das Unperfekte, das Chaos. Darf eine Stadt, die wir als einen Organismus betrachten, nicht sogar den Tod deutlich machen? Nicht zuletzt sind es Friedhöfe, die in Städten wie Wien und Paris Menschen faszinieren und anziehen.

Verwaltungsphänomene

Kränkelnde oder schlecht wirksame Stadtkultur bzw. Kultur in der Stadt leidet oft an Verwaltungsphänomenen oder an Leasingkulturen. Verwaltung ist eine beliebte Zerstörungsform für städtische Kulturidentitäten, wie sie von Verwaltungen auch heute noch gepflegt wird. Die handelnden Mitarbeiter sind vom Ordnungs- oder Friedhofsamt in die Kulturabteilung versetzte Akten- und Vermerkfanatiker. Auch politische Günstlinge finden sich dort. Kulturamtsleiter und auch Dezernenten leiden oft an einem Mangel an Vitamin I(deen) und V(isionen), ein kulturelles Krankheitssyndrom, das einhergeht mit einem Ersticken von Ansätzen im Keim, mit Argumenten wie „keine Termine", „kein Geld", „im politischen Raum nicht opportun".

Verwaltung ist gekennzeichnet durch ständiges Aufziehen von Schubladen, wie „haben wir schon" oder „brauchen wir nicht". Künstler, Kulturschaffende und ehrenamtliche Veranstalter werden als Bittsteller empfunden und nicht als Kreativpotenzial gesehen. Bisweilen werden sie vom Verwalter mit kleineren Zuschüssen beruhigt. Viele Stadtverwalter, die bewegen und positiv steuern könnten, begreifen kulturelles Leben leider als Last und nicht als Lust. Hier wird auch oft aufs Projektminus hingearbeitet: „Die größte Aktivität ist Defizithuberei, die aus dem alten kameralistischen System der Kommunen herrührt, nach dem Einnahmen nicht dem Projekt zugerechnet werden, sondern in den Taschen des Kämmerers verschwinden. So ist auch heute städtische Kulturarbeit oft gegen den Verkaufserfolg ausgerichtet. Eintrittskarten werden nur lieblos verkauft und städtische Publikationen nicht richtig vertrieben. Viel zu viele teuer gedruckte Broschüren und Kataloge vergammeln mangels Vertriebsideen in kommunalen Kellern, Millionenwerte liegen auf Halde.

Leasingkultur

Leasingkultur, nach Zerwaltung der zweite Minuspunkt, ist aufgesetzte Kultur: im Paket gekaufte Ausstellungen oder Tourneetheater: Das Hannes-Wader-Syndrom: „Heute hier, morgen dort", dazu die volkstümliche Hitparade in der Stadthalle. Auch gute Tourneekultur leidet unter der Flüchtigkeit. Wenn die Presse Lust auf ein Highlight macht, ist es schon wieder aus der Stadt verschwunden.

Kultur, die in der Stadt entsteht und diese Stadt auch zum Thema nimmt, ist lebendiger, wirkt wie ein produzierender Handwerksbetrieb: eine Kabarettbühne mit regionalen Inhalten oder ein Figurentheater. Ideal ist eine Stadt der künstlerischen Werkstätten und Manufakturen, mit Produzenten und Händlern von Ideen und Träumen. Oft sind es die kleineren Einheiten, die die Gärhefe in der Stadtkultur sind: Theaterchen, Buchhandlungen, Galerien, Antiquariate, alte Kinos, Kleinkunstbühnen oder Hinterhofinstallationen. Hier muss bewusst gefördert werden, auch wenn es nicht die repräsentative Glanzkultur ist.

Stadtgefühl trotz Einkaufstreibhäusern

In die Ämter und Kultur-GmbHs der Kommunen gehören Liebhaber, Zärtlichkeitsempfinder, die an Kultur und am Erfolg interessiert sind. In der Geschäftsführung von Kulturkreisen und Museen sehe ich Visionäre, Menschen, die vom Theater, von der Kunst, von der Literatur oder vom Film kommen. Über einen erfolglosen Buchhändler in einer deutschen Stadt sagte man einmal: Er habe keine Liebe zu Büchern gehabt. Kultur entwickelt sich nur weiter, wenn Menschen sie wollen, sie lieben, wenn sie von ihr begeistert sind.

Machende Visionäre, richtig gestützt, sind Katalysatoren, Beschleuniger. Ihre Ideen werden oft zu Themen und Erlebnisorten in der Stadt. Ein in Theaterbegeisterung entflammter Macher wird auf ein eigenes, stimmungsvolles Stadttheater hinarbeiten, ein international agierender Sammler seiner Stadt ein Museum bauen. Dies zieht wiederum Galerien, Museumsshops und Künstlerhäuser nach sich. Eine in der Stadt etablierte Tanzcompanie kann der Kommune internationalen Ruhm verschaffen. Die Wirkung Pina Bauschs in Wuppertal ist gar nicht hoch genug anzusetzen. Das kleine, bunte Kino im Stil der 60er Jahre, möglich durch Förderung und einige programmverliebte Cineasten, ist der atmosphärische Gegenpart zum CinemaxX-Moloch. Eine Abfolge von kleinen Läden, Antiquariaten und Galerien, also Shops, in denen nicht aus jedem Regal der Profitgeier lugt, sind ein Heilungsfaktor gegen die ECE-Einkaufstreibhäuser, die zwar Menschen in die Stadt holen, aber wie ein Attraktivitätsstaubsauger wirken. Sie verschlucken Menschen, ohne dass sie Dimensionen, Licht und Stimmung der Stadt erleben. Die Förderung kreativer Stränge, das Aufnehmen von Aktivitäten, das lustvolle Machen oder Begleiten von kulturellen Aktivitäten schafft Erlebnisorte und Räume, die bleiben. Kultur muss im Ablauf des Stadtalltags seine Plätze und Platzhalter haben. Kulturelle Identität muss sichtbar, spürbar, hörbar sein und das am besten rund um die Uhr. Viele südländische Städte machen uns dies erfolgreich vor.

Städte, ihre Kulturdezernate, ihre Ämter, ihre Büros, ihre Stadtplaner und Marketingleute sollten sich genau überlegen, wie sie in Stadtkultur investieren. Oft werden geringe kosmetische Korrekturen, einige Plastikstühle am Café oder viele bunte Broschüren für ausreichend gehalten. Städte brauchen Schaltzentralen für Entdeckung und Förderung von Stadtkultur, die Querschnittsaufgaben von Kultur, Wirtschaftsförderung, Tourismus und Stadtplanung wahrnehmen sollten. Solche Schaltzentralen müssen vernetzt arbeiten können, einen ausreichenden Etat haben und Erfolge umsetzen können. Publikumserfolge bringen Refinanzierungen, Sponsormittel und Public-Relations-Effekte. Die Investition in Menschen und Ideen zahlt sich immer aus.

Jede Stadt hat einen Marketing-Verein und ein Kulturverwaltungsamt, die wenigsten leisten sich Macher-Büros, Aktiveinheiten, die das Stadtleben und -erleben beeinflussen können. Solche Büros hätten ein vielfältiges Aufgabenprofil. Sie könnten:
– den kulturellen Raum beobachten und dokumentieren,
– aus diesen Beobachtungen Potenzial beziehen,
– kulturelle Entwicklungen erkennen und anregen,
– Traditionen aufspüren und in Projekte zusammen mit Kommunen, Initiativen, Vereinen und Einzelkünstlern einbinden,
– kulturelle Traditionen durch eigene Projekte kontinuierlich entwickeln und damit die kulturelle Eigenständigkeit der Stadt verstärken,
– Ideen für kulturelle Erlebnisorte der neuen Art entwickeln,
– innovative Projekte mit überregionaler Ausstrahlung initiieren und
– dabei sowohl Vermittlung als auch Marketing nicht vergessen,
– anregend und begeisternd auf Projekte und Ideen anderer wirken und, last but not least
– Fördermittel und Sponsorgelder akquirieren.

Vielleicht ein kleines Stück Vision für die neue Stadt: Nicht nur das Bestehende verwalten, sondern Aktiveinheiten schaffen, die Stadtleben und Stadterleben beeinflussen, ja verändern können.

Zeche Zollverein XII, Essen
Event zur Eröffnung der Route der Industriekultur

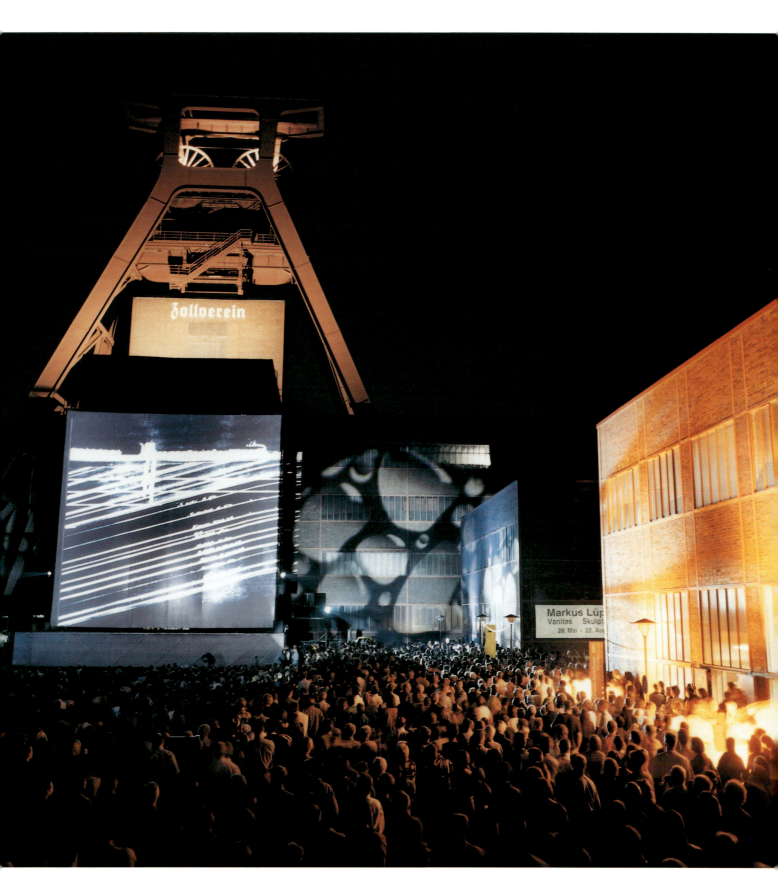

Soziokulturelle Zentren in NRW

Nordrhein-Westfalen besitzt die vielleicht lebendigste soziokulturelle Szene Deutschlands. Der Erfolg von Zentren wie der Bonner Brotfabrik, der Wuppertaler Börse oder der Zeche Carl in Essen ist nicht zuletzt der Industriearchitektur zu verdanken.

Die Stadtkultur hat sich in den letzten Jahrzehnten radikal verändert. Alte Debatten um eine vermeintlich authentische, nicht-kommerzielle „Kultur von unten", die sich gegen eine entfremdete, kapitalistische „Hochkultur" behaupten müsse, sind aufgehoben. Auch die Soziokultur, das Lieblingskind der diskussionsfreudigen Stadtgesellschaft der 70er Jahre, ist erwachsen geworden. Die soziokulturellen Zentren haben sich von ideologischen Spiegelfechtereien verabschiedet und sich pragmatisch, mit neuen Ideen und anderen Programmen, dem Markt und den veränderten Wünschen ihrer Nutzer angepasst. Dennoch bleiben soziokulturelle Zentren besondere Spielorte. Ihrem sozialintegrativen Ansatz sollte in einer für große Teile der Gesellschaft schwierigen Zeit – Stichworte: hohe Arbeitslosigkeit, Ausländerfeindlichkeit, Wertewandel, zunehmende Gewaltbereitschaft, das Auseinanderdriften in eine Zweidrittel-Gesellschaft – besondere Bedeutung zukommen. Im Mittelpunkt steht dabei mehr denn je die Frage, wie unterschiedliche Kulturen in einer Gesellschaft miteinander leben können.

Die Wuppertaler Börse, aus zwei Bürgerinitiativen schon im Jahr 1974 entstanden und damit eines der ältesten der rund 50 soziokulturellen Zentren in Deutschland, hat 1999 neue Räume in der Elberfelder Südstadt bezogen. Die neuen Veranstaltungsräume in einer ehemaligen Bettfedernfabrik mit der poetischen Adresse Wolkenburg 100 sind besser ausgestattet und deutlich größer, um die stark gestiegene Besucherzahl fassen zu können. Doch nicht nur die Zahl der Besucher ist gestiegen, auch ihre Wünsche und Bedürfnisse sind vielfältiger geworden. Neue Programmschwerpunkte sollen den geänderten Ansprüchen Rechnung tragen und dabei helfen, den Betrieb langfristig unabhängiger von öffentlichen Fördermitteln zu machen. Dies bedeutet zum einen mehr, zum anderen größere Veranstaltungen, vor allem für ein jüngeres Publikum. Die „Event-Kultur" der späten 90er Jahre ist auch an den soziokulturellen Zentren nicht vorbeigegangen. Neben Partys will die Börse künftig Ausstellungen, Märkte und Ähnliches an sich binden. Man will flexibel sein, spontan auf Veranstaltungswünsche eingehen und kurzfristig Räume unterschiedlicher Größe anbieten können.

Mit einem klaren inhaltlichen Profil möchte das in einer alten Brotfabrik entstandene und griffig auch nach ihr benannte Kulturzentrum in Bonn-Beuel die Zukunft meistern. Bei der Gründung im Jahr 1986 stand nicht nur der Erhalt eines industriellen Gebäudes, das den Stadtteil mit geprägt hat, im Vordergrund, sondern vor allem der Wunsch, ein kulturelles Zentrum für den Stadtteil zu ent-

wickeln. Es hat sich – wie viele andere Zentren, die Mitte der 80er Jahre gegründet wurden – vor allem durch ein Programm mit klaren Schwerpunkten, hier Tanz, (Welt-) Musik sowie – in Kooperation mit Schulen und Kindergärten – Theater, eine ökonomische Basis geschaffen.

Auf der Essener Zeche Carl, 1855 gegründet, wurde die Kohleförderung schon 1929 eingestellt. Fortan dienten ihre Schächte allein dem Personen- und Materialtransport zur nördlich gelegenen Zeche Emil-Emscher, ihre Gebäude zunächst Schulungszwecken für den Bergbau, später als Wohnheim, bis sie 1973 endgültig funktionslos wurden. Eine Bürgerinitiative setzte sich erfolgreich für den Erhalt ein und entwickelte auf der Zeche von 1977 an ein selbst verwaltetes Kulturzentrum. Die Zeche Carl hat sich – seit 1988 in enger Kooperation mit der IBA – vielleicht am stärksten von allen soziokulturellen Zentren der Stadtteilentwicklung verschrieben. Heute arbeitet dort eine Vielzahl von Initiativen, Vereinen und Kooperativen daran, den Wohn- und Arbeitsstandort Altenessen attraktiv zu erhalten. So besetzt sie eine wichtige Rolle im „Essener Konsens", der so etwas wie eine konzertierte Aktion in Sachen Arbeitslosigkeit und Stadtenwicklung ist – unter Beteiligung der Stadt, der Wirtschaft, der Gewerkschaften, der Kirchen usw. Die bauliche Modernisierung dauert an. Die Sanierung der Maschinenhalle wurde erst 1995 abgeschlossen, die Arbeiten am Malakowturm sind noch nicht beendet. Die Kneipe und das Veranstaltungsprogramm des Jugend- und Kulturzentrums der Zeche haben im Übrigen ein überregionales Publikum für sich gewinnen können, was im Ruhrgebiet, mit seinen unzähligen kulturellen Möglichkeiten, durchaus etwas bedeutet.

Industrielle Spielorte

Jahrhunderthalle Bochum

Die Bochumer Jahrhunderthalle hat sich in den letzten Jahren als kultureller Spielort überregional einen Namen gemacht. Mit ihrem großen Potenzial steht die riesige ehemalige Industriehalle des Bochumer Vereins heute im Mittelpunkt der Überlegungen um die Weiterentwicklung der Innenstadt West und ist bereits optischer Mittelpunkt des neu entstandenen Westparks. Geplant und gebaut wurde sie vor knapp 100 Jahren als große Ausstellungshalle – 158 Meter lang, 21 Meter hoch und 34 Meter breit – für die Düsseldorfer Industrie- und Gewerbeausstellung im Jahr 1902. Gleich nach dem Ende der Ausstellung wurde die Stahlkonstruktion auf dem Bochumer Werkgelände wieder aufgebaut und fortan als Gaskraftzentrale, später als Lagerhalle genutzt, bis sie auch in dieser Funktion schließlich ausgedient hatte. Die besondere Atmosphäre der Halle hat seit jeher Künstler und Planer angezogen. Die Zukunft der Jahrhunderthalle wird vor allem von der Kultur bestimmt sein. Die Initialzündung fand zu Beginn der 90er Jahre statt. Mit einem Paukenschlag weckte 1991 der Dirigent Eberhard Kloke mit den Bochumer und der Radio Philharmonie Leipzig die Jahrhunderthalle aus ihrem Dornröschenschlaf. Für das Abschlusskonzert des Konzertzyklus „Ein deutscher Traum" wurde die Jahrhunderthalle erstmals in einen Konzertsaal verwandelt. Das Konzert erreichte überregionale Aufmerksamkeit und holte die Jahrhunderthalle ins öffentliche Bewusstsein zurück. Seither bot die Halle immer wieder den Hintergrund für Präsentationen, Messen und kulturelle Ereignisse. Mit einer eigens für die Jahrhunderthalle einstudierten Dramatisierung des Don Quixote unter der Regie von Dimiter Gotscheff hat das Schauspielhaus Bochum im Herbst 1999 hier die Spielzeit 1999/2000 eröffnet.

Gasometer Oberhausen

Nur knapp dem Abriss entkommen, verkörpert der 1929 gebaute Gasometer Oberhausen heute wie kein zweites Bauwerk die Zukunft der Region. Mit seinen 117 Metern Höhe, einem Durchmesser von 68 Metern und einem Volumen von 350 000 Kubikmetern ist er selbst für das Ruhrgebiet, das Industrieanlagen und -gebäude ungewöhnlicher Dimensionen kennt, ein auffälliges Bauwerk. Es gelang, ein neues Nutzungskonzept für den Gasometer zu finden. Er wird fortan als Ausstellungshalle und Spielort für Kunst und Kultur dienen. Der grandiose Innenraum der ehemaligen Industrieruine ist aufgrund seiner Dimensionen ein anspruchsvoller Ausstellungs- und Spielort. Zur Zwischenpräsentation der IBA Emscher Park, 1994/95, konnte dort die erste große Ausstellung präsentiert werden: „Feuer und Flamme", eine Ausstellung zur Industriegeschichte des Ruhrgebiets. Die erlebnisbetonte Ausstellungsarchitektur von „Feuer und Flamme" gab die Richtung an, wie dieser neue Spielort künftig erfolgreich zu bespielen sein würde: immer unter ausdrücklicher Einbeziehung des Bauwerks, seiner Dimensionen und seiner Geschichte. Quasi über Nacht wurde so aus einem funktionslosen Gasometer einer der populärsten Kulturstandorte des Landes. Mit der Installation „The Wall" von Christo und Jeanne-Claude fand im Mai 1999, zum Auftakt der Abschlussveranstaltungen der IBA, eine Ausstellung von Weltrang internationale Resonanz. 13 000 Stahl-Ölfässer, die in sieben verschiedenen Farben leuchten, bilden einen gigantischen Raumteiler, 26 Meter hoch und über sieben Meter tief, der den Raum in überwältigender Weise zum Thema macht.

„Der Ball ist rund" heißt die große Ausstellung im Jahr 2000. Wo könnte eine Ausstellung zum Fußball besser gezeigt werden als im Ruhrgebiet? Wie es weitergeht, sollte ein Planungs-Workshop im Februar 2000 ermitteln. Er sammelte Ideen für künftige Ausstellungen, die nicht nur die Möglichkeiten des Gasometers nutzen – seine Höhe, den leeren Raum – sondern sie geradezu voraussetzen. Ergebnis: An guten Ideen ist kein Mangel. So präsentierte der britische Architekt Ian Ritchie den Gasometer in seinem Ausstellungskonzept zum Thema „Trinkwasser" als Klimaküche: Tropfen fallen 70 Meter tief auf eine Membran, Düsen erzeugen Dampf und unter der Decke hängen Wolken.

Landschaftspark Duisburg-Nord

Sport und andere Freizeitmöglichkeiten finden in der vielseitig nutzbaren Industrielandschaft des Landschaftsparks Duisburg-Nord ebenso ihren Platz wie Sprech- und Musiktheater, Kino oder Konzerte. Auch Fernsehen, Film und die Wirtschaft haben den Reiz der malerischen Kulissen für sich entdeckt. Zentraler Bestandteil der Planungen für die Umwandlung des riesigen Industrieareals in einen Landschaftspark war der Umbau der ehemaligen Hallenkomplexe zu Veranstaltungsorten. Die Kraftzentrale bietet heute bis zu 6000 Menschen Platz. Kleinere Veranstaltungen finden in den vier Hallen des Gebläsehallenkomplexes statt, die bei Bedarf miteinander verbunden werden können: In der extrem hohen und daher mit einer besonderen Akustik versehenen Gebläsehalle selbst (210 Sitzplätze), im Foyer, im Pumpenhaus (250 Personen) oder im Kompressorenraum. Weiterer Veranstaltungsort ist die halboffene Gießhalle, die bis zu 1000 Menschen einen Sitzplatz bietet. Die Bühne ist dort direkt vor dem erloschenen Hochofen platziert.

Ein besonderer Reiz liegt darin, dass die Hallen nicht komplett ausgeräumt wurden, sondern industrielle

Spektakuläre Installation im Oberhausener Gasometer: Christos und Jeanne-Claudes Wand aus bunten Ölfässern: „The Wall", 1999.

Requisiten zurückblieben. So eignet sich das Hüttenwerk besonders für repräsentative Veranstaltungen: In der Kraftzentrale gab die Landesregierung einen Galaempfang. In der Gießhalle inszenierte die Deutsche Oper am Rhein die Tosca und Teile des Nibelungenrings. Aber das Hüttenwerk ist nicht nur die repräsentative Kulisse für repräsentative Veranstaltungen. Hier fanden die Duisburger Kinderkulturtage statt, der Alpenverein bietet Freeclimbing an, in einem wassergefüllten ehemaligen Gasometer trainiert ein Duisburger Taucherverein. Es gibt Jazzfestivals und Kinovorführungen. Und bei Nacht lässt die dramatische Lichtinstallation des britischen Künstler Jonathan Park die Hochöfen geradezu futuristisch anmuten.

Festliches Bankett in der
Kraftzentrale des Landschaftsparks
Duisburg-Nord

Eine Operninszenierung in der
Bochumer Jahrhunderthalle

Der Edgar-Varèse-Abend in der
Kokerei Zollverein, Essen

Tanzfest NRW im Land-
schaftspark Duisburg-Nord

Kinderkulturtage im
Landschaftspark Duisburg-Nord

Wassermuseum Aquarius, Mülheim an der Ruhr

Zu den Hauptattraktionen der 1992 von der Stadt Mülheim ausgerichteten Landesgartenschau gehörten technische oder Industriebauten, die für kulturelle Zwecke umgenutzt und mit großzügigen, gut nutzbaren Freianlagen versehen worden sind: etwa der charakteristisch halbrunde Ringlokschuppen, der heute als soziokulturelles Zentrum überregional bekannt ist, oder der unter Denkmalschutz stehende alte Wasserturm in Mülheim-Styrum. Der rund hundert Jahre alte Styrumer Wasserturm wurde seit Längerem nicht mehr für die Wasserversorgung benötigt. Auf der Suche nach einer neuen Nutzung, um das technische Baudenkmal dauerhaft zu sichern, entschied sich der Eigentümer, die Rheinisch-Westfälische Wasserwerksgesellschaft, für die Umnutzung zu einem Wassermuseum. Also begann der alte Wasserturm mit der Landesgartenschau 1992 als Wassermuseum Aquarius ein neues Leben. Nachdem die Besucher auf insgesamt 13 Ausstellungsebenen alles über das Thema Wasser erfahren haben – von der Wassergewinnung und -versorgung über die Geschichte des Trinkwassers bis zu den ökologischen Problemen der Wasserwirtschaft –, können sie von der Aussichtsplattform im ehemaligen Wasserbehälter einen Panoramablick auf die Stadt werfen. Äußerliches Kennzeichen des Aquarius ist der neue Erschließungsturm mit dem zweiten Fluchtweg. Nicht zuletzt die effektvolle Ausstellungsarchitektur mit ihrer innovativen technischen Ausstattung half, den dauerhaften Erfolg des kleinen Museums zu sichern.

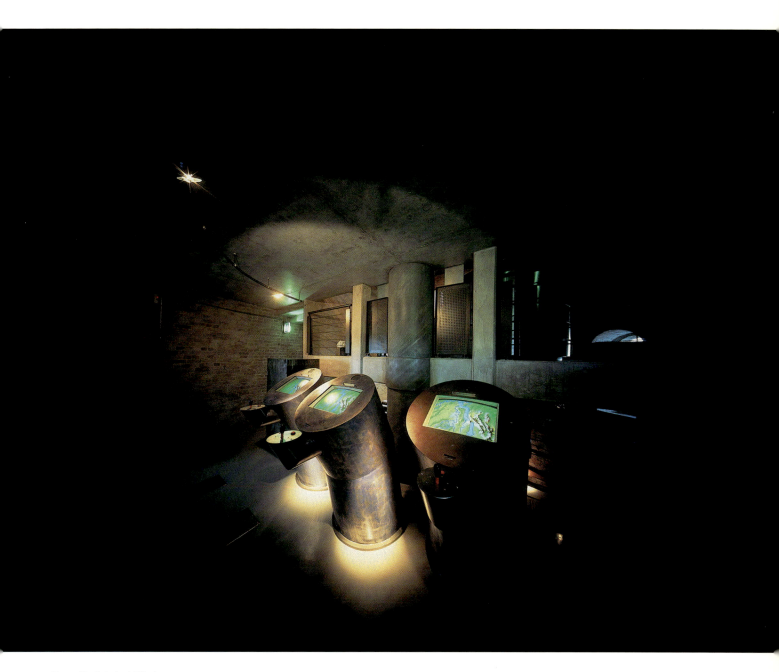

Das anlässlich der Mülheimer Landesgartenschau 1992 eingerichtete Wassermuseum im ehemaligen Styrumer Wasserturm setzt angesichts des begrenzten Raums stark auf multimediale Präsentationen.

Konzertgalerie Il Bagno, Steinfurt

In seiner ursprünglichen Schönheit
wiederhergestellt: der kleine
Gartensaal der Steinfurter Grafen.

Kultur findet nicht nur in alten Fabrikhallen, aus-
gedienten Zechengebäuden oder auf der Straße statt, sondern manchmal auch genau dort, wo man sie traditionell
erwarten würde, an eigens für sie errichteten Orten. Mit
der im Jahr 1997 beendeten Restaurierung der Steinfurter
Konzertgalerie glückte der seltene Fall, ein historisches
Gebäude für genau die Nutzung wiederherzurichten, für
die es ursprünglich gedacht war.

Der kleine Gartensaal der Steinfurter Grafen
zählt heute zu den schönsten Konzertsälen des Landes. Er
entstand 1774 für den Lustgarten der Steinfurter Grafen
und wurde nach dem Vorbild des Grand Trianon in Versail-
les entworfen. Der Lustgarten selbst war in seiner Anlage
deutlich weniger entschieden: noch barocker, französi-
scher Garten, schon englischer Landschaftsgarten, vor
allem aber englischer „Pleasure Garden", was gewissermaßen ein Urahn der heutigen Freizeitparks ist. Für das
Jahr 1789 sind dort insgesamt 39 Bauten und 21 Wasserspiele bezeugt: griechische, römische und ägyptische
Tempelchen, Moscheen, ein chinesisches Palais, Gehege
und Volieren für exotische Tiere, die nachgebaute Tonne
des Diogenes, eine Fischeridylle auf einer künstlichen Insel
und ein Badehaus („Bagno"), das der ganzen Anlage den
Namen gab. Erhalten geblieben ist allein die Galerie. Der
Park ist heute ein vergleichsweise unspektakuläres
Naherholungsgebiet.

Nach dem Ende der souveränen Grafschaft im
Jahr 1806 wurde die „Grande Gallerie pour les Concerts"
nur noch gelegentlich genutzt und nur notdürftig instand
gehalten. Nach dem Ende des Zweiten Weltkriegs verfiel
sie immer schneller. Aus Geldmangel war man zunächst
nicht über eine Untersuchung, Dokumentierung und
Sicherung des Baubestands hinausgekommen, bis die
Deutsche Stiftung für Denkmalschutz und das Land Nordrhein-Westfalen ihre Hilfe zusagten. Um wieder Konzerte
veranstalten zu können, war nicht nur die Restaurierung
der Galerie notwendig, sondern auch ein neues Foyer-
gebäude, das die notwendigen Nebenräume aufnehmen
konnte. In angemessenen 30 Meter Abstand wurde ein
elegantes, zu großen Teilen verglastes Foyer hinzugefügt,
das über einen variablen Gang mit der Konzertgalerie verbunden werden kann. Der Entwurf (Architekten Wolters
Partner, Coesfeld) wurde über einen Architektenwettbewerb gefunden.

Der Innenraum wurde weitestgehend original-getreu rekonstruiert. Die Farbgebung, die aufwendigen Stuckdekorationen und Stuckmarmortafeln im Stil Louis XVI., Grottennischen und reich verzierte Spiegel geben eine Gesamtschau des architektonischen Geschmacks an der Nahtstelle zwischen höfischer und bürgerlicher Kultur: vom Spätbarock über das Rokoko bis hin zum Frühklassizismus. Dies macht den Reiz und den historischen Wert der Galerie aus.

Heute finden hier wieder regelmäßig Konzerte und andere kulturelle Veranstaltungen statt. Der Betreiberverein „Kulturkreis Bagno" organisiert ein feines Programm für eine kleine Besucherschar. Nicht mehr als 247 Personen können sich hier ins 18. Jahrhundert zurückversetzen lassen.

Über Jahrzehnte vernachlässigt, waren erhebliche Mittel notwendig, um die Galerie zu restaurieren.

Gürzenich, Köln

Der Gürzenich ist Kölns traditions-
reichster Veranstaltungsort. 1996-
97 wurde er restauriert, modernisiert und erweitert (Architekten
KSP, Frankfurt).

Der 1441 bis 1447 als städtisches Kauf- und
Festhaus erbaute Gürzenich ist nach dem Rathaus der
wichtigste Profanbau der Stadt Köln. In unmittelbarer Nähe
des Rathauses sowie der größten Märkte der Stadt (Alter
Markt und Heumarkt) gelegen, befand sich der Gürzenich
seit jeher im politischen und wirtschaftlichen Zentrum der
Stadt.

Die Mehrfachnutzung eines öffentlichen Gebäudes wie des Gürzenich zu wirtschaftlichen, gesellschaftlichen und politischen Zwecken war im Mittelalter und in
der beginnenden Neuzeit nichts Ungewöhnliches. Für ein
reines Festhaus gab es auch in der Großstadt Köln nicht
genügend Ereignisse. Im 17. und 18. Jahrhundert wurde
der Gürzenich sogar ausschließlich als Kaufhaus genutzt.
Diese Tradition endete im 19. Jahrhundert. Damals knüpfte
man wieder an die historische Nutzung als Festhaus an.
Der Gürzenich avancierte nach und nach zur guten Stube
der Stadt und zur wichtigsten Adresse für gesellschaftliche
Veranstaltungen. Der große Festsaal war nicht nur der
populärste Veranstaltungssaal der Stadt, es gab bis ins 20.
Jahrhundert hinein in der ganzen Stadt auch keinen größeren. Wichtiger Bestandteil dieser Festivitäten und mit der
späteren Entwicklung des Gürzenich eng verbunden war
das Gürzenich-Orchester. Seit 1821 gehörte es zum Haus
und zählte zum Beispiel so illustre Komponisten wie
Brahms, Mahler, Mendelssohn oder Verdi zu seinen
Gastdirigenten.

Um den sich verändernden Bedürfnissen und
Anforderungen zu entsprechen, musste der gewaltige
zweigeschossige Saalbau im Laufe der Jahrhunderte wieder und wieder umgebaut und erweitert werden. Dabei
ging man nicht immer zimperlich mit der authentischen
Bausubstanz um. So baute Stadtbaumeister Julius Rasch-
dorff den Gürzenich zwischen 1855 und 1857 so gründlich
um, dass die mittelalterliche Bausubstanz nur noch zu
erahnen war, und setzte einen neugotischen Erweiterungsbau an seine Seite. Raschdorffs Gestaltung prägte das
Gebäude bis zur Zerstörung großer Teile des Anbaus im
Jahr 1943. Wie zeitgebunden das Urteil über die Erhaltens-
würdigkeit von Architektur ist, belegt nicht nur der sorg-
lose Umgang Raschdorffs mit dem spätmittelalterlichen
Erbe. Der Abriss der erhalten gebliebenen Fassade des
Anbaus nach dem Zweiten Weltkrieg zeigt, dass man in
den puristischen 50er Jahren eben mit den eklektizisti-
schen Stilwonnen des 19. Jahrhunderts nichts anfangen
konnte. Heute hingegen zählt wiederum der durch Rudolf
Schwarz und Karl Band zwischen 1952 und 1955 erstellte

Nachfolgebau des neugotischen Raschdorffs zu den bedeutendsten 50er Jahre Denkmälern der Stadt Köln, vor
allem wegen seiner baulichen Verbindung mit der Ruine
der Kirche St. Alban.

        Als nach dem Umzug des Gürzenich-Orchester
in die 1986 eröffnete Kölner Philharmonie ein neuer Nut-
zungsschwerpunkt gefunden werden musste und ein
Architektenwettbewerb ausgeschrieben wurde, wie der
Gürzenich zu einem Kongress- und Veranstaltungszentrum
auszubauen sei, stand der Schwarz-Bau nicht zur Debatte.
Unter weitestgehender Wahrung und konservatorischer
Behandlung der denkmalgeschützten Bausubstanz erfolgte
1996/97 die Restaurierung, Modernisierung und Erweiterung des Gürzenich zum Veranstaltungszentrum durch
die Architekten KSP, unter enger Einbeziehung von Restau-
ratoren und spezialisierten Fachkräften. Der gläserne Erschließungsturm auf dem Vorplatz scheint bereits zu signalisieren, dass sich hinter den 550 Jahre alten Mauern Kölns
modernster Veranstaltungsort befindet, mit Technik auf
dem neuesten Stand von Raumakustik, Licht und
Klimatechnik.

Zvi Hecker
Der Elefant und der jüdische Fortschritt

Über Städte

Über Städte sprechen? Ich hielt einmal eine Vorlesung in Mailand, in der es um den Wiederaufbau dreier Städte ging, Berlin, Sarajevo und Beirut. Ich spreche aber ungern über etwas, das nicht viel mit meiner Arbeit zu tun hat. Ich bin Architekt, kein Architekturhistoriker und kein Architekturkritiker. Also sprach ich schließlich über meine Arbeit im Zusammenhang mit der Stadt Berlin. Und jeder sagte mir anschließend, dass es sehr interessant gewesen sei.

Es heißt: Wenn ein Jude über Elefanten sprechen soll, und er weiß gar nichts darüber, dann nennt er seinen Vortrag einfach „Der Elefant und der jüdische Fortschritt". Und dann redet er selbstverständlich über den jüdischen Fortschritt. Allerdings hatte ich den Veranstaltern gleich zu Beginn gesagt, dass ich nicht über Berlin sprechen wolle. Man war konsterniert; das könne ich nicht tun; alle würden das von mir erwarten. Es gäbe Dias. Aber ich blieb konsequent und zeigte sogar die wenigen Dias nicht, die ich von Berlin mitgebracht hatte. Ich zeigte die Stadt nicht und doch dachte am Ende jeder, dass ich über Berlin gesprochen hätte. Ich hatte also das Publikum überzeugt, dass Elefanten wirklich der jüdische Fortschritt sind.

Natürlich beeinflusst die Stadt meine Arbeit. In Vorlesungen zeige ich manchmal eine Abbildung, die auf der einen Seite meine Berliner Schule und auf der anderen Seite einen Teil der Stadt zeigt, der von der S-Bahn durchschnitten ist: schwarze Wände, Höfe, schwarze Wände, Höfe. Auf einer meiner frühesten Zeichnungen für die Jüdische Schule ist genau dasselbe zu sehen.

Über Material und Architektur

Was das Material des Bauens angeht: Ich glaube, man hat die Wahl, wo man sein Geld investieren möchte, in die Form oder in das Material, und das bedeutet, in die handwerkliche Qualität oder in das Material. Architekten, die keine Standardsachen bauen, benötigen mehr handwerkliche Qualität. Und dann nehmen sie einfache Materialien. Nur die ganz Glücklichen haben kein Budgetlimit.

Über Mies van der Rohe und Hans Scharoun

Nehmen Sie zwei Architekten: Mies van der Rohe und Hans Scharoun. Die beiden sind vollkommene Gegensätze. Mies van der Rohe benutzte immer wertvolles Material. Er selbst trug nur teure Stoffe. Man sagt, er sei mit weißen Handschuhen zur Baustelle gekommen. Hans Scharoun war das Gegenteil; und ich bin mehr auf der Seite von Hans Scharoun. Das ist die demokratische Seite. Scharouns Architektur, wenn Sie an die Staatsbibliothek oder die Philharmonie denken, das ist der demokratischste Raum, den ich je gesehen habe. Ich sprach einmal mit Frank Gehry darüber und sagte ihm, er müsse wissen, Scharoun sei kein Held in dieser Stadt. Seine Antwort: „Aber er ist mein Held." Übrigens halte ich Scharoun auch für einen guten Stadtplaner. Ich habe wunderbare Sachen von ihm gesehen.

Über Le Corbusier

Ich würde weder Scharoun noch Le Corbusier für schlechte Stadtplaner halten, obwohl ich niemals ein Fan Le Corbusiers war. Ich habe seine Sachen nie gemocht, aber beide hatten nie die Chance, sich auf diesem Gebiet zu beweisen. Jeder, der Le Corbusier kopierte, konnte bauen, Le Corbusier selbst nicht. Es gibt einen wunderschönen Entwurf von Le Corbusier für die Stadt St. Dié, mit einem wunderschönen Platz, Gebäuden und einem Turm. Es hätte ein Meisterwerk werden können, wenn er es hätte bauen dürfen. Stattdessen bekam jeder, der Le Corbusier kopierte, einen Auftrag. Chandigarh ist kein gutes Beispiel. Le Corbusier hat hier viel von seinem Vorgänger übernommen und ziemlich wenig selbst gemacht. Aber St. Dié, das wäre eine tolle Sache geworden. Mein Lehrer Alfred Neumann hat mir einmal eine sehr gute Beschreibung von Le Corbusier als Stadtplaner gegeben: Le Corbusier war ein Schweizer Architekt. Immer. Und was macht ein Schweizer Architekt? Ein Schweizer Architekt baut kleine Häuser in kleinen Gärten. Aber Le Corbusier war auch „megalomania". Also baute er große Häuser in großen Gärten. Und so war auch seine Stadtplanung, könnte man sagen.

Über den Duisburger Innenhafen und das Jüdische Gemeindezentrum

Ich hatte das so verstanden, dass das Gebäude, das ich bauen sollte, sich in einem Park befinden würde. Dass man wieder zur Natur machen würde, was lange Zeit überbaut war. Ich halte das für eine gute Idee. Leider sieht der Park um mein Gebäude herum überhaupt nicht wie Natur aus. Es wäre möglich gewesen, das Gebäude wie ein Objekt in einen Garten oder Park zu setzen. Aber das haben wir nicht gemacht. Wir haben das Gebäude genutzt, um die Straße fertigzubauen. Es sollte kein Telefonhäuschen in einem Park sein, sondern ein Teil der Straße. Wir wollten mit dem arbeiten, was wir vorfanden, z. B. auch mit großen Bäumen. Wenn wir das Gebäude frei auf das Grundstück gestellt hätten, wären die Bäume kein Problem gewesen. Wir hätte ihnen ausweichen können. Wir wollten aber, dass die Bäume Teil unseres Gebäudes würden. Nicht irgendwie davor oder dahinter sollten sie stehen, sondern zu ihm gehören. Wie viele Künstler liebe ich es, mit dem zu arbeiten, was ich vorfinde. Ich will nicht meinen Koffer vom einen zum anderen Ort schleppen, um dort genau das zu tun, was ich immer tue. Alles, was ich vor Ort vorfinde, gehört zum Entwurf, und der muss anders sein als das, was ich schon einmal getan habe. Vielleicht ist das egoistisch gedacht; es macht das Gebäude aber einzigartiger, unverwechselbarer.

Leider hat Dani Karavan seinen „Garten der Erinnerung" unabhängig von meinem Gebäude entwickeln wollen. Was sein Konzept angeht, so will ich es gern großartig finden, aber wenn ein Künstler die Chance bekommt, Bäume zu pflanzen und es nicht tut ... Beuys hätte einfach nur Bäume gepflanzt. Jetzt laufen die Leute isoliert auf geraden Wegen herum. Ich leide darunter.

Wir arbeiten für Menschen. Und Menschen sehen gut aus, wenn man einen Rahmen für sie bildet. In jedem richtigen Park läuft man neben Bäumen. Auch in meinem Gebäude habe ich darauf geachtet, solche Rahmen zu bilden. Selbst wenn man hinausgeht, wird man noch vom Gebäude geschützt.

Über Landschaften, Menschen und Glashäuser, über Klassisches und die Idee des Fortschritts

Landschaften sind sehr wichtig für mich. Ich habe sogar Gebäude in der Form künstlicher Landschaften entworfen. Wir haben einfach nicht mehr diese paradiesischen Landschaften, in die man nur noch schöne Häuser setzen muss. Unsere Landschaften sind zerstört. Deshalb müssen wir sie schützen. Ich glaube, wir können nicht damit fortfahren, Häuser so zu bauen, als wären sie in eine Landschaft integriert. Wir haben keine Landschaften mehr. Das bisschen Landschaft, das wir noch besitzen, zerstören wir. Deshalb muss ein Gebäude diesen Verlust an Landschaft kompensieren. Ein Gebäude ist kein Objekt mehr, das wie ein Denkmal in der Landschaft steht und um das man herumgehen kann. Ich mache etwas, um das man nicht herumgehen kann, aber in dem man innen drin sein kann. Meine Architektur ist eher Städtebau, nicht Hausbau. Die Menschen stehen im Mittelpunkt. Das ganze Material wird um sie herum gebaut. Die Idee, dass Architektur Schutz bieten muss, ist der Moderne eher fremd. Die hielt den Menschen für derart fantastisch, dass er nichts zu verstecken habe und in einem Glashaus leben könne. Das Glashaus ist bloße Demonstration, dass man nichts zu verstecken habe. Banken lieben so etwas. Natürlich gibt es dann immer noch die Keller ... Man sieht gar nichts, wenn man durch so ein transparentes Gebäude guckt.

Ich glaube, der Mensch hat sich nicht sehr verändert in den Jahrmillionen seiner Existenz. Unsere Spielzeuge haben sich verändert. Nicht unsere Gefühle und unsere Bedürfnisse.

Ich würde mich freuen, wenn man mich als klassischen Architekten bezeichnen würde, nicht, weil ich ein klassisches Formenrepertoire benutze, sondern weil ich mich um die klassischen Probleme und Bedürfnisse der Menschen kümmere. Und ich glaube, das Gefühl, beschützt zu sein, ist das wichtigste Gefühl. An die Idee des Fortschritts glaube ich nicht.

Über Tradition und Kultur

Jede neue Architekturgeneration muss ihren eigenen, neuen Beitrag leisten. Alle diese neuen Beiträge zusammen machen Tradition aus. Tradition fortsetzen kann man nur, wenn man etwas Neues macht.

Gehen Sie nach Le Havre, nach Paris und schauen Sie sich die Architektur von Auguste Perret an, ein in diesem Sinne revolutionärer Architekt. Er hat als einer der ersten mit Beton gebaut. Schauen Sie, wie gut das in die Stadt passt, wie sehr es Teil der französischen Tradition ist. Was soll daran falsch sein? Man muss solche Aufgaben einfach den richtigen Leuten geben, die wissen, wie man eine Stadt respektiert, wie man mit ihr arbeiten muss. Aber wenn man die falschen Leute nimmt, dann erhält man die falsche Architektur, Architektur ohne Seele, Totgeburten.

Über Bauen in Berlin

Schauen Sie sich den Potsdamer Platz an oder andere Gebäude hier in Berlin. Sie haben keine Seele, sie sind tot. Und keine gute Architektur kann ohne Seele lebendig sein. Ich glaube wirklich, dass fast alles, was in den letzten Jahren in Berlin entstanden ist, tot ist, ohne Seele. Das hätte man mit der gleichen Energie auch für irgendeinen afrikanischen Diktator bauen können. Das sieht aus, als wäre ein afrikanischer Diktator oder ein Stammeshäuptling nach Europa gekommen oder hätte in irgendeinem Magazin etwas gesehen und gesagt: Ja, das ist toll, das will ich auch. Baut mir so etwas, ich finde das so schön.

Berlin ist die Hauptstadt einer großen europäischen Nation. Da sollte man sich schon ein wenig anders verhalten als ein Stammeshäuptling. Nehmen Sie das Bundeskanzleramt und den Platz der Republik. Der Platz war immer mit dem Wasser verbunden. Und jetzt dieser lange Streifen, der den Platz vom Wasser abtrennt. Das ist ein Verbrechen. Sie können alles Mögliche machen, aber das nicht. Diese Blickbeziehung aufzuheben, in einer solchen Weise zu schließen. Das ist so dumm. Und diese großen Löcher in der Fassade. So was hat Louis Kahn in Dakar gemacht, für die ärmste Nation der Welt. Und jetzt schaut eine der reichsten Nationen der Welt auf Bangladesh und will so etwas auch haben. Sogar noch größer. Ich halte es für komplett degeneriert, dass diese Nation Bangladesh braucht, um ihre Macht und die Demokratie auszudrücken.

Über deutsche Architektur

Ist eigentlich ein deutscher Architekt zur Biennale in Venedig eingeladen worden? Ich glaube nicht. Das ist paradox. Wo steht diese Nation heute, die Mendelsohn hervorgebracht hat und Scharoun. Wo ist ihre Kreativität? Sie können jetzt sagen: Ökonomisch war doch alles erfolgreich, da musste man nichts verändern. So sieht die Architektur auch aus. Alle diese Gebäude auf dem Potsdamer Platz, die habe ich vor Jahren in Dallas, Texas gesehen. Natürlich nicht in demselben Material gebaut, aber dieselbe Konstruktion, dieselben Details. Heute wird es dort vermutlich ganz anders aussehen. Neuere und höhere Gebäude werden an der gleichen Stelle stehen. Was wir hier in Berlin tun, ist Recycling von etwas, das andere schon längst weggeworfen haben. In Amerika kann man diesen Mist nicht mehr gebrauchen. Aber wir hier nehmen ihn gern.

Über Kontinuität

Soll Architektur ewig halten? Wer weiß denn schon, wie lange die Menschheit noch da ist. Auf lange Sicht wird sie sich selbst zerstören. Wenn wir Kontinuität haben wollen, müssen wir versuchen, so zu bauen, dass zumindest die nächsten Generationen noch damit glücklich werden. Die Generationen vor uns haben es geschafft, Städte zu bauen, die wir heute noch genießen.

(Der Architekt Zvi Hecker im Gespräch mit Holger Everz am 6. April 2000 in Berlin; Übersetzung aus dem Englischen: H.E.)

Apollo Varieté, Düsseldorf

Ungewöhnlicher Standort für einen ungewöhnlichen Vergnügungsbetrieb. Das Apollo-Varieté in Düsseldorf knüpft an eine große Tradition an (Architekten Fritschi, Baum, Stahl, Düssseldorf).

An der Nahtstelle von Rheinuferpromenade, Altstadt und Regierungsviertel in der Landeshauptstadt Düsseldorf fand sich der passende Ort für ein neues und zugleich altes innerstädtisches Kulturangebot, ein Varieté-Theater in der Tradition der 20er und 30er Jahre. Die genauere Positionsbeschreibung kann das ungewöhnlichste Merkmal dieses neuen Theaters nicht verhehlen: Es entstand direkt unter der Rheinkniebrücke, einer Autobrücke in den Düsseldorfer Stadtteil Oberkassel. Nur ein Fahnenmast weist den Vorbeifahrenden hier den Weg.

Mit dem Namen Apollo knüpft das neue Varieté-Theater sehr bewusst an eine große Tradition innerstädtischer Vergnügungsbetriebe an. Bis in die 50er Jahre hinein war das Düsseldorfer Apollo Varieté am Ende der Königsallee den Vergnügungssüchtigen ein fester Begriff.

Als kein Betreiber mehr bereit war, Geld in eine notwendige Renovierung zu investieren, siedelte sich dort sinnigerweise das Fernsehstudio des NWDR an, um große Shows zu produzieren. 1965 wurde das Gebäude ganz abgerissen.

Heute sind Varieté-Theater – wen wundert's – eine ausgesprochene Seltenheit geworden. Dass trotz – oder gerade wegen? – Fernsehen und Kino auch Varieté noch zum städtischen Kulturangebot gehört, beweist die eindrucksvolle Besucherbilanz seit der Eröffnung im Herbst 1997. Der „etwas feinere, kleinere und dekadentere Bruder des Circus", so Direktor Bernhard Paul, hat sein Publikum gefunden.

Ob der Erfolg ohne eine adäquate Architektur möglich gewesen wäre? Wer an die meistens ebenso erfolgreichen wie architektonisch belanglosen, wenn nicht hässlichen neuen Großkinos in den Innenstädten denkt, wird diese Frage vielleicht bejahen wollen. Dem Düsseldorfer Architekturbüro Fritschi Baum Stahl ist jedoch an sehr schwieriger Stelle ein ebenso formal einprägsamer wie atmosphärisch starker Bau gelungen – eine Glashülle über einem knallroten fächerförmigen Bühnenraum, mit Blick auf den Rhein als Pausenprogramm, was sicher wesentlich zum Erfolg beigetragen hat.

Klaus Steilmann
Was man von Curitiba lernen kann
Nachhaltige Wirtschaft – nachhaltige Gesellschaftsentwicklung

Wenn es um die Entwicklung unserer Städte geht, schauen viele auf die bekannten Metropolen Europas, der USA oder Japans. Dabei gibt es Beispiele, die viel beeindruckender sind. Zu ihnen zählt die im Südosten Brasiliens gelegene Stadt Curitiba. Die Einwohnerzahl stieg von 300.000 im Jahr 1950 auf 2,1 Millionen 1970 und wächst täglich weiter. Entgegen anderen analog schnell wachsenden Städten gibt es in Curitiba keine Armut, keinen Schmutz, keine Analphabeten, kein Verkehrschaos und keine Umweltkatastrophen. Durch Verbindung von verantwortungsvoller Stadtpolitik und kreativem Unternehmertum wurde Hervorragendes geschaffen.

Nach dem Motto „Erinnerung bestimmt die Identität der Stadt, Verkehr die Zukunft" wurde ein revolutionäres Stadterneuerungsprogramm im Straßenbau realisiert. Es verbindet Boulevards mit Einbahnschnellstraßen, so genannte Transitstraßen mit verdichteten Wohn-, Arbeits- und Freizeitzentren. Mischnutzung steht ganz vorn. Die gewöhnlichen Straßen blieben schmal und auf die Menschen zugeschnitten. Anstelle von isolierter Stadtplanung wurde ein vernetzter Denkansatz gewählt, der alle Fragen von Transport, Gesundheit, Erziehung, Arbeit, Einkommen, Kultur und Freizeit sowie Politik verbindet. Ein revolutionäres öffentliches Verkehrssystem wurde geschaffen, gestützt auf Busse.

Die Stadt schaltete sich in die Entwicklung optimaler und besser zugänglicher Busse ein. Schnellbusse mit mehrfachgelenkten Achsen und bis zu fünf Türen gestatten schnelles Ein- und Aussteigen sowie Passagen durch enge Straßen. Die Busse halten an so genannten Röhrenstationen, immer genau vor den Türen. Zu Stoßzeiten verkehren die Schnellbusse jede Minute! Die Busse steuern die Ampelanlagen, um sich ihre Vorfahrt zu sichern. Curitiba gilt als die Stadt mit dem besten Bussystem der Welt. Vielleicht ist es sogar das beste öffentliche Verkehrssystem der Welt. Es verfügt über 1.250 Busse von neun unterschiedlichen Arten für jeweils spezifische Aufgaben. Oval und kreisförmig ist das Streckennetz, übersichtlich in einem Zwölffarbsystem angeordnet. Die Busse verkehren auf 245 Linien und legen auf 17.300 Fahrten rund 360.000 Kilometre am Tag zurück, fahren also neunmal um die Welt. Im Vergleich zu Curitiba, so meint die konservative britische Tageszeitung „The Guardian", kann man das Bussystem von London nur als steinzeitlich empfinden. Das Bussystem wird ausschließlich durch Fahrgelder ohne Subventionen finanziert. Die Stadt stellt lediglich Straßen und Haltestellen zur Verfügung und die Beleuchtung, der Fahrpreis von 45 Cent dockt sämtliche anderen Kosten. Die Betreiberfirmen werden öffentlich streng kontrolliert. Es werden 1,9 Millionen Fahrgäste pro Werktag befördert, das sind mehr als in New York City, mit einer Benutzerzufriedenheit von 89 Prozent. Die Lebensqualität in der Stadt ist, allein aus Sicht der Luftreinheit, eine der besten. Dennoch gibt es in Curitiba immer noch eine halbe Million Autos, darunter 2.200 Taxis, sowie 160 Kilometer Fahrradweg, auch an die Behinderten wurde gedacht.

Der Bürgermeister entwickelte ferner ein neues Konzept für das Leben mit den großen Flüssen um Curitiba. Es entstanden strikte Uferzonenschutzgesetze. Die Betonierung wurde aufgehoben und Uferböschungen wurden in Parkanlagen verwandelt. Es entstanden zahlreiche kleinere Gräben und Dämme für neue Seen und Überschwemmungsauffangbecken. Es wurde ein großes Aufforstungsprogramm durchgesetzt, insgesamt 2,2 Millionen Pflanzen. Zahlreiche Vogelarten kehrten in die Stadt zurück, heute leben dort 242 bekannte Arten und rund 50 verschiedene Arten von Amphibien und Säugetieren. Die Stadt warb über 500 umweltschonende Industriebetriebe an, die ein Fünftel aller Arbeitsplätze stellen. Der Name der Stadt allein gilt für Unternehmen als Gütesiegel. So etwas findet man in Deutschland kaum.

Auch internationale Firmen sind in Curitiba gut repräsentiert, zum Teil wegen der hohen Lebensqualität in der Stadt. Die Stadtverwaltung konzentriert sich auf einen Lösungsansatz, der durch vier Kriterien gekennzeichnet ist:
– Einfachheit,
– Schnelligkeit,
– Komfort,
– Preiswürdigkeit.

Das System wird konstruktiver Pragmatismus genannt. Die Stadt selbst machte sich auf, eine „Kultur der Geschwindigkeit" zu entwickeln. Glaubwürdigkeit beruht auf Tatsachen und Fakten. So wurde z. B. ein großer Park in nur 20 Tagen angelegt. Ein Recyclingprogramm wurde nach wenigen Monaten der Planung in die Tat umgesetzt. Entscheidungen erhalten dadurch Legitimität, dass sie von allen Bürgern getragen werden. Dazu gehört auch eine völlig neue Art demokratischer Mitwirkung. Wenn die Einwohner ihre Grundsteuer bezahlen, stimmen sie gleichzeitig für Verbesserungen ab, die sie für ihr Wohnviertel wünschen. Wo gibt es so etwas in Deutschland? Um Inflationsgefahren abzuwenden, messen die Stadtväter auch die Investitionen in einer neuen Einheit. Die Kosten für einen Kilometer Asphaltstraße werden dabei zugrunde gelegt. In der Stadt wurden „Leuchttürme des Wissens" installiert, d. h. 16 Meter hohe Bibliotheken in Form von Leuchttürmen. Diese Leuchttürme des Wissens sind fester Bestandteil der Stadtplanung, meines Wissens gibt es so etwas in ganz Europa nicht.

Curitiba ist die Hauptstadt des Recycling. In Curitiba wird alles recycelt, wiederverwendet, umgenutzt. Dabei spielen Kultur und Kreativität eine große Rolle. Aus einem Steinbruch wurde ein Amphitheater, eine Leimfabrik beherbergt ein Kreativitätszentrum für Kinder. Eine Müllhalde wurde in einen Botanischen Garten umgewandelt.

Im Kampf gegen den Schmutz wurde ein völlig neues System entwickelt. „Tausche gesammelten Müll gegen Wertmarken!" zum Beispiel für Bustickets, Schulhefte, Essen oder Weihnachtsgeschenke. Für zwei kg rezyklierbaren Wertstoff wird ein kg Lebensmittel ausgegeben. Der Tausch von Abfall gegen Lebensmittel löst viele Probleme auf einmal: In Curitiba gibt es keine Armut und keinen Schmutz.

135 Bürgerinitiativen bieten Aushilfsjobs für Arbeitslose und Rentner. Enorme Anstrengungen wurden unternommen, die Bildung der Bürger zu verbessern. Fast ein Fünftel des Stadtbudgets wird für Bildung ausgegeben. Ein spezielles Programm kümmert sich um eine bessere Integration von Kindern und Jugendlichen in das öffentliche Leben.

Im Rahmen eines Pilotprojektes wurden für 170 Haushalte einfache Wohnhäuser gebaut. Die Stadt fördert solche Projekte durch langfristige Gründstücks- und Baustoffdarlehen. Arbeit wird in Eigenleistung erbracht. Das spezielle „Build it yourself"-Programm weist Familien Grundstücke, Eigentumsurkunden, Baumaterialien und Beratung für den Aufbau eines Eigenheims zu.

Im Mittelpunkt aller Programme in Curitiba steht die Stärkung der zivilen Gesellschaft. Was auch immer in Curitiba angepackt wird, es wird in ein Konzept der nachhaltigen Wirtschaft und damit der nachhaltigen Gesellschaftsentwicklung integriert. Den besten Beweis dafür, wie gut es sich in Curitiba leben lässt, ergab eine Befragung. Danach wollen 99 Prozent der Einwohner an keinem anderen Ort leben. Dagegen möchten 70 Prozent der Einwohner von São Paulo wegziehen und 60 Prozent der New Yorker ihre Stadt verlassen. Wir können viel von Curitiba lernen.

Wilhelm Beermann
Konzepte für die Reviere
Verantwortung für die Region

Die RAG Aktiengesellschaft ist heute ein internationaler Bergbau- und Technologiekonzern mit rund 100.000 Mitarbeitern und einem Umsatz von etwa 28 Milliarden Mark. Bei der Gründung der damaligen Ruhrkohle AG vor rund 30 Jahren wurden nur etwa zwei Prozent des Umsatzes außerhalb der deutschen Steinkohle erwirtschaftet – heute sind es mehr als zwei Drittel. In diesem Zeitraum wurde der RAG-Konzern auf der Grundlage der im heimischen Bergbau erworbenen Kompetenzen weiterentwickelt, zunehmend international ausgerichtet und gleichzeitig die mit der Politik vereinbarte Rückführung des deutschen Steinkohlenbergbaus sozialverträglich gestaltet. Ein zentraler Beitrag der Verantwortung für die Reviere ist die aktive Mitgestaltung des Strukturwandels beim Flächen- und Immobilienmanagement.

Ein entscheidender Faktor für die Ansiedlung zukunftssicherer Industrie- und Dienstleistungsunternehmen ist die Bereitstellung geeigneter Flächen und Immobilien. Die RAG kann hier auf eine hervorragende Bilanz verweisen. In den letzten Jahren wurden rund 4.000 Hektar ehemaliger Bergbauflächen allein im Ruhrgebiet freigegeben. Rund 500 Hektar davon werden derzeit für eine Folgenutzung vorbereitet. Die Tochter RAG EBV Aktiengesellschaft, in der alle Immobilienaktivitäten des Konzerns gebündelt sind, ist mit 70.000 Wohnungen und 700 Gewerbeimmobilien eines der großen industriegebundenen Unternehmen dieser Branche in Deutschland. Wir nutzen unser Know-how für die Bergbauregionen bei der Sanierung von Industriebrachen, bei der Neunutzung bestehender, aber nicht mehr benötigter Gebäude und bei der Vernetzung von früheren Industriestandorten. Dabei reicht das Angebotsspektrum der RAG von der Aufbereitung ehemaliger Bergbauflächen über Konzepte für Dritte bis hin zur Eigeninvestition.

Die Reihe von Beispielen für gelungenen Strukturwandel unter Beteiligung der RAG ist lang. Eines der renommiertesten Projekte ist die Fortbildungsakademie des NRW-Innenministeriums auf der ehemaligen Schachtanlage Mont-Cenis in Herne-Sodingen. Die Akademie, die als Projekt auch auf der Expo 2000 vertreten ist, beherbergt unter der größten dachintegrierten Photovoltaik-Anlage der Welt zahlreiche Einrichtungen für die Bürger von Herne. Neben der Photovoltaik setzt dieses Projekt auf ein weiteres Prinzip zur ressourcenschonenden Energiegewinnung. Mit einem Gaskraftwerk wird aus anfallendem Grubengas Energie gewonnen.

Ein außergewöhnliches Projekt wurde von der Montan-Grundstücksgesellschaft, einer Tochter der RAG EBV, in Bottrop initiiert. Auf einer Bergehalde entsteht mit dem Alpin Center am Tetraeder ein großes Sport-Entertainment-Center, das ein neuartiges Zentrum für Bergsport mit vielseitigen attraktiven Freizeitnutzungen beherbergt. Hauptattraktion ist eine Skiarena mit einer ca. 600 Meter langen und 30 Meter breiten Skipiste aus echtem Schnee. Als Investor und Betreiber für dieses Projekt konnte der frühere Skiweltmeister und Olympiasieger Marc Girardelli gewonnen werden. Die Bauarbeiten haben bereits begonnen; nach der Fertigstellung entstehen 220 Arbeitsplätze.

Voraussetzungen für neue Arbeitsplätze zu schaffen – das ist eines der Hauptanliegen für das Engagement der RAG am Strukturwandel. Dabei setzen wir nicht nur auf reine Gewerbegebiete, sondern auch auf die richtige Mischung aus Handel, Handwerk, Gewerbe und Wohnen. Dies ist beispielsweise auf der Fläche der ehemaligen Bergbaugesellschaft Auguste Victoria in Marl realisiert. Für die Ansiedlung von Gewerbe und Handel stehen dort sowohl Neubauten als auch bestehende Hallen zur Verfügung. Darüber hinaus entstehen hier ein Gewerbe- und Handwerkszentrum mit mehr als vier Hektar Fläche sowie rund 190 Wohneinheiten. Im ehemaligen Kauen- und Verwaltungsgebäude von Schacht 6 wurde in Kooperation mit der Diakonie eine Werkstatt für behinderte Menschen mit 136 Arbeitsplätzen geschaffen.

Verantwortung heißt auch, den Menschen in den Revieren Bezugspunkte zu ihrer Heimat zu geben. So haben wir uns im Rahmen der IBA für die Landmarkenkunst engagiert, die als Symbole für den Strukturwandel sichtbare Zeichen setzen. In Zusammenarbeit mit Künstlern sind Bergehalden neu gestaltet oder umgebaut worden. Beispiele sind der 60 Meter hohe begehbare Tetraeder auf der Halde in Bottrop oder die Schurenbachhalde in Essen, auf der die 15 Meter hohe, vom Künstler Richard Serra entworfene Stahlbramme als Orientierungspunkt steht.

Die Liste von Projekten für den Strukturwandel ließe sich deutlich verlängern. Entscheidend ist dabei stets ihre Qualität und dass sie von allen Beteiligten akzeptiert und mitgetragen werden. So bringt die RAG auf Regionalkonferenzen, an denen alle am Strukturwandel beteiligten Gruppen, Institutionen und Parteien teilnehmen, Konzepte ein, die sich an den Erfordernissen der jeweiligen Standorte orientieren. Ein wichtiger Aspekt für uns ist dabei, dass durch den Rückgang des heimischen Bergbaus kein Vakuum im Bereich von Aus- und Weiterbildung entsteht, denn eine gute Ausbildung bietet jungen Menschen nach wie vor ein solides Fundament für den Arbeitsmarkt.

Die RAG übernimmt auch in diesem Bereich seit langem ein hohes Maß an Verantwortung. So wurden am Jahresende 1999 im RAG Konzern insgesamt mehr als 9.700 junge Menschen in über 90 verschiedenen Berufen ausgebildet oder auf eine Berufsausbildung vorbereitet. Der Anteil der Berufsanfänger in bergbauspezifischen Berufen ist dabei unter drei Prozent gesunken. Wir zählen nach wie vor zu den größten Ausbildern des Landes – nicht nur für den eigenen Bedarf, sondern auch im Auftrag anderer Unternehmen und öffentlicher Einrichtungen, die auf die große Kompetenz unserer Tochter RAG Bildung vertrauen. Mit diesem umfassenden Engagement entlasten wir den regionalen Ausbildungsmarkt und unterstützen kleine und mittelständische Betriebe im Aufbau qualifizierter Fachkräfte. Auch dies gehört zum aktiven Beitrag der RAG für den Strukturwandel.

Filmstiftung Nordrhein-Westfalen

Nordrhein-Westfalen hat frühzeitig auf die Filmproduktion als Wirtschaftsfaktor gesetzt und ist heute das am häufigsten als Filmkulisse genutzte Bundesland. Die Förderung gilt aber auch dem Erhalt traditioneller innerstädtischer Kinos oder der Umnutzung von Industriearchitektur zu Kinos (Alsdorf, rechte Seite, unten).

Intelligente Unterhaltung kann neue Urbanität schaffen. Dass nicht nur gigantische Multiplex-Kinocenter vor den Toren der Stadt mit ihren US-Mega-Produktionen Zukunft haben, sondern auch kleine Kinos in integrierter innerstädtischer Lage überleben können, darum kümmert sich auch die Filmstiftung NRW.

Der Erfolg der Multiplex-Kinos beruht zu einem großen Teil auf einem attraktiven Zusatzangebot im Kino-Center selbst, das von der Popcorn-Theke bis zur Bar, zur Kneipe oder Disco reichen kann. Das attraktive Umfeld der kleinen Kinos hingegen muss die Innenstadt selbst sein. Je attraktiver also das urbane Umfeld ist, desto erfolgreicher kann das Kino in der Innenstadt sein. Und umgekehrt gilt genauso: ein attraktives Kino zieht Besucher in die Innenstädte. Die Filmstiftung kümmert sich deshalb vor allem auch um die Belange der unabhängigen kleinen Kinos im Land, und hilft, in neue Techniken zu investieren und zu renovieren.

Der zweite Förderschwerpunkt gilt der Filmproduktion. Nach wie vor kann die deutsche Filmwirtschaft ohne öffentliche Fördermittel nicht überleben. Aber auch ausländische Filmproduzenten sehen es nicht ungern, wenn z. B. ihre Standortwahl Nordrhein-Westfalen, sei es für einen Drehort oder ein Studio, finanziell unterstützt wird. Die Vielfalt der Landschaften und Regionen des Landes ist dabei das große Plus des Landes.

Damit sie flexibel auf die Bedürfnisse der Filmemacher und Produzenten reagieren kann, werden nahezu alle Phasen einer Filmproduktion von der Filmstiftung gefördert. Mit ihrem Engagement für die Schreibschule Köln und die Filmschule NRW unterstützt sie die Qualifizierung des Nachwuchses, aber auch Autoren, Regisseure, Kinobesitzer, Verleiher und Produktionen (High- und Low-Budget, Kino und TV).

Die Filmstiftung Nordrhein-Westfalen wurde 1991 vom Land Nordrhein-Westfalen und dem WDR gemeinsam gegründet, um NRW als Standort für die Boom-Branche Film zu etablieren. Seit 1997 ist das ZDF weiterer Gesellschafter und die Privatsender SAT.1 und Pro Sieben sind Kooperationspartner.

Lovro Mandac
Handel im Wandel
Der Beitrag des Handels zur Attraktivität der Stadt

Die Geschichte der Städte und ihrer lebendigen Zentren ist zugleich eine Geschichte des Handels. Schon die Phönizier brachten mit ihrem Purpurhandel Farbe in das Weltbild und ließen den Propheten Jesaja in Verzückung von einem goldenen Zeitalter des Handels singen. Heute sind andere Propheten unterwegs, die nicht müde werden, den Innenstädten Verödung, soziale Verarmung und eine „loser"-Position im Ringen um die Gunst der Kunden voraussagen zu wollen.

Dieses bei vielen Händlern beliebte Klagelied hat an Klangkraft verloren. Was die Städte heute brauchen, sind Investitionen in Stimmung und Emotion. Mit Bewegung, neuen Ideen, mit mehr Mut zur Originalität und Kreativität können die Städte verloren gegangene Sympathien zurückgewinnen. Das Vertrauenspotenzial der Menschen ist hoch. Wenn das vom Handel organisierte Fest der Mittsommernacht in Düsseldorf Millionen in seinen Bann und in die Stadt zieht, dann eröffnen sich Perspektiven, mit denen die Urbanität der Städte und die emotionale Identifikation der Menschen mit ihrer Stadt und deren Ursprüngen gefestigt werden kann. Schon früh verbanden Handelswege die Städte mit ihren Plätzen und Kirchen und trugen Prosperität ins Land. Märkte und Messen, Menschen und Meinungen, Kommerz und Kultur prägten die Schnittpunkte städtischen Lebens und leisteten damals wie heute einen wichtigen Beitrag für ein gesellschaftliches Miteinander.

Auch heute lebt eine aktive Stadt von diesem Mit- und Füreinander gesellschaftlicher Gruppen, sei es in zeitlich begrenzten Aktionen und Projekten oder in längerfristig angelegtem Engagement. „Ab in die Mitte! Die City-Offensive NRW" ist ein erfolgreiches Beispiel für den Konsens zur gemeinsamen Stärkung der Städte. Auch die in Nordrhein-Westfalen landesweit zunehmend ins Leben gerufenen Stadt- und City Marketing-Organisationen fördern die Position der Städte. Mit dem Gemeinschaftsprojekt „Ab in die Mitte!" von Landesregierung und den Handelsunternehmen Douglas, Karstadt und Kaufhof werden im Jahr 2000 in 27 Städten Nordrhein-Westfalens originelle Ideen mit Mut zur Fantasie gefördert.

Ziel dieser in Deutschland bislang beispiellosen Public-Private-Partnership ist es, breite Besuchergruppen wieder mit allen Facetten ihrer Stadt als Erlebnisraum für Kultur, Freizeit und Erlebnis-Shopping vertraut zu machen. Die kooperative Organisationsform fördert dabei nicht zuletzt auch den Dialog der am Stadtgeschehen mitwirkenden Gruppen. Mit dem bei „Ab in die Mitte!" notwendigen Aufbau interdisziplinärer Arbeitsgruppen werden die Entscheidungsabläufe in den Städten transparenter. Zuvor für den gesellschaftlichen Dialog nur wenig genutzte Möglichkeiten bündeln die Kräfte neu und tragen dazu bei, Leistungsfähigkeit, Vielseitigkeit und Attraktivität städtischen Lebens zu stärken.

Die Warenhäuser stehen im Stadtgeschehen nicht nur geographisch im Blick- und Mittelpunkt des Interesses. Wenn 80 Prozent der Besucher das Warenhaus als ihren Antrieb zum Besuch der City erklären, dann bringt dies die hohe Identitätskraft dieser traditionsreichen, aber jung gebliebenen Einkaufsstätte für das Kundenleitbild und die Orientierung in den Zentren zum Ausdruck. Die hohe Bedeutung von Stadtentwicklung und deren Rahmenbedingungen für die Standortqualität schafft für das Kaufhof-Management die Motivation, sich auch vor Ort in den Gremien des Stadtmarketings über den eigenen Standort hinaus zu engagieren. Vielerorts übernehmen sie eine Vorreiterrolle für neue Impulse zum Ausbau von Frequenz, Image und Zentralität der Stadt. In 80 Prozent der rund 85 Städte mit Filialen der Kaufhof Warenhaus AG gibt es bereits ein organisiertes Stadtmarketing. Gerade in den letzten vier Jahren hat sich hier eine hohe „Gründungsdynamik" entwickelt.

Trotz der nach wie vor herausragenden Position der Warenhäuser braucht die Stadt eine Mischung und Ausgewogenheit von Branchen, Betriebsformen und Geschäftsgrößen. Der Branchenmix lebt von Abwechslung und Spannung, von der Kombination regionaler und nationaler Kompetenz sowie internationaler Erfahrung. Die den deutschen Handelsmarkt zunehmend entdeckenden internationalen Markengeschäfte von Capstan-Bay, Gap, Lindex, Mango, Springfield, WE und Tally Wejl bis hin zu Zara und Zero setzen farbige Akzente im Stadtbild.

Aus Sicht des Stadtmarketings wünschte ich mir, dass sich die Leistungsfähigkeit dieser punktgenau konzipierten Geschäfte auch auf das persönliche Engagement zur Stärkung der Mannigfaltigkeit ihres Standortumfeldes überträgt. Auch Filialunternehmen haben – bei realistischer Einschätzung ihrer Stärken – letztlich nicht allein die Kraft, vor Ort Frequenzen zu bewegen, sondern sind immer auch auf ein intaktes Umfeld angewiesen. Die Erwartungen der Besucher an die Stadt und deren Leistungspalette werden vielfältiger und anspruchsvoller. Neben einer attraktiven Marken- und Geschäftsauswahl werden zunehmend Basisfaktoren wichtig. Die Grundvoraussetzungen von Sicherheit und Sauberkeit sowie eines funktionierenden Service in einem urbanen Umfeld sind nur im Einklang aller Kräfte zu erfüllen.

In der bewegten Handelslandschaft zwischen Internet und Internationalisierung wächst auch im klassischen Handel die Erkenntnis, dass neue Anforderungen eine Abkehr von vertrauten und lieb gewonnenen, aber nicht mehr zeitgemäßen Rezepten erfordern, um den Schritt in eine neue Zeit des Handel(n)s zu meistern. Gleichzeitig steigen damit auch die Chancen für die Bereitschaft, neue Wege der Kundenbindung einzuschlagen.

Der Ausbau der Attraktiviät und Mannigfaltig-keit unserer Städte ist eine Herausforderung, der sich der Kaufhof mit seinem gesamten Unternehmensleitbild stellt. So hat der Kaufhof parallel zum Ausbau des Galeria-Konzeptes neue Vertriebslinien im Sinne einer Verfeinerung der Zielgruppenansprache entwickelt. Zum einen wurden diese aus kompetenten und zukunftsträchtigen Geschäfts-feldern des Warenhauses heraus entwickelt, zum anderen sind sie Antwort auf Veränderungen gesellschaftlicher Rahmenbedingungen oder veränderter Lebenseinstellun-gen und Gestaltungsmodelle.

Die freizeitorientierte Vertriebsform Sportarena mit bundesweit elf Filialen wurde in Nordrhein-Westfalen bereits in Oberhausen, Bonn und Wuppertal-Elberfeld um-gesetzt. Das auf die femininen Ansprüche ausgerichtete „Emotions"- Konzept mit wellness- und fitnessbetonten Waren- und Dienstleistungsangeboten wurde – nach Nürn-berg und Karlsruhe – in Nordrhein-Westfalen in zentraler Lage der Kölner Schildergasse mit hohem architektoni-schen Anspruch realisiert. Als zentrales gestaltendes Ele-ment erhielt das Haus einen schräg aus der Fassade aus-kragenden verglasten Erker mit einem eingestellten massi-ven Natursteinportal als Hauptzugang. Mit ihren horizonta-len Sonnenschutzlamellen bieten auch die seitlichen ver-glasten Fassadenflächen einen interessanten Kontrast. Das neue lifestyle- und trendbetonte Kaufhaus „Lust for Life" wurde 1998 in Aachen in der ehemaligen Horten-Filiale als bundesweit einmalige Vertriebsinnovation eröffnet. Im Rahmen der stadtbildrelevanten Möglichkeiten wurde die Botschaft des Konzeptes mit einer Modernisierung der Eingänge auch nach außen transportiert. Im Herbst 1999 wurde die zweite Lust for Life-Filiale am Entree der Hamburger Mönckebergstraße eröffnet.

Die Niveausteigerung der Warenhauslinie durch eine Modernisierung oder eine völlige Umstellung auf das erlebnisorientierte Galeria-Konzept steht im Mittelpunkt der Unternehmensstrategie. Im westfälischen Münster liegt die Wiege des Galeria-Konzeptes, das von hier aus den Weg in bisher rund 60 Standorte fand, in NRW von Bielefeld bis Bonn. Dabei werden die Konzepte vor Ort so umgesetzt, dass ein höchstmögliches Maß an Überein-stimmung zwischen den Schlüsselfaktoren des Konzeptes und den lokalen Voraussetzungen am Standort erreicht wird.

Das Beispiel Solingen

Im Herzen der Solinger Innenstadt erfuhr das traditionsreiche Warenhaus umfangreiche Umbau- und Renovierungsmaßnahmen. Wesentliches architektonisches Merkmal ist eine „zweite Haut", ein schimmerndes, kur-venförmiges Edelstahlgeflecht, das der alten Fassade vor-gelagert ist und Luft lässt und dem Haus ein neues Gesicht verleiht. Mit einer Brückenanbindung zur benach-barten neuen Clemens-Galerie soll ein wichtiger städti-scher Mittelpunkt in der Klingenstadt geschaffen werden.

Die harmonische Einbindung der Warenhaus-Optik in das Stadtbild ist ein besonderes Anliegen unserer Architekten und Planer. Auch beim Umbau des Kaufhof in Wuppertal-Elberfeld wurde sensibel mit der teilweise denkmalgeschützten Struktur des 110 Jahre alten Hauses verfahren. An der Hauptfront ist der modernen Pfosten-Riegel-Konstruktion der vorgehängten Fassade eine zusätz-liche Ebene vorgelagert worden. Ein lichter und transpa-renter achtflügeliger Haupteingang wurde neu geschaffen, ohne die bestehende Fassade aus den 60er Jahren zu beeinträchtigen. Hoch verglaste Durchsichtsfenster und ein geschwungenes filigranes Vordach mit viel Licht und hellen Farben unterstreichen Offenheit und Optimismus des Galeria-Konzeptes.

Jüngstes Mitglied der Galeria-Familie ist der Kaufhof „Am Wehrhahn" in Düsseldorf, der mit einer Investition von 27 Millionen Mark umgestaltet und am 3. Mai 2000 neu eröffnet wurde. Das Haus bildet als neuer Blickfang ein aufmerksamkeitsstarkes Entree zur Scha-dowstraße, eine der umsatzträchtigsten Shopping-Meilen Deutschlands. Breite Durchsichtfenster schaffen Nähe und Transparenz zum Umfeld. An dieser städtebaulich domi-nanten Stelle wurde die emaillierte Leichtmetall-Fassade über die gesamte Ecke bis ins 3. Obergeschoss geöffnet und vollständig verglast. Durch geschossübergreifende Lichtinstallationen, wechselnde Events und neuartige De-korationselemente wie z. B. futuristische, scheinbar frei im Raum schwebende Schaufensterfiguren wird der neue Haupteingang zu einer lebendigen haushohen Bühne, die schon von weitem die Blicke der Passanten anzieht.

Neue Ideen sensibel mit erfolgreich Vertrautem zu harmonisieren ist einer der Schlüssel, um den Weg zu den Kundinnen und Kunden der Stadt zu finden. Der Ein-kaufsstätten des Handels in den Zentren können dabei auch zur Stadtkultur beitragen. Im Düsseldorfer Stadtbild ist das 1984 mit einem Aufwand von 70 Millionen Mark zu einer Kaufhof-Filiale umgebaute Carsch-Haus ebenso Ziel von Sightseeing-Touristen wie der von dem Jugendstil-Architekten Josef-Maria Olbrich 1909 geschaffene Kauf-hof-Bau an der Königsallee. Eine ähnlich herausragende Stellung in der Stadtstruktur nimmt das Traditionshaus unseres Unternehmens in der Kölner Hohe Straße ein.

Kultur und Handel können im gegenseitigen Dialog eine Brücke zwischen der Suche der Verbraucherin-nen und Verbraucher nach persönlicher Identität und Selbstverwirklichung in den Städten und der wachsenden Freizeitdynamik unserer Gesellschaft bauen. Oberstes Ziel ist dabei für Stadt und Handel die Investition in Stimmung, Lebensgefühl und damit auch in die Urbanität und Attrakti-vität lebendiger Zentren.

Bibliotheken in der Stadt
Kulturelle Orte in der Stadt

Das Luftbild zeigt, wie geschickt sich die auf den ersten Blick architektonisch etwas überinstrumentiert wirkende Bibliothek in die Münsteraner Stadtstruktur einfügt (Architekten Bolles und Wilson, Münster).

Die Aufgabe als Wissensspeicher der Gesellschaft haben die Bibliotheken nach und nach an elektronische Archive abgeben müssen. Doch haben sie damit nicht ihre gesellschaftliche Funktion verloren. Sie sind auch weit davon entfernt, als bloße Portale den Zugang zu einer mehr oder minder zufälligen Auswahl des Wissens zu inszenieren. Es ist die Bibliothek als kultureller Ort in der Stadt, die an Bedeutung gewonnen hat. Ihre kommunikative Funktion ist im Zeitalter des elektronischen Wissenstransfers eher noch stärker geworden. Bibliotheken bekennen sich heute mit Cafeterien etc. eher zu diesen Funktionen und moderne Bibliotheksarchitektur berücksichtigt sie stärker als zuvor. Die Städte unterstützen die kommunikative Funktion und die Bedeutung als kultureller Ort, indem sie ihnen besondere Orte in der Stadt anbieten.

Stadtbücherei Münster

Das Baugrundstück, eine Nachkriegsbrache, war die letzte größere stadteigene Fläche im historischen Zentrum Münsters, in überaus sensiblem städtebaulichen Kontext: nahe der spätgotischen St.-Lamberti-Kirche, direkt gegenüber dem Renaissancebau des einzigen erhaltenen Gildehauses der Stadt und einem ebenfalls denkmalgeschützten 50er-Jahre-Glaspavillon. Die 1993 fertiggestellte Stadtbücherei löst die architektonisch und städtebaulich schwierige Aufgabe zum einen durch eine sehr selbstbewusste, originäre Architektursprache, zum anderen durch eine Zweiteilung des Baukörpers. Zwischen beiden Gebäudeteilen bleibt eine Gasse frei, die axial auf St. Lamberti ausgerichtet ist. Um diese wichtige Blickbeziehung uneingeschränkt zu erhalten, wurde der westliche Gebäudekopf abgeknickt und in die Flucht der Kirchherrngasse geschwenkt. Die auf den ersten Blick exaltiert wirkende Architektur der Münsteraner Architekten Julia Bolles-Wilson und Peter Wilson erweist sich bei näherem Hinsehen als bei aller Expressivität absolut funktional. In Münster ist entstanden, was auch eine historisch geprägte Innenstadt dringend benötigt: ein aufregender, moderner Ort mitten in der Stadt, eine architektonische Entdeckungsreise.

Stadt- und Landesbibliothek Dortmund

Dortmunds neue Stadt- und Landesbibliothek, direkt gegenüber dem Hauptbahnhof gelegen, wird zu den ersten Gebäuden gehören, die der Besucher der Stadt wahrnimmt. Die Stadt hat für diesen prominenten Ort einen prominenten Architekten gesucht und gefunden. Der Tessiner Mario Botta ging siegreich aus dem 1995 veranstalteten Gutachterverfahren für den Neubau hervor. Sein Entwurf, 1999 fertiggestellt, zeichnet sich durch das Paradoxon zweier eher filigran wirkender Steinriegel für die Verwaltung und eines geradezu massiv erscheinenden Glasbaus für die Bestände ab. Gemessen an der internationalen Resonanz auf das Gebäude hat sich die Kalkulation der Stadt bereits ausgezahlt. Wegen guter Architektur im Gespräch zu sein, ist kein Zeichen für einen schlechten Standort. Zudem hat Dortmund Mut bewiesen, sich zu Gunsten neuer Akzente von den 50er Jahren, die das städtebauliche und architektonische Erscheinungsbild der Innenstadt beherrschen, zumindest an einigen Stellen zu trennen. So musste die alte Bibliothek, ein Gebäude aus dem Jahr 1958, einem gewünschten Investorenprojekt welchen. Und für die neue Bibliothek wurde der Standort von einer Reihe kleiner 50er-Jahre-Pavillons befreit.

Der charakteristische gläserne Baukörper der Bibliothek kommt erst in der Dunkelheit richtig zur Geltung und setzt dann einen weithin sichtbaren Akzent im Dortmunder Stadtbild.

IBA '99 – Das Finale

Auftaktveranstaltung zum IBA-Finale in der riesigen Kraftzentrale des Landschaftsparks Duisburg-Nord am 21. April 1999

Die IBA Emscher Park hat nicht nur viele Einzelprojekte gefördert, sondern vor allem neue konzeptionelle Denk- und Planungsansätze vermittelt und so Impulse für ein neues Jahrtausend gegeben. Um diese Leistung zu dokumentieren, fanden zum Abschluss der IBA zahlreiche Veranstaltungen und Ausstellungen statt. Ungewöhnliche Präsentationen zeigten eine Region im Wandel. In den vier zentralen Ausstellungen spiegelte sich die Bandbreite der IBA-Themen und Projekte wider, auf vier Routen konnten eine Vielzahl der IBA-Projekte „erfahren" werden. Unzählige weitere Veranstaltungen ergänzten das Programm.

IBA '99 „Das Finale"

„Das Finale" war die zentrale Ausstellung der IBA Emscher Park. Um die riesige Halle des Ausstellungsortes – die 170 Meter lange und 35 Meter breite Kraftzentrale des ehemaligen Hüttenwerks und jetzigen Landschaftsparks Duisburg-Nord – angemessen zu bespielen, wurden großformatige Bilder gewählt. Sie zeigten eine Region im Wandel, in der Industriekultur und Industrienatur Gegensätze und Verbindungen zugleich bildeten.

Christo und Jeanne-Claude:
The Wall – eine Installation im Gasometer Oberhausen

Der riesige Innenraum des Oberhausener Gasometers fordert zu ebenso riesigen Projekten heraus: 13.000 farbige Ölfässer, zu einer 25 Meter hohen Wand gestapelt, teilten das riesige Raumvolumen. In einem Ausstellungsraum unter der Gasdruckscheibe wurden Dokumentationen der Projekte „Verhüllter Reichstag" und „Die Schirme" gezeigt.

Der 117 Meter hohe Gasometer, dessen Abriss Anfang der 90er Jahre nur mühsam verhindert werden konnte, war damit nach den erfolgreichen Publikums-Ausstellungen „Feuer und Flamme" (1994/95) und „Traum vom Sehen" (1997/98) wieder Ort einer spektakulären Ausstellung.

Lichtplastik „Nachtzeichen"
(Hermann EsRichter, Klaus
Noculak) auf der Halde Rungenberg
an der Gartenstadtsiedlung
Schüngelberg in Gelsenkirchen

„Sonne, Mond und Sterne" – eine Ausstellung zu Kultur und Natur der Energie auf der Kokerei Zollverein

Vor ein paar Jahren lockte die Ausstellung „Feuer und Flamme" über die Geschichte des Ruhrgebiets Hunderttausende in den Gasometer Oberhausen. 1999 hat sich das Ausstellungsteam einem weiteren ruhrgebietsspezifischen Thema zugewandt: der Energie.

In der Kokerei der Essener Zeche Zollverein wurden Geschichte und Zukunft der Energie nachdenklich-anschaulich dargestellt. Die erst 1993 stillgelegte Anlage mit einer 600 Meter langen Koksofenbatterie gehört zu den imposantesten Industriedenkmälern der Region.

Ausstellung der „Landmarkenkunst" im Schloss Oberhausen

Während das Gesicht anderer Regionen durch Kirchen, Schlösser, Berge und Flüsse bestimmt ist, wird das Ruhrgebiet durch die Landmarken der Industriekultur geprägt: Halden, Fördertürme, Hüttenwerke, Schornsteine und Gasometer. Die Ausstellung vermittelte dem Besucher die Faszination, die von den künstlerisch gestalteten Landmarken ausgeht. Land-Art, Skulptur, Lichtplastik und Klanginstallation von Künstlern wie Richard Senna, Jonathan Park, Dani Karavan oder Ulrich Rückriem u. a. verwandelten die Relikte der Industriezeit in – nutzbare – Kunstobjekte.

Skulptur „Rheinorange" von Lutz
Frisch im Duisburger Hafen

Schon ein Wahrzeichen des neuen
Ruhrgebiets: der begehbare
Tetraeder auf der Halde Beckstraße
in Bottrop (Wolfgang Christ, Jürgen
Lit Fischer)

Freche Zeche
Fest der freien Kulturszene im Ruhrgebiet

Das Ruhrgebiet ist eine der dichtesten Kultur-
landschaften in Europa. Besonderes Charakteristikum ist
die vielfältige freie Kulturszene. Dank ihrer Vorliebe für
ehemalige Industriestandorte hat sie sich vornehmlich in
den alten Industriekulissen niedergelassen und dort eigene
Spielorte entwickelt. Vor allem der IBA gelang es, viele dieser kulturellen Spielorte dauerhaft zu sichern. Die freien
Theater, Kulturzentren, Jugendkunstschulen und Musik-
Clubs gehören heute durchweg zum kulturellen Profil jeder
Stadt im Ruhrgebiet, unabhängig von ihrer Einwohnerzahl
und Größe.

Für das Festival „Freche Zeche" haben die
Veranstalter – IBA, Kulturbüro NRW und das Büro für freie
Kulturarbeit NRW – zum ersten Mal einen Wettbewerb
ausgeschrieben. Aus 350 Bewerbern wurden rund 100
Gruppen ausgesucht, die im August 1999 auf der ehemaligen Zeche Minister Stein – viele davon sicher zum ersten
Mal – einem nicht nur lokalen, sondern regionalen Publikum ihr Können zeigten. Der Publikumszuspruch des weitgehend unter freiem Himmel stattfindenden „Festivals von
unten" war groß genug, um über eine Neuauflage nachzudenken.

100 Ensembles zeigten das breite
Spektrum der freien Kulturszene,
von der Schulaufführung über
Travestiedarbietungen bis zum
kubanischen Seniorenensemble à
la „Buena Vista Social Club".

Euroga 2002 plus
Eine Regionale mit grenzüberschreitendem Anspruch

Vielleicht gehört die Zukunft nicht mehr der einzelnen Stadt, sondern der Region, in der sie sich befindet. Unter dem Titel „Euroga 2002 plus" kooperieren derzeit mehr als 30 Städte und Gemeinden zwischen Rhein und Maas – aus der Region Düsseldorf/Mittlerer Niederrhein sowie den niederländischen Regionen Noord- und Midden-Limburg –, um ihre Zukunftsfähigkeit als Region unter anderen europäischen Regionen unter Beweis zu stellen.

Das Land Nordrhein-Westfalen versucht mit dem Programm „Regionale – Kultur- und Naturräume", die regionale Identitätsfindung und Kooperationsbereitschaft in den Regionen des Landes zu stärken, denn die IBA Emscher Park hat gezeigt, dass die Zukunftsfähigkeit von Regionen nur auf dem Fundament einer unverwechselbaren Prägung entwickelt werden kann. Architektur, Landschaftsarchitektur, Kunst und Kultur spielen dabei eine große Rolle.

Die erste Regionale findet 2000 in Ostwestfalen-Lippe statt. Die Euroga 2002 plus wird wohl vorerst vom Umfang her die größte und einzige Regionale mit grenzüberschreitendem Anspruch bleiben.

Rhein und Maas haben die Region der Euroga 2002 plus geformt, ihre Landschaft geprägt, ihre Städte, ihre Kultur. So soll die Fluss- und Seenlandschaft des Gebiets mit der Euroga durch verschiedene Routen erschlossen werden: die Rhein-Route, die Düssel- und Angerbach-Route, die Erft-Route usw. Es soll eine länderübergreifende Landschafts- und Kulturachse entstehen. Die Region, hofft man, werde sich dadurch eine feste Identität schaffen, die ihr gegenüber vergleichbaren Regionen einen klaren Wettbewerbsvorteil verschafft.

Guido Sandler

Ostwestfalen-Lippe
Eine Region profiliert sich

Die Expo in Hannover war für Ostwestfalen-Lippe ein willkommener Anlass, sich zu profilieren und das Zusammengehörigkeitsgefühl der Region zu stärken. Eine Umfrage hatte gezeigt, dass die Bereiche um Gütersloh, Bielefeld, Paderborn, Herford, Detmold, Höxter und Minden wenig Gemeinsamkeiten entwickelt hatten. Wie so oft waren benachbarte Städte eher Rivalen als freundschaftlich miteinander verbunden. Im Sinne des Programms der nordrhein-westfälischen Landesregierung, die Regionen zusammenzuführen und zu festigen, war Handlungsbedarf gegeben. Die OstwestfalenLippe (OWL) Marketing GmbH ergriff die Chance beim Schopf und bewarb sich um die REGIONALE Kultur- und Naturräume in Nordrhein-Westfalen. Erfreulicherweise bekam sie den Zuschlag für die Initiative Expo 2000 mit den Schwerpunkten Energie, Gesundheit, Kultur.

Die Bevölkerung war, wie es ihrer ostwestfälisch-lippischen Mentalität entsprach, zunächst einmal zurückhaltend, umso größer deshalb die Neugier auf das Ergebnis der Ausschreibung für die Verwirklichung innovativer Projekte im Rahmen der drei Schwerpunkte. Das Echo war überwältigend! In drei Wellen meldeten sich 290 Interessenten. Niemand hatte eine so beachtliche Teilnahmebereitschaft für möglich gehalten. Der kühne Slogan der OWL Marketing GmbH „Wir holen die Weltausstellung zu uns" ließ in der Bevölkerung ein erstes Gefühl der Gemeinsamkeit und auch ein wenig Stolz dafür wach werden, in einer Region des Aufbruchs zu leben. 54 der eingereichten Projekte erhielten die feierliche Zertifizierung, sieben – das waren mehr als von jeder anderen Region der Bundesrepublik – wurden in Hannover als weltweite Projekte anerkannt. Die Umsetzung bereitete manche Schwierigkeiten, was nicht überraschte, denn die Zeit war kurz und nicht immer gab es in den politischen Gremien auf Anhieb Zustimmung. So blieb zum Bespiel das besonderes reizvolle Projekt „Poetische Landschaften" nach der Kommunalwahl im Oktober auf der Strecke.

Die großen Zeitungen Europas hatten bereits über die faszinierende Idee berichtet, zwischen Bad Salzuflen und Löhne nach dem Entwurf des Schweizer Architekten Peter Zumthor sieben unterschiedliche kleine Bauwerke in die Landschaft zu stellen, in denen je ein Gedicht eines lebenden europäischen Poeten für Besucher anzutreffen sein sollte. Dazu waren noch eine Landschaftsbibliothek und ein Vortragsgebäude konzipiert, um die poetische Landschaft im Zweijahresabstand zu einem Treffpunkt der Dichter Europas werden zu lassen. Für die Expo-Initiative war das Projekt leider nicht mehr zu realisieren. Aber mittlerweile zeigten andere Landkreise der Region, so zum Beispiel Höxter, Interesse daran. Vielleicht wird doch noch etwas daraus.

Um so munterer gingen die anderen Vorhaben voran. Der Haller Willem, eine Bahnstrecke zwischen Bielefeld und Bad Rothenfelde, von der Stilllegung bedroht, wird nun das Muster einer Nahverkehrsverbindung, mit völlig neuer Technik und der Ansiedlung von Wohngebieten in Stationsnähe. Damit wird sich eine Entspannung des Autonahverkehrs im Westteil der Region ergeben. Der Energieversorger Elektrizitätswerke Minden Ravensberg zeigte an elf Stationen des Energie- und Umweltboulevards ressourcenschonende Energietechniken, und die Stadtwerke Bielefeld haben an der Bielefelder Universität die weltweit erste im Einsatz befindliche Hochtemperatur-Brennstoffzelle installiert, während in Bad Lippspringe ein Allergienzentrum mit einem Lehrpfad für Heilpflanzen entstand.

273 Millionen Mark kamen in den Jahren 1998 bis 2000 aus den Budgets der Landesministerien nach Ostwestfalen-Lippe. Durch Eigenmittel, Eigenleistungen und weitere Fördergelder wurde daraus eine Gesamtinvestitionssumme für die Region von beachtlichen 1,5 Milliarden Mark, ohne den Siedlungsbau entlang der Bahnstrecke Bielefeld – Bad Rothenfelde.

Mit sieben mehrtägigen Bürgerfesten wurde in allen wichtigen Städten von Ostwestfalen-Lippe die erste Regionale mit ihrer Expo-Initiative gefeiert. Dabei trat deutlich zutage, dass die heterogene Region enger zusammengerückt ist. Die erste gemeinsame, deutschlandweite Anzeigenkampagne stärkte auch intern das „Wirgefühl", und der Ausspruch „Wir feiern die Expo 2000 bei uns" wird von Gütersloh bis Höxter, von Minden bis Paderborn anerkannt: Eine Region hat sich profiliert.

Karl Heinz Petzinka
Ökologie und Ökonomie gehören zusammen

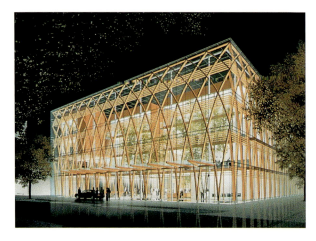

Der mit dem 1. Preis ausgezeichnete Entwurf für die Landesvertretung NRW in Berlin.

Die Auseinandersetzung mit den ökologischen und ökonomischen Problemen unserer „gebauten Umwelt" ist Grundlage und Voraussetzung für die Entwicklung von Visionen für die Zukunft. Seit Jahrtausenden werden die Grundbedürtnisse menschlicher Existenz durch bergende, schützende Umwelten garantiert. In die Ungewissheit der zukünftigen Entwicklung hinein entwerfen Architekten Gebäude, die Antworten auf dringende Fragen des Umweltschutzes, des Schutzes der Primärenergiereserven und der Nutzung natürlicher Ressourcen geben müssen.

Dem Funktionalismus und der klassischen Moderne verpflichtet, wurden in den letzten Jahren international viel beachtete ökologisch-technologische Konzepte realisiert. Sie alle verbindet nicht nur die kreative Auseinandersetzung mit den Typus „technologisches Gebäude", sondern auch der Einstieg in die Diskussion ökologisch-ökonomischen Bauens, das erst in seiner komplexen und integrativen Betrachtung zu einer vernünftigen und zeitgenössischen Lösung führt.

Diese „Öko-Systeme" erforschen, planen und realisieren wir in enger Verbindung mit den Instituten der Universität Darmstadt. Als Ergebnis dieser langjährigen Planungs- und Entwicklungsarbeit sind eine Reihe von Gebäuden entstanden, die weit über die Grenzen Deutschlands hinaus nicht nur durch ihre städtische und stadträumliche Prägnanz, sondern vor allem durch die visionären Aspekte eines Gebäudes für das neue Jahrtausend bekannt geworden sind. Das Streben nach ganzheitlichen Lösungen, die Verwendung reproduzierbarer Primärenergien, maximale Nutzung von Tageslicht und die natürliche Be- und Entlüftung sind ebenso einbezogen wie Aspekte städtischer Verdichtung, Mehrfachnutzung eines Grundstückes im vertikalen Sinne; schlichtweg die ökonomisch-ökologische Balance zwischen Aufwand und Ergebnis.

Das sind für uns unabdingbare Voraussetzungen umweltorientierten Bauens. Ein anderes Denken kann ich mir als Architekt nicht mehr vorstellen.

Im sog. Stadttor hat die Staatskanzlei
Räume angemietet (Sitz des Minister-
präsidenten).

Andreas Schmidt
Human touch im Kulturbetrieb
Paul McCartney in Siegen

Andrang wie noch nie vor dem
Siegener Kunstforum:
Paul McCartney ist da.

Wie kommen die Bilder der Pop-Ikone Paul McCartney in die Stadt Siegen? Gäbe es ein Ranking für häufig gestellte Fragen, so läge diese auf Platz 1. Ihre Beantwortung ist aus zwei Perspektiven möglich: Aus der Sicht des – in malerischer Hinsicht – jungen Paul McCartney, der als Musiker zu den 20 weltberühmtesten zählt, sein malerisches Werk aber von einer kritischen, unbefangenen Öffentlichkeit beurteilt wissen will. Die andere Seite – zu einer Ausstellung gehört eben auch der Ausstellungsmacher – ist der richtige Nerv. Und den hat der Kulturreferent des Kreises Siegen-Wittgenstein, Wolfgang Suttner, wohl getroffen, als er den ersten Kontakt zu Paul McCartney bekommt.

Tatsächlich erinnert die Genese der Ausstellung zeitweilig an das Drehbuch einer Soap Opera: Suttner erfährt durch einen Zeitungsartikel von der Maler-Passion des Ex-Beatles und lässt sich nach einer scherzhaften Wette mit seiner Sekretärin zu einem Brief an Sir Paul hinreißen. Dass der Kontakt schließlich gelingt und zu mehreren persönlichen Treffen sowie zur Sichtung des Oeuvres führt, ist mit „Glücksfall" allerdings nicht richtig beschrieben. Den Ausschlag gibt vielmehr das Interesse des Ausstellungsmachers an McCartneys Bildern sowie der vehemente Einsatz gepaart mit Einfühlungsvermögen. Nach einem immerhin fünfjährigen Arbeitsprozess findet die Weltpremiere ihren Weg ins südwestfälische Siegen dann quasi per Hand- oder besser Zungenschlag. Auf Suttners Frage nach dem Ort für eine Bilderschau antwortet McCartney „Natürlich bei dir!" Das federführende Kultur Büro des Kreises Siegen-Wittgenstein ist zwar mit der Abwicklung großer und internationaler Projekte vertraut, wird von den Erfordernissen aber fast „überfahren" Plötzlich gilt es ein Forum zu schaffen, das Großausstellungsansprüchen genügt. Auf einmal sind neue Marketingstrategien und Merchandising-Produkte zu entwickeln, „Fund Raising" und Sponsoring in bisher ungeahnten Dimensionen zu betreiben. Letztendlich erschloss jedoch genau das Zusammenspiel von „think big" und Pedanterie in Detailfragen der bildenden Kunst neue Publikumsschichten, gab dem Künstler das gewünschte fachliche „Feedback" und hinterließ den Organisatoren – neben immensen werblichen Gewinnen – neue internationale Netzwerke und wichtige Erfahrungen in Sachen „Public-Private-Partnership".

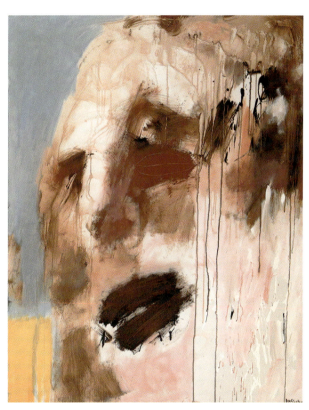

Paul McCartney: „Big Mountain Face"

Paul McCartney: „Unspoken Words"

Übrigens, die Silbermedaille im eingangs erwähnten Fragen-Ranking wäre an den Einwurf gegangen, ob sich die Ausstellung denn „lohnen" wird, „lohnt", oder „gelohnt hat". Die Antwort ist einfach: Nicht nur aufgrund der 38.000 Besucher des Kunstforums, in einer Stadt, die gerade dreimal so viel Einwohner zählt. Oder wegen der 100-prozentigen Refinanzierungsquote. Oder aufgrund einer Medienresonanz, die allein in gedruckter Auflage die Milliardengrenze überschreitet. „Paul McCartneys paintings" hat sich gelohnt, weil es gezeigt hat, was Mut zur Idee bewirken kann und welche Initialzündungen Kunst und Kultur für eine Region auslösen können – wenn sie ernst genommen werden.

Initiativkreis Ruhrgebiet

Es sind nicht nur politische Initiativen, die sich um den Strukturwandel des Ruhrgebiets bemühen. Im Jahr 1989 haben sich 46 große Unternehmen aus Deutschland und Europa den Zielen des Initiativkreises Ruhrgebiet verpflichtet. Ihre wichtigste Aufgabe lautet: Wie kann diese Region, und vor allem, wie können ihre Bewohner eine Zukunft finden? Viele der traditionellen Arbeitsplätze des Ruhrgebiets gibt es nicht mehr. In den neuen, zukunftsträchtigen Branchen entstehen sichere, aber bei weitem nicht ausreichende Arbeitsplätze. Was tun? Der Initiativkreis setzt auf Bildung, Existenzgründungshilfen und Kultur. Bildung, das bedeutet: Förderung der Schulen durch Ausrüstung mit neuen Technologien, sprich Computern und „MultiMediaPaketen", Informationsveranstaltungen für Schüler (Motto: Wirtschaft kennenlernen), Stipendien für Schüler und Studenten. Existenzgründungshilfen werden vor allem in Form einer so genannten „Rundum-Betreuung" den Jung-Selbstständigen gewährt, damit die sich in der schwierigen Startphase zunächst auf ihre Geschäftsidee konzentrieren können.

Wichtigster Bestandteil der Arbeit des Initiativkreises ist aber sicher die Image-Förderung des Ruhrgebiets als Kultur- und Wirtschaftsstandort. Hauptinstrument dafür: das Klavier-Festival Ruhr. Mittlerweile in seinem zwölften Jahr versammelt es alljährlich im Sommer die Elite moderner Pianisten an verschiedenen, zumeist traditionellen Spielorten (in zwölf Städten) des Ruhrgebiets. Zu hören sind Klassik, Moderne und Jazz, um ein möglichst breites Publikum anzusprechen. Die Zahlen für das Jahr 2000: 94 Künstler und Künstlerinnen, 66 Konzerte und andere Veranstaltungen weisen das Klavierfestival als eines der größten seiner Art aus.

Das zehnjährige Jubiläum seiner Arbeit nahm der Initiativkreis zum Anlass für eine ausführliche Chronik. Im Grunde ist daraus so etwas wie eine Chronik der Ruhrgebiets-Kultur in den 90er Jahren entstanden. Der Initiativkreis Ruhrgebiet ist also ein höchst lebendiges Beispiel und Vorbild für erfolgreiches Public-Private-Partnership.

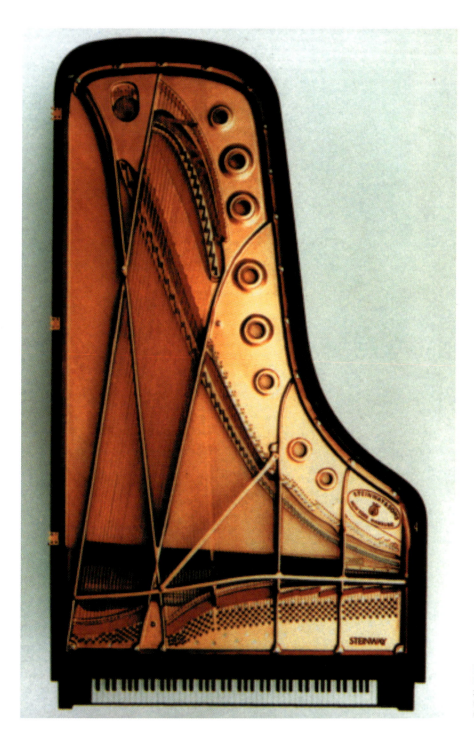

Das alljährliche Sommer-
Klavierfestival Ruhr gehört
zu den größten und renom-
miertesten Klavierfestivals
überhaupt.

Gerhard Schulze
Stadtkultur in der Erlebnisgesellschaft

Die Eventgesellschaft?

Das PR-Modewort der letzten Jahre heißt „Event"; man promoted, wirbt und pflegt Images durch Inszenierungen; eine Branche mit Event-Firmen, Event-Managern und Fachpublikationen ist entstanden. Anschwellende Programmhefte, ausufernde Veranstaltungskalender, zunehmender Festival-Tourismus, Boom der Multiplex-Kinos, Expo, Millennium Dome – was ist aus dem Erzählen geworden?

Eine populär gewordene kulturkritische Deutung antwortet auf diese Frage mit der These einer umfassenden kulturindustriellen Überwältigung der Menschen. Sie würden zum Opfer einer machtvollen Fiktionsmaschinerie, die sich die Menschen so zurechtforme, wie sie vom „System" gebraucht würden: konsumgeil, unreflektiert, desinformiert. Dass man sich darüber längst nicht mehr so aufregt wie in den 60er oder 70er Jahren, mag daran liegen, dass Wahrheiten überhörbar werden, wenn man sie nur oft genug wiederholt. Die Botschaft der Kulturkritik könnte das gleiche Schicksal erlitten haben wie der notorische Zusatz in der Zigarettenwerbung: „Rauchen gefährdet Ihre Gesundheit."

Oder verhält es sich gerade umgekehrt? Hat die Kulturkritik etwa Widerhall gefunden? Vielleicht konnte sie ja Terrain besetzen, den Angriff als Verteidigung wählend. Kulturkritisch inspirierte Gegenereignisse vom Typ des Demaskierungstheaters haben sich doch geradezu zu einem Genre verfestigt, besonders in Deutschland. Der Ehrgeiz, „Mauern in den Köpfen einzureißen", ist für viele Regisseure, Choreographen, Autoren, bildende Künstler oder auch Kulturpolitiker Programm.

Wie also ist die Flut der Ereignisse zu deuten? Viele Antworten auf diese Frage sind vorschnell, weil die meisten Kommentatoren unausgesprochen von einem bestimmten Deutungsschema ausgehen, dessen Tauglichkeit neu zu prüfen wäre. Erotikmesse, Autosalon, Dichterlesung – mit der Frage, ob es sich dabei um „Verblendung" oder „Aufklärung" handle, setzt man bereits ein Modell voraus, dessen Geltung inzwischen selbst in Frage steht: eine Vorstellung davon nämlich, was bei einem inszenierten Ereignis eigentlich passiert.

Einfach bloß Show

Wo käme die soziale Konstruktion der Wirklichkeit machtvoller über den Einzelnen als in inszenierten Ereignissen? Hier begegnen sich die drei Sphären des Subjektiven, des Intersubjektiven und des Objektiven so wirkungsvoll wie nirgendwo sonst. Zu diskutieren ist freilich, ob diese Mischung auch heute noch entstehen kann – ob das altgewohnte Modell der sozialen Wirksamkeit inszenierter Ereignisse noch passt.

Das Drei-Sphären-Modell inszenierter Ereignisse dient vielen, die sich über Kultur Gedanken machen – Kritikern, Politikern, Künstlern, Werbeleuten – als Hintergrundparadigma. Doch sie sind damit nicht mehr auf der Höhe der Zeit. Ihr Modell scheint zeitlos, aber es ist von gestern. Es genügt, in einer Großstadtzeitung die Seiten mit den Veranstaltungshinweisen aufzuschlagen, um ins Zweifeln zu geraten. David Copperfield als „intersubjektive Verständigung über das Objektive"? Nein, das ist doch einfach eine Show. Doch was heißt das: einfach bloß eine Show?

Betrachten wir hierzu eine kleine Episode aus dem Münchner Kulturleben. In der Vorweihnachtszeit 1998 mokierte sich ein Kolumnist der „Abendzeitung" über die zahlreichen Aufführungen des Weihnachtsoratoriums von Bach mit den Worten, solche „säkularisierten Konzert-Events" bedeuteten „schlicht eine Strapaze". Der Artikel suggerierte die Frage: Was soll das alles? Empört antwortete der Dirigent Enoch zu Guttenberg vom Konzertpodium aus, für ihn sei das Weihnachtsoratorium „Gottesdienst".

Verallgemeinern lässt sich dies freilich nicht. Musik und Transzendenz – dies klingt eher nach kulturgeschichtlicher Erinnerung als nach zutreffender Gegenwartsdiagnose. Ein Bedauern über verschwundenen Zauber verbirgt sich gerade auch in der Kritik und in der Verspottung von Kultur als „bloßem Event". Kulturbeflissene und Angeekelte scheinen von derselben Sehnsucht nach Bedeutung umgetrieben zu werden. Das Wort „Gottesdienst" symbolisiert den Wunsch, wenigstens in der Kunst über sich selbst hinauszukommen, und die Kritik teilt diesen Wunsch.

Sowohl in der Kritik des Weihnachtsoratoriums als auch in seiner Apologie schwingt zwar der Glaube an die Bezugnahme inszenierter Ereignisse auf eine Sphäre jenseits des Subjektiven mit, aber das Drei-Sphären-Paradigma scheint nur noch für Einzelne zu passen; es beschreibt noch Privatangelegenheiten, nicht aber kollektive Muster. Unzeitgemäß geworden, taugt es nicht mehr als Grundlage für Begriffe wie „Verblendung" oder „Aufklärung". David Copperfield scheint dafür zu nebensächlich, aber verhält es sich etwa mit „Cosí fan tutte" oder einer Faßbinder-Reprise im Programmkino anders? Event – vielleicht ist dieses Modewort deshalb in den 90er Jahren in Deutschland aufgetaucht, weil man ein neues Wort brauchte. Was könnte soziologisch gesehen dahinter stehen?

Besucht wird, was gefällt

Man kann diese Frage negativ oder positiv angehen. Man kann zum einen das verblassende kulturelle Muster in einer Nicht-Mehr-These benennen, etwa so: Die Einhegung von Enklaven des Schauens und Zeigens verliert allmählich jenen Sinn, der (...) in der europäischen Kulturgeschichte bis vor kurzem noch als der „tiefere" galt: das gemeinsame Erleben von etwas Objektivem. Die positive Komplementärthese dazu lautet: Was übrig bleibt, ist der Bezug auf das erlebende Subjekt. Was unterscheidet die Kulturbeflissenen von den Fernsehsüchtigen, den Motorsportbegeisterten, den Fußballfans, den Volksmusikfreunden und den Internetfreaks? Dem einen gefällt eben dies, dem anderen jenes – die Lust auf das eine oder andere wurde zur unanfechtbaren ästhetischen Letztbegründung, vergleichbar der Antwort auf die Frage, warum sich jemand im Restaurant für den Schweinebraten und nicht für das Rindergulasch entscheidet.

Für viele Menschen unserer Zeit besteht das Sinnkapitel, aus dem sie beim Projekt ihres Lebens schöpfen, nur noch aus dem, was ihnen gefällt. Hätten sie auf nichts Lust, sie wüssten nicht, wozu sie da sind – eine Beschreibung, deren Erstaunlichkeit sich erst dann richtig erschließt, wenn man überlegt, wie gering ihr kulturgeschichtlicher Geltungsbereich ist. Keine Kultur reicht an die religionshafte Subjektzentrierung der Gegenwart heran. Eine Introversion der Lebensphilosophie hat sich vollzogen, eine Theologisierung der inneren Befindlichkeit, die dazu führt, dass das bloße Menschsein im anthropologischen und psychologischen Sinn den Kurs des Menschseins im philosophischen Sinn angibt.

Menschen unserer Zeit erscheint es immer fremder, dass etwa Abenteuerlust auch als Mittel der kollektiven Selbstbehauptung dienen könnte, Neugier auch als Mittel kognitiver Anpassung in ständig wechselnden natürlichen und sozialen Horizonten, oder gar Sexualität auch als Mittel der Fortpflanzung. Diese Grundhaltung erstreckt sich auch auf inszenierte Ereignisse. Wenn man das eigene Leben als Selbstzweck betrachtet, interessiert man sich vor allem dafür, ob die Ereignisse einem „gefallen", kaum aber dafür, ob sie etwa über das eigene Leben hinausweisen.

Dem könnte man entgegenhalten, dass die Menschen doch schon immer hungrig auf Erlebnisse waren. Die Gier auf Erlebnisse ist es gewiss nicht, die unsere Kultur von anderen unterscheidet. Jene Motive, die heute die Menschen dazu bewegen fernzusehen, in Konzerte zu gehen, Weltausstellungen zu besuchen oder ein Formel-1-Rennen zu verfolgen, haben auch schon im 16. Jahrhundert Zehntausende dazu veranlasst, in der Markuskirche in Venedig den unerhörten neuen Orgelklängen von Gabrieli zu lauschen. Ebenso war die Suche nach Faszination im Spiel, wenn man im Mittelalter Reisende solange festhielt – wenn es sein musste mit Gewalt –, bis sie alles erzählt hatten. Noch nie aber waren subjektzentrierte Motive in solchem Maße und in solcher Verbreitung zum Selbstzweck erhoben und aller anderen Bezüge entkleidet.

Immer noch gibt es beispielsweise kirchliche Messen und bürgerlich erscheinende Festlichkeiten, die Tendenz geht jedoch dahin, das zum kulturellen Spielmaterial gewordene Ablaufschema nur noch für den Zweck einer psychophysischen Erregung zu instrumentalisieren. Man projektiert Erlebnisgottesdienste und Jahresabschluss-Events. Das Objektive mag sich dazu denken wer will, öffentlich aber spielt es kaum noch eine Rolle, ja es gerät schlicht in Vergessenheit. Doch dies ist nur eine Nicht-Mehr-Aussage. Die spannende Anschlussfrage lautet: Was dann? Es ist hier nicht möglich, alle Muster zu beschreiben. Greifen wir eines davon – das Wichtigste – heraus: das Muster des zirkulären Subjekts (der Gegentyp des eigensinnigen Subjekts kommt am Schluss zur Sprache).

Sich selbst bestätigen

In Ereignissen, deren Hauptsinn darin besteht, Erlebniswünsche zu bedienen, begegnen die Menschen vor allem immer wieder sich selbst. Sie bestätigen sich durch das Gewählte so, wie sie sind oder zu sein glauben. Das Programm, die Welt auf sich zu beziehen, führt in die zirkuläre Existenz: Ich will, weil ich will. Um festen Boden unter den Füßen zu bekommen, trachten die Menschen danach, ihre Subjektivität zu objektivieren. Man sucht Orientierung bei Richtgrößen wie Veranlagung, Lebensgeschichte, psychischen und somatischen Gesetzmäßigkeiten. Spontane Wünsche werden mit der Legitimationskraft von Naturereignissen ausgestattet. Die nachmetaphysisch wieder aufbereitete Vorstellung von Seele setzt an die Stelle des von Gott eingepflanzten inneren Kerns das Modell eines singulären persönlichen Schemas, das selbst so etwas wie Gott ist, eine Sendestation innerer Imperative, denen man unbedingt Folge zu leisten hat. Nachdem die Menschen das Objektive als Orientierungsvorgabe durch die Orientierung auf sich selbst ersetzt haben, lassen sie es durch die Hintertür wieder herein und setzen es ausgerechnet an den Platz, den sie sich als Zentrum ihrer Subjektivität vorstellen.

Mehr und mehr kommt es dabei zu einem lärmenden, rotierenden, vibrierenden Stillstand. In den Ereignissen der Erlebnisgesellschaft spiegeln sich die Menschen in dem Zustand wider, der sie veranlasst hat, das jeweilige Ereignis zu wählen. Nichts zeigt dies deutlicher als die kurze Geschichte des Fernsehens (...). Die aus den Wahlhandlungen des Menschen erschlossenen Wünsche werden von Quotendeutern interpretiert und als Informationsgrundlage der Produktion noch angepassterer Ereignisse verwendet.

Ereignisautismus

Solche Ereignisse befördern keine kollektiven Lernprozesse, weder solche, die das Wort „Fortschritt" verdienten, noch pathologische. Sie umplätschern die Menschen wie körperwarmes Badewasser, kaum spürbar, fast niemals irritierend, ins Belieben jedes Einzelnen gestellt. Sie bedeuten nichts jenseits ihrer Oberfläche. Die Expo ist die Expo. Das Stadtjubiläum ist das Stadtjubiläum. Der Autosalon ist der Autosalon. Operette, Impressionistenausstellung, Orgelkonzert, Pornofilm, Theater, Fernsehschau und Fußballspiel sind nichts weiter als eben nur ein auf sich selbst und das Publikum verweisendes Vorkommnis.

Entstanden ist ein Ereignisautismus im doppelten Sinn: Ereignisse haben nur sich selbst als Rahmen, und die Teilnehmer haben nur sich selbst als Deutungsinstanz. Die gelegentliche Versicherung, dass ein Ereignis mehr sei als eine abgekapselte Episode für abgekapselte Beobachter, wird oft schon dadurch widerlegt, dass man sie überhaupt ausspricht. Was soll das für ein Kultfilm sein, der für sich selbst mit dem Hinweis wirbt, er sei ein Kultfilm? Welcher Tabubruch ist noch möglich, wenn man sich in der Theaterlandschaft gegenseitig dafür belobigt, man breche alle Tabus? Sobald eine Bedeutung, die ein Ereignis jenseits seiner selbst haben könnte, zum Bestandteil des Ereignisses gemacht wird, geht sie verloren. Die „zum Ereignis" gemachte Zeitgeisthaftigkeit („Kultfilm!") erreicht den Zeitgeist nicht mehr, das inszenierte Durchbrechen von Konventionen („Tabubruch!") nicht mehr die öffentliche Moral, die als Themenpark gestaltete Kulisse („Vergangenheit und Zukunft!") nicht mehr die kollektive Identität. Politik, Religion, kultureller Eigensinn, Standortbestimmung des Menschen in der Welt – alles wird zum Ingrediens, zum Badesalz von Menschen, die mal in diesen, mal in jenen Whirlpool steigen. Zur Selbstbezüglichkeit von Ereignissen passt die kulturtechnische Erfindung des Erlebnisparks. Man taucht in zeitlich und räumlich begrenzte Szenerien ein, angeboten zur gefälligen Benutzung.

Aufklärung als Erlebnisprojekt

Der doppelte Autismus der Ereignisse und ihres Publikums bekundet sich in nichts deutlicher als in den Antworten auf die Frage „Wie war's?" nach Ende der Veranstaltung. Was man üblicherweise zu hören bekommt, sind Urteile über die psychophysische Reizqualität des Dargebotenen, formuliert in einer auf alles und jedes anwendbaren Standardsprache der Erlebnisschilderung: „ganz nett", „super", „hat mir gut gefallen", „langweilig", „wirklich interessant", „spitzenmäßig", „einfach Wahnsinn". Ein Theater, das sich in dieser Landschaft als moralische Anstalt begreift, zeugt von Naivität. Eine Ästhetik, die die Betrachtung der Welt auf die Höhe der Zeit bringen will, bleibt dazu verurteilt, Kulturförderungspreise entgegenzunehmen. Seit Aufklärung zum Erlebnisprojekt wurde, konkurriert Guernica mit Holiday on Ice.

Unter diesen Umständen kommt es zu einer umfassenden und ständig weiter ausgreifenden Folklorisierung von Ereignismustern. Das volkstümliche Schema dient beiden Seiten: Es macht das Produkt der Ereignisanbieter anschlussfähig, und es erlaubt den Nachfragern die rasche Dekodierung. Lachen, Versunkenheit, Bierseligkeit, bildungsbürgerliche Interessiertheit, kollektive Ekstase – die Erlebnisfolklore definiert, was wann am Platz ist. Kulturelle Kompetenz hat sich gewandelt; es kommt nicht mehr auf Bildung im klassischen Sinne an, sondern auf folkloristische Formensouveränität: die Zeichensprache zu kennen, standardisierte Situationen richtig einzuschätzen, mit dem Archiv der Ereignismuster vertraut zu sein. Ständig kommen neue Elemente hinzu: das Verpacken im Stil von Christo, die Love-Parade, Ballermann, die Choreographie der Boy Groups, der über einer Garage angebrachte Basketballkorb, Vanessa Mae mit Plastikgeige und In-line-Skates. Daneben bestehen die eingeführten folkloristischen Muster weiter: Opernarie, Popkonzert, Ausstellung, Bildungsreise, Skizirkus, Konsumentenmesse. Überblick wird durch Spartenbegriffe hergestellt, in Veranstaltungskalendern, in Programmzeitschriften, in Musikgeschäften mit Abteilungen für U und E, in Buchläden, in Kontaktanzeigen, im Tourismus, in der Gastronomie.

Zappen

Die Umgangsweisen mit der Folklore zeugen von einem Hintergrundmotiv, das in der Standardbegründung „Weil es mir eben Spaß macht" ungenannt bleibt: der Wunsch nach Orientierung. Betrachten wir zwei dieser Umgangsweisen: das Kennertum und das Vorbeischauen. Im Kennertum kultiviert man ausgewählte symbolische Bereiche. Man eignet sich Fachgebiete an, um darin spazieren zu gehen. Der Umgang mit Geschichte, Kunst, Musik, Popstars und inszenierten Ereignissen hat dabei seinen Sinn immer weniger in der Auseinandersetzung mit Inhalten und immer mehr im Gefühl der Ankunft bei etwas wohl Bekanntem. Ob es sich dabei um Glenn Gould, um Derrick oder um Techno handelt, ist ohne große Bedeutung. Das Vergnügen liegt im Bescheidwissen als sol-

chem, gekoppelt mit einer botanisierenden Rezeptionshaltung. Im Gegensatz dazu besteht die Haltung des Vorbeischauens im Bewahren von Souveränität durch eine Art unbeteiligter Beteiligung. Man erledigt Pflichten, die man seinem eigenen Leben gegenüber zu haben glaubt. In der Lebensform des Vorbeischauens wird die Technik des Zappens vom Fernsehen auf alles übertragen. Als Zapper hat man die Dinge im Griff; ein kurzer Blick genügt, um das gerade aktuelle folkloristische Muster zu erkennen.

Die folkloristischen Ereignisse ähneln in der Wahrnehmung vieler Teilnehmer freilich einem täglich neu angerichteten riesigen Buffet – sie scheinen ihnen bei aller Vielfalt immer gleich. Eine heimliche Langeweile an Inszenierungen erzeugt Neugier auf die Wirklichkeit jenseits der Darstellungen. Das Publikum will zum Zeugen werden, es interessiert sich für Klatschgeschichten, für Interviews, für Talkshows mit Protagonisten. Das Private soll Wirklichkeit herstellen. Prickelnder als die Filme mit Sharon Stone erscheinen die Banalitäten, die sie in einem Interview über sich selbst äußert. Claudia Schiffer und David Copperfield erzeugen zunächst durch eine Liebesgeschichte den Eindruck von Privatheit; dann wurde behauptet, es handle sich um einen Schwindel, wodurch ein zweites Mal der Eindruck von Privatheit entstand, diesmal durch die ungewollte Aufdeckung der Inszeniertheit des Privaten. Doch was heißt hier Schwindel? Das Privatleben der Protagonisten wird inzwischen ebenso sorgfältig arrangiert wie die Primärinszenierungen, ohne dass jemand daran Anstoß nähme. Im Gegenteil: Die Forderung nach einer eindrucksvollen öffentlichen Selbstdarstellung erlangt allmählich denselben Rang wie die eigentlich zu erwartende Leistung. Selbst Fußballtrainer und Fußballspieler werden mehr und mehr danach beurteilt, ob sie „gut mit den Medien umgehen können", im Klartext: ob sie brauchbare Fiktionen des Privaten abliefern. Eine Als-ob-Wirklichkeit ist entstanden, abgesichert durch die unausgesprochene Übereinkunft aller Beteiligten einschließlich des Publikums, das gespielte Echte als echt zu betrachten.

Was eigentlich gespielt wird, zeigt sich am deutlichsten in der Folklorisierung des Voyeurismus. Voyeurismus entspricht der Sucht nach Ereignissen, die nicht für Beobachter gemacht sind. So stark treibt dieser Wunsch nach Teilnahme am Heimlichen die Menschen um, dass sie sich mit Heimlichkeiten zufrieden geben, die nur inszeniert sind, süchtig nach Klatsch, der echt sein könnte, selbst wenn sie wissen, dass er frei erfunden ist. Gerichtlich erzwungene Gegendarstellungen und Widerrufe falscher Behauptungen führen keineswegs zum Konkurs von Boulevardmagazinen.

Das Objektive ereignishaft umgewandelt

Die Zuwendung zu sich selbst ist oft mit einer Abwendung von der Welt verbunden. Für das zirkuläre Subjekt wird die Wirklichkeit zur Kulisse. Man begreift das Leben als ein Durcheilen von Schauplätzen, zwischen denen man nach dem Grundsatz optimierenden Gefühlsmanagements verkehrt.

Selbst Nachrichten – Tempel des Objektiven wegen ihrer dezidierten Bezugnahme auf das zum Zeitpunkt der Nachricht schon Geschehene – geraten in den Sog einer ereignishaften Umwandlung. Sie werden zu einem Textgenre, das sich zwar noch an den traditionellen Anspruch der Information über Objektives erinnert, aber in folkloristischer Weise, vergleichbar der Umdeutung derber Lodenjacken in Modeartikel. „Nachrichten" drohen darauf reduziert zu werden, ein Nachrichtengefühl zu erzeugen, das man mit Worten wie „interessant", „wichtig", „bestürzend", „aufwühlend", „pikant" oder auch einmal „schrecklich" beschreibt. Es mag nun durchaus sein, dass die Nachrichten objektiv richtig sind, doch wird dies zur Nebensache ohne große Bedeutung, wenn es bei ihrer Kenntnisnahme primär um das Gefühl geht, das sie momentan auslösen.

Die gleiche Abschwächung des Interesses an der außersubjektiven Wirklichkeit erfasst auch andere klassische Formen der Weltdeutung. Etwa ist es unüblich geworden, in der Kunst nach Formeln für das Leben zu suchen, nach Problembeschreibungen. Normal ist vielmehr die Suche nach dem „Interessanten" und der Wunsch, Langeweile zu vermeiden. Ein anderes Beispiel sind Formen der Religiosität, bei denen nicht die Annäherung an das Heilige der Hauptzweck ist, nicht die Verringerung der Entfernung zwischen sich selbst und dem Unbegreiflichen, sondern allein die schöne Empfindung des Ergriffenseins. Auch in den zahllosen Inszenierungen von Gemeinschaft, vom Fußballspiel bis zur Raverparty, kommt es nicht auf Gemeinschaft im objektiven Sinn an, was ja auch Pflichten und Opfer einschließen könnte, sondern auf den subjektiven Eindruck, zu einer Gemeinschaft zu gehören. Worum es dabei geht, ist die momentane suggestive Überwältigung durch die Masse, an der man selbst als Partikel beteiligt ist. Auf diese Weise transformieren sich Nachricht, Kunst, Religion, Gemeinschaft in Aktualitätsgefühl, Kunsterlebnis, religiöse Empfindung, Massenschauer.

Deswegen lautet die gängigste Erfolgsbeschreibung geglückter Ereignisse: „Es war ein Erlebnis." Die Täuschung, das es sich immer noch um Nachricht, Kunst, Religion oder Gemeinschaft handle, oder auch um Liebe, Heimat, Brauchtum, Geschichtsbewusstsein, diese Täuschung beruht darauf, dass all diese Schemata schon immer mit Erlebnissen verbunden waren. Doch etwas Wesentliches ist anders geworden: Erst war das Gefühl nur Begleiterscheinung einer als objektiv vorgestellten Hauptsache, jetzt ist das Gefühl selbst die Hauptsache, während das Objektive nur Kristallisationspunkt für Gefühle ist, insofern austauschbar, so wie man Himbeer-Aroma mit Seife, Joghurt, Saft und beliebigen anderen Trägersubstanzen kombinieren kann.

Was soll man dazu sagen? Mit Worten wie „Entleerung", „Oberflächlichkeit" und „Hedonismus" attackiert die Kulturkritik die Reduktion inszenierter Ereignisse auf die Sphäre „bloßer" Erlebnisse. Sie wirkt damit wie Don Quichote im Kampf gegen Windmühlenflügel: ritterlich und verrückt. So ehrbar die Motive sein mögen, so sehr läuft der Angriff doch ins Leere. Nicht nur, dass eine Rückkehr zu früheren Zeiten nicht möglich scheint, sie wäre auch gar nicht wünschenswert.

Lebenskunst

Wir haben es nur noch mit einem einzigen diffusen Publikum ohne Zentralereignis zu tun, mit Menschen, die zwischen zahllosen Einzelereignissen fluktuieren. Sie können sich weder als Erlebnisgemeinschaft erfahren noch ihre disparaten Erlebnisse gar zu einer großen gemeinsamen Erzählung zusammenfügen. Zum Abschluss kommt die Auflösung des Publikums mit der Entzeitlichung und Enträumlichung von Ereignissen durch Telekommunikation und Internet.

Aber ist dies zu bedauern? Warum soll nicht jeder tun, was ihm gefällt, solange er niemand damit schadet? Warum soll nicht jeder auf seine Weise mit inszenierten Ereignissen umgehen, „oberflächlich" oder „tiefgründig"? Die Idee, das Drei-Sphären-Paradigma zum kulturpolitischen Programm zu machen, diese Idee ist so unmodern wie die Reimform in der Lyrik oder das Absingen von Hymnen auf sozialdemokratischen Parteitagen. Dabei vermengt sich nämlich das Objektive mit eigenen Erlebnissen und mit der Suggestion der Erlebnisgemeinschaft. Käme die Vermengung dieser drei Sphären wieder in Mode, man müsste sie als unsachlich und potenziell gefährlich bekämpfen. Inszenierte Ereignisse sind nicht mehr der Ort von „Aufklärung" oder „Verblendung". Sind sie also überflüssig? Diese Frage wird von der instrumentellen Vernunft diktiert, die darauf besteht, dass alles für etwas gut sein soll. Das Zweckfreie zu lernen ist keineswegs einfach. Ja – inszenierte Ereignisse sind überflüssig; dasselbe kann man allerdings auch über Wein, Sonnenuntergänge oder die Liebe sagen. Das schöne Leben ist überflüssig. Wenn man es trotzdem haben will, ist es mit Kennertum oder Vorbeischauen nicht getan. Zur Lebenskunst gehört vor allem auch die schwer zu erlangende Fähigkeit, sich auf etwas anderes einzulassen, jenseits der Routine folkloristischer Schemata, und immer wieder auch jenseits seiner selbst.

Lange Zeit rieb sich die Kulturkritik an der Unterordnung des schönen Lebens unter die instrumentelle Vernunft. Dazu besteht kaum noch Anlass; das Verhältnis hat sich umgedreht. Die Frage lautet nun: Wie instrumentalisiert man die Vernunft für das schöne Leben? *Eine* Antwort auf diese Frage war die Herausbildung der Idee der Erlebnisrationalität, die direkt zum Muster des zirkulären Subjekts führte. Doch im kollektiven Suchen und Experimentieren tauchen neue Typen auf. Die Dialektik der Kulturgeschichte hält als Gegenstück zum zirkulären

Subjekt das eigensinnige Subjekt bereit, auf der Suche nach Wirklichkeit jenseits des eigenen Horizonts, jedoch auf eigene Faust. Wenn es diese Gegenbewegung im Umgang mit inszenierten Ereignissen geben sollte, wird sie unspektakulär bleiben, weil Lebenskunst Privatangelegenheit ist. Und der Aufbruch wird zögernd sein, denn es scheint paradox, das eigene Leben ausgerechnet in der Selbstvergessenheit zu suchen.

Die soziale Konstruktion der Wirklichkeit muss anderswo stattfinden – in den Diskursen zwischen Wirtschaft, Technik, Wissenschaft, Politik und Öffentlichkeit. Dass die Aufklärung hier an ein Ende kommen könnte, ist nicht abzusehen, weil sich der Horizont objektiver Möglichkeiten ständig erweitert. Kaum hat man neue Orientierungen gewonnen, kann man sie schon wieder nicht mehr brauchen. Events sind nicht mehr der Ort für die ständig notwendige Fortsetzung von Diskursen; umgekehrt sind Diskurse keine Events. Die erste dieser beiden Unterscheidungen ist kulturell fast schon vollzogen, an der zweiten gilt es noch zu arbeiten.

(Der Beitrag entspricht dem (gekürzten) Kapitel „In der Eventfolklore" aus: Gerhard Schulze: Kulissen des Glücks. Streifzüge durch die Eventkultur. Frankfurt/Main, New York 1999) (Zwischentitel durch den Hg.)

Uwe Jean Heuser
Tausend Welten
Stadtkultur in der Informationsgesellschaft

Im Grunde war es nur eine kurze Episode in der Geschichte menschlicher Zivilisation: Die Idee, daß wir alle morgens mehr oder weniger gemeinsam aus dem Haus gehen, unsere Kollegen an einem bestimmten Platz treffen, dort gemeinsam mit ihnen arbeiten und uns abends wieder auf den Heimweg machen, diese von der Dampfmaschine und der Massenproduktion des Industriezeitalters geprägte Idee ist nach nicht einmal 150 Jahren überholt. Die meisten von uns kennen freilich nichts anderes. Doch immer mehr wird dieses Modell abgelöst von einer immensen Vielfalt neuer Arbeitsformen. Uns steht eine Zersplitterung der Arbeitswelt bevor, die in mancher Hinsicht noch weit über das hinausgeht, was die Menschen kannten, bevor die industrielle Revolution anbrach.

In der agrarischen Gesellschaft arbeiteten die meisten freien Menschen für sich, zu Zeiten, die ihnen weder ein Arbeitgeber noch ein Tarifvertrag diktierten, sondern allenfalls die Natur. Auch Handwerker arbeiteten höchstens in kleinen Gruppen zusammen. Umfangreiche Kooperationen, wie bei der Erstellung einiger feudaler Großbauten, waren zeitlich begrenzt. In der Industriegesellschaft ist die Arbeit dagegen sowohl von der Zeit als auch vom Raum her gebunden. Um an einer Maschine oder gar Fertigungsstraße zu arbeiten, müssen die Menschen sich an einem Ort versammeln, weil sich Leistung und Funktionen der laufenden Maschine weder gut speichern noch allzu weit übertragen lassen. „Räumlich und zeitlich festgesetzte, kontinuierlich abzuleistende Erwerbsarbeit ist eine Begleiterscheinung der frühen Industrialisierung", faßt es der Nürnberger Arbeitsmarktforscher Werner Dostal zusammen, der sich mit dem Umbruch der Arbeitswelt auseinandersetzt. Mit dem Zerfall der industriellen Gesellschaft löst sich auch die entsprechende Arbeitswelt auf. Das allein wird von Arbeitnehmern eine enorme Anpassungskraft verlangen – und verlangt sie vielfach ja schon heute. Zudem ruhen auf dem überkommenen Arbeitsmodell auch noch die meisten unserer sozialen Institutionen. (...)

Zusammen arbeiten zu ungleichen Zeiten

Die Ideenökonomie streift das starre Korsett von Zeit und Raum ab. Der Computer speichert Arbeitsergebnisse, und er überträgt sie rund um die Welt. Immer mehr Menschen können zusammen arbeiten, ohne zur gleichen Zeit am gleichen Ort zu sein. Immer mehr Unternehmen können darauf verzichten, ihre Mitarbeiter unter einem Dach zu versammeln. Wichtiger noch: Mit der Möglichkeit entsteht vielfach auch der Zwang, die alten, festen Organisationsformen aufzugeben. An ihrer Stelle entstehen flexiblere Firmenstrukturen, die Managementstrategen „virtuelle Unternehmen" getauft haben. Die

Amerikaner William Davidow und Michael Malone, der eine Unternehmer und der andere Publizist, versuchen dem Begriff näherzukommen. „Der außenstehende Betrachter", so schreiben sie, „sieht ein fast konturloses Gebilde mit durchlässigen und ständig wechselnden Trennlinien zwischen Unternehmung, Lieferanten und Kunden. Von innen ist das Bild nicht weniger formlos: herkömmliche Arbeitsgruppen, Abteilungen und Unternehmensbereiche reformieren sich ständig nach Bedarf. Aufgaben und Einflußbereiche verschieben sich immer wieder, selbst der Begriff des Mitarbeiters gewinnt eine neue Facette, weil einige Kunden und Lieferanten mehr Zeit im Unternehmen verbringen als manche Betriebsangehörige." Virtuelle Unternehmen vergeben die meisten Dienste und Funktionen jenseits ihres Kerngeschäfts nach außen und arbeiten in vielen Projekten mit anderen Unternehmen zusammen, die über notwendiges Spezialwissen verfügen. Vorgegebene Karrierepfade sind diesen Organisationen zuwider, lebenslange Arbeitsverhältnisse ein Hindernis, langfristig garantierte Gehälter eine Last. Die virtuellen Unternehmen spiegeln den zentralen Wandel in der vernetzten Wirtschaft wider: Flexibilität ist lebenswichtig – und Stabilität teuer. (...)

Es gibt virtuelle Unternehmen, die lediglich eine Basis schaffen, auf der einzelne Selbständige und kleine Firmen weltweit zusammenarbeiten können. Eines der ersten größeren Beispiele ist Knowledge Net, eine 1993 im amerikanischen Bundesstaat Virginia gegründete internationale Unternehmensberatung, die behauptet, sie könne weltweit in jeder Stadt binnen eines Tages ein Büro eröffnen. Dabei ist das Unternehmen physisch kaum vorhanden, es existiert vor allem in Computernetzen rund um den Globus. Doch binnen eines Jahres hatte die Jungfirma schon mehr als hundert Dienstleistungsfirmen und unabhängige Berater in sechzehn Ländern in ihr Netz aufgenommen. Sie vermitteln Aufträge an andere Beteiligte und erhalten Aufträge von ihnen und kooperieren bei bestimmten Aufgaben. Fast alle arbeiten auch außerhalb dieses Netzes noch selbständig weiter. (...)

Telearbeit befreit von einem bestimmten Standort

Ein dabei immer wichtigeres Phänomen ist Telearbeit, diejenige Organisationsform der Arbeit, die ganz der digitalen Revolution zuzuschreiben ist und auf die ja auch das Netzunternehmen aufbaut. Die Schätzungen unterscheiden sich sehr – je nachdem, aus welcher Ecke sie kommen. Halbwegs zuverlässig kann man indes davon ausgehen, daß fünf bis zehn Millionen Amerikaner als Telearbeiter wirken. Sie kommen gar nicht mehr oder nur selten in die alten Bürogebäude, sondern arbeiten die meiste Zeit zu Hause oder unterwegs am Computer. Die Ergebnisse ihres Wirkens geben sie elektronisch weiter; und auf die gleiche Art rufen sie notwendige Informationen ab, erhalten aus dem Unternehmen Direktiven und rechnen ihre Arbeit ab. Darunter sind die Wissensarbeiter der Informationsgesellschaft: Redakteure, Forscher, Analysten, die nicht mehr in einem Unternehmen arbeiten wollen. Sie verfügen relativ frei über ihre Arbeitszeit und schenken sich den lästigen alltäglichen Weg ins Büro. In den nördlichen Rocky-Mountains-Staaten der Vereinigten Staaten wie Wyoming und Idaho haben sie schon ganze Dörfer oder Siedlungen gegründet. Vielen Amerikanern gilt die Lebensqualität dort momentan als die beste, angefangen von der frischen Luft über Gewaltlosigkeit bis hin zu günstigen Immobilienpreisen. In Zeiten digitaler Kommunikation gibt es für Berufe wie Verlagslektor oder Programmierer immer weniger räumliche Fesseln. Selbst einige Kundenberater von Banken und Versicherungen, die vor allem am Telephon und am Computer arbeiten, erledigen ihren Job mittlerweile ganz zu Hause. (...)

Die digitalen Netze entbinden ihre Nutzer von den Zwängen des Ortes: Telearbeiter müssen nicht mehr in einem bestimmten Umkreis ihres Arbeitgebers wohnen, Telekonsumenten nicht mehr in der Nähe günstiger Einkaufsmöglichkeiten, die Kunden von Teledienstleistern nicht mehr nahe einer Bankfiliale oder eines Reisebüros. In den Wahlnachbarschaften finden sich meistens Haushalte zusammen, die sich in ähnlichen Lebenssituationen befinden, ähnliche Vorlieben haben und ähnliche soziale Kontakte pflegen. Auch auf der Einkommensskala sind sie oft nicht weit von einander entfernt. So entstehen Ortsgemeinschaften, die in sich vergleichsweise homogen und stabil sind und sich gerade deshalb von einander abgrenzen. Schon seit einiger Zeit nimmt diese Form der Zonierung und der sozialen Segregation in den sogenannten Industrieländern zu, in Deutschland allerdings wesentlich zaghafter als in den Vereinigten Staaten. Dort finden sich nicht nur Haushalte der Ober-, sondern auch schon der Mittelklasse in eigenen, umzäunten Vierteln zusammen, um die Kriminalität außen vor zu halten und ihre Ideen vom Gemeinschaftsleben zu verwirklichen. Die digitale Revolution dürfte diese Entwicklung potenzieren. (...)

Vernetzung stärkt den community spirit

Ganz pragmatisch wollen Stadtpolitiker und Soziologen in den Vereinigten Staaten mit der Vernetzung den kommunalen Geist und die Ortsgemeinschaft stärken. Digitale Kommunikation soll den Umgang mit der Verwaltung erleichtern. Zudem, so der Gedanke, könnten die Bürger einander im Netz ihre Probleme und Sichtweisen nahebringen und über Vorhaben der Kommunalpolitik diskutieren. Über das Kommunalnetz würden sie Informationen über lokale Geschäfte, Restaurants und Kulturereignisse austauschen. Sie könnten effizienter als bisher soziale Dienste organisieren und einander in Notlagen helfen.

Auch im Austausch mit anderen digitalen Ortsgemeinschaften brächten sie eigene Initiativen einfacher als bisher auf den Weg. Anhänger der Basisdemokratie sehen in den kommunalen Digitalwelten neue Möglichkeiten. So ließe sich in elektronischen Stadttreffen über lokale Projekte nicht nur debattieren, sondern anschließend auch abstimmen.

In Europa entwickeln sich bereits sogenannte virtuelle Städte. „De digitale Stad" von Amsterdam, in der angeblich 30.000 Netzreisende von nah und fern verkehren, ist die wohl größte und bekannteste. Deutsche Kommunen eifern dem nach. Von München bis Bremen sind die meisten Großstädte mittlerweile mit eigenen Angeboten im World Wide Web vertreten.

Schöne künstliche Welt

So schließt sich der Kreis all derer, die das Miteinander in der virtuellen Welt begrüßen, dabei jedoch unterschiedliche Facetten Digitaliens betonen. Auf der einen Seite steht die Effizienz in den fluid networks, die sich – ob nun im Beruf oder im Privatleben – fortlaufend den veränderten Anreizen und Interessen der Menschen anpassen. Auf der anderen Seite steht die Erwartung, daß die über Netze entstehenden Vereine das Stadium des reinen Clubs hinter sich lassen und dank des Engagements der Mitglieder zu Gemeinschaften im traditionellen Wortsinn werden können – und zwar ohne Einmischung des von speziellen Interessen geleiteten Staates.

Es bleibt aber merkwürdig, daß diese Gruppierungen die Lösung ihres grundlegenden Problems, der Krise des gesellschaftlichen Miteinanders nämlich, in einer Welt suchen, die aus Siliconchips, Kathodenstrahlröhren und Glasfaserleitungen gemacht ist. Und es bleibt auch merkwürdig, die Lösung gerade in dem Medium zu suchen, das an der Entstehung des Problems maßgeblichen Anteil hat. Dazu gehört schon ein gutes Stück Verzweiflung. So sind die übertriebenen Netzhoffnungen nur als Reaktion darauf zu erklären, daß die traditionellen Grundlagen sozialer Gemeinschaft nach und nach zerfallen. Anders gesagt: Sie sind eine – oft unbewußte – Reaktion auf den Wandel von der Industrie- zur Informationsgesellschaft.

(Auszüge aus: Uwe Jean Heuser: Tausend Welten. Die Auflösung der Gesellschaft im digitalen Zeitalter. Berlin 1996) (Zwischentitel vom Hg.)

Florian Rötzer
Die Stadt ist in Bedrängnis

Man kann es schon bald nicht mehr hören. Überall glauben Politiker, sie könnten den Standort ihres Landes retten und sich selbst an die Spitze des Fortschritts setzen, wenn sie die immer gleiche Formel gebetsmühlenhaft wiederholen, dass alle Menschen möglichst schnell Zugang zum Internet haben müssen und die „digitale Kluft" geschlossen werden soll. Intendiert wird natürlich, mit der technischen Aufrüstung zur Internetgesellschaft den Standort, also eine geografische Einheit, zu stärken. Langfristig könnte es sich aber durchaus herausstellen, dass dies der Weg ist, die Strukturen der Informations- oder Wissensgesellschaft von den räumlichen Verankerungen zu lösen und sie noch weit fließender und unberechenbarer zu machen, als dies bislang schon der Fall ist.

Der Einfluss der Netze

Die globalen Computernetze und damit die Digitalisierung dringen immer tiefer in unser Alltagsleben ein und verändern es Schritt für Schritt. Die bislang an einen Ort oder eine Region gebundenen wirtschaftlichen, politischen, kulturellen und sozialen Vorgänge und Strukturen stehen unter Anpassungsdruck, während sich den Menschen und Organisationen, die Anschluss an das Netz haben, neue Freiheit und Unabhängigkeit eröffnet. Das führt leicht zu Verwerfungen, denn auch in der persönlichen Kommunikation führt die freie, örtlich ungebundene Auswahl an Kontakten mitsamt möglicher Tele-Intimität eher zu einer Homogenisierung oder „Balkanisierung" der Gemeinschaften, die bereits bestehende Spaltungen innerhalb der Gesellschaften weiter verstärkt. Als „Individualisierungsmaschine" sind die Kommunikationsnetze gegenüber gewachsenen und darin meist örtlich gebundenen Zwangs- und Solidargemeinschaften zentrifugal. Ähnlich wie die Medien interaktiv sind und ein wachsendes Angebot an Optionen anbieten, will man auch seine Beziehungen gestalten. Flexibilität ist ein Muss in der vernetzten Welt für Organisationen und Individuen. Was für die einen eine größere Freiheit bedeutet, mag für andere, vor allem die Fortschrittsverlierer, eine Bedrohung und ein Verlust sein. Räumliche Verdichtung und Zentralisierung in Form von Städten und der Massierung von Institutionen und Funktionen in ihnen werden abgelöst, und damit zu medialen Strukturen. Die Medien durchlöchern nicht nur die Grenzen der Staaten, sondern auch die Mauern und Wände und machen die einstmals privaten und abgeschlossenen Räume der Wohnungen und der Institutionen öffentlich und global. Wer zu Hause oder im Büro vor einem Computer mit Internetanschluss sitzt, hat Zugang zu einer Öffentlichkeit, deren Ausmaß all das weit übertrifft, was jemals in den öffentlichen Räumen auch der größten Metropole angeboten wurde und wird. Schließlich wird die explosiv wachsende Metropole im Cyberspace, wie man schätzt, im Jahr 2005 bereits an die eine Milliarde „Einwohner" besitzen und zu einem riesigen virtuellen Kauf- und Unterhaltungspark ausgebaut sein. Nicht vergessen aber sollte man, dass der Cyberspace natürlich auch zu einem Ort des Arbeitens oder Lernens wird. Kunden, Mitarbeiter und Dienstleister, Lehrende und Lernende sind nicht mehr länger an einen Ort in der realen Welt gebunden, um sich zu begegnen oder miteinander zu kooperieren. Die Folgen für die Städte könnten angesichts dieser Möglichkeiten dramatisch sein und zu einem Exodus der Menschen und der Institutionen sowie Firmen aus den Städten führen.

Eine virtuelle Welt baut sich auf

Noch sind wir weitgehend über den Computer mit dem Cyberspace verbunden, aber das Post-PC-Zeitalter ist mit der Verbreitung von Mikrochips, tragbaren Computern und allen möglichen internetfähigen Geräten wie dem Handy bereits angebrochen. Bald wird die Informationselite immer und überall mit dem Netz verbunden sein können und vielleicht auch sein müssen, um jederzeit und überall erreichbar zu sein. Das ist der Preis für die Vorteile, die etwa Telearbeit anbietet. Wir werden uns künftig nicht nur gleichzeitig im Cyberspace und in der wirklichen Welt aufhalten, sondern durch Roboter oder andere Geräte auch telepräsent sein und vieles aus der Ferne steuern. Wir leben dann inmitten einer durch eingebettete Chips, Sensoren, Effektoren und Internetverbindungen intelligent gewordenen Umwelt, die auf uns reagiert, uns überwacht und von uns gesteuert werden kann.

Jede neue Hardware, jede neue Schnittstelle, jedes neue Programm fügt der neuen Welt eine weitere Schicht hinzu und hinterlässt Müll, der aus der virtuellen Welt allerdings, anders als die ebenfalls schnell veraltende Hardware der Telekommunikationsinfrastruktur, relativ schnell verschwindet, aber eben manchmal auch als „Geistersite" weiterexistiert. Oft entstehen Inseln, die kaum zu überbrücken sind und sich nebeneinander entwickeln und dann irgendwann zusammenwachsen. Die neuen Bauten werden über Nacht an die Stelle der alten gestellt, die einfach verschwinden und gelöscht werden. Die Baustellen sieht man im Gegensatz zur wirklichen Welt meist nicht, aber es wird emsig und mit Verbissenheit investiert, konstruiert und umgebaut, um ja nicht zurückzufallen und jede technische Innovation möglichst schnell umzusetzen.

Die Stadt und ihre Hierarchie im Cyberspace

Gebaut wird nicht nur von Firmen, Behörden, Organisationen und Architekten, die neue Welt ist natürlich auch eine der Individuen, die sich einen „Platz" bei einem

Provider kaufen, sich die Instrumente und Materialien zusammenklauben und selbst ihre Heime, genannt Homepages, als Bastler errichten. Das Schöne am Cyberspace ist noch, dass sich die zusammengestückelten Bruchbuden, die aus Fertigbauteilen errichteten Heime und die schrägen Hütten neben den Palästen und Prunkstücken der Großen befinden, die sich Programmierer und Bauexperten leisten können. Das natürlich stört die „Großen", deren Inseln, gewissermaßen die virtuellen Innenstädte, sich nur einen Klick weit entfernt von allem anderen befinden, wenn sie sich nicht in ihre Intranets und gebührenpflichtigen Zonen eingeschlossen haben. Vielleicht aber wird es bald ein Zwei- oder Mehr-Klassen-Netz geben, das sich in verschiedene Tarife sowie Bandbreiten- und Geschwindigkeitszonen unterteilt.

Es gibt ebenso wie in den Städten natürlich auch im Cyberspace besonders attraktive Grundstücke. In der wirklichen Welt sind diese noch, auch wenn sich dies gerade durch die Anbindung an den Cyberspace verändern könnte, oft die zentralen Lagen in den Städten, zumindest aber in deren Einflussbereichen. Weil aber auch in der wirklichen Welt Mobilität und Geschwindigkeit alles ist, sind schon lange nicht mehr nur die Speckgürtel unmittelbar um die Städte herum attraktiv für Unternehmen, Geschäfte oder Privatpersonen, sondern auch alle Lagen, die einen günstigen Anschluss an die Verkehrsinfrastruktur haben, also etwa an Flughäfen oder Autobahnen. Überall, wo es schnelle Verkehrsanbindungen gibt, wuchern die Städte immer weiter ins Land oder wächst das Land zur Stadt hin und bildet ganz neue Strukturen aus. So entstehen riesige, überregionale, manchmal auch transnationale urbane Geflechte mit einer oder mehreren Kernzonen, die die alten Städte darstellen, vielen kleinen Zentren, einem Siedlungsgebiet, das weder Stadt noch Land ist, und Grüngebieten, zu denen auch landwirtschaftliche Flächen gehören. Diese Entwicklung hat mit dem schnellen Verkehrsmittel der Bahn oder der Straßenbahn begonnen und ist mit dem Einzug der Autos bekanntlich explodiert. Das daraus resultierende Sprawling wird mit dem Internet oder den auf das Internet folgenden Netzen verstärkt und vergrößert, wobei sich abzeichnet, dass für manche Menschen und Organisationen eine auch über größere Entfernungen noch vorliegende Nähe gar nicht mehr notwendig sein wird, wenn günstige und breitbandige Verbindungen vorhanden sind, deren Fehlen heute noch die Städte begünstigt. Haben also zunächst Städte durch ihre räumliche und informatorische Dichte die gesellschaftliche Entwicklung vorangetrieben und während der industriellen Revolu-

tion die Menschen aus dem Umland abgepumpt, so hat seit dem Ende des letzten Jahrhunderts, zumindest in den reichen westlichen Industrieländern, eine Dezentralisierung eingesetzt.

Digitaler Urbanismus

Der Prozess der Urbanisierung und des Sprawling ist noch lange nicht zu Ende, auch wenn sich in den reichen Industrieländern, in denen bereits bis zu 80 Prozent der Menschen in Städten leben, der bisher zu beobachtende Prozess der Bildung von riesigen urbanen Regionen zum digitalen Urbanismus verändern könnte. Digitaler Urbanismus hieße letztlich, dass die Städte als räumlich verdichtete Gebilde langsam ihre wirtschaftlichen und gesellschaftlichen Funktionen verlieren und es dank der Vernetzung ein weitaus größeres Spektrum an Möglichkeiten gibt, wo sich gewissermaßen die Verankerungen des Cyberspace in der Geografie verorten lassen. Räumliche Nähe zu Städten muss dann für Unternehmen, Institutionen und arbeitende Menschen nicht mehr derart zwingend sein wie vielfach heute noch. Unlängst haben Berichte darauf hingewiesen, dass sowohl in den USA wie auch in Europa die Telearbeit erst jetzt richtig zu boomen beginnt, was man als ein Indiz für die Umstrukturierungen der vernetzten, posturbanen Wissensgesellschaft verstehen kann, wobei die Virtualisierung der Arbeitsplätze vorwiegend höhere Angestellte und Spezialisten, die so genannten Wissensarbeiter, betrifft.

Telearbeit

Bislang hinkte Deutschland im Bereich der Telearbeit hinterher. Nach einem Bericht des Instituts der Deutschen Wirtschaft waren 1998 hier zu Lande nur 800 000 Menschen oder 2,4 Prozent aller Erwerbstätigen zu Hause, an wechselnden Einsatzorten oder in ausgelagerten Gemeinschaftsbüros über den Computer mit ihrem Arbeitgeber verbunden. Über die Hälfte der Telearbeiter seien auch hier Sachbearbeiter oder Experten und ein Viertel Führungskräfte. Spitzenreiter in Sachen Telearbeit ist Großbritannien mit vier Millionen Menschen (15 Prozent aller Erwerbstätigen), gefolgt von Finnland (13,6 Prozent), Norwegen (11,4 Prozent) und Schweden (10,3 Prozent). In den USA arbeiten 8,5 Prozent aller Erwerbstätigen als Telearbeiter. Dort ist also bereits jeder zwölfte Arbeitsplatz ein Telearbeitsplatz, in Deutschland nur jede 45. Stelle.

Aus einer Ende September 1999 veröffentlichten Studie des Marktforschungsinstituts empirica geht jedoch hervor, dass sich jetzt auch in Deutschland, wie insgesamt in ganz Europa, die Verwandlung der Arbeitsplätze in Telearbeitsplätze beschleunigt. Auch in dieser Studie sind die nordeuropäischen Länder, wie überhaupt in Bezug auf die Menschen, die über einen Internetzugang verfügen, noch führend. Deutschland hatte aber mit jährlich 34 Prozent in den letzten fünf Jahren den größten Zuwachs. Insgesamt sind die regelmäßigen Telearbeiter mit 80 Prozent überwiegend männlich, haben meist eine höhere Ausbildung und arbeiten überwiegend in leitenden Positionen und als Fachkräfte. Weitaus am meisten Telearbeitsplätze gibt es auch in Europa in den großen Firmen mit 250 und mehr Angestellten. Doch auch der Anteil der Selbstständigen ist unter den Telearbeitern doppelt so hoch wie sonst. Empirica kommt zu dem Schluss, dass angesichts der steigenden Kapazität der Informationstechnologien, der großen Investitionen in diesen Sektor, des zunehmenden Preisdruckes durch wachsenden Wettbewerb und einer in ganz Europa wachsenden Bereitschaft, außerhalb der traditionellen Arbeitsstätte zu arbeiten, innerhalb von wenigen Jahren Telearbeit eine oder sogar die normale Form des Arbeitens sein werde. Das mag natürlich weit übertrieben sein. Wie Deutschland wollen auch andere Staaten neben dem E-Commerce und anderen Internetanwendungen die Telearbeit fördern, was indirekt heißt, dass hier aus Gründen der Standortsicherung in der Konkurrenz der so genannten Wissensgesellschaften eine Wühlarbeit gegen die städtische Verdichtung geschieht.

Telearbeit heißt letztlich, dass der Wohnort des Arbeitnehmers und der Sitz des Arbeitgebers weiter denn je auseinander rücken und viele Arbeitsabläufe auch in andere Länder oder gar Kontinente verschoben werden können, dass auch die Entfernungen zwischen beiden bei unregelmäßigen Telearbeitern größer werden können, weil man nicht mehr täglich zur Arbeit fährt. Und da von Telearbeit vor allem die Menschen mit höheren Einkommen und leitenden Positionen profitieren, könnte deren Exodus in angenehmere, ruhigere oder sozial homogenere Wohngegenden die Tendenz verstärken, dass in den Städten selbst mehr und mehr die Verlierer der Informationsgesellschaft wohnen. Der Auszug der virtuellen Klasse, also all derer, die als Selbstständige oder Spezialisten von der kommenden Informationsgesellschaft profitieren, aus der Stadt hat bereits begonnen. Man will nicht mehr in den Städten leben, wenn man dies nicht unbedingt muss. Die neuen Telekommunikationsmittel werden von der gesellschaftlichen Elite auch privat dazu benutzt, dort sein zu können, wo man sein will. Es wird nicht mehr um die leichte geografische Erreichbarkeit der Arbeitsstelle oder von Dienstleistungen gehen: „Warum", so etwa William Mitchell, „in einer grauen Vorstadt wohnen, wenn man genauso gut von einer schönen (und vielleicht sogar billigeren) ländlichen Umgebung aus arbeiten kann? Erwerben Sie ein schnelles Modem und eine ISDN-Leitung. Wenn Sie keinen Arbeitsplatz an einem bestimmten Ort suchen müssen, warum wohnen Sie dann nicht in einer kulturell interessanten Stadt? Leben Sie in Florenz, arbeiten Sie im Cyberspace! Warum eine Besprechung in einem sterilen Konferenzraum abhalten, wenn man in einem Café auf einer charmanten Piazza sitzen kann, während man elektronischen Zugang zu allen benötigten Hilfsmitteln hat? Nehmen Sie Ihr Mobiltelefon, Ihren Laptop und Ihren Organizer mit!"

Virtuelle Dienstleistungen

Die teuren Lagen in den Innenstädten werden vornehmlich noch deswegen begehrt bleiben, weil dort die Menschen- und Verkehrsströme zusammenlaufen und es eine Verdichtung an Firmen, Behörden, Geschäften und Freizeitaktivitäten gibt. Ganz ähnlich ist dies bei den virtuellen Immobilien im Cyberspace, in dem es keine Zentralität mehr gibt, wohl aber eine Verdichtung des Verkehrs. Gegenwärtig sind die viel besuchten Orte noch die Suchmaschinen, also gewissermaßen die Transportmittel, mit denen man zu gewünschten Zielen kommt, aber auch andere der so genannten Portale, von denen aus die Menschen im Web starten, beispielsweise Sites wie das Netcenter, Yahoo, GoTo oder AOL. Um sich zu einer im Cyberspace zentralen Lage zu machen oder sich als eine solche in der Konkurrenz zu halten, muss möglichst viel auf der Site angeboten werden. Deswegen kommt es hier wie bei den Firmen oder bei Wirtschaftsunionen in der wirklichen Welt zu immer größeren Zusammenschlüssen. Deshalb hatte etwa AOL, der größte Internetprovider der Welt, die Firma Netscape für über vier Milliarden Dollar gekauft. Damit hat man sich nicht nur einen Namen eingekauft, sondern auch das notwendige Fahrzeug, also einen Browser, und ein attraktives Grundstück, das Netcenter, das monatlich von 25 Millionen Menschen besucht wird. Es bietet nicht nur Software an, also neben der Hardware und der Telekommunikationsinfrastruktur die Grundlage des neuen Landes, sondern auch Suchmaschinen, aktuelle Informationen, Chat-Räume, Spiele, Dienstleistungen und einfach möglichst alles, was sich bislang über das Netz abwickeln und handeln lässt.

Ähnlich wie in den Zeiten vor der Telekommunikation eine Stadt gegründet wurde und erfolgreich war, weil sie durch ihre räumliche Zentralität im Mittelpunkt einer Region und der Verkehrsinfrastruktur eine Verdichtung an Menschen, Macht, Waren, Kapital, Wissen, Arbeitsplätzen und Freizeitmöglichkeiten anbot, so gehen heute viele dieser Funktionen, die einst eine räumliche Verdichtung notwendig machten, auf den Cyberspace über. Der Verbund des Netcenter mit AOL lässt sich durchaus mit einer Stadt vergleichen, in deren Zentrum sich die Geschäfte, Banken und Büros ansiedeln und um die herum sich die Wohnviertel, also die Homepages und Briefkästen der Menschen, verbreiten. Gleichzeitig ist diese Zentralität ortlos, nicht mehr räumlich verankert, sondern eine Megacity im globalen elektronischen Raum, in dem alles gleich weit entfernt ist.

Der Aufbau der teuren Lagen

War das Netz in den Anfängen eher mit einer zentrumslosen Boomtown vergleichbar, so konsolidieren sich jetzt die Innenstädte mit ihren teuren Lagen, in denen sich die großen und spektakulären Bauten der Firmen ansiedeln. Und ähnlich wie in einer Stadt werden dadurch auch die Verkehrswege zu den Zentren stärker frequentiert, während manche Viertel kaum noch besucht werden und, abgesehen von den Bewohnern, im Abseits landen. Die großen Prunkbauten in den belebten „Innenstädten" sind die so genannten Portale, die ihre Angebote meist um Suchmaschinen herum aufbauen. Es ist noch immer diese Funktion, die die meisten Menschen anzieht, um von hier aus ihren Weg durch das Web zu organisieren, wobei sie offenbar mehr und mehr in der nächsten Umgebung hängen bleiben. Möglicherweise sinkt auch die Bereitschaft der Menschen, ziellos von einem Link zum anderen durch das weltweite Netz zu streifen und als Flaneure Neues zu entdecken, aber dabei auch viel Zeit zu verbrauchen. Wenn Hunderte von Millionen von Websites auf globaler Ebene auf Aufmerksamkeit aus sind und miteinander um diese wertvolle Ressource konkurrieren, dann wirkt hier, wie auch sonst, das Gesetz der Selektion – und den Vorteil haben jene, die attraktiver sind, was auch meist heißt, dass sie mehr Wissen und Geld investieren können, um Aufmerksamkeit an sich zu binden.

Prognosen über die Zukunft der Städte sind billig. Ich möchte nur an die Voraussagen Marshall McLuhans, des bekannten Medientheoretikers der 60er Jahre, erinnern, der in seinem Buch „Understanding Media" (1964) das Medienzeitalter nicht nur als globale Ausweitung des Gehirns verstanden hat, sondern auch als Vereinigung der ganzen Menschheit, die gewissermaßen zu dessen Organismus wird. Die Ausweitung durch die Technologie geht für ihn mit einer Komprimierung der Welt einher, mit einer Vernichtung von Zeit und Raum.

Weil jeder im Cyberspace, wie man den elektronischen Raum heute nennt, überall ohne Zeitverlust und unabhängig von dem Ort im Raum sein kann, in dem er sich mit seinem Körper befindet, gebe es nur noch Zentren und keine Peripherien mehr. Deshalb werde auch die Notwendigkeit von Städten als den Orten einer räumlichen Verdichtung untergraben. Weil die Informationsgesellschaft wieder zum Nomadendasein von Jäger- und Sammlergesellschaften zurückkehre, nur dass heute eben Informationen gesammelt und verarbeitet werden, erübrige sich die Sesshaftigkeit von Menschen und Organisationen in den Städten: Das Sammeln, so McLuhan, geschieht auf weltweiter Ebene und umgeht oder ersetzt die Form der Stadt, die daher auf dem besten Wege sei, überholt zu werden. „Mit der sofort verfügbaren Technik der Elektrizität kann die Erde nie wieder etwas anderes als ein großes Dorf sein, und die Wesensart der Stadt als Form größeren Ausmaßes muß verschwinden, wie eine Filmaufnahme beim Ausblenden."

Cocooning versus Mobilität

Zeitdiagnosen sind eine schwierige Sache. Oft genug gehen sie daneben, obgleich natürlich jeder gerne wissen würde, wie es weitergeht. Im selben Buch kündigte McLuhan noch ein weiteres Verschwinden an, das bislang ebenso wenig eingetreten ist, aber zumindest den Prozess des zunehmenden Cocooning vorhergesehen hat, also des Rückzugs aus der Öffentlichkeit und des Wunsches, unter seinesgleichen zu sein: „Einige Beobachter behaupten, das Haus habe als Statussymbol in letzter Zeit das Auto ersetzt. Wenn das stimmt, bedeutet dieser Übergang von der beweglichen, offenen Straße zu den gepflegten Wurzeln der Vorstädte vielleicht eine wirkliche Neuorientierung in Amerika." In den USA aber ziehen die Menschen trotz ihrer Sehnsucht nach einem Eigenheim mit Garten in einer ruhigen Vorortsiedlung durchschnittlich 13-mal in ihrem Leben um. Ohne Auto ist man ein Niemand. Hausmobile und Wohnmobile gibt es zu Millionen. Und solche Mobilität wird immer mehr erforderlich, weil die Zeit der lebenslangen Arbeitsplätze allmählich ausgeht und in der Informationsgesellschaft mit ihren Globalisierungsprozessen Mobilität jeder Art immer mehr gefordert wird, wobei allerdings die räumliche Mobilität, die von der Arbeit erfordert wird, langfristig sinken könnte. Schon jetzt übersteigt nach Auskunft von Verkehrswissenschaftlern die freiwillige Mobilität auf den Straßen die des erzwungenen Verkehrs bei weitem.

Fernsehen, Radio und Telefon haben bereits den Unterschied im Hinblick auf zirkulierende Informationen zwischen Stadt und Land nivelliert. Es kommt immer weniger auf räumliche Verdichtungen an, sodass es gleichgültig wird, wo man wohnt, weswegen man eben gleich auf dem Land und fern der urbanen Unwirtlichkeit unter Gleichgesinnten leben könne: „Das Auto hat", so McLuhan, „alle Raumformen, die uns Menschen verbinden und trennen, vollkommen umgestaltet und wird es etwa noch ein Jahrzehnt lang tun, bis dann die elektronischen Nachfolger des Autos sich zeigen werden." Genau dieselbe Hoffnung wird heute noch geschürt, wenn die Pendler von den Telecommutern, die Autobahnen, Gleise, Schiffsverbindungen und Flugzeuge von der Infobahn abgelöst werden sollen. Noch aber steigt die Verkehrs- und Transportdichte weiter an, denn mit steigender Entfernung von Wohn-, Arbeits-, Einkaufs- und Freizeitbereichen durch das Wachsen und Zerfließen der Ballungsräume und mit steigender Verschlankung und Dezentralisierung der Unternehmen nehmen auch die Wege zu. Sowohl Suburbanisie-

227

rung als auch Verschlankung und Dezentralisierung der Unternehmen haben dazu beigetragen, dass öffentliche und Massenverkehrsmittel weniger benutzt oder zu teuer werden. Ihr Vorteil liegt gerade in der Verbindung innerhalb von Zentren und in einer sternförmigen Erfassung, während die individuellen Transportmittel für das Individuum und für das einzelne Unternehmen eine breite, genaue, schnelle, von Fahrplänen und Streckenführung unabhängige Mobilität ermöglichen. Nicht von ungefähr sollen denn auch Computersysteme und intelligente Autos weniger den Verkehr mindern, sondern ihn bestenfalls flüssiger machen.

Überdies basiert die Informationsgesellschaft – manche nennen sie auch die „unternehmerische Wissensgesellschaft" – nicht nur auf Wissen, also auf immateriellen Daten, sondern auch auf dem Fluss von Waren und Körpern. Es geht nicht, wie die Ideologen gerne sagen, um eine Ersetzung des Transports durch Datenverkehr, sondern um eine Optimierung, die, bislang zumindest, den Verkehr erhöht, weil eine zentrale Koordination von stärker im Raum verteilten Elementen möglich wird.

Der lokale Markt der Produktion und Konsumtion zerbricht in der globalen Konkurrenz der transnationalen Firmen – und fördert so den Verkehr und – zu dessen Steuerung – eben gleichzeitig den Ausbau der Datennetze. Überall auf der gesamten Welt wachsen die Städte und Ballungsgebiete in geschichtlich einmaligen Größenordnungen heran; gleichzeitig geht man davon aus, dass es bis zum Jahre 2020 doppelt so viele Autos wie jetzt geben wird, nämlich eine Milliarde. Manche gehen auch von über zwei Milliarden aus, was die städtischen Lebensräume weiter unwirtlich machen wird, die Auswanderung aus der Stadt seitens der Wohlhabenderen und damit die Suburbanisierung weiter beschleunigen und die die Atmosphäre belastenden Abgase weiter steigern wird.

Die Globalisierung zerstört nicht nur territoriale Verankerungen und bestehende Grenzen, sie richtet fortwährend neue auf. Nicht nur die wohlhabenden Schichten verbunkern sich, sondern auch die wohlhabenden Staaten und Regionen suchen ihren Zusammenhalt mit ärmeren Regionen zu lösen oder eine unkontrollierte Zuwanderung zu verhindern, während die von Armut gekennzeichneten Regionen oder vom sozialen Abstieg bedrohten Menschen sich von der Globalisierung abkoppeln und autonome Regionen mit meist ethnisch oder konfessionell homogener Bevölkerung verwirklichen wollen, wenn sie nicht als Migranten ihren elenden Bedingungen um jeden Preis zu entrinnen suchen. So vollzieht sich hinter der Globalisierung und teilweise mit deren Mitteln der neue Aufbau von Mauern und die Reinigung der Territorien von Unerwünschten. Die Rettungsaktionen für die Innenbereiche der Städte entsprechen genau dieser Tendenz. Die öffentlichen Räume werden privatisiert, kontrolliert und von störenden Elementen wie Bettlern, Obdachlosen oder Rauschgiftsüchtigen gesäubert, um die konsum- und erleb-

nishungrigen Bürger nicht zu stören. Verstärkte Polizeipräsenz, die „präventiv" eingreift, oder die wild wuchernden privaten Sicherheitsdienste, auch ein wachsender Bereich des Dienstleistungssektors, mögen zwar in bestimmten, gewissermaßen rekolonialisierten Bereichen wieder Ruhe und Ordnung schaffen oder vielleicht sogar die Kriminalitätsrate senken, aber sie verstärken, wie die abgeschlossenen Wohnsiedlungen und die von Videokameras und mit anderen elektronischen Mitteln überwachten Orte zeigen, insgesamt die Verbunkerung im realen Raum. Schließlich ist man dies auch von den virtuellen Räumen im Cyberspace gewohnt, wo man beim Teleshopping jeden unerwünschten Kontakt sofort abbrechen kann.

Der virtuelle Markt

Dieser Prozess der Ghettoisierung könnte einen Zustand wiederherstellen, wie er im feudalistischen Europa bestanden hat: ein Flickenteppich von Stadtstaaten, Regionen und verstreuten Herrschaftsbereichen mit unterschiedlichen Gesetzen, nur jetzt mit eher tribalistischen Zuordnungen, die Territorien mit ihren Bevölkerungen sozial und ethnisch homogen werden lassen. Was die neue Weltordnung aber völlig anders werden lässt, ist der virtuelle globale Markt, dessen Agenten nicht mehr an einen Ort gebunden sind, sondern ebenso wie die Waren, Informationen und Finanzwerte sich im Raum der Datenströme nur noch vorübergehend niederlassen und dazu bestimmte Voraussetzungen einfordern, die solche transitorischen Orte überall auf der Welt einander im Stil, hinsichtlich ihrer Angebotsstruktur und ihrer Sicherheit angleichen: Firmen, Wohnsiedlungen, Flughäfen, Einkaufs- und Freizeitbereiche werden zu austauschbaren Zitadellen eines neuen internationalen Stils, der einzig auf Beweglichkeit setzt, aber auf räumlichen Grenzen basiert. Während aber die virtuelle Klasse ebenso beweglich und transnational wie die Daten- und Finanzströme wird, bleibt die überwiegende Mehrheit der Bevölkerung und der Arbeitsplätze ortsgebunden und sinkt in ihrem Wert ständig ab.

Es ist schon seltsam zu beobachten, wie sich das Internet allmählich wieder dem wirklichen Leben anpasst oder zumindest anpassen könnte. Die grundlegende Eigenschaft des Web ist bekanntlich die Möglichkeit, Hyperlinks zu setzen oder durch die Eingabe von URLs direkt von einem „Ort" zu einem anderen zu springen. Anders als in der wirklichen Welt, in der Orte durch unterschiedliche Entfernungen charakterisiert sind, die durch den Raum und den Zeitaufwand definiert werden, liegen die virtuellen Orte im Cyberspace zumindest theoretisch alle gleich weit voneinander entfernt und sind alle von jedem Ort aus gleichermaßen zu erreichen. Dabei stehen Hütten neben Palästen, glitzernde und viel besuchte

Einkaufszentren neben schmuddeligen Gassen, Regierungsgebäude neben Orten, an denen sich Kriminelle aufhalten, Websites für Kinder neben Rotlichtbezirken, Büros neben Spielcasinos. Der Raum wird durch die Infrastruktur ersetzt, die bestimmt, auf welchen Wegen und mit welcher Kapazität Daten übermittelt werden.

Eine weitere Eigenschaft des Web ist es, dass die „Orte" oder „Gebäude"zwar eine „Architektur" besitzen, die etwa die Hierarchie der Seiten auf einer Website festlegt, dass aber wiederum prinzipiell jede Seite innerhalb einer Website direkt erreichbar ist, ohne einen bestimmten Weg durchschreiten zu müssen, der beispielsweise durch einen „Eingang" über „Gänge" und „Stockwerke" zu einem bestimmten „Zimmer" führt. Wenn die URL einer bestimmten Seite bekannt ist, also von einer Suchmaschine gefunden oder durch einen so genannten „Deep Link" angegeben ist, dann kann man mit dem Browser unmittelbar von einem beliebigen Ort zu einem anderen springen. Diese Offenheit des Web wird jedoch jetzt von vielen Seiten als störend und gefährlich empfunden. Natürlich ist es auch keineswegs so, dass sich die Wanderströme der Surfer auf dem Web gleichmäßig verteilen, weswegen von selbst Verdichtungen und Konzentrationen entstehen, aus denen sich wie bei den so genannten Portalen, meist um eine Suchmaschine herum gebaut, Profit schlagen lässt. Solche „Lagen" in der virtuellen Weltstadt sind viele Milliarden von Dollar wert, wobei aus kommerziellen Interessen heraus die Besucher möglichst registriert und identifiziert werden, beispielsweise durch das Setzen von „Cookies" beim Betreten. Ähnlich wie Portale oder andere virtuelle Orte, an denen sich Passanten oder Interessierte konzentrieren, versuchen, die Menschen innerhalb ihrer „Viertel" zu halten, wozu maßgeblich die Politik der Verlinkung gehört, versuchen auch Staaten, Unternehmen, Gruppen und Individuen die Offenheit des Web einzuschränken, um Regionen auszuschließen und so gesicherte „saubere" Viertel auszuklammern. Die Folge könnte eine Fragmentarisierung des Web durch die Bildung von ethnischen, kulturellen, politischen und kommerziellen Enklaven sein.

Filter

Die Mittel für die Fragmentarisierung des Web sind vornehmlich die Filter, mit denen die Bewegungsfähigkeit der Browser, um die metaphorische Sprache beizubehalten, eingeschränkt werden kann, weil manche Zugänge so verschlossen bleiben. Aus welchen Motiven heraus Filter auch immer installiert werden, dies wird in aller Regel mit einem Schutz für die jeweils anderen – Bürger eines Staates, Angehörige eines Unternehmens, Mitglieder einer Religionsgemeinschaft und natürlich die unschuldigen Kinder – begründet.

Im Vordergrund stehen dabei Unternehmen, aber auch Internetprovider, die familienorientierte oder religiös motivierte Blockaden für ihre Kunden durch Filter ermöglichen. Ein Beispiel ist etwa The Kosher Net, das orthodoxen Juden eine „sichere und koschere" Auffahrt zum Web anbietet.

In den USA gibt es, so die „New York Times", bereits an die 30 Internetprovider, die einen gefilterten Zugang zum Web anbieten, bislang vorwiegend von evangelischen Religionsgruppen ausgehend, wie beispielsweise American Family Online, wo neben Filtern für saubere Inhalte generell der Zugang zu Chaträumen gesperrt wird. Daneben gibt es eine Reihe von Internetprovidern, die für alle Gruppen mit bestimmten Interessen Portale und „gesicherte" Zugänge zum Internet anbieten. Die amerikanische Gewerkschaft AFL-CIO eröffnet so demnächst mit dem Internetprovider iBelong ein solches Portal (Arbeiter, vernetzt euch!), während das Catholic Families Network mit dem neu gegründeten Internetprovider iConnect für einen katholisch zensierten Webzugang sorgen will. Allerdings soll hier angeblich nur der Zugang zu Pornographie und Hassseiten gesperrt werden.

Das Geschäft mit dem blockierten Internetzugang, der je nach den Wertvorstellungen und Wünschen bestimmter Gemeinschaften ausgerichtet werden kann, wird jedenfalls attraktiv. So bietet auch FreedomISP einen „wirklichen Schutz" vor pornographischen und anderen abstoßenden Inhalten mit einem angeblich auf künstlicher Intelligenz basierendem Filter an: „Finally Peace of Mind on the Internet." Auf Familien und den Schutz von Kindern ausgerichtet ist der mit Catholic Online kooperierende Internetprovider FamilyClick, der ebenfalls über die Filterung von Inhalten ein allgemeines Familienportal errichten will.

Durch solche Abschließungen, die nun von Internetprovidern für bestimmte Gruppen angeboten werden, könnte sich das Internet für die Benutzer, wenn auch nicht faktisch, durch die Homogenisierung von Gemeinschaften immer weiter fragmentieren und jenen Trend im Cyberspace wiederholen, der etwa zu bewachten und abgeschlossenen Siedlungen, „gesäuberten" Geschäftsvierteln und familienfreundlichen Freizeitparks oder Malls geführt hat. Stehen jetzt für weniger demokratisch gesinnte Staaten unliebsame politische Informationen oder für Wertegemeinschaften Pornografie im Vordergrund, so wird der offenbar wachsende Markt von Internetprovidern, die Filter für bestimmte Gruppen oder Organisationen anbieten, wahrscheinlich immer ausdifferenzierter und auf alle Bedürfnisse zugeschnittene Produkte anbieten, um die Menschen, für die man angeblich Sorge trägt und in deren Namen man handelt, im Cyberspace von unerwünschten Einflüssen und Ausflügen abzuhalten. Die ethnischen Reinigungen von Gebieten, das Abstecken von Territorien, greift vom wirklichen Leben in den Cyberspace über.

Autoren und Beiträge

Wilhelm Beermann
Stellvertretender Vorstandsvorsitzender der Ruhrkohle
Aktiengesellschaft (RAG), Essen

Prof. Dr. Dr. mult. Helmut Böhme
Professor für Geschichte und Stadt- und
Stadtbaugeschichte an der Technischen Universität
Darmstadt

Helmut Bönnighausen
Direktor des Westfälischen Industriemuseums, Dortmund

Dr. Christoph Brockhaus
seit 1985 Direktor des Wilhelm-Lehmbruck-Museums,
Duisburg, künstlerischer Berater der IBA Emscher Park

Prof. Dr. Klaus Bußmann
Leiter des Westfälischen Landesmuseums für Kunst und
Kulturgeschichte, Münster

Holger Everz
freier Redakteur, Büro für Öffentlichkeitsarbeit, Bochum

Prof. Dr. Ingeborg Flagge
Direktorin des Deutschen Architektur Museums,
Frankfurt/Main

Lord Foster of Thames Bank
Architekt, London

Prof. Dr. Karl Ganser
von 1989-1999 Geschäftsführer der IBA Emscher Park

Dr. Albrecht Göschel
Deutsches Institut für Urbanistik, Berlin

Prof. Heinz W. Hallmann
Landschaftsarchitekt, Aachen

Zvi Hecker
Architekt, Tel Aviv/Berlin

Dr. Uwe Jean Heuser
Redakteur der Wochenzeitung „Die Zeit" (der Beitrag ist
ein Auszug aus Uwe Jean Heuser: „Tausend Welten",
Berlin 1996)*

Ilya Kabakov
emigrierte 1987 in den Westen, lebt heute vor allem in
New York

Prof. Dr. Dr. h.c. Gert Kaiser
Direktor des Wissenschaftszentrums NRW in Düsseldorf
und Rektor der Universität Düsseldorf

Dr. Thomas Kellein
Direktor der Kunsthalle Bielefeld

Eberhard Kloke
1988-94 Generalmusikdirektor der Bochumer
Symphoniker, Leiter der Konzertreihe „Jenseits des
Klangs/Musik im Industrieraum" 1999

Prof. Dr. Klaus R. Kunzmann
Professor für Europäische Raumplanung an der Universität
Dortmund

Lovro Mandac
Vorstandsvorsitzender der Kaufhof AG, Köln

Dr. Dirk Matejovski
wissenschaftlicher Geschäftsführer des
Wissenschaftszentrums NRW in Düsseldorf

Prof. Dr.-Ing. Franz Pesch
Architekt und Stadtplaner, Herdecke/Stuttgart, Professor
für Stadtplanung und Entwerfen am Städtebau-Institut der
Universität Stuttgart

Prof. Karl Heinz Petzinka
Architekt, Düsseldorf, Professor für Entwerfen und
Gebäudetechnologie an der Technischen Hochschule
Darmstadt

Dr. Wolfgang Roters
Abteilungsleiter Stadtentwicklung im Ministerium für
Städtebau und Wohnen, Kultur und Sport des Landes
Nordrhein-Westfalen

Florian Rötzer
freier Autor und Journalist, München

Dr. Dr. h.c. Guido Sandler
Mitglied des Beirates der Dr. August Oetker KG, Bielefeld,
Vorsitzender der Gesellschafterversammlung der
Ostwestfalen-Lippe Marketing GmbH

Andreas Schmidt
Mitarbeiter des Kulturbüros Siegen

Prof. Dr. Gerhard Schulze
Professor für Kultursoziologie an der Otto-Friedrich-
Universität, Bamberg (der Beitrag ist ein Auszug aus
Gerhard Schulze: „Kulissen des Glücks",
Frankfurt/New York 1999)*

Prof. Dr.-Ing. Klaus Selle
Professor am Institut für Freiraumentwicklung und pla-
nungsbezogene Soziologie der Universität Hannover

Prof. Dr. Walter Siebel
Professor für Stadt- und Regionalsoziologie an der
Universität Oldenburg, Arbeitsgruppe Stadtforschung

Prof. Thomas Sieverts
1989-94 wissenschaftlicher Direktor der IBA Emscher Park

Prof. Dr.-Ing. h.c. Klaus Steilmann
Textil-Unternehmer, Gründer des Klaus-Steilmann-Instituts
für Innovation und Umwelt im Technologiezentrum Eco
Textil, Bochum

Wolfgang Suttner
Kulturreferent und Leiter des Kulturbüros des Kreises
Siegen-Wittgenstein

Dieter Ullsperger
Vorstand Immobilien und Personenbahnhöfe der
Deutschen Bahn AG

Klaus Weise
Intendant des Theaters Oberhausen

Klaus-Dieter Weiß
freier Journalist und Architekturkritiker, Minden

Prof. Dr. Rainer Wirtz
Direktor des Rheinischen Industriemuseums, Oberhausen

*mit freundlicher Genehmigung des Verlags

Projekttexte: Holger Everz

Fotos und Abbildungen

Titel: Werner J. Hannappel, Essen;
S. 30: Soenne, Aachen / S. 31 o.: Hans Jürgen Landes,
Dortmund; u.: Soenne, Aachen / S. 32: o. l.: Hans Jürgen
Landes, Dortmund; o. r. Daniel Sumesgutner, Dortmund;
u. l.: Volker Kreidler, Dortmund; u. M.:Hans Jürgen Landes,
Dortmund; u. r.: Soenne, Aachen / S. 33 o.: Gerold
Kalkowski-Büchter, Holzwickede; u. l.: Soenne, Aachen;
u. M.: Daniel Sumesgutner, Dortmund; u. r.: Soenne,
Aachen / S. 34: Ralph Richter, Düsseldorf / S. 35: Thomas
van den Valentyn, Köln / S. 40 o.: Rolf Keller, Seldwyla;
M. o.: Hans Blossey, Hamm; M. u., u.: Manfred Vollmer,
Essen / S. 41: Ralph Richter, Düsseldorf; außer M.: Hans
Blossey, Hamm / S. 59: hARTware, Dortmund / S. 60-65:
Aqua Magica GmbH, Bad Oeynhausen / S. 82 o. l.: Werner
J. Hannappel, Essen; S. 82 o. r., S. 83: Peter Liedtke,
Herne / S. 87: Manfred Vollmer, Essen / S. 90: Design-
Zentrum NRW, Essen / S. 91: Peter Liedkte, Herne / S. 92
Dr. Carl-Hermann Bellinger, Düsseldorf / S. 93 links: Pesch
& Partner, Herdecke; r. o.: Dr. Carl-Hermann Bellinger,
Düsseldorf; r. u.: Peter Liedtke, Herne / S. 95: Christian
Richters, Münster / S. 97-99: Peter Liedtke, Herne /
S. 101: Pesch & Partner, Herdecke / S. 102 o.: Entwick-
lungsgesellschaft Innenhafen, Duisburg; u.: Roman
Mensing, Münster / S. 103: Ralph Richter, Düsseldorf / S.
104-105: Daniel Sumesgutner, Dortmund / S. 109: Peter
Liedtke, Herne / S. 115, 117, 118: Rheinisches Industrie-
museum, Oberhausen / S. 120 , 122, 123: Westfälisches
Industriemuseum, Dortmund / S. 125 o. l.: Armin Wenzel,
Aachen / o. r.: Henning Schlottmann, Dortmund; u.: Günter
Lintl, Wuppertal / S. 126-127: Joachim Schürmann, Köln /
S. 128: Stadt Münster / S. 129: Klemens Ortmeyer/archi-
tekturphoto, Düsseldorf / S. 137: Kunstsammlung Nord-
rhein-Westfalen, Düsseldorf / S. 138-139: Kiessler und
Partner, München / S. 140: Thomas Durchschlag,
Mülheim/Ruhr / S. 141 o.: Bernd Kirtz, Duisburg; u.: Britta
Lauer, Duisburg / S. 142-143: Museum Folkwang, Essen /
S. 144: Rheinisches Bildarchiv, Köln / S. 145: Wallraf-
Richartz-Museum, Köln / S. 146-147: Klingenmuseum,
Solingen / S. 148-149: Brigitte Denkel, Stadt Bonn / S. 150-
151: Art Kite Museum, Detmold / S. 153: Dirk Reinartz,
Buxtehude / S. 154-155: Roman Mensing, Münster / S.
157: Peter Liedtke, Herne / S. 158: Stadt Recklinghausen /
S. 159 o. l.: Ursula Kaufmann, Essen; o. r. Mario del Curto,
Lausanne; u.: Lesley Leslie Spinks, Recklinghausen / S.
160: Meinolf Kößmeier, Mülheim / S. 161 o. l.: Harald
Reusmann, Essen; o. r.: Meinolf Kößmeier, Mülheim; u.:
Ingo Otto, Essen / S. 162-163: Peter Liedtke, Herne / S.
164 o.: Ridha Zouari, Düsseldorf; S. 164 u., S. 165:
Christoph Mäckler, Frankfurt / S. 166-167: Engel und
Norden, Wuppertal / S. 171: Peter Liedtke, Herne / S. 172
o.: Christoph Pfeiffer, Bonn, u.: Brotfabrik, Bonn / S. 173
o.: Monhof, Wuppertal; u.: Zeche Carl, Essen / S. 175-177:
Peter Liedtke, Herne / S. 178-179: Soenne, Aachen / S.
180-181: Bagno-Kulturkreis eV, Steinfurt / S. 182 u.: KSP
Engel und Zimmermann Architekten, Jens Willebrand,
Köln; S. 182 o., S. 183: Gürzenich, Köln / S. 188-189:
Andreas Wiese, Düsseldorf / S. 194: Clemens Kisselbach,
Berlin / S. 195 o.: Filmstiftung NRW, Düsseldorf; u.:
Clemens Kisselbach, Berlin / S. 198-199: Christian Richters,
Münster / S. 200: Jochen Helle, Dortmund / S. 201:
Cornelia Suhan, Dortmund / S. 202-203: Peter Liedtke,
Herne / S. 204: Manfred Vollmer, Essen / S. 205: Peter
Liedtke, Herne / S. 206-207: Guido Schiefer, Dortmund / S.
208: KVR, Essen / S. 210-211: Karl Heinz Petzinka,
Düsseldorf / S. 212-213: Kultur!Büro, Kreis Siegen-
Wittgenstein / S. 215: Initiativkreis Ruhrgebiet, Essen